SPRINGER COMPASS

Herausgegeben von
M. Nagl P. Schnupp H. Strunz

Springer Compass

Herausgegeben von M. Nagl, P. Schnupp und H. Strunz

W. Reisig: Systementwurf mit Netzen. XII, 125 S., 139 Abb. 1985

R. Franck: Rechnernetze und Datenkommunikation. XII, 254 S., 75 Abb. 1986

R. L. Baber: Softwarereflexionen. Ideen und Konzepte für die Praxis. XII, 158 S., 10 Abb. 1986

P. Schnupp, C. T. Nguyen Huu: Expertensystem-Praktikum. X, 360 S., 102 Abb. 1987

Y. Shirota, T. L. Kunii: UNIX für Führungskräfte. Ein umfassender Überblick. XIII, 157 S., 147 überwiegend zweifarbige Abb. 1987

J. Shore: Der Sachertorte-Algorithmus – und andere Mittel gegen die Computerangst. XVIII, 252 S., 7 Abb. 1987

P. Schnupp, U. Leibrandt: Expertensysteme – Nicht nur für Informatiker. IX, 140 S., 31 Abb. Zweite, korrigierte Auflage 1988

T. Spitta: Software Engineering und Prototyping. Eine Konstruktionslehre für administrative Softwaresysteme. XIII, 229 S., 68 Abb. 1989

D. Hogrefe: Estelle, LOTOS und SDL. Standard-Spezifikationssprachen für verteilte Systeme. XV, 188 S., 71 Abb. 1989

T. Grams: Denkfallen und Programmierfehler. X, 159 S., 17 Abb. 1990

M. Nagl: Softwaretechnik: Methodisches Programmieren im Großen. XI, 387 S., 136 Abb. 1990

N. Wirth: Programmieren in Modula-2. Übersetzt aus dem Englischen von G. Pfeiffer. XIV, 240 S. Zweite Auflage 1991

F. A. Koch, P. Schnupp: Software-Recht, Bd. I. XV, 358 S. 1991

W.-D. Wagner: Software-Engineering mit APL2. Eine Anleitung zur Entwicklung kommerzieller Systeme. X, 263 S., 131 Abb. Programmdiskette 5¼".1992

H. Weber: Die Software-Krise und ihre Macher. XII, 150 S. 1992

J. Hansel, G. Lomnitz: Projektleiter-Praxis. Erfolgreiche Projektabwicklung durch verbesserte Kommunikation und Kooperation. Ein Arbeitsbuch. XII, 224 S., 23 Abb. Zweite Auflage 1993

H. Bertram, P. Blönnigen, A.-P. Bröhl: CASE in der Praxis. Softwareentwicklungsumgebungen für Informationssysteme. X, 262 S., 51 Abb. 1993

J. Gulbins, K. Obermayr: UNIX – System V.4. Eine Einführung in Begriffe und Kommandos. XI, ca. 900 S., Vierte, überarbeitete Auflage 1995

J. Bechlars, R. Buhtz: GKS in der Praxis. XIV, 476 S., 43 Abb. Zweite, neubearbeitete Auflage 1995

Jörg Bechlars Rainer Buhtz

GKS in der Praxis

Zweite neubearbeitete Auflage
Bearbeitet von Jörg Bechlars

Mit 43 Abbildungen

Jörg Bechlars
FU Berlin
Zentraleinrichtung für Datenverarbeitung (ZEDAT)
Fabeckstraße 32
D-14195 Berlin

Rainer Buhtz
Karl-Sticker-Straße 1
D-12167 Berlin

ISBN-13:978-3-642-78275-6 e-ISBN-13:978-3-642-78274-9
DOI: 10.1007/978-3-642-78274-9

CIP-Aufnahme beantragt

Softcover reprint of the hardcover 2nd edition 1995

Satz: Reproduktionsfertige Autorenvorlage
Umschlaggestaltung: Künkel + Lopka, Ilvesheim
SPIN 10064129 45/3142-5 4 3 2 1 0 – Gedruckt auf säurefreiem Papier

Vorwort zur zweiten Auflage

Bei einem Buch, das für den Entwickler graphischer Anwendungen bei der täglichen Arbeit hilfreich sein soll, müssen bei einer Neuauflage natürlich die Erfahrungen der letzten Jahre einfließen. Daher habe ich die erste Auflage dieses Buches, die Ende 1985 von Rainer Buhtz und mir fertiggestellt worden war, gründlich überarbeitet und neben den Erweiterungen auch eine klarere Darstellung angestrebt.

Während die erste Auflage genau in die Aufbruchphase von GKS fiel, kann man heute GKS als nach wie vor aktuellen Klassiker ansehen, über den folgende Bilanz gezogen werden kann:

- GKS hat sich als Graphik-Standard in der 2-D-Graphik erfolgreich plaziert. Viele Entwickler von graphischen Anwendungen haben GKS als Grundlage genommen, und sie alle haben eine gute Wahl getroffen. Beispielsweise haben wir in der Zentraleinrichtung für Datenverarbeitung (ZEDAT) der Freien Universität Berlin unseren Benutzern in den letzten Jahren einige Wechsel von Rechnern, Betriebssystemen und Graphikgeräten zugemutet. Ihre GKS-Anwendungen haben dies problemlos überlebt.
- Die 3-D-Erweiterung von GKS war einem konkurrierenden Standard (PHIGS) in einigen Punkten unterlegen. Es bleibt abzuwarten, ob Weiterentwicklungen des GKS-Standards wieder Erfolg haben werden – dieser kann sich erst mit wirklich leistungsfähigen Implementierungen einstellen.
- Im Graphik-Bereich spielen praktisch nur die Programmiersprachen FORTRAN und C eine Rolle. Trotz der zunehmenden Bedeutung von C sind die meisten GKS-Anwendungen z. Zt. noch in FORTRAN programmiert, was ganz einfach daran liegt, daß die FORTRAN-Sprachanbindung von GKS bereits 1986, die C-Sprachanbindung von GKS dagegen erst 1991 genormt wurde. Da auch Implementierungen mit der C-Sprachanbindung aus früherer Zeit auf dem Markt sind, sollte man stets nachprüfen, ob sie mit dem endgültigen Standard konform sind.

Neu in dieser Auflage des Buches ist die Dokumentation der C-Sprachanbindung, die unter maßgeblicher Mitwirkung von Roland Nahser entstanden ist. Ich möchte ihm sowie Christian Kirsch und Reinhard Sy – Mitarbeiter der Graphische Systeme GmbH (GraS) – herzlich danken für ihre Mitwirkung, insbesondere das Korrekturlesen und zahlreiche Verbesserungsvorschläge. Mein besonderer Dank gilt auch dem Lektoren-Team des Springer-Verlags für viele Verbesserungen.

Berlin, im November 1994 Jörg Bechlars

Vorwort zur ersten Auflage

Nach mehreren Jahren der Ausarbeitung in den internationalen Normungsgremien [ENCA,ENDE] sowie der Realisierung in Hochschulen, Softwarehäusern und Industrieunternehmen hat das *Graphische Kernsystem (GKS)* – der erste internationale Standard für Basis-Graphiksoftware – nunmehr auch seinen Siegeszug in der Welt des Anwenders angetreten. Zahllose Computeranwendungen in der Industrie, den Universitäten und Großforschungseinrichtungen basieren bereits auf GKS oder werden jetzt auf dieser Grundlage implementiert.

Mit dieser neuen Entwicklung bedarf es auch einer neuen GKS-Literatur, die sich nicht primär an den bereits mit GKS vertrauten (oder an GKS als Standard interessierten) Informatiker, sondern an den Praktiker richtet, der nun mehr und mehr in seiner täglichen Arbeit mit GKS und seinen Anwendungen befaßt sein wird. Aus dieser Notwendigkeit heraus entstand dieses Buch.

Es ist sowohl für den Anwendungsprogrammierer gedacht, der seine Programme entweder nur mit Hilfe von GKS (um sie portabel zu halten) oder unter Verwendung bereits existierender Anwendersoftwareschalen schreibt, als auch für den Softwareentwickler, der eben solche Schalen neu bereitstellen muß, und nicht zuletzt für den Studenten (jeglicher Fachrichtung, die Berührungspunkte zur Computergraphik hat), der durch Kenntnisse des GKS seine späteren Berufsaussichten verbessern will.

Um diesen Ansprüchen gerecht zu werden, setzt das Buch lediglich Kenntnisse in der Programmiersprache FORTRAN voraus, nicht jedoch Erfahrungen mit älteren Graphiksoftwaresystemen oder gar weitergehende Informatikkenntnisse.

Es ist ein Buch nicht nur **für** die Praxis, sondern auch **aus** der Praxis. Wir (die Autoren) sind an Rechenzentren tätig, zu deren Aufgabenbereich neben der Softwareentwicklung auch intensive Benutzerberatung und -ausbildung gehören: an der Zentraleinrichtung für Datenverarbeitung (ZEDAT) der Freien Universität Berlin bzw. am Konrad-Zuse-Zentrum für Informationstechnik Berlin. Dabei betreibt die ZEDAT seit mehreren Jahren die Unterstützung graphischer Anwendungen als Schwerpunkt.

Daher flossen in dieses Buch nicht nur Erfahrungen ein, die wir aus unserer eigenen Implementierung von GKS gewonnen haben (die früher unter dem Namen Common Graphics Manager jetzt unter dem Namen newGKS als eine der meistverbreiteten GKS-Realisierungen von der Firma Graphische Systeme GmbH Berlin weltweit kommerziell vertrieben wird), sondern auch Erfahrungen, die wir sowohl aus der Entwicklung unserer eigenen GKS-Anwenderschalen als auch aus zahllosen

Beratungsgesprächen mit GKS-Anwendern der unterschiedlichsten Fachrichtungen gewonnen haben.

Zum Aufbau des Buches:

Die einzelnen Kapitel sind möglichst kompakt gehalten und fassen jeweils einen Komplex verwandter GKS-Begriffe zusammen. Diese werden zunächst exakt – gemäß den Aussagen des Standards – definiert. Danach werden Realisierungsmöglichkeiten dieser Konzepte auf diversen Graphikgeräten diskutiert und schließlich anhand praktischer Programmbeispiele die daraus resultierenden Anwendungsmöglichkeiten erörtert.

Hierbei werden – zur Vermeidung einer zu großen Stoffülle – im Text nur die gebräuchlichsten GKS-Funktionen ausführlich besprochen. Wichtig ist dabei vor allem das grundlegende Verständnis der Konzepte. Um dennoch auch dem Anspruch auf Vollständigkeit zu genügen, findet sich am Ende eines jeden Kapitels eine Liste **aller** GKS-Funktionen zum jeweiligen Themenkomplex mit tabellarischer Erklärung der Parameter. Damit ist der Anwender in der Lage, nach dem Durcharbeiten des Kapitels die für ihn wichtigen Funktionen auszuwählen. In diesem Sinn soll das Buch auch dem erfahrenen GKS-Kenner als systematisch geordnetes Nachschlagewerk dienen.

Die Anordnung der einzelnen Kapitel folgt der GKS-Level-Struktur (vgl. Kapitel 1). Wo es aus didaktischen Gründen nötig erscheint, werden innerhalb des Output Level 0 bereits einige Funktionen des Output Level 1 erwähnt. Diese sind dann jeweils besonders gekennzeichnet.

Schließlich noch ein wichtiger Hinweis:

In diesem Buch wird das Graphische Kernsystem *als Standard* (unter Benutzung der Programmiersprache FORTRAN) beschrieben (und nicht etwa eine spezielle GKS-Realisierung!). Inzwischen gibt es eine Vielzahl verschiedener GKS-Pakete in unterschiedlichen Sprachen (FORTRAN, PASCAL, C etc.). Sinn und Zweck des Standards ist es, daß Anwendungsprogramme oberhalb von GKS zwischen den einzelnen GKS-Versionen (und damit zwischen den GKS-Anwendern) ausgetauscht werden können oder sogar die einzelnen GKS-Implementierungen in offenen Rechnernetzen miteinander kommunizieren können – ein Aspekt, der zur Zeit unter Beteiligung der Autoren im Rahmen des "Deutschen Forschungsnetzes" realisiert wird.

Manche GKS-Implementierungen leisten allerdings mehr, als der Standard zwingend vorschreibt: Sie unterstützen z.B. 50 Marker-Symbole, von denen nur 5 genormt sind. Ähnliches gilt für Zeichensätze, Linientypen und Schraffuren oder Simulationen nicht vorhandener Geräteeigenschaften wie Pick- oder Choice-Eingabe. Daher benötigt man für die praktische Arbeit eine zusätzliche Dokumentation, die die Eigenheiten der installierten GKS-Implementierung beschreibt.

Darüber hinaus kann es wichtig sein, sich über Betriebssystemabhängigkeiten wie reservierte Dateinamen oder die Zuordnung von Geräten zu Programmen zu informieren. Für die Bedienung eines Graphikgerätes benötigt man schließlich eine Anleitung, die auf den installierten GKS-Treiber abgestimmt ist.

Zur Wahl der Programmiersprache ist zu sagen, daß wir FORTRAN gewählt haben, da es sich hierbei – allen modernen Entwicklungen zum Trotz – um die Sprache mit den meisten Anwendern handelt, die auf sehr vielen Rechnern verfügbar ist und für die die GKS-Sprachanbindung schon vollkommen ausgereift ist.

Die Beschreibung des 3-D-GKS haben wir einstweilen zurückgestellt, da auf dem derzeitigen Stand der Normung eine *praxisorientierte* Einführung nicht möglich war.

Vor allen anderen gebührt unser Dank unserem Kollegen Herrn Dipl.-Math. Hans Rumpel. Ohne das von ihm entwickelte Textverarbeitungs- und Satzsystem DATEXZ/BETASYS wäre uns die computerunterstützte Erstellung eines kamerafertigen Manuskripts nach unseren Qualitätsvorstellungen nicht möglich gewesen.

Herzlich danken möchten wir unseren Kollegen Dr.rer.nat. Christian Egelhaaf, Dipl.-Math. Hans Rumpel und Dipl.-Inform. Gerd Schürmann für zahlreiche inhaltliche Anregungen und Verbesserungsvorschläge.

Das vorliegende Buch wäre vermutlich nicht erschienen, wenn sich GKS nicht als Norm durchgesetzt hätte. Daher möchten wir auch all denen danken, die sich in jahrelanger Arbeit um die Normung des GKS bemüht haben – allen voran Herrn Prof. Dr.-Ing. José Encarnação und Herrn Prof. Dr.-Ing. Horst Nowacki.

Berlin, im Oktober 1985 Jörg Bechlars, Rainer Buhtz

Inhaltsverzeichnis

Teil VI : Level 1b

Teil VII : Levels 0c, 1c und 2c

Teil VIII : Anhang

Teil I

Einleitung

1. Grundkonzepte von GKS

Das graphische Kernsystem GKS ist ein internationaler Graphikstandard. Ausführliche Betrachtungen über die verschiedenen Graphikstandards finden sich in [GÖB] oder [ENDE2]. Um GKS richtig einordnen zu können, unterscheiden wir bei den Graphikstandards folgende Kriterien:

- Typ: Standard für graphische Funktionen oder Bilddateien.
- Dimension: 2-D oder 3-D Graphik.
- Status: offizieller ISO-Standard oder sogenannter Industrie-Standard
- Abstraktions-Niveau: Wie abstrakt oder gerätenah ist der Standard?
- Erfolg: Gelangen Implementierungen über ein Prototypen-Stadium hinaus?

Tabelle 1.1 Graphik-Standards

Name	Typ	Dimension	ISO	Niveau	Erfolg
GKS	Funktion	2	ja	hoch	ja
CGM	Datei	2	ja	hoch	ja
PostScript	Datei	2	nein	mittel	ja
X-Windows	Funktion	2	nein	niedrig	ja
GKS-3D	Funktion	3	ja	hoch	nein
PHIGS	Funktion	3	ja	hoch	ja
PEX	Funktion	3	ja	niedrig	offen
GL	Funktion	3	nein	mittel	ja

Bei den Standards für Funktionen gibt es neben der sogenannten funktionalen Beschreibung weitere Dokumente, die jeweils für eine einzelne Programmiersprache Datentypen und Namen der Unterprogramme – die sogenannte Sprachanbindung festlegen. *GKS ist also der (in [GKSF] festgelegte) Standard für Programme, die 2-dimensionale Graphik erzeugen, und wird zusammen mit den Sprachanbindungen für FORTRAN (dokumentiert in [GKSL1]) und C (dokumentiert in [GKSL4]) in diesem Buch beschrieben.*

GKS ermöglicht es, Graphikgeräte unabhängig von vorhandenen Anwendungsprogrammen und graphische Anwendungsprogramme unabhängig vom vorhandenen Gerätepark zu beschaffen. In diesem Sinn stellt GKS also ein Bindeglied zwischen den Geräten und graphischen Anwendungsprogrammen dar. Jedes an GKS angeschlossene Graphikgerät kann unmittelbar von allen GKS-basierten Anwendungsprogrammen angesprochen werden, und jedes auf GKS aufbauende neue Anwendungsprogramm kann unmittelbar alle vorhandenen Geräte bedienen.

Durch GKS wird sowohl dem Graphikanwender als auch dem Softwareentwickler ein einheitlicher Zugang zu (interaktiver) Computergraphik geboten, und zwar in der gesamten Rechnerlandschaft, vom Personal-Computer (etwa IBM-kompatible) bis hin zum Supercomputer (etwa CRAY). Die meiste Verbreitung fand GKS im Bereich der Mini-Computer und Workstations mit den Betriebssystemen VMS und UNIX.

Damit eignet sich GKS als graphisches Basissystem sowohl für die Präsentationsgraphik im kaufmännischen oder wissenschaftlichen Bereich als auch für umfangreiche Systeme im Bereich *Computer Aided Design* (CAD) oder *Thematische Kartographie.*

Dies hat nicht nur den Vorteil, daß Graphik-Programme zwischen Benutzern unterschiedlicher Rechner ausgetauscht werden können. Vielmehr braucht der GKS-Anwender im Zeitalter der Computernetze auch nicht ständig umzulernen, egal, ob er mit umfangreichen Batch-Programmen auf einem Super-Computer Bilddateien erzeugt oder ob er mit Hilfe seines Personal-Computers die Ergebnisse sichtet oder interaktiv Overhead-Folien erstellt. Die Programmschnittstelle bleibt immer die gleiche.

Aus der universellen Verwendbarkeit von GKS folgt andererseits auch, daß keine potentielle Anwendung bevorzugt werden darf. Demzufolge enthält GKS als Aus- und Eingabefunktionen nur sogenannte Primitive, d.h. atomare Funktionen, die sich nicht mehr aus anderen – in GKS enthaltenen – Funktionen zusammensetzen lassen. So gibt es z.B. zur Erzeugung von Liniengraphiken nur die Funktion *Polyline*, nicht aber Funktionen zur Generierung von Achsen, Histogrammen etc., da dies eben eine spezielle Ausrichtung auf Präsentationsgraphik beinhalten würde (und z.B. für einen CAD-Anwender unnötigen Overhead bedeuten würde).

In diesem Kapitel sollen die wichtigsten Grundbegriffe von GKS kurz vorgestellt werden, damit der Leser bei der nachfolgenden eingehenden Diskussion der einzelnen GKS-Elemente bereits an die Nomenklatur gewöhnt ist. Dabei wollen wir darauf hinweisen, daß wir in diesem Buch generell die Nomenklatur der englischsprachigen GKS-Dokumentation verwenden. Dies erleichtert die Zuordnung der GKS-Begriffe zu den Namen der GKS-Funktionen, die man bei der Programmentwicklung in FORTRAN oder C verwenden muß und die ausnahmslos Abkürzungen der englischen GKS-Funktionsnamen sind. Außerdem verzichtet man neuerdings beim Deutschen Institut für Normung (DIN) darauf, die internationalen Standards (ISO) zur Computergraphik ins Deutsche zu übersetzen.

Ein zentrales Konzept in GKS ist das Konzept der *Workstation*. Im Gegensatz zur Vorstellung eines leistungsfähigen Arbeitsplatzrechners bezeichnet hier der Begriff Workstation die Abstraktion eines Gerätes, auf dem graphische Ausgabe oder von dem aus graphische Eingabe möglich ist. Es vereinigen sich also unter diesem Begriff Geräte von unterschiedlicher Funktionsweise wie graphische Bildschirme, Plotter, graphische Tabletts oder Metafiles (Bilddateien).

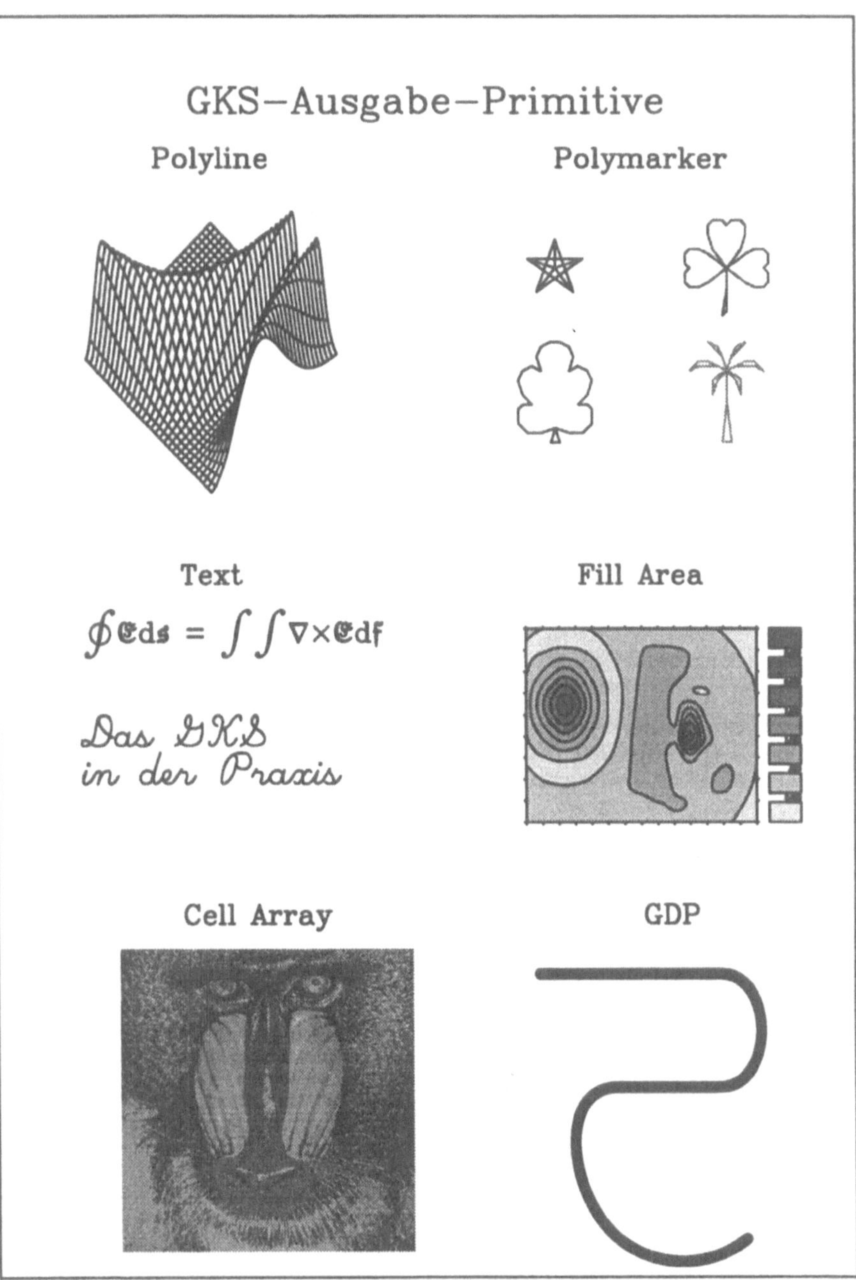

Abb. 1.1: GKS-Ausgabe-Primitive

GKS ist nun dafür zuständig, graphische Daten vom Anwendungsprogramm zu den angeschlossenen Workstations und umgekehrt zu transportieren sowie die aktuellen Parametersetzungen des Anwendungsprogramms zu überprüfen und in diversen Tabellen zu verwalten. Neu – gegenüber früheren Graphiksystemen – ist, daß GKS mehrere Workstations parallel bedienen kann, was als *Multiple Workstation Concept* bezeichnet wird. Die wohl häufigste Anwendung dieser Möglichkeit ist es, Graphik nicht nur am Bildschirm, sondern gleichzeitig auch auf einem Plotter oder einer Bilddatei auszugeben.

Wie oben erwähnt, kennt GKS für graphische Ein- und Ausgabe nur elementare Funktionen, sogenannte *Ausgabe-Primitive* bzw. *Eingabe-Primitive*. Zu den Ausgabe-Primitiven gehören: *Polyline* (Linienzug aus Geradenstücken), *Polymarker* (zentrierte Symbole), *Text* (komfortable Textausgabe in verschiedenen Schriftarten und Ausrichtungen), *Fill Area* (Füllen einer Fläche mit Farbe, Muster oder Schraffur), *Cell Array* (Rastermatrix aus Farbzellen), *Generalized Drawing Primitive* (verallgemeinertes Darstellungselement, erlaubt zusätzliche Ausgabefunktionen wie beispielsweise Kreise, Ellipsen oder Interpolationskurven).

Als Eingabe-Primitive stehen zur Verfügung: *Locator* (Eingabe einer Position), *Stroke* (Eingabe einer Serie von Punkten), *Valuator* (Eingabe eines Wertes aus einem begrenzten kontinuierlichen Bereich), *Choice* (Auswahl einer Alternative), *Pick* (Identifizierung von Objekten) und *String* (Texteingabe). Es stehen drei Eingabe-Betriebsarten zur Verfügung, die für jedes Eingabegerät getrennt eingestellt werden können: *Request* (d.h. das Programm wartet, der Bediener verändert den Eingabewert und "schickt" ihn ab, das Programm erhält diesen Wert und arbeitet weiter), *Sample* (d.h. während der Bediener den Eingabewert verändert, kann das laufende Programm diesen aktuellen Wert jederzeit abfragen, ohne daß der Bediener diese Abfrage bemerkt), *Event* (d.h. während der Bediener den Eingabewert verändert und manche Werte "abschickt", kann das laufende Programm die abgeschickten Werte aus einer Warteschlange abholen).

Als letztes wichtiges GKS-Grundkonzept soll noch kurz auf die *Segmente* eingegangen werden. Von einer Bildmanipulation erwarten wir, daß nicht nur einzelne Linienzüge oder Flächen, sondern auch komplexere anwendungsbezogene "Gebilde" manipuliert werden können. GKS bietet nun dem Anwendungsprogramm die Möglichkeit, eine (beliebig große) Serie von Ausgabe-Primitiven zusammenzufassen. Diese Zusammenfassung wird als Segment bezeichnet. Ein solches Segment läßt sich manipulieren, vom Bildschirm aus identifizieren, vervielfältigen oder löschen.

Da nicht jeder Graphikanwender am gesamten Umfang von GKS interessiert ist, erlaubt GKS auch Implementierungen, die nicht alle im Standard definierten Funktionen enthalten. Damit nun nicht jeder seinen eigenen GKS-Dialekt schafft, indem er die Funktionen wegläßt, die er zufällig nicht braucht, gibt es genau 9 legale Untermengen (einschließlich der Gesamtmenge) des Standards, die sogenannten *GKS-Levels*. Sie gliedern sich nach inhaltlichen Gesichtspunkten und stellen keine linear aufsteigende Kette dar, sondern eine 3x3-Matrix mit einer *Ausgabe-Achse* und einer *Eingabe-Achse*. Dabei werden die Zeilen (der Ausgabe-Achse) mit 0, 1, 2 und die Spalten (der Eingabe-Achse) mit a, b, c bezeichnet. Es bedeuten:

Ausgabe-Level 0: Minimale Ausgabe-Kontrolle. Dies umfaßt alle in GKS vorkommenden Ausgabe-Primitive, Individual Attributes, Benutzung vordefinierter Bundles. Die Colour Representation darf vom Benutzer geändert werden. Es gibt *keine* Multiple Workstations, d.h. es darf zu jedem Zeitpunkt nur eine Workstation geöffnet sein. Der Workstation Type Metafile darf (muß aber nicht) unterstützt werden. Die meisten Erfragefunktionen (Inquiry Functions) sind erlaubt.

Ausgabe-Level 1: Volle Ausgabe-Kontrolle mit einfacher Segmentierung. Dies umfaßt (zusätzlich zum Ausgabe-Level 0) die volle Update-Kontrolle, benutzergesteuerte Bundle-Definition, Multiple Workstation Concept, auf jeden Fall den Metafile, alle nötigen Erfragefunktionen, Segmentierung (nur lokaler Segment Storage).

Ausgabe-Level 2: Workstation Independent Segment Storage. Dieser Level umfaßt (zusätzlich zum Ausgabe-Level 1) die Funktionen des Workstation Independent Segment Storage, d.h. Segmente können auch vervielfältigt oder nachträglich zu einer Workstation transportiert werden.

Eingabe-Level a: Keine Eingabefunktionen.

Eingabe-Level b: Request-Eingabe mit oder ohne Pick, je nachdem, ob der Ausgabe-Level 1 oder 2 (dann mit Pick) oder 0 (ohne Pick) ist.

Eingabe-Level c: Alle Eingabe-Betriebsarten, also Request, Sample und Event. Pick-Unterstützung wie bei Eingabe-Level b.

Alle Kombinationen der Ausgabe-Level und Eingabe-Level sind erlaubt, was zu einer Gesamtzahl von 9 Levels 0a, 0b, 0c, 1a, 1b, 1c, 2a, 2b, 2c führt.

Dabei hat allerdings der Level 2b die größte Verbreitung gefunden. Das hat folgende Gründe: Die einfache Handhabung von Bildneuaufbau oder Zoom machen gerade den Reiz von GKS aus. Die Realisierung dieser Funktionen auf allen Geräten erfordert Segment-Simulationsverfahren. Damit ist auf der Ausgabe-Achse der Level 2 erreicht. Level 2a ist nur für reine Batch-Rechner sinnvoll und Level 2c stellt höhere Anforderungen an die Systemumgebung. Denn asynchrone Betriebsarten (also Sample und Event) können nicht in jeder Konfiguration von Rechner, Workstation und Eingabegerät unterstützt werden.

2. Sprachanbindungen (FORTRAN und C)

GKS ist ein Standard, der unabhängig von einer speziellen Programmiersprache festgelegt wurde. Für den Anwender allerdings stellt es sich als Unterprogrammbibliothek in einer konkreten Programmiersprache dar. Die meisten Implementierungen sind in FORTRAN [FOR] und C [C] durchgeführt worden, wobei allerdings auch auf einer FORTRAN- oder C-Implementierung weitere Sprachanbindungen realisiert sein können. Um tatsächlich die Portabilität der Anwendungsprogramme auf verschiedenen GKS-Implementierungen zu gewährleisten, wurden die Sprachanbindungen für GKS ebenfalls als Standard verabschiedet ([GKSL1],[GKSL4]). Es werden darin die Namen der Unterprogramme und die Realisierung der abstrakten GKS-Datentypen in der konkreten Programmiersprache definiert. In diesem Buch wird GKS zusammen mit der FORTRAN-Sprachanbindung beschrieben. Die C-Sprachanbindung ist im Anhang enthalten. Die Beispielprogramme sind in FORTRAN geschrieben, dürften allerdings C-Programmierern keine Verständnisschwierigkeiten bereiten.

FORTRAN-Sprachanbindung

GKS unterscheidet folgende Datentypen, die in FORTRAN wie folgt dargestellt werden:

Tabelle 2.1 Datentypen in GKS und FORTRAN

GKS-Datentyp	in FORTRAN dargestellt durch:
INTEGER	INTEGER
REAL	REAL
POINT	2 REAL-Werte (X,Y)
n POINTs	2 REAL ARRAYS (X(n), Y(n))
STRING	CHARACTER*(*)
DATA RECORD	CHARACTER*80 (*)
NAME	INTEGER
ENUMERATION	INTEGER zwischen 0 und n–1

Namen sind in GKS speziell Segmentnamen, Workstation Identifier, Connection Identifier und Workstation Types; in FORTRAN-Anwendungen werden sie also als ganze Zahlen dargestellt. Der Datentyp ENUMERATION tritt überall dort auf, wo eine begrenzte Anzahl von Alternativen vorliegt. Um die Schreibrichtung eines Textes festzulegen, gibt es beispielsweise genau vier Setzungsmöglichkeiten: RIGHT, LEFT, UP, DOWN. Dem entspricht ein ENUMERATION-Wertebereich von 0, 1, 2 und 3. In diesem Buch werden (wie auch in der GKS-Dokumentation selbst) ENUMERATIONs stets als Klammerausdrücke der Form: (Wert0,Wert1,...,Wert<n–1>) dargestellt, wobei in FORTRAN für Wert0 stets 0, für Wert1 eine 1 usw. einzusetzen ist.

Bei der Handhabung der DATA RECORDs ist dringend empfohlen, die in der FORTRAN-Sprachanbindung vorgesehenen PACK-/UNPACK-Routinen zu benutzen, die mit dem erstmaligen Auftreten dieses Datentyps in Kapitel 12 beschrieben werden.

FORTRAN-Routinennamen werden nach dem Baukastenprinzip gebildet: Jeder Name beginnt mit einem G. Es folgt eine Abkürzung des Original-GKS-Funktionsnamens auf insgesamt maximal 6 Zeichen nach folgenden Bildungsgesetzen:

Abkürzung	steht für:
WK	WORKSTATION
SG	SEGMENT
OP	OPEN
CL	CLOSE
IN	INITIALISE
RQ	REQUEST
PL	POLYLINE
PM	POLYMARKER
TX	TEXT
FA	FILL AREA
LC	LOCATOR
SK	STROKE
VL	VALUATOR
CH	CHOICE
PK	PICK
ST	STRING
WN	WINDOW
VP	VIEWPORT

In der Tabelle sind nur die Abkürzungen enthalten, die in mehreren Routinennamen auftreten. Hinzu treten folgende zwei Bildungsgesetze: Beginnt der FORTRAN-Name einer GKS-Funktion mit GS, so handelt es sich um eine Setting Function (Setzefunktion), beginnt er mit GQ, so handelt es sich um eine Inquiry Function (Erfragefunktion). Einige Beispiele für FORTRAN-Namen:

G-PL	POLYLINE
G-OP-WK	OPEN WORKSTATION
G-CL-SG	CLOSE SEGMENT
G-IN-CH	INITIALISE CHOICE
GS-PL-C-I	SET POLYLINE COLOUR INDEX
GQ-MK-SC	INQUIRE MARKER SIZE SCALE FACTOR

Das folgende Beispiel zeigt, daß nicht alle GKS-Funktionen durch jeweils eine einzige Funktion der FORTRAN-Sprachanbindung realisiert werden. Die beiden Erfragefunktionen INQUIRE CURRENT PRIMITIVE ATTRIBUTE VALUES und INQUIRE CURRENT INDIVIDUAL ATTRIBUTES werden durch 12 bzw. 14 Funktionen in der FORTRAN-Sprachanbindung realisiert. Überhaupt tritt die Abhängigkeit von einer spezifischen Sprachanbindung bei Erfragefunktionen, die komplexe Daten liefern, am stärksten in Erscheinung.

Das Erfragen von Daten, die in GKS als sogenannte Listen organisiert sind, ist in der FORTRAN-Sprachanbindung folgendermaßen geregelt: Man erhält pro Funktionsaufruf ein einzelnes Listenelement, das man mit einem zusätzlichen Parameter auswählt. Zusätzlich liefert jede Funktion die Gesamtlänge der Liste und damit die Information, welche Listenelemente verfügbar sind.

Beim Erfragen von DATA RECORDs, Punkte-Feldern oder Farb-Indizes müssen im Anwendungsprogramm Felder ausreichender Größe deklariert sein. Dieser letzte Punkt ist in der C-Sprachanbindung völlig anders geregelt.

C-Sprachanbindung

Wie in C-Programmen üblich, gibt es auch in GKS Datentyp-Definitionen, die mit einer *#include "gks.h"* Anweisung in die Quellen des Anwendungsprogramms eingebunden werden. Diese recht umfangreichen Definitionen sind im Anhang vollständig aufgeführt, an dieser Stelle wollen wir uns aber zumindest einen groben Überblick verschaffen:

Tabelle 2.2 Datentypen in GKS und C

GKS-Datentyp	in C dargestellt durch:
INTEGER	Gint (= int, evtl. auch: long int)
REAL	Gfloat (= float)
POINT	Gpoint (= {Gfloat, Gfloat})
n POINTs	Gpoint_list
STRING	char *
NAME	Gint, char *, void *

Für die verschiedenen Formen von ENUMERATIONs und DATA RECORDs, gibt es jeweils individuelle Datentypen. Alle GKS-spezifischen Datentypen beginnen mit einem großen G und sind sonst klein geschrieben. Sie werden mit der Datei *"gks.h"* zur Verfügung gestellt. Die Funktionsnamen in der C-Sprachanbindung beginnen mit einem g und sind klein geschrieben, sie sind – trotz einiger Abkürzungen – weitgehend selbstdokumentierend. Die Funktionen sind vom Typ *void* und haben bei der Parameterversorgung folgende Eigenschaft: Einfache Parameter wie INTEGER, REAL oder ENUMERATION werden als Wert, zusammengesetzte Parameter wie z.B. POINT als Adresse übergeben. Die folgenden Beispiele für C-Funktionsnamen zeigen, daß sie im Vergleich zu FORTRAN aussagekräftiger sind:

gpolyline	POLYLINE
gopen_ws	OPEN WORKSTATION
gclose_seg	CLOSE SEGMENT
ginit_choice	INITIALISE CHOICE
gset_line_colr_ind	SET POLYLINE COLOUR INDEX
ginq_marker_size	INQUIRE MARKER SIZE SCALE FACTOR

Auch in der C-Sprachanbindung ist interessant, wie das Erfragen komplexer Daten festgelegt wurde. Bei den Datenstrukturen, die in GKS als Listen organisiert sind, erhält man mit jedem Aufruf in der C-Sprachanbindung eine "Teil-Liste". Dafür gibt man Startposition und gewünschte Länge vor:

```
/* Beispiel zum Erfragen von Listen */
  Gint_list  line_inds;
  num_elems_appl_list = n; /* gewuenschte Laenge */
/* Datenstruktur enthaelt Anzahl und "Platz" */
  line_inds.num_ints = n;
  line_inds.ints = (Gint *)calloc(n,sizeof(Gint));
  . . .
  start_pos = i; /* vom i-ten Element ab */
  ginq_list_line_inds (ws_id, num_elems_appl_list,
        start_pos, &err_ind, &line_inds, &length_list);
/* length_list ist die Laenge der Liste in GKS und
   line_inds.num_ints ist die Anzahl der eben
   erfragten Listenelemente */
```

Den benötigten Platz hat das Anwendungsprogramm zur Verfügung zu stellen. Dabei ist es gleichgültig, ob es sich um statische Felder oder dynamisch angeforderten Speicher handelt. Bei dieser sehr flexiblen Lösung kann man also auch einzelne Listenelemente oder die komplette Liste erfragen.

Für die Rückgabe strukturierter Daten – das sind im wesentlichen DATA RECORDs und PATTERNs, ist in der C-Sprachanbindung eine Speicherverwaltung enthalten, die folgendermaßen funktioniert:

```
/* skizziertes Beispiel fuer das Erfragen von
   STROKE und PATTERN */
  Gstore          store;
  Gstroke_data    *stroke_data;
  Gpat_rep        *pat_rep;
  . . .
  gcreate_store (&err_ind, &store);
/* INQUIRE STROKE DEVICE STATE */
```

```
  ginq_stroke_st (ws_id, stroke_num, ... ,
                 &store, ... , &stroke_data);
/* jetzt kann auf die Informationen von stroke_data
   zugegriffen werden */
/* INQUIRE PATTERN REPRESENTATION */
  ginq_pat_rep (ws_id, pat_ind, ...,
               &store, ... , &pat_rep);
/* auf stroke_data darf nicht mehr zugegriffen werden!
   pat_rep enthaelt die gewuenschten Pattern-Daten */
  gdel_store (store);
/* mit der Zerstoerung von store darf auch pat_rep nicht
   weiter verwendet werden ! */
```

Der mit *create_store* besorgte Pointer ist "recyclingfähig", d.h. man kann ihn für verschiedene Aufrufe von Erfragefunktionen verwenden – aber: *Man darf nur auf die Daten der letzten Erfragefunktion zugreifen.* Will man die Daten mehrerer Erfragefunktionen gleichzeitig verarbeiten, ruft man zweckmäßigerweise *create_store* mehrfach auf. Man erhält dann unterschiedliche Pointer, die man den Erfragefunktionen übergeben kann.

Zum Abschluß noch ein Hinweis: Die C-Sprachanbindung ist etwa fünf Jahre später standardisiert worden als die FORTRAN-Sprachanbindung. Ein Teil der verfügbaren C-Implementierungen wird daher einem früheren Entwurf und nicht dem endgültigen Standard entsprechen.

3. Für ganz Eilige ...

...und für alle, die nicht das gesamte Buch einmal von vorn bis hinten durcharbeiten wollen, bevor sie mit der Arbeit anfangen, ist dieses Kapitel gedacht.

Zum einen ist es von großer Bedeutung, daß wir uns schrittweise – auch in der praktischen Anwendung – mit den GKS-Konzepten vertraut machen. Zum anderen gehört zum wirklich sauberen Definieren, was z.B. eine *Workstation* eigentlich ist, wesentlich mehr, als sich in drei Sätzen beschreiben läßt. Wir stehen also vor folgendem Dilemma:

- Obwohl dieses Buch eine betont *praktische* Einführung in GKS darstellt, sollen doch die Begriffe sauber definiert werden (und nicht etwa nur "Kochrezepte" vermittelt werden).
- Um auch nur die einfachsten GKS-Anwendungen auszuprobieren, braucht der Anwender GKS-Funktionen wie OPEN GKS oder OPEN WORKSTATION, egal ob ihm ihre Bedeutung bekannt ist oder nicht.

Daher folgt hier zur Einführung und im Vorgriff auf spätere exakte Definitionen ausnahmsweise doch einmal ein "Kochrezept":

Um auf einer Workstation graphische Ausgabe betreiben zu können, müssen zuvor im Anwendungsprogramm mindestens folgende drei GKS-Funktionen aufgerufen werden. Für FORTRAN-Programme sehen die Aufrufe folgendermaßen aus:

OPEN GKS

```
CALL GOPKS ( IUNIT , -1 )
```

OPEN WORKSTATION

```
CALL GOPWK ( IWK , ICON , IWT )
```

ACTIVATE WORKSTATION

```
CALL GACWK ( IWK )
```

IUNIT ist die FORTRAN Unit Number der Fehlerprotokolldatei. Die Bedeutung des zweiten Parameters von GOPKS wird in Kapitel 6 erklärt. IWK ist eine beliebige positive Nummer, der sogenannte *Workstation Identifier*, unter dem die Workstation nach dem Öffnen im Anwendungsprogramm stets angesprochen wird, ICON ist die Kanalnummer (FORTRAN Unit Number) der Datei, auf die die graphische Ausgabe erfolgen soll, und IWT der *Workstation Type*, also die Festlegung des Gerätetyps. Hier muß sich der Anwender vor Ort informieren, unter welchen Typenkennungen die Graphikgeräte an seiner GKS-Installation ansprechbar sind.

Für C-Programme sehen die Aufrufe folgendermaßen aus:

OPEN GKS

```
gopen_gks ( GDEF_ERR_FILE, GDEF_MEM_SIZE);
```

OPEN WORKSTATION

```
gopen_ws  ( iwk, (void *)conn_id, iwt );
```

ACTIVATE WORKSTATION

```
gactivate_ws ( iwk );
```

Die Fehlermeldungen werden von GKS auf *stderr* – das ist die Standardfehlerausgabe, normalerweise der Bildschirm – geschrieben, da wir bei *gopen_gks* den vordefinierten Standardwert GDEF_ERR_FILE als Parameter angegeben haben. Im Gegensatz zur FORTRAN-Sprachanbindung wird beim Aufruf von OPEN WORKSTATION der Name des Connection Identifier *conn_id* als Pointer auf eine implementationsabhängige Struktur übergeben. Für ein Anwendungsprogramm in der Sprache C ist damit einer der ersten Aufrufe von GKS-Funktionen implementationsabhängig, man muß also die Dokumentation der verwendeten GKS-Implementierung heranziehen.

Nach Beendigung der graphischen Ausgabe müssen die drei obigen Aufrufe wieder rückgängig gemacht werden. Dafür gibt es drei korrespondierende GKS-Funktionen. Für FORTRAN-Programme sehen die Aufrufe folgendermaßen aus:

DEACTIVATE WORKSTATION

```
CALL GDAWK ( IWK )
```

CLOSE WORKSTATION

```
CALL GCLWK ( IWK )
```

CLOSE GKS

```
CALL GCLKS
```

Der gleiche Spaß im C-Programm:

DEACTIVATE WORKSTATION

```
gdeactivate_ws ( iwk );
```

CLOSE WORKSTATION

```
gclose_ws ( iwk );
```

CLOSE GKS

```
gclose_gks ();
```

In beiden Fällen ist die Reihenfolge der Aufrufe exakt einzuhalten. Ein GKS-Programm ist also sozusagen eingerahmt durch je eine Dreiersequenz von Öffnungs- und Schlußaufrufen.

Warum sind nun je drei Aufrufe und nicht wie in früheren Graphikpaketen je ein Öffnungs- und Schlußaufruf erforderlich?

Weil ein schlauer GKS-Benutzer (dies ist ein Benutzer, der noch mindestens 40 Seiten weitergelesen hat) mit diesen sechs GKS-Funktionen noch viel mehr anfangen kann, als sie lediglich in zwei starren Dreierblöcken aufzurufen.

Der mit GKS noch unerfahrene Benutzer sollte obiges "Kochrezept" ruhig erst einmal beherzigen und sich – vor dem Erlernen so komplexer Begriffe wie des Workstation-Konzepts – mit dem Prinzip der elementaren Liniengraphikausgabe in GKS vertraut machen. Dies erhöht nicht nur den Spaß für den Anfänger, der schon sehr bald Bilder zu sehen bekommt, sondern erleichtert auch ganz erheblich das Verstehen der späteren Kapitel.

Teil II

Level 0a

4. Polyline-Ausgabe

Die meisten graphischen Anwendungen geben auch Linien aus – und diese minimale Anforderung wurde auch zu allen Zeiten von allen Graphikpaketen erfüllt. Während früher die gesamte Graphik letztlich über die Ausgabe von Linien abgewickelt wurde, ist in GKS das *Polyline* eins von fünf gleichberechtigten Ausgabe-Primitiven. Daher erscheint es sinnvoll, den Einstieg in GKS über solche vertrauten Anwendungen zu beginnen.

Wie bereits bemerkt, kennt GKS zum Zeichnen von Linien nur ein einziges Ausgabe-Primitiv, den Linienzug oder das Polyline. Ein solches Polyline wird erzeugt durch einen Aufruf

POLYLINE

```
CALL GPL ( N , X , Y )
```

wobei N die Anzahl der Punkte angibt und X und Y REAL-Felder der Dimension N sind, die die Koordinaten der Punkte enthalten. Beispiel:

```
...
REAL X(2),Y(2)
...
X(1) = 0.0
Y(1) = 0.0
X(2) = 1.0
Y(2) = 1.0
CALL GPL(2,X,Y)
```

Durch dieses Programmstück wird eine Strecke vom Punkt (0.0, 0.0) zum Punkt (1.0, 1.0) gezeichnet. Bevor wir uns mit Koordinatensystemen und Längeneinheiten befassen, nutzen wir die Gelegenheit zum ersten vollständigen GKS-Programm mit Graphik-Ausgabe:

Programm 4.1 Test1 in FORTRAN

```
      PROGRAM TEST1
C
C     Das 1. GKS-Programm in FORTRAN
```

```
C
C     Initialisierung von
C     installationsabhaengigen Daten
C
      INTEGER ICON, IWT, IERFIL
      PARAMETER ( ICON=11, IWT=69999, IERFIL=6 )
C
C     "normale" Initialisierung
C
      INTEGER IWK, NPTS
      PARAMETER ( IWK=1, NPTS=3 )
      REAL XVAL(NPTS),YVAL(NPTS)
      DATA XVAL /0.1,0.5,0.9/
      DATA YVAL /0.2,0.8,0.4/
C
C     eroeffne GKS und Workstation
C
      CALL GOPKS ( IERFIL, -1 )
      CALL GOPWK ( IWK , ICON , IWT )
      CALL GACWK ( IWK )
C
C     Polyline zeichnen
C
      CALL GPL ( NPTS , XVAL , YVAL )
C
C     alles wieder ordentlich schliessen
C
      CALL GDAWK ( IWK )
      CALL GCLWK ( IWK )
      CALL GCLKS
      STOP
      END
```

Programm 4.2 Test1 in C

```
/*   1. GKS-Programm in C
 *                            */
#include "gks.h"
/*
 *  installations- und implementierungsabhaengige
 *  Definitionen
 *                                                */
#define ERR_FILE "gks_errors"
#define CONN_ID  "test_conn"
```

```
#define WS_TYPE  69999
/*
 *  "normale" Definitionen
 *                               */
#define MY_WS  1
#define NPTS   3
int main ()
{
      static Gpoint xy[NPTS] = {
             {0.1,0.2}, {0.5,0.8}, {0.9,0.4} };
      Gpoint_list Pxy;

      Pxy.num_points = NPTS;
      Pxy.points = xy;
/*
 *    eroeffne GKS und Workstation
 *                                            */
      gopen_gks (ERR_FILE, GDEF_MEM_SIZE);
      gopen_ws  (MY_WS, (void *)CONN_ID, WS_TYPE);
      gactivate_ws (MY_WS);
/*
 *    Polyline zeichnen
 *                                */
      gpolyline (&Pxy);
/*
 *    alles wieder ordentlich schliessen
 *                                          */
      gdeactivate_ws (MY_WS);
      gclose_ws (MY_WS);
      gclose_gks ();
      exit (GE_NO_ERR);
}
```

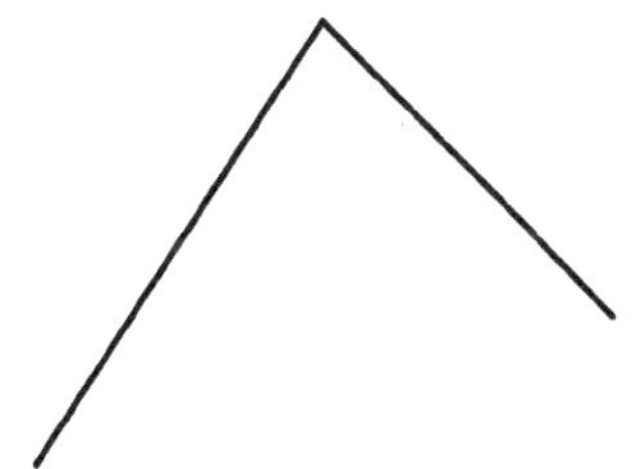

Abb. 4.1: Ergebnis beider Programme

Transformation von Ausgabe-Primitiven

Kommen wir nun auf die Frage zurück, wo der Punkt (0.0, 0.0) auf der Zeichenfläche liegt und wie weit der Punkt (1.0, 1.0) von ihm entfernt ist, d.h. die Frage nach dem verwendeten Koordinatensystem und den Längeneinheiten.

Ältere Pakete verlangten meist die Längenangabe in Zentimetern. Dies läßt sich allerdings nicht auf eine wirklich geräteunabhängige Software – wie es eine GKS-Implementierung ist – übertragen: Zur Planung einer Zeichnung gehört nämlich nicht nur die Festlegung einer Skalierung, sondern auch die eines Rahmens, in dem sich die Zeichnung befinden soll, während alles, was sich außerhalb dieses Rahmens befindet, automatisch abgeschnitten wird (sogenanntes Clipping). Wenn man nun alles in Zentimetern angeben muß, ist ein Gerätebezug unumgänglich, da eben jedes Gerät (in Zentimetern gemessen) seine eigene beschränkte Zeichenfläche hat. Hinzu kommt, daß das Zeichnen in Zentimetereinheiten für den Benutzer durchaus nicht komfortabel ist, da seine Meßwerte im allgemeinen keine Zentimeterdaten sind, die Umrechnung also stets ihm selbst aufgebürdet wird.

GKS bietet hier eine andere Lösung an: Der Benutzer arbeitet mit den von ihm gewählten Koordinaten, dem sogenannten Weltkoordinatensystem, das den Problemdaten angepaßt ist, jedoch noch keine Aussagen über die Größe der entstehenden Zeichnung macht. Dieses Koordinatensystem dient nur dazu, dem Benutzer eine Umrechnung seiner Originaldaten zu ersparen.

GKS kennt nun eine abstrakte, dimensionslose Zeichenfläche, nämlich ein Quadrat der Seitenlänge 1. Dieses Quadrat wird als *Einheitsquadrat* oder *NDC Space* (Normalized Device Coordinate Space) bezeichnet. Vom Benutzer wird durch zwei voneinander unabhängige Aufrufe folgendes festgelegt:

- ein Bereich, in dem sich seine Problemdaten bewegen sollen, während Überschreitungen automatisch abgeschnitten werden (Clipping). Das so definierte Rechteck wird als *Window* bezeichnet. Es schneidet aus dem konzeptionell unbegrenzten Bereich der Weltkoordinaten den für das Problem relevanten Teil heraus.
- ein Teilbereich des Einheitsquadrats, der sogenannte *Viewport*, in den hinein das Window bildfüllend abgebildet wird.

Die Einstellung des Viewports ist also lediglich eine Layout-Funktion, die die Skalierung und die Plazierung des Windows auf dem Einheitsquadrat steuert.

Diese abstrakte Zeichenfläche stellt natürlich nur eine Zwischenstufe dar, die eine vollständige Trennung problemabhängiger und geräteabhängiger Größen bewirkt. GKS sorgt nämlich automatisch dafür, daß die abstrakte Zeichenfläche (oder ein Ausschnitt von ihr) auf die für das aktuell benutzte Gerät verfügbare Zeichenfläche verzerrungsfrei und möglichst bildfüllend abgebildet wird. Die Aufrufe zur Einstellung von Window und Viewport lauten:

SET WINDOW

```
CALL GSWN ( ITNR, XWMIN, XWMAX, YWMIN, YWMAX )
```

SET VIEWPORT

```
CALL GSVP ( ITNR, XVMIN, XVMAX, YVMIN, YVMAX )
```

Hierbei dürfen als Window-Grenzen dem Problem angemessene beliebige Zahlenwerte eingesetzt werden. Als Viewport-Grenzen hingegen sind nur Koordinatenangaben zwischen 0.0 und 1.0 (sogenannte normalisierte Koordinaten) zulässig, da ja hier ein Teilbereich des Einheitsquadrates festgelegt wird.

Sofern nicht ausdrücklich anders vermerkt, sind alle Koordinatenangaben in GKS-Funktionen in Weltkoordinaten zu spezifizieren.

Durch ITNR wird eine Transformationsnummer spezifiziert, die je ein Window und einen Viewport zu einer *Normalization Transformation* zusammenfaßt. Es können im Programm mehrere solcher Normalization Transformations definiert werden. Die Maximalzahl ist von der GKS-Implementierung abhängig, beträgt aber (ab Level 1) mindestens 10. Alle Windows und alle Viewports sind mit dem NDC Space vorbesetzt. Die Normalization Transformation mit der Nummer 0 ist als einzige nicht vom Benutzer überschreibbar, d.h. man kann immer auf die ursprüngliche "Eins zu Eins"-Normalization Transformation zugreifen.

Von allen möglichen Normalization Transformations wird aktuell natürlich immer nur eine benutzt. Standardmäßig ist dies die Transformation 0; eine andere wird durch den Aufuf

SELECT NORMALIZATION TRANSFORMATION NUMBER

```
CALL GSELNT ( ITNR )
```

ausgewählt. Damit können wir unser erstes Beispiel (Programm Test1) erweitern:

```
        ...
C
C       AUSGABE EINER PARABEL IM BEREICH [0,20]
C
        PARAMETER (N=20)
        REAL X(N),Y(N)
        ...
        DO 300 I=1,N
           X(I) = REAL(I)
           Y(I) = X(I) ** 2
300     CONTINUE
C
C       DEFINITION DER TRANSFORMATION 1
C
C       DEFINIERE DEN BEREICH ZWISCHEN 0. UND 20.
```

```
C     BZW. ZWISCHEN 0. UND 400. ALS ZULAESSIGEN
C     WELTKOORDINATENBEREICH
C
      CALL GSWN ( 1 , 0.0 , 20.0 , 0.0 , 400.0 )
C
C     ES SOLL DAS GANZE EINHEITSQUADRAT AUSGENUTZT WERDEN
C
      CALL GSVP ( 1 , 0.0 , 1.0 , 0.0 , 1.0 )
C
C     VON NUN AN SOLL TRANSFORMATION 1 BENUTZT WERDEN
C
      CALL GSELNT ( 1 )
C
C     AUSGABE DES POLYLINE
C
      CALL GPL ( N , X , Y )
      ...
```

Durch diese Festlegungen wird erreicht, daß die gezeichnete Parabel in einem möglichst großen Quadrat verläuft, und zwar auf jedem Gerät, egal ob die Zeichenfläche 10 cm oder 2 m lang und breit ist.

Zusammenfassung: Eine Normalization Transformation bildet die problemspezifischen Benutzerkoordinaten auf ein dimensionsloses normalisiertes Koordinatensystem, den NDC Space ([0,1]-Quadrat), ab. Sie setzt sich zusammen aus der Transformationsnummer und einem Paar von Rechtecken. Eins ist das sogenannte Window, das den Ausschnitt der "Welt" angibt, der dargestellt werden soll. Das andere ist der sogenannte Viewport, der den Teil des NDC Space angibt, in den hinein das Window abgebildet werden soll. Die aktuell zu benutzende Transformation wird durch SELECT NORMALIZATION TRANSFORMATION NUMBER *ausgewählt.*

Beim Schreiben anwendungsbezogener Unterprogramme kommt es oft vor, daß man – für die Dauer dieses Unterprogramms – eine ganz spezielle Transformation benötigt und nachher wieder den alten Zustand herstellen will. So kann man z.B. eine Koordinatenachse unter Verwendung eines Zentimeterkoordinatensystems zeichnen, unabhängig davon, welche Transformation das aufrufende Programm gerade benutzt. Ein solches Vorgehen ist typisch für höhere Software und nicht auf das spezielle Problem der *Normalisierungstransformation (Normalization Transformation)* beschränkt, sondern für alle *Setzefunktionen (Setting Functions)* in GKS gültig.

Für diese Zwecke verfügt GKS über eine Vielzahl von *Erfragefunktionen (Inquiry Functions)*, mit denen man die gerade in GKS oder auf einer Workstation eingestellten Parameter erfahren kann. So kann man z.B. die gerade zur Transformation benutzte Transformationsnummer mit Hilfe des folgenden Aufrufs erfragen:

INQUIRE CURRENT NORMALIZATION TRANSFORMATION NUMBER

```
CALL GQCNTN ( IERR , ITNR )
```

Beide Parameter sind Ausgabeparameter. Es müssen also stets Variablen übergeben werden. Der erste Parameter ist ein Error-Parameter. Im zweiten Parameter wird die aktuell benutzte Transformationsnummer zurückgeliefert.

Der Error-Parameter bedarf einer ausführlicheren Diskussion: Alle GKS-Funktionen führen eine umfangreiche Anzahl von Fehlerüberprüfungen durch, sowohl was die Korrektheit der eingegebenen Parameter betrifft, als auch bezüglich des aktuellen Zustands von GKS (nicht jede GKS-Funktion darf in jedem Kontext aufgerufen werden). Beim Aufruf von Erfragefunktionen stellt sich nun das Problem, daß das Anwendungsprogramm Werte erwartet, um mit ihnen weiterzurechnen. Der fehlerhafte Aufruf einer Erfragefunktion kann zu – unter Umständen katastrophalen – Folgefehlern führen, da die Ausgabeparameter nicht mit vernünftigen Werten besetzt sind. Aus diesem Grunde wird ein Error-Parameter mitgeführt, der angibt, ob ein Aufruf erfolgreich war oder nicht. Genauer: Der Error-Parameter erhält den Wert 0, wenn alles in Ordnung war, und sonst die Nummer der GKS-Fehlermeldung, die – wenn keine Erfragefunktion aufgerufen wird – in die Fehlerprotokolldatei (siehe OPEN GKS) geschrieben wird. *Nur wenn nach dem Aufruf einer Erfragefunktion der Error-Parameter 0 ist, können in den anderen Ausgabeparametern sinnvolle Werte erwartet werden!*

Mit Hilfe der oben eingeführten Erfragefunktion kann nun ein eigenes Unterprogramm wie folgt lokal mit einer anderen Transformation arbeiten:

```
      PARAMETER (PI = 3.14159)
      ...
      CALL GQCNTN ( IERR , ICTNR )
      IF ( IERR .EQ. 0 ) THEN
C
C     IN ICTNR NUN AKTUELL VOM BENUTZERPROGRAMM
C     VERWENDETE TRANSFORMATIONSNUMMER
C
C     STELLE TRANSFORMATION ICTNR + 1 NEU EIN
C
         NEU = ICTNR + 1
         CALL GSWN ( NEU, -PI/2.0, +PI/2.0, -1.0, +1.0 )
         CALL GSELNT ( NEU )
C
C     NUN DIE GRAPHISCHE AUSGABE DER ROUTINE
      ...
C     AM ENDE TRANSFORMATION ZURUECKSETZEN
C
         CALL GSELNT(ICTNR)
      END IF
      ...
```

Das hier gezeigte Programmstück hat noch einige Schönheitsfehler: Zum einen könnte der Benutzer auch in ICTNR+1 eine Transformation abgespeichert haben, die er nur zufällig nicht benutzt (und die nun vom Unterprogramm zerstört würde); zum anderen könnte es nützlich sein, nur ein neues Window zu benutzen und den alten Viewport weiterzuverwenden (man denke an das Achsenkreuz, das zwar in anderen Maßeinheiten als die Kurven, wohl aber an der gleichen Stelle gezeichnet werden soll). Also reicht die von INQUIRE CURRENT NORMALIZATION TRANSFORMATION NUMBER gelieferte Information zur Lösung des Problems nicht aus. Vielmehr benötigt man noch eine weitere Erfragefunktion, die zu einer gegebenen Transformationsnummer das zugehörige Window und den zugehörigen Viewport liefert:

INQUIRE NORMALIZATION TRANSFORMATION

```
      CALL GQNT ( ITNR , IERR , WIND , VIEWP )
```

Der erste Parameter ITNR ist ein Eingabeparameter, der angibt, welche Transformation der Benutzer zu erfragen wünscht. Die restlichen Parameter sind Ausgabeparameter. IERR ist wieder der Error-Parameter. WIND und VIEWP müssen REAL-Felder der Dimension 4 sein, in denen Window bzw. Viewport in der Reihenfolge: XMIN, XMAX, YMIN, YMAX geliefert werden. Damit können wir unser obiges Beispiel vernünftig programmieren:

```
      REAL WIND(4),VIEWP(4)
      PARAMETER (PI = 3.14159)
      ...
      CALL GQCNTN ( IERR , ICTNR )
      IF ( IERR .EQ. 0 ) THEN
C
C        IN ICTNR JETZT AKTUELLE TRANSFORMATION
C
         CALL GQNT ( ICTNR , IERR , WIND , VIEWP )
         IF ( IERR .EQ. 0 ) THEN
C
C        WINDOW LOKAL UEBERSCHREIBEN, VIEWPORT
C        WEITERBENUTZEN
C
           CALL GSWN ( ICTNR , -PI/2.0 , +PI/2.0 ,  -1.0 , +1.0 )
C
C          GSELNT-AUFRUF NICHT NOTWENDIG, DA WIR AUF
C          DER AKTUELL EINGESTELLTEN TRANSFORMATION
C          ARBEITEN
C
C          JETZT GRAPHIKAUSGABE
C
           ...
```

```
C
C         AM SCHLUSS ANFANGSZUSTAND WIEDERHERSTELLEN
C
          CALL GSWN ( ICTNR, WIND(1), WIND(2), WIND(3), WIND(4) )
        END IF
      END IF
      ...
```

Um ganz sicher zu sein, müßte das Programm natürlich noch erfragen, ob nicht zufällig die (nicht überschreibbare) Transformation 0 eingestellt ist.

Bei der Einführung des Viewport wurde bemerkt, daß eine solche Setzung zweierlei bewirkt: zum einen die Definition einer Koordinatentransformation, zum anderen die Definition eines Klipprechtecks *(Clipping Rectangle)*, außerhalb dessen alle Graphikelemente abgeschnitten werden.

Der zweite Effekt kann jedoch manchmal unerwünscht sein, z.B. wenn man zwei Koordinatenachsen auf die Window-Grenzen legt, aber die Achsen-Ticks und die Beschriftungen nach außen haben möchte. In so einem Fall ist man also nur an der Transformation interessiert. Für solche Zwecke existiert in GKS ein sogenannter *Clipping Indicator*, der vom Anwendungsprogramm ein- und ausgeschaltet werden kann. Ist er ON, wird am Viewport geklippt (dies entspricht der Voreinstellung). Ist er OFF, unterbleibt zwar das Clipping am Viewport – allerdings wird nie etwas gezeichnet, was außerhalb des NDC-Quadrates liegt. Die GKS-Funktion zur Setzung des Clipping Indicators lautet:

SET CLIPPING INDICATOR

```
      CALL GSCLIP ( ICLIP )
```

Der Parameter ICLIP ist vom Typ ENUMERATION und hat den Wertebereich (OFF,ON) (d.h. 0 bedeutet OFF, 1 bedeutet ON, wie im FORTRAN-Abschnitt von Kapitel 2 erläutert wurde). Die aktuelle Einstellung des Clipping Indicators kann erfragt werden durch die GKS-Funktion

INQUIRE CLIPPING

```
      CALL GQCLIP ( IERR , ICLIP , RECT )
```

Alle Parameter sind Ausgabeparameter. Der Error-Parameter ist bereits bekannt, in der Variablen ICLIP wird der aktuelle Wert des Clipping Indicator abgeliefert. RECT ist ein REAL-Feld der Dimension 4, in dem die Grenzen des zur Zeit benutzten *Clipping Rectangle* in der Reihenfolge XMIN, XMAX, YMIN, YMAX geliefert werden. Dies ist – im Normalfall – der gerade eingestellte *Viewport* (s.o.), so daß dieser Parameter redundant erscheint (man könnte die gleiche Information auch durch Aufrufe von GQCNTN und GQNT erhalten). Später werden wir jedoch sehen, daß bei Verwendung des GKS-Metafile (s. Kapitel 14) Viewport und Clipping Rectangle auch verschieden sein können.

Damit verlassen wir die Diskussion der Normalization Transformation. Es soll an dieser Stelle ausdrücklich darauf hingewiesen werden, daß die vorangehenden Konzepte für *alle GKS-Ausgabe-Primitive* Gültigkeit haben (also nicht etwa nur für Polylines!). Da Polylines jedoch die dem Anwender vertrautesten Graphikelemente sind (und wir deren Besprechung daher an den Anfang gestellt haben), haben wir die Koordinatentransformation hier eingefügt.

Den Rest des Kapitels widmen wir nun der Diskussion der speziell für Polylines vorgesehenen *Attribute*, wobei wiederum exemplarisch das allgemeine *Konzept der Attributbehandlung in GKS* vorgestellt wird. Beim Besprechen der für die restlichen Primitive vorhandenen Attribute werden wir daher auf die nun folgenden Diskussionen zurückgreifen. Im folgenden zeigen wir eine Isoliniendarstellung mit irregulär verteilten Gitterpunkten. Diese Zeichnung wurde mit Hilfe des auf GKS aufbauenden Präsentationsgraphikpaketes BIZEPS [BIZ] erzeugt:

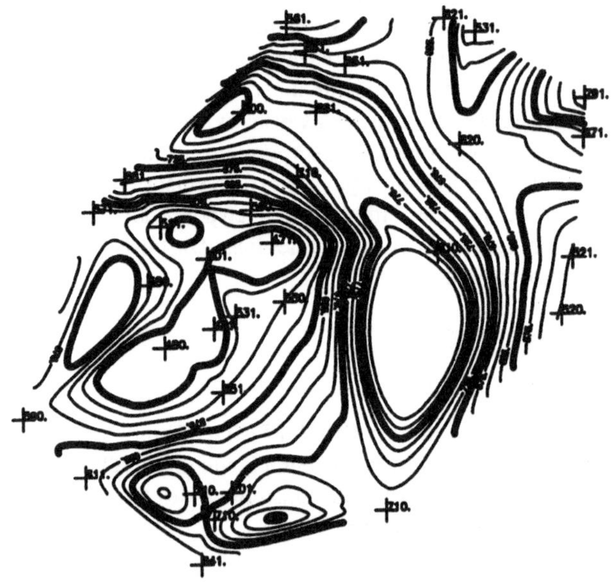

Abb. 4.2: Polyline-Beispiel

Polyline-Attribute

Neben dem durch Koordinatensysteme und Positionierung gesteuerten Layout ist für das Aussehen einer Liniengraphik die Darstellung der Linien selbst von entscheidender Bedeutung. Um unterschiedliche Linien voneinander abzuheben, stehen dem GKS-Anwender drei Linienattribute zur Verfügung:

- der *Linetype*
- der *Linewidth Scale Factor*
- der *Polyline Colour Index*

Der *Linetype* gibt an, ob die Linie durchgezogen, gestrichelt, punktiert etc. ist. Er kann vom Benutzer nicht selbst definiert werden, sondern ist aus einer für die verwendete Workstation vorgegebenen Tabelle anwählbar. Im GKS-Sinn ist ein Linetype also keine Spezifikation von Strich- und Lückenlänge, sondern nur eine Zahl, mit der man aus einer vorgegebenen Menge von Linientypen eine Auswahl trifft. Dabei ist folgendes zu beachten: *Genormt* sind die Linientypen 1 bis 4, sie *müssen auf allen Workstations ein analoges Bild ergeben:*

Linetype 1:	*solid*	(durchgezogen)	———————
Linetype 2:	*dashed*	(gestrichelt)	- - - - - - - - - - - - -
Linetype 3:	*dotted*	(punktiert)	....
Linetype 4:	*dashed-dotted*	(strichpunktiert)	—·—·—·—·—·—·—

Abb. 4.3: Genormte Linientypen

Linientypen ab 5 waren ursprünglich für weitere Festlegungen durch eine Registrierungsbehörde vorgesehen.

Negative Linientypen können verfügbar sein, aber sie sind *implementationsabhängig und nicht genormt*. Beispielsweise kann Linientyp –7 auf verschiedenen GKS-Implementierungen verschiedene Ergebnisse liefern (oder braucht nicht definiert zu sein). Innerhalb einer GKS-Implementierung muß ein solcher Linientyp – sofern er unterstützt wird – jedoch analoge Ergebnisse liefern. Wählt man einen Linientyp, der nicht zur Verfügung steht, wird ersatzweise Linientyp 1 benutzt. Auf der sicheren Seite arbeitet man, wenn man sich auf die Linientypen 1 bis 4 beschränkt.

Die Dicke der Linie wird durch den *Linewidth Scale Factor* spezifiziert. Wie der Name schon sagt, stellt er keine absolute Dicke dar (etwa in Millimetern gemessen), sondern einen relativen "Dickenfaktor". Dieser bezieht sich auf eine sogenannte *Nominal Linewidth*, die der GKS-Implementierer auf jeder Workstation unterschiedlich (etwa feinste Strichstärke) oder auch einheitlich auf beispielsweise 0.3 mm festlegen kann. Jede andere Dicke wird nun als Vielfaches dieser Nominal Linewidth angegeben. Ein Linewidth Scale Factor von 2.5 bedeutet also eine Strichstärke, die dem zweieinhalbfachen der Nominal Linewidth entspricht. Der aktuelle Wert der Nominal Linewidth und das Intervall überhaupt zulässiger Dicken kann der sogenannten Workstation Description Table (siehe Kapitel 5) entnommen werden. Darüber hinaus ist nicht jeder Wert realisierbar, so daß der gewünschte Wert 2.5 häufig als 3.0 realisiert wird. Die Gründe dafür werden wir ebenfalls im folgenden Kapitel kennenlernen. Dieses ganze Verfahren zeigt, daß die Liniendicke *keine* geometrische Größe ist, d.h. sie unterliegt keiner Koordinatentransformation. Eine Linie bleibt unter jeder denkbaren Vergrößerung stets gleich dick.

Die Farbe eines Polyline wird mit dem *Polyline Colour Index* festgelegt. Wie bereits aus dem Namen folgt, handelt es sich um keinen absoluten Farbwert, sondern um einen Tabellenindex. Jede Workstation verfügt nämlich über eine sogenannte *Colour Table (Lookup Table)*, also eine Tabelle, in der die momentan benutzbaren Farben abgespeichert sind.

Die Colour Table beginnt stets bei 0. Negative Colour Indices sind nicht erlaubt. Der Colour Index 0 repräsentiert immer die Hintergrundfarbe. Die Standard-Vordergrundfarbe erhalten wir mit Colour Index 1. Beide Colour Indices sind immer definiert. Wieviele Colour Indices darüber hinaus verfügbar sind, hängt von der Farbausstattung jeder einzelnen Workstation ab und wird im folgenden Kapitel ausführlich besprochen.

Ein Polyline, das mit Colour Index 0 gezeichnet wird, ist nie sichtbar (es sei denn, es wird auf einer andersfarbigen Fläche gezeichnet). Ein weiterer Vorteil der Spezifikation der Farbe als Index ist – wieder einmal – die daraus resultierende Geräteunabhängigkeit: Ein Plotter zeichnet i.a. auf weißem Papier, d.h. die Hintergrundfarbe (Index 0) ist weiß, die voreingestellte Farbe (Index 1) ist schwarz. Auf einem Bildschirm ist es in der Regel umgekehrt: Der Hintergrund ist dunkel, gezeichnet wird in weiß. Als GKS-Benutzer kann einem dieser Unterschied egal sein. Man zeichnet am Bildschirm mit Colour Index 1 stets hell auf dunkel und – mit dem gleichen Programm – auf dem Plotter schwarz auf weiß. Im Gegensatz zum Linetype können die vordefinierten Farbdarstellungen, d.h. die Bedeutung der Colour Indices, vom Benutzer umdefiniert werden (s. Kapitel 5).

Nach dieser eingehenden Diskussion der Bedeutung der drei Polyline-Attribute Linetype, Linewidth Scale Factor und Polyline Colour Index soll nun besprochen werden, wie man diese Attribute vom Programm aus einstellen kann.

Warnung: *In GKS werden die Attribute der Ausgabe-Primitive nach dem Prinzip der "doppelten Buchführung" verwaltet: Zum einen gibt es in GKS* **einmalig und zentral** *die sogenannten* **individuellen Attribute**, *zum anderen hat* **jede ausgabefähige** *Workstation* **mehrere** *Attributtabellen, die sogenannten* **Bundles**.

Die erste Möglichkeit, die wir besprechen, ist die Benutzung sogenannter *Bundles*. Ein vollständiger Satz von Polyline-Attributen bildet jeweils ein *Bundle*, das über einen *Bundle Index* angesprochen werden kann, z.B.

Bundle Index 3 :	Linetype 4
	Linewidth Scale Factor 1.7
	Polyline Colour Index 2

Ähnlich wie die Colour Table ist auch die *Polyline Bundle Table* eine auf der Workstation gespeicherte Tabelle, die angibt, was unter Index 1, Index 2 etc. zu verstehen ist. Daraus folgt speziell, daß der Polyline Bundle Index 3 auf verschiedenen Workstations ganz verschiedene Bedeutungen haben kann. Auf einem Farb-Plotter kann er z.B. für eine dünne, durchgezogene rote Linie stehen, auf einem monochromen Bildschirm dagegen für gestrichelt, weiß und dünn.

Die Anzahl der auf der Workstation definierten Polyline Bundles variiert natürlich wieder von Workstation zu Workstation. GKS fordert nur, daß sie mindestens 5 Einträge besitzen muß. Auf jeder Workstation ist also garantiert, daß die Polyline Bundle Indices 1,..,5 immer unterschiedlich aussehende Linien erzeugen, wobei üblicherweise Farbfähigkeiten ausgenutzt werden, d.h. die Polyline Bundles enthalten verschiedene Farben auf Farbgeräten, verschiedene Linientypen auf Schwarzweißgeräten.

Mit dem Setzen des Polyline Index wird festgelegt, welches Polyline Bundle auf **jeder** Workstation zu benutzen ist:

SET POLYLINE INDEX

```
CALL GSPLI ( INDEX )
```

Die zugehörige Erfragefunktion lautet:

INQUIRE POLYLINE INDEX

```
CALL GQPLI ( IERR , INDEX )
```

Die Setzung erfolgt zentral in GKS. Nach dem Aufruf

```
CALL GSPLI ( 3 )
```

werden – von nun an – alle Polylines auf allen Workstations mit den Attributen ausgegeben, die jeweils auf den einzelnen Workstations zum Bundle mit der Nummer 3 zusammengefaßt sind. Die Setzung gilt bis zum nächsten Aufruf von SET POLYLINE INDEX.

Bevor wir die Vor- und Nachteile der beiden Attributhandhabungen diskutieren, stellen wir die zweite Möglichkeit vor: Eine Zustandsliste in GKS, die sogenannte *GKS State List*, enthält u.a. alle Normalisierungstransformationen und alle individuellen Attribute. Das Setzen und Erfragen der individuellen Polyline-Attribute in der GKS State List geschieht durch folgende Funktionen:

SET LINETYPE

```
CALL GSLN ( LTYP )
```

SET LINEWIDTH SCALE FACTOR

```
CALL GSLWSC ( SCAL )
```

SET POLYLINE COLOUR INDEX

```
CALL GSPLCI ( ICOL )
```

Die entsprechenden Erfragefunktionen sind:

INQUIRE LINETYPE

```
CALL GQLN ( IERR , LTYP )
```

INQUIRE LINEWIDTH SCALE FACTOR

```
CALL GQLWSC ( IERR , SCAL )
```

INQUIRE POLYLINE COLOUR INDEX

```
CALL GQPLCI ( IERR , ICOL )
```

Die Bedeutung der Parameter wurde bereits eingehend diskutiert. Der Preis für die "doppelte Buchführung" der Attribute liegt darin, daß man sich für eine Möglichkeit entscheiden muß. Daher braucht man zur Spezifikation, ob ein Attribut bundled oder individual benutzt werden soll, einen (zweiwertigen) Schalter. Ein solcher Schalter heißt *Aspect Source Flag (ASF)* und hat den Wertebereich (BUNDLED,INDIVIDUAL). In FORTRAN bedeuten also 0=BUNDLED und 1=INDIVIDUAL. Folgende Kombination ist also denkbar:

Setze Linetype ASF auf	individual	(= 1)
Setze Linewidth Scale Factor ASF auf	bundled	(= 0)
Setze Polyline Colour Index ASF auf	bundled	(= 0)

Wie man sieht, braucht man also für jedes Attribut eine eigene Aspect Source Flag, um die Herkunft der zu verwendenden Attribute festzulegen. Für den vollständigen Satz der Polyline-Attribute sind also drei ASFs nötig. Im GKS-Standard ist lediglich festgelegt, daß die Voreinstellung für alle ASFs identisch sein muß. Ob nun alle ASFs bundled oder individual vorbelegt sind, hängt von der jeweiligen GKS-Implementierung ab. Auch wenn ein gewisser Trend zur Vorbesetzung mit individual zu erkennen ist, sollte man eine explizite Setzung nach dem Aufruf von OPEN GKS selbst vornehmen. Vorgreifend auf die spätere Diskussion der weiteren Ausgabe-Primitive sei hier angemerkt, daß die Gesamtzahl der auf diese Art zu behandelnden Attribute 13 beträgt. Die Aspect Source Flags werden daher stets zu einem INTEGER ARRAY der Länge 13 zusammengefaßt und immer als ganzer Satz definiert oder erfragt. Dies geschieht mit Hilfe der GKS-Funktionen

SET ASPECT SOURCE FLAGS

```
CALL GSASF ( IASF )
```

INQUIRE ASPECT SOURCE FLAGS

```
CALL GQASF ( IERR , IASF )
```

In beiden Fällen muß IASF ein INTEGER ARRAY der Dimension 13 sein. Bei der Setzefunktion dürfen jedem Feldelement gemäß der ASF-Definition nur die Werte

0 oder 1 zugewiesen werden. Bei der Erfragefunktion werden die aktuellen Werte der Aspect Source Flags in den IASF-Feld-Elementen abgeliefert. Die Zuordnung zu den einzelnen Attributtypen geschieht wie folgt:

Linetype ASF	IASF(1)
Linewidth Scale Factor ASF	IASF(2)
Polyline Colour Index ASF	IASF(3)

Die weiteren Zuordnungen der ASFs zu den Indizes des Feldes werden wir zusammen mit den anderen Ausgabe-Primitiven besprechen. Eine tabellarische Liste ist in der Beschreibung von SET ASPECT SOURCE FLAGS im Anhang dieses Kapitels enthalten. Hier nun zunächst ein Beispiel:

```
      ...
      INTEGER IASF(13)
C
C     DIE POLYLINE-ATTRIBUTE SOLLEN FOLGENDERMASSEN BENUTZT WERDEN:
C        LINETYPE                : INDIVIDUAL
C        LINEWIDTH SCALE FACTOR  : BUNDLED
C        POLYLINE COLOUR INDEX   : BUNDLED
C
C     DIE BENUTZUNG DER ANDEREN ATTRIBUTE
C     SOLL NICHT VERAENDERT WERDEN
C
      ...
      CALL GQASF ( IERR , IASF )
      IF ( IERR .EQ. 0 ) THEN
C
C        IM FELD IASF STEHEN NUN DIE DERZEITIGEN ASFS
C
         IASF(1) = 1
         IASF(2) = 0
         IASF(3) = 0
C
C        NUN DAS GANZE FELD WIEDER ANS GKS ZURUECKREICHEN
C
         CALL GSASF ( IASF )
      END IF
C
C     NACHFOLGENDE POLYLINE-AUSGABE BENUTZT FUER
C     FARBE UND DICKE STETS DIE AUF DER WORKSTATION
C     EINGESTELLTEN BUNDLE-INHALTE, FUER DEN
C     LINIENTYP JEDOCH DEN ZENTRAL IM GKS DEFINIERTEN
C     LINETYPE
C
      ...
```

Damit wissen wir also, wie wir steuern können, welche Attribute aus der GKS State List und welche aus den Bundles entnommen werden sollen.

Attributhandhabung im Vergleich

Wir geben einen kurzen Überblick über die verschiedenen Methoden, Attribute für graphische Ausgabe festzulegen:

- Benutzung vordefinierter Bundles: einfachste Handhabung, Eignung für unterschiedlichste Workstations, schlechte Kontrolle über das tatsächliche Aussehen
- Definition eigener Bundles (siehe Kapitel 5): aufwendigste Handhabung, Eignung für unterschiedlichste Workstations, volle Kontrolle über das tatsächliche Aussehen, einfache Änderbarkeit wegen Definition an einer Stelle
- Individual Attributes: einfache Handhabung, Festlegung des Programms auf gewisse Geräteeigenschaften (Farbe), volle Kontrolle über das tatsächliche und einheitliche Aussehen, Änderbarkeit aufwendig wegen Verteilung über das ganze Programm
- gemischte Benutzung: unüblich, aber für spezielle Situationen sinnvoll

Es hat sich gezeigt, daß sich die meisten GKS-Anwendungen auf die Benutzung der Individual Attributes beschränken. An Hand eines Beispiels wollen wir dies verdeutlichen.

Programm 4.3 Test der Linientypen

```
      PROGRAM POLY
C
C     ES SOLLEN DIE POLYNOME 2.-4. GRADES MIT
C     VERSCHIEDENEN LINIENTYPEN GEZEICHNET WERDEN
C
      PARAMETER (NPTS=20, IERFIL=10, IWK=1, ICON=11)
      INTEGER IASF(13)
      REAL XRECT(5), YRECT(5), X(NPTS), Y(NPTS)
      DATA IASF /13*1/
      DATA XRECT /0.0, 0.0, 1.0, 1.0, 0.0/
      DATA YRECT /0.0, 1.0, 1.0, 0.0, 0.0/
C
C     EROEFFNE GKS UND WORKSTATION
C     ATTRIBUT-BENUTZUNG IST INDIVIDUELL
C
      CALL GOPKS ( IERFIL, -1 )
      CALL GSASF (IASF)
      IWT = 1
      CALL GOPWK ( IWK , ICON , IWT )
      CALL GSWKVP( IWK , 0.0, 0.06, 0.0, 0.06 )
      CALL GACWK ( IWK )
```

```
C
C     BESETZEN DES GEEIGNETEN WINDOWS UNNOETIG,
C     DA DATEN SCHON IM [0.,1.]-QUADRAT
C
C     VORBESETZUNG DES X-WERTEFELDES
C
      XINC = 1.0 / REAL(NPTS)
      XSTART = 0.0
      DO 100 I=1,NPTS
         X(I) = XSTART
         XSTART = XSTART + XINC
100   CONTINUE
C
C     ZEICHNE DIE DREI POLYNOME
C
      DO 200 I=2,4
C
C        VORBESETZUNG DES Y-WERTEFELDES
C
         DO 210 K=1,NPTS
            Y(K) = X(K) ** I
210      CONTINUE
C
C        SETZE INDIVIDUAL LINETYPE AUF "I"
C
         CALL GSLN ( I )
         CALL GPL ( NPTS , X , Y )
200   CONTINUE
C
C     NUN NOCH EIN RAHMEN MIT LINETYPE SOLID
C
      CALL GSLN ( 1 )
      CALL GPL ( 5 , XRECT , YRECT )
C
C     ENDE VON GRAPHIK UND PROGRAMM
C
      CALL GDAWK ( IWK )
      CALL GCLWK ( IWK )
      CALL GCLKS
      STOP
      END
```

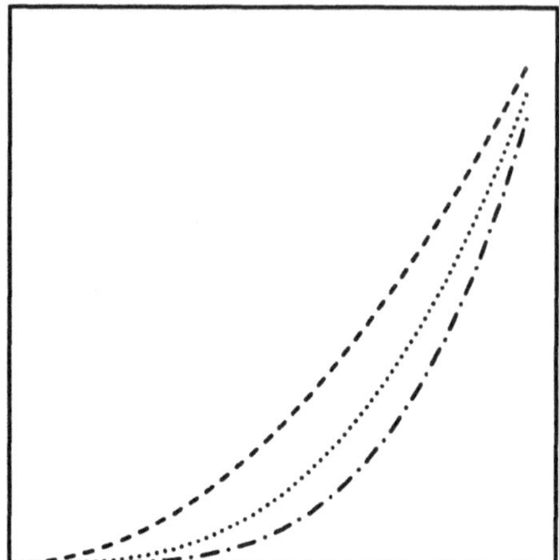

Abb. 4.4: Ergebnis von Programm 4.3

Wichtig ist es, stets die Bedeutung der Attribute selbst und ihrer ASFs streng zu unterscheiden: Die Setzung des Linetype mit SET LINETYPE allein hätte überhaupt keinen optischen Effekt. Der individual Linetype wird von dem Moment an benutzt, wo SET ASPECT SOURCE FLAGS mit IASF(1) = 1 aufgerufen wird. **Welcher** Linetype individuell benutzt werden soll, wird mit SET LINETYPE bestimmt.

Merke: *Für das durchgängige Arbeiten mit Individual Attributes, genügt es, wie im letzten Beispiel einmalig nach dem OPEN GKS alle Aspect Source Flags auf "1" zu setzen.*

Dennoch sei angemerkt, daß es möglich ist, die auf der Workstation gespeicherten Bundles umzudefinieren oder auch ganz neue Bundles zu definieren (mit SET POLYLINE REPRESENTATION). Dies wird im folgenden Kapitel behandelt.

Ein Ausgabe-Primitiv hat also eine Anzahl von Attributen (das Polyline z.B. Linetype, Linewidth und Polyline Colour Index), die die Erscheinungsform des Primitivs charakterisieren. Dabei hängt es von der einzelnen Workstation ab, inwieweit sie die einzelnen Attribute verwerten kann. Jede Workstation verfügt pro Primitiv-Typ über eine Bundle Table, eine Tabelle also, in der bestimmte Attributkombinationen zu Bundles zusammengefaßt sind. Solche Bundles werden durch Tabellenindizes (Bundle Indices) vom Anwender angewählt. Zusätzlich kann der Benutzer auf einer Workstation Bundles umdefinieren, um ganz spezielle – für ihn wichtige – Attributkombinationen zur Verfügung zu haben. Das Bundle-Konzept ermöglicht eine optimale Ausnutzung der Workstation-Fähigkeiten, wobei Primitive, die vom gleichen Programm erzeugt werden, auf unterschiedlichen Workstations unterschiedlich aussehen können.

Um die Ausgabe von Primitiven mit festgelegten (z.B. genormten) Einzelattributen zu ermöglichen (unabhängig von der Belegung der Bundle Tables), ist eine alternative Benutzungsart vorgesehen, die sogenannten Individual Attributes. Diese sind zentral in GKS gespeichert und können dort durch Benutzeraufrufe umdefiniert werden.

Bei Ausgabe eines Ausgabe-Primitivs können nun sowohl die Bundle-Attribute (zum aktuellen Bundle Index) als auch die Individual Attributes herangezogen werden. Hierfür hat jeder Attributtyp einen Schalter (Aspect Source Flag), der genau steuert, woher dieses Einzelattribut entnommen werden soll. Durch gezielte Setzung der Aspect Source Flags kann der Benutzer beliebige Mischungen von Individual Attributes und (evtl. Teilen des) Bundles zur Graphik–Ausgabe heranziehen.

Liste der GKS-Funktionen für Polyline

INQUIRE LIST element OF POLYLINE INDICES L1a

```
CALL GQEPLI ( IWK , N , IERR , LEN , IPLIND )
```

Liefert einen in der Workstation State List definierten Polyline Index. (Das prinzipielle Verfahren beim Erfragen von Listen ist im folgenden Kapitel erläutert.)

```
IN:  IWK    (INTEGER) WORKSTATION IDENTIFIER
IN:  N      (INTEGER) NUMMER DES LISTENELEMENTS (0..M)
OUT: IERR   (INTEGER) ERROR INDICATOR (0,7,20,25,33,35,36,2002)
OUT: LEN    (INTEGER) LAENGE DER POLYLINE BUNDLE TABLE (5..M)
OUT: IPLIND (INTEGER) FALLS N > 0: N-TER POLYLINE INDEX (1..M)
```

INQUIRE LINETYPE L0a

```
CALL GQLN ( IERR , LTYPE )
```

Liefert den aktuellen Linetype der GKS State List (Individual Attribute).

```
OUT: IERR   (INTEGER) ERROR INDICATOR (0,8)
OUT: LTYPE  (INTEGER) LINETYPE (-N..-1,1..M)
```

INQUIRE LINEWIDTH SCALE FACTOR L0a

```
CALL GQLWSC ( IERR , FAC )
```

Liefert den aktuellen Linewidth Scale Factor der GKS State List (Individual Attribute).

```
OUT: IERR   (INTEGER) ERROR INDICATOR (0,8)
OUT: FAC    (REAL)    LINEWIDTH SCALE FACTOR
```

INQUIRE POLYLINE COLOUR INDEX L0a

```
CALL GQPLCI ( IERR , ICOL )
```

Liefert den aktuellen Polyline Colour Index der GKS State List (Individual Attribute).

```
OUT: IERR   (INTEGER) ERROR INDICATOR
OUT: ICOL   (INTEGER) POLYLINE COLOUR INDEX (0..M)
```

INQUIRE POLYLINE FACILITIES L0a

```
CALL GQPLF ( IWT , N , IERR , NLIN , LTYP , NLINW ,
             WDNOM , WDMIN , WDMAX , NPPLI )
```

Liefert die Polyline Facilities eines Workstation Type. (Device Units sind in der Regel Meter).

```
IN:  IWT    (INTEGER) WORKSTATION TYPE
IN:  N      (INTEGER) NUMMER DES LISTENELEMENTS (0..M)
OUT: IERR   (INTEGER) ERROR INDICATOR (0,8,22,23,39)
OUT: NLIN   (INTEGER) ANZAHL DER VERFUEGBAREN LINETYPES
OUT: LTYP   (INTEGER) FALLS N > 0: N-TER LINETYPE
OUT: NLINW  (INTEGER) ANZAHL DER VERFUEGBAREN LINEWIDTHS
                      ( 0 = KONTINUIERLICH )
OUT: WDNOM  (REAL)    NOMINAL LINEWIDTH (IN DEVICE UNITS)
OUT: WDMIN  (REAL)    MINIMAL LINEWIDTH (IN DEVICE UNITS)
OUT: WDMAX  (REAL)    MAXIMAL LINEWIDTH (IN DEVICE UNITS)
OUT: NPPLI  (INTEGER) ANZAHL DER PREDEFINED POLYLINE INDICES (≥5)
```

INQUIRE POLYLINE INDEX L0a

```
CALL GQPLI ( IERR , IPLI )
```

Liefert den aktuellen Polyline Index der GKS State List. Dies ist die Nummer der Polyline Representation, die die Workstations jeweils verwenden.

```
OUT: IERR   (INTEGER) ERROR INDICATOR (0,8)
OUT: IPLI   (INTEGER) POLYLINE INDEX (1..M)
```

INQUIRE POLYLINE REPRESENTATION L1a

```
CALL GQPLR ( IWK , IPLI , ITYPE , IERR , LTYPE , FAC , ICOL)
```

Liefert die auf der Workstation definierte Polyline Representation zum gegebenen Bundle Index (Beschreibung in Kapitel 5).

```
IN:  IWK    (INTEGER) WORKSTATION IDENTIFIER
IN:  IPLI   (INTEGER) POLYLINE INDEX (1..M)
IN:  ITYPE  (INTEGER) ART DER ABGEFRAGTEN WERTE (SET,REALIZED)
OUT: IERR   (INTEGER) ERROR INDICATOR (0,7,20,25,33,35,36,60,61)
OUT: LTYPE  (INTEGER) LINETYPE (-L..-1,1..N)   (ZUM BUNDLE IPLI)
OUT: FAC    (REAL)    LINEWIDTH SCALE FACTOR   (ZUM BUNDLE IPLI)
OUT: ICOL   (INTEGER) COLOUR INDEX (0..MCOL-1) (ZUM BUNDLE IPLI)
                      (MCOL = LAENGE DER COLOUR TABLE)
```

INQUIRE PREDEFINED POLYLINE REPRESENTATION L0a

```
CALL GQPPLR ( IWT , IPLI , IERR , LTYPE , FAC , ICOL )
```

Liefert die für den Workstation Type vordefinierte Polyline Representation zum gegebenen Bundle Index (Beschreibung in Kapitel 5).

```
IN:  IWT    (INTEGER) WORKSTATION TYPE
IN:  IPLI   (INTEGER) POLYLINE INDEX (1..M)
OUT: IERR   (INTEGER) ERROR INDICATOR (0,8,22,23,39,60,62)
OUT: LTYPE  (INTEGER) LINETYPE (-L..-1,1..N)   (ZUM BUNDLE IPLI)
OUT: FAC    (REAL)    LINEWIDTH SCALE FACTOR   (ZUM BUNDLE IPLI)
OUT: ICOL   (INTEGER) COLOUR INDEX (0..MCOL-1) (ZUM BUNDLE IPLI)
                      (MCOL = LAENGE DER COLOUR TABLE)
```

POLYLINE L0a

```
CALL GPL ( N , X , Y )
```

Zeichnet einen Linienzug zwischen den übergebenen Punkten.

```
IN:  N      (INTEGER) ANZAHL DER PUNKTE (N ≥ 2)
IN:  X      (REAL(N)) X-KOORDINATEN DER PUNKTE
IN:  Y      (REAL(N)) Y-KOORDINATEN DER PUNKTE
ERRORS:               (0,5,100)
```

SET LINETYPE L0a

```
CALL GSLN ( LTYPE )
```

Setzt den Linetype in der GKS State List (Individual Attribute) neu.

```
IN:  LTYPE  (INTEGER) LINETYPE (-N..-1,1..M)
ERRORS:               (0,8,63)
```

SET LINEWIDTH SCALE FACTOR L0a

```
CALL GSLWSC ( FAC )
```

Setzt den Linewidth Scale Factor in der GKS State List (Individual Attribute) neu.

```
IN:  FAC    (REAL)    LINEWIDTH SCALE FACTOR
ERRORS:               (0,8,65)
```

SET POLYLINE COLOUR INDEX L0a

```
CALL GSPLCI ( ICOL )
```

Setzt den Polyline Colour Index in der GKS State List (Individual Attribute) neu.

```
IN:  ICOL   (INTEGER) POLYLINE COLOUR INDEX (0..M)
ERRORS:               (0,8,92)
```

SET POLYLINE INDEX L0a

```
CALL GSPLI ( IPLI )
```

Setzt den Polyline Index in der GKS State List neu. Dieser gibt die Nummer der Polyline Representation an, die die Workstations jeweils verwenden werden.

```
IN:  IPLI   (INTEGER) POLYLINE INDEX (1..M)
ERRORS:               (0,8,60)
```

SET POLYLINE REPRESENTATION L1a

```
CALL GSPLR ( IWK , IPLI , LTYPE , FAC , ICOL )
```

Definiert zu einem Polyline Index auf der gegebenen Workstation eine Polyline Representation (Beschreibung in Kapitel 5).

```
IN:  IWK    (INTEGER) WORKSTATION IDENTIFIER
IN:  IPLI   (INTEGER) POLYLINE INDEX (1..M)
IN:  LTYPE  (INTEGER) LINETYPE (-L..-1,1..N)   (ZUM BUNDLE IPLI)
IN:  FAC    (REAL)    LINEWIDTH SCALE FACTOR   (ZUM BUNDLE IPLI)
IN:  ICOL   (INTEGER) COLOUR INDEX (0..MCOL-1) (ZUM BUNDLE IPLI)
                      (MCOL = LAENGE DER COLOUR TABLE)
ERRORS:               (0,7,20,25,33,35,36,60,63,64,65,93)
```

Liste der GKS-Funktionen für alle Primitive

INQUIRE ASPECT SOURCE FLAGS L0a

```
CALL GQASF ( IERR , IASF )
```

Liefert die aktuellen Werte der Aspect Source Flags.

```
OUT: IERR   (INTEGER)      ERROR INDICATOR (0,8)
OUT: IASF   (INTEGER(13)) ARRAY DER ASPECT SOURCE
                           FLAGS (SIEHE "GSASF")
```

INQUIRE CLIPPING L0a

```
CALL GQCLIP ( IERR , ICLIP , RECT )
```

Liefert den aktuellen Wert des Clipping Indicators sowie das aktuell benutzte Clipping Rectangle.

```
OUT: IERR   (INTEGER) ERROR INDICATOR (0,8)
OUT: ICLIP  (INTEGER) CLIPPING INDICATOR (OFF,ON)
OUT: RECT   (REAL(4)) CLIPPING RECTANGLE (XMIN,XMAX,YMIN,YMAX)
```

INQUIRE CURRENT NORMALIZATION TRANSFORMATION NUMBER L0a

```
CALL GQCNTN ( IERR , NCURR )
```

Liefert die aktuelle Normalization Transformation Number.

```
OUT: IERR   (INTEGER) ERROR INDICATOR (0,8)
OUT: NCURR  (INTEGER) NORMALIZATION TRANSFORMATION NUMBER (0..M)
```

INQUIRE LIST element OF NORMALIZATION TRANSFORMATION NUMBERS L0a

```
CALL GQENTN ( N , IERR , IOL , ITNR)
```

Liefert die Gesamtanzahl der Normalization Transformations sowie ein ausgewähltes Listenelement.

```
IN:  N      (INTEGER) GEWUENSCHTES LISTENELEMENT (0..M)
OUT: IERR   (INTEGER) ERROR INDICATOR (0,8,2002)
OUT: IOL    (INTEGER) LAENGE DER LISTE
OUT: ITNR   (INTEGER) FALLS N > 0: N-TE TRANSFORMATION IN DER
                      LISTE, ABSTEIGEND NACH VIEWPORT INPUT
                      PRIORITY (0..M-1)
```

INQUIRE NORMALIZATION TRANSFORMATION L0a

```
CALL GQNT ( NUM , IERR , WIND , VIEW )
```

Liefert die aktuelle Setzung einer Normalization Transformation.

```
IN:  NUM    (INTEGER) NORMALIZATION TRANSFORMATION NUMBER (0..M)
OUT: IERR   (INTEGER) ERROR INDICATOR (0,8,50)
OUT: WIND   (REAL(4)) WINDOW VON NUM (XMIN,XMAX,YMIN,YMAX)
OUT: VIEW   (REAL(4)) VIEWPORT VON NUM (XMIN,XMAX,YMIN,YMAX)
```

SET ASPECT SOURCE FLAGS L0a

```
CALL GSASF ( IASF )
```

Setzt die Aspect Source Flags in der GKS State List neu (d.h. legt fest, welche Attribute bundled und welche individual benutzt werden sollen).

```
IN:  IASF   (INTEGER(13)) ARRAY MIT DEN ASPECT SOURCE FLAGS
                           (BUNDLED,INDIVIDUAL):
          IASF (1) : LINETYPE ASF
          IASF (2) : LINEWIDTH SCALE FACTOR ASF
          IASF (3) : POLYLINE COLOUR INDEX ASF
          IASF (4) : MARKER TYPE ASF
          IASF (5) : MARKER SIZE SCALE FACTOR ASF
          IASF (6) : POLYMARKER COLOUR INDEX ASF
          IASF (7) : TEXT FONT/PRECISION ASF
          IASF (8) : CHARACTER EXPANSION FACTOR ASF
          IASF (9) : CHARACTER SPACING ASF
          IASF (10): TEXT COLOUR INDEX ASF
          IASF (11): FILL AREA INTERIOR STYLE ASF
          IASF (12): FILL AREA STYLE INDEX ASF
          IASF (13): FILL AREA COLOUR INDEX ASF
ERRORS:                    (0,8,2000)
```

SET CLIPPING INDICATOR L0a

```
CALL GSCLIP ( ICLIP )
```

Schaltet das Clipping am aktuellen Klipprechteck ein bzw. aus.

```
IN:  ICLIP   (INTEGER) CLIPPING INDICATOR (OFF,ON)
ERRORS:                (0,8,2000)
```

SELECT NORMALIZATION TRANSFORMATION L0a

```
CALL GSELNT ( NUM )
```

Wählt die übergebene Transformationsnummer als neue aktuelle Normalization Transformation Number aus. Alle folgenden Primitive werden der zugehörigen Transformation unterworfen.

```
IN:  NUM    (INTEGER) TRANSFORMATIONSNUMMER (0..M)
ERRORS:               (0,8,50)
```

SET VIEWPORT L0a

```
CALL GSVP ( NUM , VXMIN , VXMAX , VYMIN , VYMAX)
```

Setzt in der gegebenen Normalization Transformation den Viewport neu fest (alle Viewportgrenzen: 0.0 bis 1.0).

```
IN:  NUM    (INTEGER) TRANSFORMATIONSNUMMER (1..M)
IN:  VXMIN  (REAL)    X-UNTERGRENZE VIEWPORT
IN:  VXMAX  (REAL)    X-OBERGRENZE VIEWPORT
IN:  VYMIN  (REAL)    Y-UNTERGRENZE VIEWPORT
IN:  VYMAX  (REAL)    Y-OBERGRENZE VIEWPORT
ERRORS:               (0,8,50,51,52)
```

SET WINDOW L0a

```
CALL GSWN ( NUM , WXMIN , WXMAX , WYMIN , WYMAX)
```

Setzt in der gegebenen Normalization Transformation das Window neu fest.

```
IN:  NUM    (INTEGER) TRANSFORMATIONSNUMMER (1..M)
IN:  WXMIN  (REAL)    X-UNTERGRENZE WINDOW
IN:  WXMAX  (REAL)    X-OBERGRENZE WINDOW
IN:  WYMIN  (REAL)    Y-UNTERGRENZE WINDOW
IN:  WYMAX  (REAL)    Y-OBERGRENZE WINDOW
ERRORS:               (0,8,50,51)
```

---

5. Workstations

Im Gegensatz zu älteren Graphiksystemen, die speziell auf ein Gerät zugeschnitten waren oder lediglich eine Bilddatei erzeugen konnten, die hinterher von Postprozessoren visualisiert wurde, kann ein Anwendungsprogramm mit Hilfe von GKS jedes graphische Gerät direkt ansteuern. Das ist für Geräte mit Eingabefähigkeit durchaus wörtlich zu nehmen. Reine Ausgabegeräte – also Plotter – werden üblicherweise wie Drucker von einem Spooler bedient. In diesem Fall erzeugt GKS zunächst eine Datei, die anschließend weitergereicht wird.

Um dem Anwendungsprogramm den Umgang mit den recht unterschiedlichen Graphikgeräten zu ermöglichen, stellt GKS eine Vielzahl von Funktionen zur Verfügung, die über die Geräteeigenschaften informieren. Der Begriff der *Workstation* ist in GKS von zentraler Bedeutung und stellt ein abstraktes Graphikgerät bzw. einen abstrakten graphischen Arbeitsplatz dar. Dabei ist der Begriff so weit gefaßt, daß er nicht nur echte Graphikgeräte wie graphische Bildschirme, Plotter oder Tabletts, sondern auch Bilddateien (siehe Kapitel 14) oder den geräteunabhängigen Segmentspeicher (siehe Kapitel 18) umfaßt. Für den Zugriff des Anwendungsprogramms auf eine Workstation sind in GKS folgende drei Dinge wesentlich:

- Eine Tabelle, die die Hardwareeigenschaften des Gerätes enthält, z.B. die Größe der Zeichenfläche, die Auflösung des Gerätes, spezielle Fähigkeiten zur Erzeugung von Linetypes, Hardwaretext, Eingabe-Möglichkeiten, aber auch gewisse Vorbelegungen der Bundles oder der Colour Indices. Diese Tabelle wird als *Workstation Description Table* bezeichnet. Ihr Inhalt ist vom Programm nur erfragbar, aber nicht zu verändern, da man ja sonst einem Gerät eine zusätzliche Hardwareeigenschaft verleihen könnte.
- Eine Tabelle, die den momentanen Zustand der Workstation widerspiegelt, die also z.B. angibt, welcher Teil der Zeichenfläche gerade benutzt wird, wie die Bundle Tables momentan belegt sind, welche Segmente auf der Workstation gespeichert sind. Diese Tabelle enthält Größen, die sich nicht allein von der Hardware, sondern von der speziellen Anwendung herleiten. Sie wird als *Workstation State List* bezeichnet.
- Die eigentliche Realisierung der Workstation: Im Gegensatz zu den elementaren (hardwarenahen) Gerätefunktionen wie Bildschirm- und Tastaturansteuerung kann sich die "graphische Intelligenz" auf unterschiedliche Komponenten verteilen: auf Software in einem Rechner oder im Graphikgerät (diese wird oft als *Gerätetreiber* oder *Device Driver* bezeichnet), auf Firmware im Graphikgerät

oder in Graphik-Prozessoren. Gleichzeitig können noch unterschiedliche Kommunikationskomponenten oder Window-Systeme im Spiel sein. Die Varianten dieses Zusammenspiels – denen man sicher ein eigenes Buch widmen könnte – wirken sich auf die Programmierung nicht aus, haben aber auf das Antwortzeitverhalten bei komplexen Anwendungen entscheidenden Einfluß.

Kontrolle einer Workstation

Der Zugriff auf eine Workstation wird ermöglicht durch den Aufruf

OPEN WORKSTATION

```
CALL GOPWK ( IWK , ICON , IWT )
```

Alle Parameter sind Eingabeparameter vom Typ INTEGER. IWK ist ein frei wählbarer Name (also eine beliebige, sicherheitshalber positive Zahl), der sogenannte *Workstation Identifier*, unter dem die Workstation von nun an zugreifbar ist. Im Gegensatz dazu sind die beiden anderen Parameter von der Außenwelt vorgegeben. ICON gibt den *Connection Identifier* an, eine Kanalnummer, die die physikalische Verbindung zum Gerät herstellt. Sie kann als FORTRAN Unit Number interpretiert werden. IWT ist der *Workstation Type*, ein Name also, der angibt, welches Graphikgerät gewünscht wird, also z.B. IWT = 4107 für ein Tektronix 4107 Graphics Terminal. Es können aber auch ganz andere Konventionen gelten. Jede GKS-Implementierung verfügt über einen Vorrat an Workstation-Typen, von denen allerdings auf einem konkreten Rechner nur eine Auswahl, nämlich die dort benötigten Workstation-Typen, zur Verfügung stehen. Durch den Aufruf von OPEN WORKSTATION wird eine Workstation State List erzeugt – mit Vorbelegungen, die aus der Workstation Description Table stammen, und man kann jetzt auf diese Workstation zugreifen. Durch den korrespondierenden Aufruf

CLOSE WORKSTATION

```
CALL GCLWK ( IWK )
```

wird die Zugriffsmöglichkeit des Anwendungsprogramms auf diese Workstation wieder aufgehoben – die Workstation State List wird gelöscht. Es darf aber durchaus später wieder eine neue Workstation – auch mit dem gleichen Workstation Identifier – auf dem gleichen oder einem anderen Workstation Type geöffnet werden.

Für Anwendungsprogramme, die auf unterschiedlichen graphischen Arbeitsplätzen verwendet werden, ist es wichtig, *vor* dem OPEN WORKSTATION den Workstation Type des Arbeitsplatzes zu ermitteln, an dem das Programm gestartet wurde. Dazu ist es hilfreich, eine *Liste der in Frage kommenden* Workstation Types zu sehen. Wir werden die dafür erforderlichen Erfragefunktionen im folgenden kennenlernen.

Zunächst taucht jedoch ein Problem auf. Da die Liste der verfügbaren Workstation Types eine nicht vorher bekannte Länge hat und andererseits in FORTRAN Felder dynamischer Länge nicht verfügbar sind, sind GKS-Funktionen dieser Art in der FORTRAN-Sprachanbindung folgendermaßen definiert. Anstelle der Liste kann pro Aufruf ein Listenelement erfragt werden, wobei man angibt, das wievielte Element der Liste man haben möchte. Zusätzlich zu diesem Listenelement wird die Länge der Liste geliefert, so daß der Benutzer in einer Schleife sukzessive alle Listenelemente erfragen kann. Die GKS-Funktion zur Ermittlung der verfügbaren Workstation Types heißt:

INQUIRE LIST element OF AVAILABLE WORKSTATION TYPES

```
CALL GQEWK ( IEL , IERR , NWT , IWT )
```

Mit dem Eingabeparameter IEL legt man fest, das wievielte Element der Liste man haben möchte; dabei bedeutet IEL = 0, daß man *nur* die Länge der Liste haben möchte. In NWT wird also in jedem Fall die Gesamtanzahl der verfügbaren Workstation Types und – falls IEL > 0 – in IWT der IEL-te Workstation Type geliefert. Das folgende Programmstück verdeutlicht dies:

```
      ...
C
C     ES SOLLEN ALLE VERFUEGBAREN WORKSTATION TYPES
C     AUSGEGEBEN WERDEN
C
C     BEIM ERSTEN INQUIRY-AUFRUF NUR DIE ANZAHL
C     DER WORKSTATION TYPES VERMERKEN
C
      CALL GQEWK ( 0 , IERR , NWT , IDUM )
      IF ( IERR .EQ. 0 ) THEN
         WRITE(*,*) NWT , ' Workstation Types sind verfuegbar:'
         DO 300 I=1,NWT
C
C           NUR DER WORKSTATION TYPE IST VON INTERESSE
C
            CALL GQEWK ( I , IERR , IDUM , IWT )
            IF ( IERR .EQ. 0 ) THEN
               WRITE(*,*) IWT
            ELSE
               WRITE(*,*) ' GKS ERROR: ', IERR
            ENDIF
300      CONTINUE
      ELSE
         WRITE(*,*) ' GKS ERROR: ', IERR
      END IF
      ...
```

Ähnlich ist das Vorgehen bei allen GKS-Funktionen, bei denen Listen erfragt werden. Wir werden zu gegebener Zeit noch darauf zurückkommen.

Wir gehen also davon aus, daß wir mit Hilfe von INQUIRE LIST element OF AVAILABLE WORKSTATION TYPES die verfügbaren Workstation Types erfragt haben. Unter diesen wollen wir nun die graphischen Bildschirme aussuchen. Die Grobeinteilung der Workstations (im GKS-Sinn) in Plotter oder graphische Bildschirme (Terminals, PC's oder Workstations im Sinne von Arbeitsplatzrechnern), in Metafiles oder graphische Tabletts bezeichnet man in GKS als *Workstation Category*. Sie kann für einen gegebenen Workstation Type mit Hilfe der folgenden GKS-Funktion erfragt werden:

INQUIRE WORKSTATION CATEGORY

```
CALL GQWKCA ( IWT , IERR , ICAT )
```

Der Eingabeparameter IWT gibt den Workstation Type an, in ICAT wird die Workstation Category geliefert. Der Parameter ist vom Typ ENUMERATION und hat den Wertebereich (OUTPUT,INPUT,OUTIN,WISS,MO,MI) (Noch einmal zur Erinnerung: Dies bedeutet 0=OUTPUT, 1=INPUT usw.) Die Kürzel sind dabei wie folgt zu verstehen:

OUTPUT	Die Workstation ist nur zur graphischen Ausgabe befähigt. Diese Geräte bezeichnet man als Plotter.
INPUT	Die Workstation ist nur zur graphischen Eingabe befähigt. Dabei handelt es sich meistens um Tabletts.
OUTIN	Die Workstation ist zur graphischen Ausgabe und Eingabe befähigt – üblicherweise graphische Bildschirme.
WISS	Workstation Independent Segment Storage.
MO	Metafile Output Workstation
MI	Metafile Input Workstation

Achtung: Alle weiteren Erfragefunktionen der Workstation Description Table sind nur für die Kategorien (OUTPUT,INPUT,OUTIN) – also die echten Graphikgeräte zulässig.

Eine Übersicht über die Gerätetechnik graphischer Systeme findet sich u.a. in [ENCA]. Die Liste der verfügbaren graphischen Bildschirme erhalten wir also mit folgendem Programmstück:

```
      ...
C
C     ES SOLLEN ALLE VERFUEGBAREN WORKSTATION TYPES
C     VON GRAPHISCHEN BILDSCHIRMEN AUSGEGEBEN WERDEN
C
C     BEIM ERSTEN INQUIRY-AUFRUF DIE ANZAHL DER
C     WORKSTATION TYPES VERMERKEN
C
      CALL GQEWK ( 0 , IERR , NWT , IWT )
      IF ( IERR .EQ. 0 ) THEN
         WRITE(*,*) ' Folgende Bildschirme sind verfuegbar:'
```

```
          DO 300 I=1,NWT
             CALL GQEWK ( I , IERR , IDUM , IWT )
             IF ( IERR .EQ. 0 ) THEN
C
C               JETZT WORKSTATION CATEGORY ERFRAGEN
C
                CALL GQWKCA ( IWT , IERR , ICAT )
                IF (IERR.EQ.0 .AND. ICAT.EQ.2) WRITE(*,*) IWT
             ELSE
                WRITE(*,*) ' GKS ERROR: ', IERR
             ENDIF
300       CONTINUE
       ELSE
          WRITE(*,*) ' GKS ERROR: ', IERR
       END IF
C
C      JETZT EINGABE UND OPEN WORKSTATION 1
C      AUF CONNECTION 17
C
       READ(*,*) IWT
       CALL GOPWK(1,17,IWT)
       ...
```

Dieses Frage-Antwort-Spiel kann bei häufigen Programmaufrufen auch auf die Nerven gehen. Daher wird für diese Aufgabe in manchen GKS-Implementierungen ein Unterprogramm zur Verfügung gestellt, das nur eine Eingabe für eine komplette Sitzung am Rechner erforderlich macht.

Eines der wichtigsten GKS-Konzepte, die dieses System vielleicht am stärksten von den älteren Graphiksystemen unterscheidet, ist das sogenannte *Multiple Workstation Concept,* das dem Benutzer ab Level 1a zur Verfügung steht. (Im Level 0a kann man nur jeweils eine ausgabefähige Workstation öffnen. Parallel dazu darf noch eine Metafile Input Workstation (vgl. Kapitel 14) benutzbar sein.)

Dem GKS-Anwender ist es nämlich ohne weiteres gestattet, zur gleichen Zeit mehrere Workstations parallel geöffnet zu haben und auch simultan Ein-/Ausgabe auf ihnen zu betreiben. Die naheliegendste Anwendung ist die interaktive Generierung einer Graphik auf einem Bildschirm bei gleichzeitiger Ausgabe der Zeichnung auf einem Metafile. Grundsätzlich darf der Benutzer zu jeder Zeit in seinem Anwendungsprogramm Workstations öffnen und wieder schließen, wie es seine Anwendung erfordert. Er hat sich lediglich an einige Kontextregeln zu halten, die im nächsten Kapitel zur Sprache kommen werden.

Mit dem Aufruf von OPEN WORKSTATION wird der Zugriff des Anwendungsprogramms auf die GKS-Workstation ermöglicht. Bemerkbar macht sich dies am Bildschirm beispielsweise durch das Umschalten vom alphanumerischen in den graphischen Modus oder das Erscheinen eines neuen Fensters. Eingabefunktionen, Erfragefunktionen und sogenannte Kontrollfunktionen sind für diese Workstation aufrufbar. Um aber auf dieser Workstation etwas zu zeichnen oder vornehmer: Ausgabe-Primitive auf den Weg zu bringen, ist ein weiterer Schritt erforderlich. Die Workstation muß zuvor *aktiviert* werden. Dies geschieht durch den Aufruf

ACTIVATE WORKSTATION

```
CALL GACWK ( IWK )
```

Umgekehrt werden die im Anwendungsprogramm erzeugten Ausgabe-Primitive durch den Aufruf

DEACTIVATE WORKSTATION

```
CALL GDAWK ( IWK )
```

von dieser Workstation ausdrücklich ausgeschlossen. Sie bleibt jedoch offen (und damit dem Programm verfügbar) und kann auch jederzeit wieder re-aktiviert werden.

Bemerkungen:

- *Ein Ausgabe-Primitiv wird auf allen aktiven Workstations ausgegeben.* Im Gegensatz dazu stehen später noch zu besprechende Begriffe wie die Eingabe-Primitive und die Workstation-Attribute (etwa Bundle Representations), die – unabhängig vom Aktivierungszustand – stets eine ganz bestimmte, vom Benutzer spezifizierte Workstation betreffen.
- Der Zustand aktiv/inaktiv ist keine Eigenschaft der Hardware, sondern eine logische Eigenschaft der Workstation, die ihr vom Anwendungsprogramm verliehen wird. Demzufolge ist diese Information *nicht* in der Workstation Description Table, sondern in der Workstation State List gespeichert. Auch die Einträge der Workstation State List können vom Programm erfragt werden. Zum Beispiel kann man mit

  INQUIRE WORKSTATION STATE

  ```
  CALL GQWKS ( IWK , IERR , ISTATE )
  ```

  erfragen, ob eine Workstation aktiv ist oder nicht. Der Eingabeparameter IWK ist hier der *Workstation Identifier.* In ISTATE wird (wenn IERR = 0 ist) der *Workstation State* ausgegeben, der als ISTATE = (INACTIVE,ACTIVE), also als ENUMERATION, definiert ist. Merke: *Das Erfragen der Workstation Description Table verlangt als Eingabeparameter den Workstation Type, das Erfragen der Workstation State List verlangt als Eingabeparameter den Workstation Identifier.*
- Bevor eine aktive Workstation geschlossen werden kann, *muß* sie explizit deaktiviert werden (vgl. auch die Kontextregeln im folgenden Kapitel).
- Die GKS-Funktionen ACTIVATE WORKSTATION und DEACTIVATE WORKSTATION ermöglichen es dem Benutzer, zwischendurch einmal gezielt einige Primitive auf einer Workstation nicht erscheinen zu lassen und nachher – quasi auf dem gleichen Stück Papier – weiterzuzeichnen, während durch CLOSE

WORKSTATION und nachfolgendes OPEN WORKSTATION logisch eine ganz neue Workstation entsteht, die von der alten gar nichts weiß, was auch die Ausgabe einer ganz neuen Zeichnung zur Folge hat. Darüber hinaus überleben auch alle Setzungen in der Workstation State List (wie Änderungen der Bundle Representations) ein DEACTIVATE WORKSTATION mit späterem neuen ACTIVATE WORKSTATION. Ein OPEN WORKSTATION ist eben ein sehr komplexer Eröffnungs- und Initialisierungsprozeß, während bei ACTIVATE WORKSTATION bzw. DEACTIVATE WORKSTATION im Prinzip nur ein Eintrag in der Workstation State List geändert wird.

Wenn man mit Hilfe eines Programms mehrere voneinander unabhängige Zeichnungen erstellen will, ergibt sich die Notwendigkeit, auch nach der Ausgabe von Graphik *wieder* eine leere Zeichenfläche (z.B. ein neues Blatt Papier oder einen Vorschub auf einem Plotter) zur Verfügung zu stellen. Wie schon gesagt, kann man das durch eine Sequenz von CLOSE WORKSTATION und OPEN WORKSTATION erreichen. Hierbei werden allerdings auch alle Benutzersetzungen auf der Workstation – etwa Bundle Representations oder die Workstation Transformation – zerstört. Daher gibt es für diesen Zweck eine weicher arbeitende GKS-Funktion, die die Zeichenfläche löscht, die Workstation State List aber unangetastet läßt. Sie heißt

CLEAR WORKSTATION

```
CALL GCLRWK ( IWK , ICFLAG )
```

IWK ist – wie üblich – der Workstation Identifier, ICFLAG ist eine Control Flag vom Typ ENUMERATION mit dem Wertebereich: (CONDITIONALLY,ALWAYS) Steht ICFLAG auf 1, so wird das Löschen auf jeden Fall ausgeführt, anderenfalls (ICFLAG = 0) hingegen nur, wenn die Zeichenfläche nicht bereits leer war. Damit können z.B. überflüssige Papiervorschübe vermieden werden. Ein Bildschirm wird durch den Aufruf dieser Funktion schlicht und einfach gelöscht.

Attribute einer Workstation

Im folgenden beschäftigen wir uns mit den *Workstation-Attributen*. Die für die meisten Anwendungen wichtigsten sind *Workstation Transformation* und Farbe.

Workstation Transformation

Im vorangehenden Kapitel – beim Besprechen der Normalisierungs-Transformation – wurde gesagt, daß *"GKS nämlich automatisch dafür sorgt, daß die abstrakte Zeichenfläche (oder ein Ausschnitt von ihr) auf die für das aktuell benutzte Gerät verfügbare Zeichenfläche verzerrungsfrei und möglichst bildfüllend abgebildet wird"*.

In der Tat war es ohne Kenntnis des Workstation-Konzepts unmöglich, eine präzisere Aussage zu machen. Im folgenden wollen wir besprechen, wie diese Abbildung durchgeführt und vom Benutzer kontrolliert werden kann.

Jedem Ausgabegerät (Kategorie: OUTPUT oder OUTIN) kommt – wie schon erwähnt – eine gewisse maximale Zeichenfläche zu, die in der Workstation Description Table steht und aus dieser erfragt werden kann mit Hilfe der Funktion

INQUIRE DISPLAY SPACE SIZE

```
CALL GQDSP ( IWT , IERR , IDUN , SZLX , SZLY , ISZRX , ISZRY )
```

IWT ist der Workstation Type. IDUN ist ein ENUMERATION-Parameter, der angibt, in welchen Einheiten die Device-Koordinaten gemessen werden. Ist üblicherweise IDUN=0, so sind es Meter, bei IDUN=1 etwas anderes (z.B. Rastereinheiten). SZLX, SZLY geben die maximale Zeichenfläche in Device-Koordinaten (X- und Y-Breite), ISZRX und ISZRY das gleiche in Rastereinheiten an.

Es gibt zusätzlich zur Normalization Transformation eine zweite Transformation, die das NDC-Quadrat verzerrungsfrei auf die Zeichenfläche abbildet. Diese Transformation muß natürlich (aufgrund unterschiedlicher Zeichenflächen) für jede Workstation einzeln festgelegt werden. Sie heißt *Workstation Transformation* und wird wieder durch zwei Rechtecke spezifiziert:

- das sogenannte *Workstation Window* legt den *Ausschnitt des NDC-Quadrates* fest, der überhaupt dargestellt werden soll, und
- der sogenannte *Workstation Viewport* legt den *Bereich der physikalischen Zeichenfläche* fest, der für die Graphikausgabe zur Verfügung stehen soll.

Die zugehörigen Setzefunktionen lauten:

SET WORKSTATION WINDOW

```
CALL GSWKWN ( IWK , WXMIN , WXMAX , WYMIN , WYMAX )
```

IWK ist jeweils der Workstation Identifier, WXMIN,...,WYMAX geben die Grenzen des Workstation Window an, die gemäß der Definition innerhalb des NDC-Rahmens (also zwischen 0.0 und 1.0) liegen.

SET WORKSTATION VIEWPORT

```
CALL GSWKVP ( IWK , VXMIN , VXMAX , VYMIN , VYMAX )
```

Die Grenzen des Workstation Viewport VXMIN,...,VYMAX müssen innerhalb der maximalen Zeichenfläche des Gerätes liegen und werden in Device-Koordinaten, also *üblicherweise in Metern angegeben.*

Im Gegensatz zur Normalization Transformation, wo bei unterschiedlichen Seitenverhältnissen von Window und Viewport eine Verzerrung auftrat, gilt hier das Prinzip des *Uniform Scaling*: Haben Workstation Window und Workstation Viewport unterschiedliche Seitenverhältnisse, so wird das Workstation Window unter der größtmöglichen verzerrungsfreien Abbildung in den Workstation Viewport transformiert (wobei dessen Fläche dann nicht voll ausgenutzt wird). Im häufigen Anwendungsfall, daß das gesamte NDC-Quadrat abgebildet werden soll (also Workstation

Window = NDC), kann von einem nichtquadratischen Workstation Viewport nur das größte in ihm enthaltene Quadrat zum Zeichnen benutzt werden.

Das Zusammenspiel von Normalization Transformation und Workstation Transformation zeigt folgendes Bild:

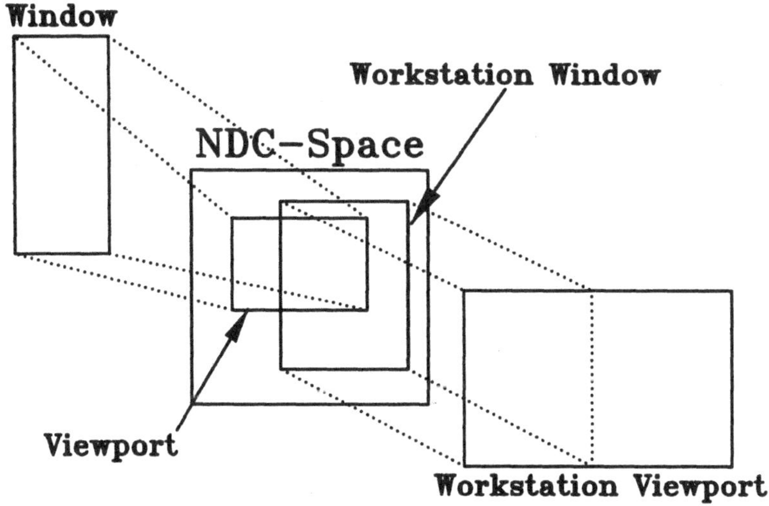

Abb. 5.1: Workstation-Transformation

Die unterschiedliche Behandlungsart der beiden Transformationen kann wie folgt begründet werden:

- Bei der Normalization Transformation werden völlig willkürliche Benutzerdaten erst auf eine vernünftige Zeichenfläche abgebildet. Will man z.B. den Zerfall eines radioaktiven Elements als Funktion der Zeit darstellen, so bewegen sich eben die X-Werte (Sekunden) und die Y-Werte (zerfallene Teilchen) in ganz verschiedenen Wertebereichen. Eine verzerrungsfreie Abbildung wäre hier also völlig sinnlos.
- Die im NDC-Quadrat gespeicherte graphische Information ist bereits eine fertig aufbereitete Zeichnung, nur eben noch ohne geeigneten Maßstab. Die Workstation Transformation hat nun nichts anderes zu tun, als diese Zeichnung der dimensionslosen Länge und Breite 1.0 z.B. auf 20x20 cm abzubilden. Hier wäre eine Verzerrung allerdings unerwünscht.

Setzt man ein Workstation Window, das kleiner als das NDC-Quadrat ist, so findet an diesem Workstation Window ein zusätzliches Clipping statt, das sogenannte *Workstation Clipping*. Dieses Clipping kann nicht (wie das Window Clipping) vom Benutzer abgeschaltet werden, da dann eventuell außerhalb der Zeichenfläche gezeichnet werden könnte. Die daraus resultierenden möglicherweise fatalen Folgen am Zeichengerät kann sich jeder selbst ausmalen.

Das Workstation Window ermöglicht zwei wichtige Anwendungen:

- Man kann zunächst den Workstation Viewport auf ein beliebiges (auch nichtquadratisches) Format setzen und dann ein Workstation Window definieren, dessen Seitenverhältnisse exakt dem Workstation Viewport entsprechen. So kann auch ein nichtquadratischer Workstation Viewport voll ausgenutzt werden. Dies demonstriert das folgende Programmstück

```
C
C     ES SOLL EINE DIN-A4-ZEICHNUNG
C     IM PORTRAET FORMAT ERSTELLT WERDEN
C
      PARAMETER (XDIN=0.210, YDIN=0.297)
      ...
      CALL GSWKVP ( IWK , 0.0 , XDIN , 0.0 , YDIN )
C
C     DIE LAENGERE SEITE DES WINDOWS SETZEN WIR AUF 1.0,
C     DIE ANDERE IM PASSENDEN SEITENVERHAELTNIS
C
      QUOT = XDIN/YDIN
      CALL GSWKWN ( IWK , 0.0 , QUOT , 0.0 , 1.0 )
      ...
```

  Nach diesen Aufrufen sollten natürlich nur noch Viewports benutzt werden, die innerhalb des Workstation Windows liegen.
- Man kann Workstation Windows für Ausschnittvergrößerungen benutzen. Hierauf wird später genauer eingegangen.

Die aktuelle Workstation Transformation ist in der Workstation State List abgespeichert. Beim OPEN WORKSTATION wird sie wie folgt initialisiert: Das Workstation Window entspricht dem ganzen NDC Space, der Workstation Viewport wird auf die maximal verfügbare Zeichenfläche gesetzt. *Das Uniform Scaling bewirkt hier jedoch, daß lediglich das größtmögliche Quadrat auf der Zeichenfläche nutzbar ist. Erst durch eine explizite Setzung des Workstation Windows kann die gesamte Zeichenfläche benutzt werden.*

```
C
C     ES SOLL DER GESAMTE BILDSCHIRM AUSGENUTZT WERDEN,
C     DER BILDSCHIRM BESITZT EIN SEITENVERHAELTNIS 3:4
C
C     DIE LAENGERE SEITE DES WINDOWS SETZEN WIR AUF 1.0,
C     DIE ANDERE IM PASSENDEN SEITENVERHAELTNIS
C
      CALL GSWKWN ( IWK , 0.0 , 1.0 , 0.0 , 0.75 )
```

Bei der Neusetzung der Workstation Transformation muß man sich einer Problematik bewußt werden, die dem Anwender anderer Graphikpakete vielleicht noch nie begegnet ist: Die Definition der Zeichnungsgröße ist dort meist beim Initialisierungsaufruf anzugeben, während die beiden GKS-Funktionen an beliebiger Stelle im Programm aufrufbar sind. Man betrachte z.B. das folgende Beispiel:

```
...
CALL GSELNT ( 1 )
CALL GSVP ( 1 , 0.0 , 0.5 , 0.0 , 0.5 )
CALL GPL ( N1 , X1 , Y1 )
CALL GSVP ( 1 , 0.5 , 1. , 0.5 , 1. )
CALL GPL ( N2 , X2 , Y2 )
...
```

Durch die unterschiedlichen Viewport-Setzungen wird erreicht, daß der erste Polygonzug im unteren linken Viertel des NDC Space, der zweite im oberen rechten Viertel des NDC Space landet, also ein völlig unproblematischer Fall! Doch nun betrachte man das folgende Beispiel:

```
...
CALL GSWKVP ( IWK , 0. , 0.1 , 0. , 0.1 )
CALL GPL ( N1 , X1 , Y1 )
CALL GSWKVP ( IWK , 0.1 , 0.3 , 0.1 , 0.3 )
CALL GPL ( N2 , X2 , Y2 )
...
```

Was passiert hier? Durch die erste Workstation Viewport-Setzung wird gesagt, daß von nun an der *gesamte NDC Space* auf den Bereich von 0 bis 10 cm auf der Zeichenfläche abzubilden ist. Analog sagt die zweite Setzung, daß von nun an der *gesamte NDC Space* auf den Bereich von 10 bis 30 cm – also an eine andere Stelle der Zeichenfläche und in einen anderen Maßstab – zu transformieren sei. Demzufolge müßte *in diesem Moment – wie von Geisterhand bewegt – der erste, bereits gezeichnete Polygonzug, der ja Teil der im NDC Space erstellten Zeichnung ist, zweifach vergrößert an eine neue Stelle wandern.* Ebenso würde eine nachträgliche Änderung des Workstation Windows bewirken, daß bereits gezeichnete Bildteile zwar an der gleichen Stelle, aber vergrößert oder verkleinert und anders geklippt erscheinen!

Auf den meisten Graphikgeräten muß in dieser Situation das Bild von GKS neu gezeichnet werden. Diese dynamische Bildänderung ist das Thema von Kapitel 16 – nach der Einführung des Segmentbegriffs in Kapitel 15. Daher – um keine unerwarteten Effekte zu erzielen – der dringende Rat an den Anwender (auf dem jetzigen Wissensstand): *Stellen Sie die Workstation Transformation möglichst bei leerer Zeichenfläche ein, z.B. vor dem Aufruf von ACTIVATE WORKSTATION!*

Bundles

Kommen wir nun noch zu den (zur Workstation gehörigen) *Bundle Tables*, also den Tabellen, in denen jeweils ein vollständiger Satz Attribute für einen Primitiv-Typ zusammengefaßt und mit einem Index versehen wird. Die Benutzung solcher Bundles wurde im vorangehenden Kapitel beschrieben. Auch wenn wir von der

Level-Einteilung des Buches abweichen, indem wir eine GKS-Funktion des Levels 1a beschreiben, wollen wir jetzt die Definitionsmöglichkeiten für Bundles kennenlernen.

Wie bereits mehrfach bemerkt wurde, sind die zu den einzelnen Polyline Bundles gehörenden *Bundle Representations* (also die Festlegungen, welcher Linetyp, Linewidth Scale Factor, Colour Index zum Bundle Index 1,2,... gehört) auf der Workstation – genauer: in der Workstation State List – gespeichert. Beim OPEN WORKSTATION werden einige solcher Bundle Representations an Hand der Workstation Description Table vorbesetzt, so daß man sofort mit Bundle Index 1,2,... arbeiten kann, ohne sich über die Inhalte Gedanken machen zu müssen (was wir ja auch im vorigen Kapitel weidlich ausgenutzt haben).

Nun gibt es im allgemeinen sehr viel mehr Kombinationsmöglichkeiten der Attribute, als in dieser *Polyline Bundle Table* vordefiniert sein können. In Kapitel 4 lernten wir, daß man – um mit nicht standardisierten Attributkombinationen arbeiten zu können – auf die Individual Attributes ausweichen kann. Diese Möglichkeit ist nun nicht immer befriedigend. Man möchte vielleicht eine ganz bestimmte Attributkombination in einer Bundle Representation vorliegen haben – im Bewußtsein, daß die Polylines nur auf dieser Workstation genau dieses Aussehen haben.

Daher bietet GKS zusätzlich die Möglichkeit, vorbesetzte Bundles umzudefinieren oder auch ganz neue Bundle Indices zu definieren. Hierzu dient:

SET POLYLINE REPRESENTATION

```
CALL GSPLR ( IWK , IPLI , LTYP , SCAL , ICOL )
```

Mit ihrem Aufruf wird der durch LTYP , SCAL und ICOL definierte Polyline-Attributsatz auf der Workstation IWK dem Bundle Index IPLI zugeordnet. Verwendet wird dieser Attributsatz bei der Graphikausgabe, wenn IPLI der aktuelle Polyline Index ist. Dies läßt sich jederzeit mit Hilfe des folgenden Aufrufs erreichen:

```
CALL GSPLI ( IPLI )
```

Polylines werden jetzt mit diesem Attributsatz gezeichnet – vorausgesetzt, die Aspect Source Flags stehen auf bundled (vgl. Kapitel 4).

Bemerkungen:

- GKS sieht für alle Workstations eine maximale Anzahl von Polyline Bundles vor. Diese beträgt (ab Level 1) mindestens 20, ist aber bei vernünftigen GKS-Implementierungen praktisch unbegrenzt. Sie darf durch die Definition eines neuen Bundle Index selbstverständlich nicht überschritten werden. In der Praxis sind nun nicht immer alle möglichen Bundle Indices vordefiniert, d.h. beim OPEN WORKSTATION bereits mit Werten vorbelegt. Vielmehr wird man sich – speziell wenn die Bundle Table sehr lang ist – auf nur einige vordefinierte Bundles beschränken. Durch einen Aufruf von SET POLYLINE REPRESENTATION kann immer nur ein zulässiger Eintrag der Polyline Bundle Table einer Workstation besetzt werden, wobei die Unterscheidung, ob dort vorher schon etwas gestanden hat oder nicht, eher künstlich ist.

- Wählt man mit SET POLYLINE INDEX einen Polyline Index an, der auf einer Workstation nicht definiert ist, so wird (auf dieser Workstation) ersatzweise auf die Attributbelegung von Bundle 1 ausgewichen. Ein Fehler wird nur gemeldet, wenn der Index generell unzulässig (also außerhalb der Bundle Table) war. GKS schreibt vor, daß mindestens 5 Polyline Bundles verschieden vordefiniert sein müssen.
- Der Aufruf von SET POLYLINE REPRESENTATION trägt die Bundle Representation in der Bundle Table *einer* Workstation ein. Soll auf mehreren Workstations mit der gleichen Bundle Representation gearbeitet werden, so muß SET POLYLINE REPRESENTATION für jede dieser Workstations einzeln gerufen werden (dies wird leicht bei interaktiven Programmen mit parallel mitlaufender Metafile-Workstation vergessen).

Sowohl die *vordefinierten* als auch die *aktuellen* Workstation-Attribute können erfragt werden. Dies wird am Beispiel des Polyline Bundles gezeigt. Die vordefinierten Attribute werden von der Workstation Description Table erfragt:

INQUIRE PREDEFINED POLYLINE REPRESENTATION

```
CALL GQPPLR ( IWT , IPLI , IERR , LTYP , SCAL , ICOL )
```

Hiermit wird der Inhalt des *vordefinierten* Polyline Bundles IPLI für den Workstation Type IWT an das Anwendungsprogramm geliefert. Die *aktuellen* Attribute werden von der Workstation State List erfragt:

INQUIRE POLYLINE REPRESENTATION

```
CALL GQPLR ( IWK , IPLI ,  ITYPE , IERR , LTYP , SCAL , ICOL )
```

Diese Funktion liefert den Inhalt des aktuellen Polyline Bundles IPLI auf der Workstation IWK an das Anwendungsprogramm. Der Eingabeparameter ITYPE ist vom Typ ENUMERATION und hat folgende Bedeutung: (SET , REALIZED). Mit ITYPE=0 erhält man demnach die originalen Setzungen des Anwendungsprogramms, mit ITYPE=1 diejenigen Werte, die die Workstation realisieren konnte.

Bei der Arbeit mit selbstdefinierten Bundle Representations taucht das gleiche Problem auf, das wir schon bei der Workstation Transformation kurz angeschnitten haben: die nachträgliche Beeinflussung bereits gezeichneter Bildelemente (sog. *dynamic picture changes*). Dies mag hier auf den ersten Blick überraschend klingen, wird aber sofort deutlich, wenn man die Attributbehandlung in GKS exakt verstanden hat:

Wenn ein Ausgabe-Primitiv – etwa ein Polyline – erzeugt wird, dann sagten wir im vorigen Kapitel (etwas unpräzise), daß zum Zeichnen der aktuelle Bundle Index, die Individual Attributes und die Aspect Source Flags benutzt werden. Genauer sagt GKS, daß diese Informationen dem Primitiv *hinzugebunden* werden. In diesem Sinn ist ein Polyline ein ganzer Satz von Informationen, bestehend aus

- Koordinatenfeldern
- Polyline Index

- Individual Linetype, Linewidth, Colour Index
- Aspect Source Flags
- Clipping Rectangle
- Pick Identifier (erst in Kapitel 26 interessant).

Polyline Index und die anderen Attribute sind unveränderliche Bestandteile des gesamten Ausgabe-Primitivs. Daher bezeichnet man die oben aufgeführten Attribute als *Ausgabe-Attribute*, die Bundle Representations hingegen als *Workstation-Attribute*: Der Bundle Index selbst ist eine Eigenschaft des Primitivs, sein Inhalt eine Eigenschaft der Workstation.

Definiert man nun z.B. auf einer Workstation den Polyline Index 3 so um, daß der zugehörige Linetype – der vorher z.B. dashed gewesen ist – nun auf dotted steht, so betrifft das nach dem eben Gesagten nicht nur zukünftig gezeichnete Polylines, sondern eben *alle Polylines mit diesem Bundle Index, auch wenn sie schon vorher gezeichnet wurden.* Auch nachträglich ändert sich also das Aussehen eines Bildes, und ehemals gestrichelte Linien erscheinen plötzlich punktiert. Bei fast allen Workstations ist dies jedoch nicht automatisch möglich. Da wir – wie bei der Workstation Transformation schon angedeutet – auf die Behandlung dynamischer Bildänderungen durch GKS erst später eingehen wollen, hier einige Bemerkungen, wie man schon jetzt problemlos mit SET POLYLINE REPRESENTATION arbeiten kann:

Wie schon bei der Workstation Transformation gibt es auch hier keine Probleme, wenn wir die Bundle Representations bei leerer Zeichenfläche, also vor dem Aufruf von ACTIVATE WORKSTATION oder unmittelbar nach einem Aufruf von CLEAR WORKSTATION, setzen. Da es jedoch nur eine Workstation Transformation, hingegen viele Bundle Indices gibt, kann man die Regel hier noch abschwächen: *Die Definition einer Polyline Bundle Representation führt nur dann zu einer dynamischen Bildänderung, wenn mit dem zugehörigen Bundle Index bereits etwas ausgegeben wurde.* Hat man also bisher z.B. nur mit den Indices 1, 2 oder 3 gearbeitet, so kann man getrost Bundle 7 neu definieren, denn es kann ja kein vorher gezeichnetes Polyline betroffen sein (egal, ob Index 7 vordefiniert war oder nicht).

Farbe

Das Thema Farbe müssen wir besonders ausführlich behandeln, und zwar aus folgendem Grunde: Von einer guten GKS-Implementierung (siehe auch Kapitel 13) kann man erwarten, daß sie wenig Beschränkungen (z.B. maximale Anzahl der Bundles oder Workstations) und möglichst große Einheitlichkeit bei den verschiedenen Geräten (z.B. Schriftarten oder Schraffuren) aufweist. Bei der Farbe läßt sich aber keine Einheitlichkeit erzielen, denn die Geräteunterschiede schlagen hier voll auf das Anwendungsprogramm durch. Daher wollen wir uns sowohl mit den Hintergründen beschäftigen als auch die relevanten Erfragefunktionen besprechen.

Bei der Betrachtung von Farben und Intensitäten beschränken wir uns auf Rastergeräte. Bei einem Rastergerät wird die Zeichnung durch Rasterpunkte oder Pixel realisiert. Mit Ausnahme der Stiftplotter sind heutzutage fast alle Graphikgeräte Rastergeräte. Besondere Eigenschaften von Rastergeräten sind auch Gegenstand von

Kapitel 13. Ob ein Graphikausgabegerät auf Rastertechnik basiert, erfährt man mit folgender Funktion:

INQUIRE WORKSTATION CLASSIFICATION

```
CALL GQWKCL ( IWT , IERR , ITYP )
```

Zum Workstation Type IWT erhält man die Classification vom Typ Enumeration (VECTOR,RASTER,OTHER). Mit ITYP=1 hat man also ein Rastergerät vor sich.

Bei den technischen Einzelheiten von Rastergeräten unterscheiden wir wiederum nach der Kategorie: Bildschirm oder Plotter.

Die meisten Graphikbildschirme arbeiten mit einer Kathodenstrahlröhre. Dabei ist der Elektronenstrahl – und damit die Intensität – regulierbar. Von teuren Echt-Farben-Geräten abgesehen sind im Bildschirmspeicher (Pixel Memory) die von GKS her bereits bekannten *Colour Indices* gespeichert. Die Anzahl "Bits pro Pixel" (üblich: 3–8) bestimmt die Zahl gleichzeitig sichtbarer Farben (entsprechend: 8–256). Die beim IBM-PC bekannten EGA- und einfachen VGA-Graphik-Karten können beispielsweise gleichzeitig 16 Farben darstellen, d.h. Colour Indices sind zwischen 0 und 15 möglich. Die tatsächliche Farbe eines Colour Index – in GKS als *Colour Representation* bezeichnet – wird in einer sogenannten Colour Lookup Table oder Colour Map gespeichert. Diese Tabelle befindet sich üblicherweise auf einer Graphikkarte. Die Anzahl der Bits, die für die Darstellung des Rot-, Grün- und Blauanteils verwendet werden, bestimmt, welche Farbnuancen überhaupt sichtbar gemacht werden können. Der übliche Bereich liegt zwischen 4 Intensitäten pro RGB-Anteil (= Vorrat von 64 Farben) und 256 Intensitäten pro RGB-Anteil (= Vorrat von etwa 16 Mio. Farben). Mit der GKS-Funktion SET COLOUR REPRESENTATION (siehe unten) setzt man direkt die Werte dieser Colour Lookup Table.

Bei den meisten Rasterplottern, die auf Papier, Folie oder Film arbeiten, wie z.B. Thermo-Transfer-Plotter, Ink-Jet-Plotter, Elektrostaten, Matrix-Drucker, Laser-Printer oder Belichter (für den Photosatz), erlaubt die Technik nur die Wahl zwischen 2 Werten: Farbe oder keine Farbe. Es gibt also für das einzelne Pixel nur zwei Intensitäten (0.0 und 1.0), d.h. schwarz/weiß bzw. acht Farben (schwarz, weiß, rot, grün, blau, türkis, pink, gelb) auf einem Farbgerät. Dieser Mangel an Farben ist für den Anwender recht störend. Photos können beispielsweise nicht in angemessener Qualität mit der GKS-Funktion CELL ARRAY (siehe Kapitel 10) ausgegeben werden. Dafür ist es erforderlich, daß auf diesen Rasterplottern weitere Intensitäten von der GKS-Implementierung oder im Gerät simuliert werden. Betrachtet man ein Photo in einer Tageszeitung genauer, sieht man, daß die Helligkeit durch Punkte unterschiedlicher Größe realisiert wird, was man als *Halbtonverfahren* bezeichnet. Dies läßt sich auf Rasterplottern realisieren, indem man etwa 25 bis 150 Pixel – je nach Genauigkeit des Gerätes – zu einem *druckbaren Punkt* zusammenfaßt, den man nun durch das An- oder Abschalten einzelner Pixel in seiner Größe verändern kann. Die Erstellung hochwertiger Druckvorlagen mit GKS ist also möglich, aber die nötigen Voraussetzungen dürften nicht in jeder GKS-Implementierung realisiert sein.

Geräteunabhängig definiert man in GKS die Farbe als additive Mischung von Rot-, Grün- und Blauintensitäten. Ob aber unterschiedliche Werte auch zu unterschiedlichen Farben führen, hängt vom Gerät ab. Mit der folgenden GKS-Funktion erhält ein symbolischer Colour Index eine Farbe:

SET COLOUR REPRESENTATION

```
CALL GSCR ( IWK , ICOL , RED , GREEN , BLUE )
```

In der Colour Table der Workstation IWK wird der Index ICOL mit den Farbanteilen RED, GREEN und BLUE (jeweils zwischen 0.0 und 1.0) spezifiziert.

Tabelle 5.1 Primärfarben

RED	GREEN	BLUE	Farbe
1.0	0.0	0.0	rot
0.0	1.0	0.0	grün
0.0	0.0	1.0	blau
0.0	1.0	1.0	türkis (cyan)
1.0	0.0	1.0	pink (magenta)
1.0	1.0	0.0	gelb (yellow)

Bei drei identischen Werten erhält man immer einen Grauton, der für 1.0 weiß ergibt und für 0.0 schwarz.

Frage 1: Was ist ein monochromes Gerät?

Antwort: Im GKS-Sinne ein Gerät, das nicht farbig ist. Während bei Beschreibungen von Monitoren oft zwischen *monochrome* (nur schwarz und weiß) und *grayscale* (mehr als zwei Intensitäten) unterschieden wird, sind in GKS beide monochrome. Die Anzahl der Farben oder Intensitäten wird davon unabhängig betrachtet.

Frage 2: Wie wirkt SET COLOUR REPRESENTATION auf einem monochromen Gerät?

Antwort: GKS empfiehlt, die Intensität (hier: XINT als Zahl zwischen 0.0 und 1.0) nach Art der amerikanischen Fernsehnorm zu berechnen:
XINT = 0.3 * RED + 0.59 * GREEN + 0.11 * BLUE

Frage 3: Wie werden die kontinuierlichen Farbanteile auf einem Gerät realisiert?

Antwort: Bestmöglich. Die Farbanteile werden also auf den nächsten realisierbaren Wert auf- oder abgerundet. Das sieht in FORTRAN-Notation beispielsweise für Rot folgendermaßen aus:
FAC = REAL (Anzahl der Intensitäten – 1)
RED = REAL (NINT (RED * FAC)) / FAC

Frage 4: Wie kann man die realisierten Farbanteile erfragen?

Antwort: Mit der GKS-Funktion, die anschließend beschrieben wird:

INQUIRE COLOUR REPRESENTATION

```
CALL GQCR ( IWK , ICOL , ITYPE , IERR , RED , GREEN , BLUE )
```

Sie liefert für den Workstation Identifier IWK und den Colour Index ICOL die Farbanteile RED, GREEN und BLUE. Mit ITYPE=0 erhält man die vom Anwendungsprogramm definierten Werte, mit ITYPE=1 die vom Graphikgerät realisierten.

Die Frage, wieviele Colour Indices und wieviele Intensitäten auf einer Workstation verfügbar sind, läßt sich mit den folgenden beiden GKS-Funktionen, die beide Einträge der Workstation Description Table erfragen, beantworten. Die erste liefert die maximale Anzahl der Colour Indices:

INQUIRE MAXIMUM LENGTH OF WORKSTATION STATE TABLES

```
CALL GQLWK ( IWT, IERR, MPOL, MPOM, MTXT, MFAR, MPAT, MCOL )
```

Zum Workstation Type IWT erhält man die weniger wichtigen Längen von Bundle- und Pattern-Tabellen (siehe Kapitel 9) und die interessante Länge der Farbtabelle und erfährt damit, daß Colour Indices von 0 bis MCOL–1 verwendet werden können.

Ob es sich um ein Schwarz/Weiß- oder ein Farbgerät handelt, und wie es um die Intensitäten bestellt ist, erfährt man durch:

INQUIRE COLOUR FACILITIES

```
CALL GQCF ( IWT , IERR , NBCOL , ICOLAV , NPCI )
```

Der Eingabeparameter IWT ist wieder der Workstation Type, der erste Ausgabeparameter IERR der Error Indicator. NBCOL gibt an, wie viele verschiedene Farben auf dem Gerät generell erzeugt werden können. Diese Zahl ist immer mindestens 2. Sie sagt noch nichts darüber aus, ob die Workstation überhaupt *farbig* ausgeben kann. Auf einem monochromen Gerät liefert sie gerade die Anzahl der Graustufen oder Intensitäten. Die Frage nach der Farbfähigkeit der Workstation beantwortet der nächste Parameter ICOLAV. Er ist vom Typ ENUMERATION und hat den Wertebereich: (MONOCHROME,COLOUR). Liefert der Aufruf von INQUIRE COLOUR FACILITIES also ICOLAV = 1, bedeutet dies, daß die Workstation "Farbe kann". Der letzte Parameter NPCI gibt die Number of Predefined Colour Indices an, also wieviele Colour Indices nach dem OPEN WORKSTATION bereits einen Wert haben.

Bei der Ausgabe von Photos oder Bildern mit Farbabstufungen stellt sich die Frage, welche *Intensitäten* darstellbar sind. *Fast immer* hängt diese Zahl nur von der Anzahl der verfügbaren Colour Indices ab. Nur bei der Ausgabe von Graustufen auf einem Farbgerät mit grober Colour Lookup Table kann es anders sein – wie folgendes Beispiel der beim IBM-PC bekannten EGA-Graphikkarte zeigt: Die Anzahl aller denkbaren Farben beträgt auf diesem Farbgerät 64 (NBCOL=64, ICOLAV=1). Das bedeutet pro RGB-Anteil 4 Intensitäten, denn 4**3 = 64. Neben den Intensitäten 0 % und 100 % lassen sich die Farben also auch noch mit 33.3 % und 66.7 % definieren. Trotz der 16 Colour Indices kann man also nur 4 Graustufen unterscheiden.

Auch bei der Farbdefinition stellt sich – wie bei jedem Workstation Attribut – das Problem der dynamischen Bildänderung. Wurde bereits unter Benutzung des Colour Index (entweder individuell oder innerhalb eines Bundles) etwas ausgegeben, so liegt wiederum eine dynamische Bildänderung vor, für die das gleiche gilt wie bei den Polyline Representations (in diesem Fall müßten also alle mit diesem Colour Index gezeichneten Polylines ihre Farbe wechseln). Graphik-Bildschirme sind üblicherweise Raster-Bildschirme (wie beim Fernseher) und werden meist von einer Graphikkarte mit Colour Table angesteuert. Bei diesen Geräten macht eigentlich jede dynamische Bildänderung ein erneutes Zeichnen des Bildes erforderlich (siehe Kapitel 16). Ausnahme ist die hier erwähnte Colour Representation, die *wirklich dynamisch* sofort sichtbar wird. Daher ist dies ein besonders bei Demonstrationsprogrammen beliebter Effekt.

Damit schließen wir die Behandlung des Workstation-Konzeptes von GKS vorläufig ab. Kapitel 14 (Metafiles) und 18 (Das Kopieren von Segmenten) behandeln die Eigenschaften spezieller Typen von Workstations. In Kapitel 16 (Dynamische Bildänderungen) werden weitergehende Kontrollfunktionen für Workstations diskutiert, die erst im Zusammenhang mit Segmenten verständlich werden.

Liste der GKS-Funktionen für Workstations (Teil1)

Diejenigen GKS-Funktionen, die sich gezielt auf einen Primitiv-Typ beziehen, werden in dem entsprechenden Primitiv-Kapitel aufgelistet, also beispielsweise SET POLYLINE REPRESENTATION in Kapitel 4 "Polyline-Ausgabe".

ACTIVATE WORKSTATION L0a

```
CALL GACWK ( IWK )
```

Aktiviert die Workstation, d.h. schaltet auf empfangsbereit für graphische Ausgabe.

```
IN:  IWK    (INTEGER) WORKSTATION IDENTIFIER
ERRORS:               (0,6,20,25,29,33,35,43)
```

CLEAR WORKSTATION L0a

```
CALL GCLRWK ( IWK , ICFLAG )
```

Löscht die Zeichenfläche, d.h. alle Primitive und alle Segmente werden von der Workstation entfernt. Eventuell verzögerte dynamische Änderungen (Kap. 16) werden ausgeführt. Bei Plottern: ein neues Blatt Papier wird bereitgestellt.

```
IN:  IWK    (INTEGER) WORKSTATION IDENTIFIER
IN:  ICFLAG (INTEGER) CONTROL FLAG (CONDITIONALLY,ALWAYS)
ERRORS:               (0,6,20,25,33,35)
```

CLOSE WORKSTATION L0a

```
CALL GCLWK ( IWK )
```

Der Zugriff des Anwendungsprogramms auf die Workstation wird beendet. Die Workstation State List und alle sonstigen Verweise auf die Workstation werden in GKS gelöscht.

```
IN:  IWK    (INTEGER) WORKSTATION IDENTIFIER
ERRORS:               (0,7,20,25,29,147)
```

DEACTIVATE WORKSTATION L0a

```
CALL GDAWK ( IWK )
```

Die Workstation wird deaktiviert, d.h. der Zugriff bleibt erhalten, Ausgabe–Primitive werden jedoch nicht ausgegeben (bis ein erneutes Aktivieren erfolgt).

```
IN:  IWK    (INTEGER) WORKSTATION IDENTIFIER
ERRORS:               (0,3,20,30,33,35)
```

INQUIRE COLOUR FACILITIES L0a

```
CALL GQCF ( IWT , IERR , NBCOL , ICOLAV , NPCI )
```

Liefert die Farbmöglichkeiten des Workstation Type (MCOL = Länge der Colour Table).

```
IN:  IWT    (INTEGER) WORKSTATION TYPE
OUT: IERR   (INTEGER) ERROR INDICATOR (0,8,22,23,39)
OUT: NBCOL  (INTEGER) ANZAHL ALLER FARBEN BZW. INTENSITAETEN
OUT: ICOLAV (INTEGER) FARBE VORHANDEN (MONOCHROME,COLOUR)
OUT: NPCI   (INTEGER) ANZAHL DER PREDEFINED COLOUR INDICES
                      (2..MCOL)
```

INQUIRE COLOUR REPRESENTATION L0a

```
CALL GQCR ( IWK , ICI , ITYPE , IERR , RED , GREEN , BLUE )
```

Liefert die derzeitige Farbe zum gegebenen Index auf der gegebenen Workstation (MCOL = Länge der Colour Table).

```
IN:  IWK    (INTEGER) WORKSTATION IDENTIFIER
IN:  ICI    (INTEGER) COLOUR INDEX (0..MCOL-1)
IN:  ITYPE  (INTEGER) ART DER ABGEFRAGTEN WERTE (SET,REALIZED)
OUT: IERR   (INTEGER) ERROR INDICATOR (0,7,20,25,33,35,36,93,94)
OUT: RED    (REAL)    ROT-INTENSITAET   [0.0,1.0]
OUT: GREEN  (REAL)    GRUEN-INTENSITAET [0.0,1.0]
OUT: BLUE   (REAL)    BLAU-INTENSITAET  [0.0,1.0]
```

INQUIRE LIST element OF COLOUR INDICES L0a

```
CALL GQECI ( IWK , N , IERR , NCI , ICI )
```

Liefert die Anzahl der definierten Colour Indices auf der gegebenen Workstation sowie ein ausgewähltes Listenelement (MCOL = Länge der Colour Table).

```
IN:  IWK    (INTEGER) WORKSTATION IDENTIFIER
IN:  N      (INTEGER) GEWUENSCHTES LISTENELEMENT (0..MCOL)
OUT: IERR   (INTEGER) ERROR INDICATOR (0,7,20,25,33,35,36,2002)
OUT: NCI    (INTEGER) ANZAHL DEFINIERTER COLOUR INDICES (2..MCOL)
OUT: ICI    (INTEGER) FALLS N>0: N-TER COLOUR INDEX (0..MCOL-1)
```

INQUIRE LIST element OF AVAILABLE WORKSTATION TYPES L0a

```
CALL GQEWK ( N , IERR , NWT , IWT )
```

Liefert die Anzahl der verfügbaren Workstation Types sowie ein ausgewähltes Listenelement.

```
IN:  N      (INTEGER) GEWUENSCHTES LISTENELEMENT
OUT: IERR   (INTEGER) ERROR INDICATOR (0,8,2002)
OUT: NWT    (INTEGER) ANZAHL VERFUEGBARER WORKSTATION TYPES
OUT: IWT    (INTEGER) FALLS N > 0: N-TER WORKSTATION TYPE
```

INQUIRE DISPLAY SPACE SIZE L0a

```
CALL GQDSP ( IWT , IERR , IDUN , SZDX , SZDY , IRX , IRY )
```

Liefert die maximale Zeichenfläche des gegebenen Workstation Type (Device Units sind meist Meter).

```
IN:  IWT    (INTEGER) WORKSTATION TYPE
OUT: IERR   (INTEGER) ERROR INDICATOR (0,8,22,23,31,33,36)
OUT: IDUN   (INTEGER) EINHEITEN DER DEVICE UNITS (METERS,OTHER)
OUT: SZDX   (REAL)    MAXIMALE X-LAENGE (DEVICE UNITS)
OUT: SZDY   (REAL)    MAXIMALE Y-LAENGE (DEVICE UNITS)
OUT: IRX    (INTEGER) MAXIMALE X-LAENGE (RASTER UNITS)
OUT: IRY    (INTEGER) MAXIMALE Y-LAENGE (RASTER UNITS)
```

INQUIRE MAXIMUM LENGTH OF WORKSTATION STATE TABLES L0a

```
CALL GQLWK ( IWT , IERR , MPOL , MPOM , MTXT , MFAR , MPAT , MCOL )
```

Liefert die maximale Länge der Bundle-, Pattern- und Colour-Tables für den gegebenen Workstation Type.

```
IN:  IWT    (INTEGER) WORKSTATION TYPE
OUT: IERR   (INTEGER) ERROR INDICATOR (0,8,22,23,39)
OUT: MPOL   (INTEGER) MAXIMALLAENGE DER POLYLINE BUNDLE TABLE
                      (MPOL ≥ 5, ab Level 1x: MPOL ≥ 20)
OUT: MPOM   (INTEGER) MAXIMALLAENGE DER POLYMARKER BUNDLE TABLE
                      (MPOM ≥ 5, ab Level 1x: MPOM ≥ 20)
OUT: MTXT   (INTEGER) MAXIMALLAENGE DER TEXT BUNDLE TABLE
                      (MTXT ≥ 2, ab Level 1x: MTXT ≥ 20)
OUT: MFAR   (INTEGER) MAXIMALLAENGE DER FILL AREA BUNDLE TABLE
                      (MFAR ≥ 5, ab Level 1x: MFAR ≥ 10)
OUT: MPAT   (INTEGER) MAXIMALLAENGE DER PATTERN TABLE
                      (MPAT ≥ 0, falls Pattern moeglich ist, gilt:
                       MPAT ≥ 1, ab Level 1x: MPAT ≥ 10)
OUT: MCOL   (INTEGER) MAXIMALLAENGE DER COLOUR TABLE (MCOL ≥ 2)
```

INQUIRE PREDEFINED COLOUR REPRESENTATION L0a

```
CALL GQPCR ( IWT , ICI , IERR , RED , GREEN , BLUE )
```

Liefert die Vorbelegung des gegebenen Colour Index für den gegebenen Workstation Type (MCOL = Länge der Colour Table).

```
IN:  IWT    (INTEGER) WORKSTATION TYPE
IN:  ICI    (INTEGER) COLOUR INDEX (0..MCOL-1)
OUT: IERR   (INTEGER) ERROR INDICATOR (0,8,22,23,39,93,95)
OUT: RED    (REAL)    ROT-INTENSITAET   [0.0,1.0]
OUT: GREEN  (REAL)    GRUEN-INTENSITAET [0.0,1.0]
OUT: BLUE   (REAL)    BLAU-INTENSITAET  [0.0,1.0]
```

INQUIRE SET member OF ACTIVE WORKSTATIONS L1a

```
CALL GQACWK ( N , IERR , NACT , IWK )
```

Liefert die Anzahl der momentan aktivierten Workstations sowie ein ausgewähltes Listenelement.

```
IN:  N      (INTEGER) GEWUENSCHTES LISTENELEMENT (0..M)
OUT: IERR   (INTEGER) ERROR INDICATOR (0,8,2002)
OUT: NACT   (INTEGER) ANZAHL AKTIVER WORKSTATIONS
OUT: IWK    (INTEGER) FALLS N>0: N-TE AKTIVE WORKSTATION
```

INQUIRE SET member OF OPEN WORKSTATIONS L0a

```
CALL GQOPWK ( N , IERR , NOPN , IWK )
```

Liefert die Anzahl der momentan offenen Workstations sowie ein ausgewähltes Listenelement.

```
IN:  N      (INTEGER) GEWUENSCHTES LISTENELEMENT (0..M)
OUT: IERR   (INTEGER) ERROR INDICATOR (0,8,2002)
OUT: NOPN   (INTEGER) ANZAHL OFFENER WORKSTATIONS
OUT: IWK    (INTEGER) FALLS N>0: N-TE OFFENE WORKSTATION
```

INQUIRE WORKSTATION CATEGORY L0a

```
CALL GQWKCA ( IWT , IERR , ICAT )
```

Liefert die Category des gegebenen Workstation Type.

```
IN:  IWT    (INTEGER) WORKSTATION TYPE
OUT: IERR   (INTEGER) ERROR INDICATOR (0,8,22,23)
OUT: ICAT   (INTEGER) WORKSTATION CATEGORY
                      (OUTPUT,INPUT,OUTIN,WISS,MO,MI)
```

INQUIRE WORKSTATION CLASSIFICATION L0a

```
CALL GQWKCL ( IWT , IERR , ITYP )
```

Liefert den Vektor/Raster-Typ des gegebenen Workstation Type.

```
IN:  IWT    (INTEGER) WORKSTATION TYPE
OUT: IERR   (INTEGER) ERROR INDICATOR (0,8,22,23,39)
OUT: ITYP   (INTEGER) WORKSTATION CLASSIFICATION
                      (VECTOR,RASTER,OTHER)
```

INQUIRE WORKSTATION CONNECTION AND TYPE L0a

```
CALL GQWKC ( IWK , IERR , ICON , IWT )
```

Liefert Connection Identifier und Workstation Type der gegebenen Workstation (die beim OPEN WORKSTATION spezifiziert werden).

```
IN:  IWK    (INTEGER) WORKSTATION IDENTIFIER
OUT: IERR   (INTEGER) ERROR INDICATOR (0,7,20,25)
OUT: ICON   (INTEGER) CONNECTION IDENTIFIER
OUT: IWT    (INTEGER) WORKSTATION TYPE
```

INQUIRE WORKSTATION STATE L0a

```
CALL GQWKS ( IWK , IERR , ISTATE )
```

Liefert die Information, ob eine gegebene Workstation aktiv ist.

```
IN:  IWK    (INTEGER) WORKSTATION IDENTIFIER
OUT: IERR   (INTEGER) ERROR INDICATOR (0,7,20,25,33,35)
OUT: ISTATE (INTEGER) WORKSTATION STATE (INACTIVE,ACTIVE)
```

INQUIRE WORKSTATION TRANSFORMATION L0a

```
CALL GQWKT ( IWK , IERR , ITUS , RW , CW , RV , CV )
```

Liefert die aktuelle Workstation Transformation sowie die Angabe, ob eine Änderung der Workstation Transformation anhängig ist. Alle Felder werden in der Reihenfolge: XMIN, XMAX, YMIN, YMAX besetzt.

```
IN:  IWK    (INTEGER) WORKSTATION IDENTIFIER
OUT: IERR   (INTEGER) ERROR INDICATOR (0,7,20,25,33,36)
OUT: ITUS   (INTEGER) WORKSTATION TRANSFORMATION UPDATE STATE
                      (NOTPENDING,PENDING)
OUT: RW     (REAL(4)) REQUESTED WORKSTATION WINDOW
OUT: CW     (REAL(4)) CURRENT WORKSTATION WINDOW
OUT: RV     (REAL(4)) REQUESTED WORKSTATION VIEWPORT
OUT: CV     (REAL(4)) CURRENT WORKSTATION VIEWPORT
```

OPEN WORKSTATION L0a

```
CALL GOPWK ( IWK , ICON , IWT )
```

Eröffnet dem Anwendungsprogramm den Zugriff auf eine Workstation. GKS erzeugt und initialisiert die Workstation State List.

```
IN:  IWK    (INTEGER) WORKSTATION IDENTIFIER
IN:  ICON   (INTEGER) CONNECTION IDENTIFIER
IN:  IWT    (INTEGER) WORKSTATION TYPE
ERRORS:               (0,8,20,21,22,23,24,26,28,42)
```

SET COLOUR REPRESENTATION L0a

```
CALL GSCR ( IWK , ICI , RED , GREEN , BLUE )
```

Definiert den Colour Index auf der gegebenen Workstation mit der gegebenen Farbwerten (MCOL = Länge der Colour Table).

```
IN:  IWK    (INTEGER) WORKSTATION IDENTIFIER
IN:  ICI    (INTEGER) COLOUR INDEX (0..MCOL-1)
IN:  RED    (REAL)    ROT-INTENSITAET   [0.0,1.0]
IN:  GREEN  (REAL)    GRUEN-INTENSITAET [0.0,1.0]
IN:  BLUE   (REAL)    BLAU-INTENSITAET  [0.0,1.0]
ERRORS:               (0,7,20,25,33,35,36,93,96)
```

SET WORKSTATION VIEWPORT L0a

```
CALL GSWKVP ( IWK , VXMIN , VXMAX , VYMIN , VYMAX )
```

Setzt den Workstation Viewport der gegebenen Workstation neu – üblicherweise in Metern.

```
IN:  IWK    (INTEGER) WORKSTATION IDENTIFIER
IN:  XMIN   (REAL)    X-UNTERGRENZE WORKSTATION VIEWPORT
IN:  XMAX   (REAL)    X-OBERGRENZE WORKSTATION VIEWPORT
IN:  YMIN   (REAL)    Y-UNTERGRENZE WORKSTATION VIEWPORT
IN:  YMAX   (REAL)    Y-OBERGRENZE WORKSTATION VIEWPORT
ERRORS:               (0,7,20,25,33,36,51,54)
```

SET WORKSTATION WINDOW L0a

```
CALL GSWKWN ( IWK , XMIN , XMAX , YMIN , YMAX )
```

Setzt das Workstation Window der gegebenen Workstation neu – innerhalb des NDC!.

```
IN:  IWK    (INTEGER) WORKSTATION IDENTIFIER
IN:  XMIN   (REAL)    X-UNTERGRENZE WORKSTATION WINDOW
IN:  XMAX   (REAL)    X-OBERGRENZE WORKSTATION WINDOW
IN:  YMIN   (REAL)    Y-UNTERGRENZE WORKSTATION WINDOW
IN:  YMAX   (REAL)    Y-OBERGRENZE WORKSTATION WINDOW
ERRORS:               (0,7,20,25,33,36,51,53)
```

6. Kontextregeln und Fehlerbehandlung

Wie jedes andere Graphikpaket benötigt auch GKS einen festen Startaufruf, mit dem das System als Ganzes initialisiert wird. Nach den Diskussionen des vorigen Kapitels wissen wir, daß OPEN WORKSTATION zur Initialisierung einer einzelnen Workstation benutzt wird und daher im Programm an unterschiedlichen Stellen mehrfach aufgerufen werden darf, um verschiedene Workstations – auch simultan – zu öffnen. Daher benötigt GKS eine eigene Initialisierung, die unabhängig von Workstations ist:

OPEN GKS

```
CALL GOPKS ( IUNIT , IBUFL )
```

Der korrespondierende Schlußaufruf lautet:

CLOSE GKS

```
CALL GCLKS
```

Der GOPKS-Aufruf hat folgende Wirkung:

- Der Parameter IUNIT wird als Kanalnummer (FORTRAN Unit Number) für die GKS-Fehlerprotokolldatei vermerkt. Jede darauf folgende Fehlermeldung einer GKS-Funktion wird in diese Datei geschrieben. Falls es die GKS-Implementierung erlaubt, ist ein explizites FORTRAN OPEN auf diese Datei *vor* dem GOPKS-Aufruf sinnvoll, um der Datei einen passenden Namen zu geben.
- Durch IBUFL wird die Länge eines Pufferbereiches spezifiziert, den GKS für interne Zwecke benutzen darf. Die Bedeutung dieses Bereiches ist in GKS nicht genauer festgelegt, sondern bleibt der jeweiligen Implementierung überlassen. *Durch Angabe des Parameters -1 erhält man einen implementationsabhängigen Standardwert.* Daher muß sich der Anwender *nur in Problemfällen* vor Ort informieren, welche Werte für die von ihm benutzte GKS-Version möglich (und für seine Anwendung sinnvoll) sind. Das ist ausgesprochen selten, da auch bei FORTRAN-Implementierungen von GKS eine dynamische Speicherverwaltung üblich ist.
- Die *GKS State List* wird initialisiert. Dies ist eine zentrale Tabelle, die alle workstationunabhängigen Größen enthält (z.B. Bundle Indices, Aspect Source Flags, Normalization Transformations). Ferner sind in ihr Listen gespeichert wie z.B.

die Liste aller offenen Workstations, die Liste aller aktiven Workstations, die Liste aller benutzten Segmentnamen etc.

Mit CLOSE GKS wird GKS wieder geschlossen, d.h. es wird z.B. die Bearbeitung der Fehlerdatei beendet. Nach diesem Aufruf darf ein neues OPEN GKS (auch mit neuer Fehlerdatei) erfolgen.

Fehlervermeidung

Die wichtigste Grundregel beim Thema Fehlervermeidung ist, bei allen scheinbar unerklärlichen Resultaten (Programmabbruch, fehlende oder falsche Zeichnungsteile) zunächst die Fehlerdatei anzusehen, da in solchen Fällen GKS meist Fehlermeldungen erzeugt, die bereits bei der Problemlösung helfen. Eine Liste aller GKS-Fehlermeldungen findet sich im Anhang.

Es tritt jedoch auch oft der umgekehrte Fall auf: Noch während der Benutzer nach Beendigung des Programms auf den Ausdruck seiner Zeichnung wartet, erscheint in seiner Fehlerdatei eine Anzahl von Meldungen. Dies muß jedoch nicht bedeuten, daß seine Zeichnung gar nicht oder unbrauchbar erstellt wurde. Vielmehr gliedern sich die Fehlermeldungen in einzelne Kategorien:

a) Eine GKS-Funktion wurde in einem unzulässigen Zusammenhang oder mit unzulässigen Parametern aufgerufen.
b) Eine GKS-Funktion wurde mit Parametern aufgerufen, die zwar formal (d.h. für GKS) korrekt sind, aber Features benutzen, die auf der angesprochenen Workstation nicht unterstützt werden.
c) Während der Abarbeitung einer GKS-Funktion trat ein von GKS nicht behebbarer interner Fehler oder ein durch ein fehlerhaftes Anwendungsprogramm verursachter Systemfehler auf.

Fehlermeldungen vom Typ b) bilden die schwächste Kategorie. Versucht man auf einem monochromen Bildschirm, der nur die Colour Indices 0 und 1 kennt, Colour Index 7 zu definieren, erhält man eine Fehlermeldung und der Aufruf wird ignoriert. Definiert man anschließend im Anwendungsprogramm eine Polyline Representation mit Colour Index 7, um beispielsweise eine rote Linie auszugeben, so informiert GKS den Benutzer nur darüber, daß es die Wünsche des Anwenders eben nicht hundertprozentig erfüllen konnte (und ersatzweise Colour Index 1 verwendet). Der Benutzer erhält also hier die bestmögliche Zeichnung. Ein anderes Beispiel ist, wenn man etwa versucht, von einem Plotter, der üblicherweise nur für graphische Ausgabe geeignet ist, eine Eingabe zu machen. Der Aufruf der GKS-Funktion wird ignoriert.

Fehler vom Typ c) sind als fatal anzusehen und führen in der Regel zum Programmabsturz. Die folgende Liste der drei häufigsten Fehlersituationen ist vielleicht eine kleine Orientierungshilfe:

- Fehler im Anwendungsprogramm, der nichts mit GKS zu tun hat.
- "I/O Error": meistens ist die GKS-Umgebung nicht definiert, wenn beispielsweise unter UNIX Environment–Variablen fehlen.

- "Access violation": meistens wird eine (GKS-)Funktion mit der falschen Anzahl von Parametern oder falschen Datentypen aufgerufen.

In solchen Fällen muß sich der Anwender mit der Fehlersuche in Programmen auskennen oder beraten lassen.

Fehler vom Typ a) nehmen eine Zwischenstellung ein: Sie sind einesteils nicht fatal (d.h. das Programm bricht im allgemeinen nicht ab), führen aber stets dazu, daß die aufgerufene GKS-Funktion nicht ausgeführt wird, woraus unvollständige Zeichnungen oder sogar Folgefehler folgen. Beispiele für unzulässige Parameterlisten sind etwa:

- Man versucht, ein Polyline mit weniger als zwei Punkten auszugeben.
- Man spezifiziert einen negativen Linewidth Scale Factor oder Colour Index.
- Man versucht, eine Workstation eines Typs zu öffnen, der für die lokale GKS-Installation gar nicht existiert, oder man gibt einen unzulässigen Connection Identifier an.

Zu der unter a) angegebenen Fehlersituation, daß eine GKS-Funktion im falschen Kontext aufgerufen wurde, sind noch einige Bemerkungen nötig:

Nehmen wir an, ein Benutzer ruft in seinem Programm die GKS-Funktion POLYLINE auf, ohne daß er vorher irgendeine Workstation geöffnet und aktiviert hätte. Sogar wenn der Aufruf selbst formal richtig ist, d.h. alle Parameter syntaktisch korrekt sind, ist der Aufruf als Ganzes fehlerhaft, da GKS das Polyline nirgendwohin ausgeben kann. Die GKS-Funktion ist also im falschen Kontext aufgerufen worden.

Noch klarer wird es im folgenden Beispiel: Wenn ein Segment offen ist, also gerade ein später noch manipulierbarer und mit einem Namen versehener Bildteil erzeugt wird, so sind die in ihm enthaltenen graphischen Informationen gemäß den in Kapitel 5 aufgestellten Regeln auf allen derzeit aktiven Workstations sichtbar. Würde er nun in diesem Moment eine neue Workstation aktivieren, so würden auf ihr alle zukünftigen, nicht jedoch die bereits gezeichneten Elemente des Segments zu sehen sein. Diese Workstation würde also ein Teilsegment enthalten. Da jedoch das Segment – es ist Gegenstand des Kapitels 15 – die kleinste manipulierbare Einheit in GKS ist, darf es solche Teilsegmente nicht geben, d.h. das Aktivieren oder Deaktivieren einer Workstation ist verboten, solange ein Segment offen ist.

Dies alles sieht nun so aus, als ob man zur Benutzung von GKS eine fürchterlich komplizierte Kontextgrammatik lernen müßte. Das Gegenteil ist jedoch der Fall: Abhängig vom jeweiligen Kontext gilt es nur einige wenige Regeln zu beachten. Der aktuelle Kontext ist *durch eine einzige Größe*, den sogenannten *Operating State Value*, festgelegt. Dieser Operating State Value kann fünf verschiedene Werte annehmen und ist daher vom Typ ENUMERATION: (GKCL,GKOP,WSOP,WSAC,SGOP) Dabei haben die Kürzel folgende Bedeutung:

GKCL: GKS ist geschlossen
GKOP: GKS ist offen
WSOP: mindestens eine Workstation ist offen
WSAC: mindestens eine Workstation ist aktiviert
SGOP: ein Segment ist offen

Zu jedem Zeitpunkt des Anwendungsprogramms ist GKS in einem dieser Zustände. Der aktuelle Wert wird von der GKS-Funktion

INQUIRE GKS OPERATING STATE VALUE

```
CALL GQOPS ( IOPSTA )
```

im Parameter IOPSTA geliefert. Im Zustand GKCL ist GKS vor dem OPEN GKS-Aufruf und nach dem CLOSE GKS-Aufruf. In diesem Zustand sind nur der Aufruf von OPEN GKS und INQUIRE GKS OPERATING STATE VALUE erlaubt.

Durch den Aufruf von OPEN GKS geht GKS in den Zustand GKOP über. Nun sind weitere Funktionen erlaubt, z.B. alle SET- und INQUIRE-Funktionen, die sich auf die GKS State List beziehen. Man kann also von nun an Windows oder Viewports definieren, Bundle Indices, Individual Attributes oder Aspect Source Flags etc. setzen. Sichtbare Effekte dieser Aufrufe erhält man natürlich nur bei späteren Ausgabe-Primitiven auf einer Workstation. Alle Erfragefunktionen der Workstation Description Tables sind jetzt erlaubt.

Außerdem ist der Aufruf von OPEN WORKSTATION von nun an erlaubt, d.h. es dürfen Workstations geöffnet werden. Trivialerweise ist in diesem Zustand auch wiederum der Aufruf von GCLKS, d.h. der Übergang zum Zustand GKCL, gestattet. Dies geschieht am Ende des Programms, wenn GKS durch das Schließen der letzten Workstation in den Zustand GKOP zurückgegangen ist.

Der *erste* Aufruf von GOPWK im Zustand GKOP versetzt GKS in den Zustand WSOP (man beachte die exakte Definition dieses Zustands). Nun sind auch alle Setzefunktionen, die sich auf Workstations beziehen, erlaubt (z.B. SET POLYLINE REPRESENTATION, SET WORKSTATION WINDOW), aber auch die – bisher noch nicht besprochenen – Eingabefunktionen, sowie die Funktion ACTIVATE WORKSTATION. Im Zustand WSOP sind hingegen weiterhin alle Funktionen verboten, die graphische Ausgabe machen (hierzu muß ja mindestens eine Workstation *aktiv* sein), aber es ist auch die Funktion CLOSE GKS verboten, d.h. GKS als Ganzes darf erst geschlossen werden, wenn die letzte Workstation geschlossen wurde.

Zusätzlich *bleibt* im Zustand WSOP der Aufruf von OPEN WORKSTATION erlaubt, d.h. es dürfen weitere Workstations geöffnet werden. Hinter dieser schlichten Festlegung verbirgt sich im Grunde das ganze mächtige *Multiple Workstation Concept* von GKS. Umgekehrt können im Zustand WSOP auch Workstations geschlossen werden. Schließt man die letzte noch offene Workstation, so geht GKS zurück in den Zustand GKOP.

Der erste Aufruf von ACTIVATE WORKSTATION im Zustand WSOP überführt GKS in den Zustand WSAC. Nun ist endlich die graphische Ausgabe erlaubt, z.B. die Funktion POLYLINE. Erinnern Sie sich an Kapitel 3 (für ganz Eilige)? *"Um auf einer Workstation graphische Ausgabe betreiben zu können, müssen zuvor im Programm mindestens folgende drei GKS-Funktionen aufgerufen werden..."* Spätestens jetzt ist dieser Satz für uns kein "Kochrezept" mehr.

Im Zustand WSAC darf der Benutzer Segmente generieren, d.h. der Aufruf von CREATE SEGMENT ist erlaubt und überführt GKS in den Zustand SGOP. Außerdem bleiben die Funktionen OPEN WORKSTATION und ACTIVATE WORKSTATION erlaubt (Multiple Workstation Concept). Interessant ist in diesem Zusammenhang, daß auch die Funktion CLOSE WORKSTATION zulässig ist. Es darf natürlich keine aktive Workstation geschlossen werden, aber der Zustand WSAC besagt ja nicht, daß *alle* Workstations aktiv sein müssen.

Ferner ist die Funktion DEACTIVATE WORKSTATION erlaubt, wobei der Aufruf von DEACTIVATE WORKSTATION für die letzte aktive Workstation zurück in den Zustand WSOP führt.

Als letzten, höchsten Zustand von GKS gibt es noch den Zustand SGOP, d.h. es gibt ein offenes Segment. Dies bringt gegenüber dem Zustand WSAC einige Einschränkungen mit sich. Zum Beispiel sind nun die Funktionen ACTIVATE WORKSTATION und DEACTIVATE WORKSTATION verboten (*nicht* jedoch OPEN WORKSTATION und CLOSE WORKSTATION. Eine Workstation zu öffnen, während ein Segment offen ist, kann ja nichts schaden, da man sie ja anschließend nicht aktivieren darf!). Die Funktion CREATE SEGMENT ist in diesem Zustand ebenfalls verboten, d.h. es kann stets nur ein einziges offenes Segment geben. Durch den Aufruf von CLOSE SEGMENT geht GKS zurück in den Zustand WSAC.

Damit haben wir die wichtigsten Kontextregeln diskutiert, die sich aus der Definition der fünf GKS Operating States ergeben. Wir haben darauf verzichtet, die erlaubten GKS Operating States für jede einzelne GKS-Funktion anzugeben, weil man damit keine praxisrelevanten Benutzerfehler erfaßt. Denn es ist wirklich nur genau das verboten, was zu logischen Widersprüchen führen würde – diese Regeln sind also sehr plausibel.

Fehlerbehandlung

Bei der Fehlerbehandlung müssen wir zwischen den Erfragefunktionen und den anderen GKS-Funktionen unterscheiden:

Die Erfragefunktionen machen keine Fehlerbehandlung und drucken keine Fehlermeldung aus, sondern übergeben bekanntlich dem Anwendungsprogramm die entsprechende Fehlernummer im Error-Parameter. Die Gründe sind zum einen, daß das Anwendungsprogramm über das Mißlingen des Aufrufs informiert sein muß (um nicht mit ungültigen Werten zu arbeiten), zum anderen, daß sich eine in FORTRAN unzulässige Rekursivität ergeben kann, da die Error-Handling-Routine ihrerseits Erfragefunktionen aufrufen kann. *Daher muß man bei Erfragefunktionen die Fehlerbehandlung anhand des Error-Parameters oberhalb von GKS, in der Anwendung selbst, programmieren.*

Im folgenden beschäftigen wir uns mit der Fehlerbehandlung bei GKS-Funktionen, die keine Erfragefunktionen sind, und werden lernen, wie man die Standard-Reaktion des GKS, eine Fehlermeldung in die Fehlerprotokolldatei (siehe OPEN GKS) zu schreiben, durch eigene Methoden ersetzen kann. Dies ist sicher für die meisten Anwendungsprogramme nicht erforderlich, da es naheliegender ist, Fehler zu vermeiden als sie virtuos abzuhandeln. Interaktive Benutzereingaben prüft man üblicherweise in der Logik des Anwendungsprogramms und nicht erst in GKS.

Eine Ausnahme stellt ein GKS-Interpreter dar, bei dem man jede GKS-Funktion als Kommando eintippen kann. Hier ist es sinnvoll, die Überprüfung der Eingaben GKS zu überlassen und eine eigene Fehlerbehandlung vorzunehmen.

Achtung: Manche Betriebssysteme erlauben es, Unterprogrammbibliotheken "vorzulinken", was bei GKS 90% der Linkzeit einsparen kann und die Größe ausführbarer Programme drastisch verringert. Beispiele sind VAX (DEC) mit Betriebssystem VMS (Stichwort: sharable image) und CYBER (CDC) mit Betriebssystem NOSVE (Stichwort: prelinked module). Um dort Bibliotheksroutinen durch eigene ersetzen zu können, benötigt man den Zugriff auf eine Bibliothek, die noch nicht "vorgelinkt" ist.

Wie geht nun die interne Fehlerbehandlung in GKS vonstatten? Zunächst stellt eine GKS-Funktion fest, daß ein Fehler aufgetreten ist. GKS schaltet in diesem Moment einen speziellen Operating State ein, den sogenannten *Error State.* In diesem Zustand sind als einzige GKS-Aufrufe noch Erfragefunktionen erlaubt (warum das so ist, werden wir gleich noch sehen). Außerdem wird der Fehler selbst (besser: eine ihm zugeordnete Fehlernummer) und der Name der zuletzt vom Benutzer aufgerufenen GKS-Funktion (genauer: eine ihr zugeordnete Kennummer) intern vermerkt.

Mit allen diesen Informationen ruft GKS nun die sogenannte ERROR-HANDLING-Routine auf. Standardmäßig macht diese Routine nichts weiter als mit den gleichen Parametern eine weitere Routine, die sogenannte ERROR-LOGGING-Routine, aufzurufen. Diese schreibt die Fehlernummer (evtl. ergänzt durch erläuternden Fehlertext) und den Namen der GKS-Funktion, die den Fehler entdeckte, auf die vom Benutzer definierte Fehlerdatei. Anschließend an die Aufrufe von ERROR HANDLING und ERROR LOGGING schaltet GKS den Error State wieder ab und fährt – wenn möglich – mit dem Programm fort.

Es könnte nun ein Anwender daran interessiert sein, im Fehlerfall selbst die Kontrolle zurückzuerhalten, um etwa seine Daten zu prüfen oder zusätzliche, anwenderspezifische Meldungen auszugeben. Dies kann er ohne weiteres machen, indem er dafür sorgt, daß *eine von ihm selbst geschriebene Routine mit gleichem Namen und gleichen Parametern* wie die ERROR-HANDLING-Routine seinem Anwendungsprogramm hinzugebunden wird. Da sich innerhalb dieser Routine GKS im Error State befindet, darf der Benutzer darin von den GKS-Funktionen nur die Erfragefunktionen aufrufen. Begründung: Nehmen wir an, im Error State sei alles erlaubt, und der Benutzer habe seine eigene ERROR-HANDLING-Routine geschrieben, die zufällig die GKS-Funktion aufruft, die gerade den Fehler entdeckt und die ERROR-HANDLING-Routine aufgerufen hat? Sie würde – wenn auch auf Umwegen – rekursiv aufgerufen. Dies ist natürlich – wie der Leser zu Recht einwenden kann – nur für FORTRAN-basierte GKS-Implementierungen ein Hindernis. Wieso also ist die obige Regelung Teil eines sprachunabhängigen Standards? Es gibt noch einen zweiten – GKS-spezifischen – Grund: Der Benutzer soll daran gehindert werden, im Verlauf der Fehlerbehandlung etwas an den internen GKS-Tabellen (GKS State List, Workstation State Lists etc.) zu "drehen". Im Error State soll GKS sich in einer Art Wartezustand befinden, damit die GKS-Funktion, die den Fehler entdeckt hat, nach Beendigung der Fehlerbehandlung sicher sein kann, alles noch wie vorher vorzufinden. Sie kann sich z.B. die aktuellen Polyline-Attribute schon zur Graphikausgabe lokal merken, ohne befürchten zu müssen, daß sie im Error State verstellt wurden.

Nach so viel Vorrede jedoch nun zur Praxis: Die ERROR-HANDLING-Routine wird so aufgerufen:

ERROR HANDLING

```
CALL GERHND ( NUM , NAME , IUNIT )
```

und die ERROR-LOGGING-Routine:

ERROR LOGGING

```
CALL GERLOG ( NUM , NAME , IUNIT )
```

Alle Parameter sind Eingabeparameter, die von GKS an diese Routinen durchgereicht werden. NUM ist die Fehlernummer, NAME die *Nummer* der zuletzt aufgerufenen GKS-Funktion (s.u.) und IUNIT die Kanalnummer der Fehlerdatei, so wie sie der Benutzer im GOPKS-Aufruf spezifiziert hat. Die standardmäßig in GKS enthaltene ERROR-HANDLING-Routine ruft einzig und allein GERLOG (mit unveränderter Parameterliste) auf und kehrt dann ins rufende Programm zurück.

Programm 6.1 eigenes ERROR HANDLING

```
      SUBROUTINE GERHND ( NUM , NAME , IUNIT )
C
C     DIESER BENUTZER MOECHTE BEI AUFTRETEN VON FEHLER
C     NUM = 100 (NUMBER OF POINTS INVALID) EINE ANWEN-
C     DERSPEZIFISCHE MELDUNG AUSGEBEN. SONSTIGE GKS-
C     FEHLERMELDUNGEN SOLLEN NICHT PROTOKOLLIERT WER-
C     DEN, D.H. DER AUFRUF VON GERLOG WIRD UNTER-
C     DRUECKT. NUR DIE FEHLERHAEUFIGKEIT WIRD GEZAEHLT
C
      COMMON /USRCOM/ ICOUNT
      SAVE /USRCOM/
      IF(NUM.EQ.100) THEN
         WRITE(IUNIT,1000)
1000     FORMAT(' PUNKTZAHL BEI POLYLINE/POLYMARKER',
     ,          '/FILL AREA ZU KLEIN ODER NEGATIV',
     ,         /,' BITTE DATEN UEBERPRUEFEN')
      END IF
      ICOUNT = ICOUNT + 1
      RETURN
      END
```

Das Anwendungsprogramm kann dann wie folgt vorgehen:

```
      PROGRAM XYZ
      PARAMETER (IUNIT = 10)
      COMMON /USRCOM/ ICOUNT
      SAVE /USRCOM/
      ...
      ICOUNT = 0
      OPEN(IUNIT,FILE='GERROR')
      CALL GOPKS(IUNIT,-1)
      ...
      CALL GCLKS
      WRITE(IUNIT,7777) ICOUNT
 7777 FORMAT(' GKS-ANWENDUNGSPROGRAMM BEENDET',/,
     ,       1X,I10,' FEHLERMELDUNGEN AUFGETRETEN')
      CLOSE(IUNIT)
      STOP
      END
```

Wie oben bemerkt wurde, erhält die Error Handling-Routine anstelle des *Namens* der auslösenden GKS-Funktion eine *Kennummer* übergeben. Die Zuordnung geschieht nach folgender Tabelle:

Tabelle 6.1 Nummern der GKS-Funktionen:

GOPKS	0	GSFASI	37	GINST	74
GCLKS	1	GSFACI	38	GSLCM	75
GOPWK	2	GSPA	39	GSSKM	76
GCLWK	3	GSPARF	40	GSVLM	77
GACWK	4	GSASF	41	GSCHM	78
GDAWK	5	GSPKID	42	GSPKM	79
GCLRWK	6	GSPLR	43	GSSTM	80
GRSGWK	7	GSPMR	44	GRQLC	81
GUWK	8	GSTXR	45	GRQSK	82
GSDS	9	GSFAR	46	GRQVL	83
GMSG	10	GSPAR	47	GRQCH	84
GESC	11	GSCR	48	GRQPK	85
GPL	12	GSWN	49	GRQST	86
GPM	13	GSVP	50	GSMLC	87
GTX	14	GSVPIP	51	GSMSK	88
GFA	15	GSELNT	52	GSMVL	89
GCA	16	GSCLIP	53	GSMCH	90
GGDP	17	GSWKWN	54	GSMPK	91
GSPLI	18	GSWKVP	55	GSMST	92
GSLN	19	GCRSG	56	GWAIT	93
GSLWSC	20	GCLSG	57	GFLUSH	94
GSPLCI	21	GRENSG	58	GGTLC	95
GSPMI	22	GDSG	59	GGTSK	96
GSMK	23	GDSGWK	60	GGTVL	97
GSMKSC	24	GASGWK	61	GGTCH	98
GSPMCI	25	GCSGWK	62	GGTPK	99
GSTXI	26	GINSG	63	GGTST	100
GSTXFP	27	GSSGT	64	GWITM	101
GSCHXP	28	GSVIS	65	GGTITM	102
GSCHSP	29	GSHLIT	66	GRDITM	103
GSTXCI	30	GSSGP	67	GIITM	104
GSCHH	31	GSDTEC	68	GEVTM	105
GSCHUP	32	GINLC	69	GACTM	106
GSTXP	33	GINSK	70		
GSTXAL	34	GINVL	71		
GSFAI	35	GINCH	72		
GSFAIS	36	GINPK	73		

Tabelle 6.2 Nummern der FORTRAN-spezifischen GKS-Funktionen:

GPREC	107	GUREC	108

Tabelle 6.3 Nummern der C-spezifischen GKS-Funktionen:

gemergency_close_gks	153	gerr_log	155
gerr_hand	154	gset_err_hand	156

Notbremse

Zum Abschluß dieses Kapitels noch ein paar Bemerkungen über die fatalen Fehler: In einer für GKS nicht behebbaren Situation wird stets versucht, so viel wie möglich von der graphischen Information (die zur Zeit des Fehlers schon vorhanden war) zu retten. Waren z.B. auf einem Plotter noch nicht alle Linien ausgegeben, da gepufferte Datenübertragung benutzt wurde, so wird versucht, den derzeitigen Pufferinhalt noch an das Gerät zu schicken (sofern nicht z.B. gerade dieser Puffer zerstört wurde und damit die Ursache des Fehlers war). Erreicht wird diese "letzte Hilfe" durch eine spezielle GKS-Funktion namens

EMERGENCY CLOSE GKS

```
CALL GECLKS
```

Diese GKS-Funktion darf in *jedem* Zustand von GKS aufgerufen werden (nur nicht innerhalb der ERROR-HANDLING-Routine, also im Error State, was aber in der Praxis auch nicht nötig ist); sie stellt – wie gesagt – die "Notbremse" in GKS dar. Egal, ob gerade ein Segment offen war und wieviele Workstations gerade offen oder aktiv waren, durch ein EMERGENCY CLOSE GKS wird der Zustand GKCL (also GKS geschlossen) wiederhergestellt, und zwar schrittweise durch einzelnes internes Schließen des eventuell offenen Segments und der Workstations, genauso als wenn der Benutzer am Ende des Programms alles selbst gemacht hätte.

Allerdings – und das sei denjenigen ins Stammbuch geschrieben, die glauben, Schreibarbeit sparen zu können und anstelle des sauberen expliziten Schließens aller Workstations einfach am Ende des Programms immer EMERGENCY CLOSE GKS benutzen zu können – es handelt sich eindeutig um eine "Notbremse". Demzufolge dürfen bei diesem Aufruf (in Abhängigkeit vom Workstation Type) noch anstehende zeitaufwendige Arbeiten wie z.B. Bildregenerierungen unterbleiben. Es heißt eben nur, daß soviel wie möglich gerettet werden soll.

Daß EMERGENCY CLOSE GKS dennoch im Anwendungsprogramm aufgerufen werden darf, hat einen anderen Grund: Sie stellt ein Werkzeug für den Programmierer höherer, anwendungsbezogener Software dar, um in Fehlersituationen, die – für GKS unbemerkt – in seinen eigenen Unterprogrammen auftreten, eben auch diese Möglichkeit der "Notbremse" zu haben. Schließlich ist GKS ja – wie schon in Kapitel 1 bemerkt wurde – eine Entwicklungsumgebung für Anwendungsprogrammierer.

Liste der GKS-Funktionen zur Fehlerbehandlung

CLOSE GKS **L0a**

```
CALL GCLKS
```

Führt GKS in den Zustand GKCL (GKS closed) zurück. Letzter GKS-Aufruf eines jeden Anwendungsprogramms.

```
ERRORS:             (0,2)
```

EMERGENCY CLOSE GKS **L0a**

```
CALL GECLKS
```

"Notbremse" in GKS. Alle noch ausstehenden Aktionen werden – soweit möglich – durchgeführt und GKS geschlossen.

```
ERRORS:             KEINE
```

ERROR HANDLING **L0a**

```
CALL GERHND ( NUM , NAME , IUNIT )
```

Wird von GKS im Error State aufgerufen, ruft die ERROR-LOGGING-Routine. Kann durch benutzereigene Routine gleichen Namens ersetzt werden. Die Parameter werden von GKS an GERHND übergeben.

```
IN:  NUM    (INTEGER) FEHLERNUMMER
IN:  NAME   (INTEGER) KENNUMMER DER AUFRUFENDEN GKS-ROUTINE
IN:  IUNIT  (INTEGER) KANALNUMMER DER FEHLERDATEI
ERRORS:               KEINE
```

ERROR LOGGING **L0a**

```
CALL GERLOG ( NUM , NAME , IUNIT )
```

Wird von der GKS-eigenen ERROR-HANDLING-Routine aufgerufen. Protokolliert Fehlernummer (meist mit Klartextfehlermeldung) und rufende GKS-Funktion auf der Fehlerdatei.

```
IN:  NUM    (INTEGER) FEHLERNUMMER
IN:  NAME   (INTEGER) KENNUMMER DER AUFRUFENDEN GKS-FUNKTION
IN:  IUNIT  (INTEGER) KANALNUMMER DER FEHLERDATEI
ERRORS:               KEINE
```

INQUIRE OPERATING STATE VALUE L0a

```
CALL GQOPS ( IOPSTA )
```

Liefert den derzeitigen Operating State Value von GKS. Darf jederzeit aufgerufen werden und hat daher keinen ERROR INDICATOR.

```
OUT: IOPSTA (INTEGER) OPERATING STATE VALUE
                      (GKCL,GKOP,WSOP,WSAC,SGOP)
```

OPEN GKS L0a

```
CALL GOPKS ( IUNIT , IBUFL )
```

Überführt GKS in den Zustand GKOP (GKS open). Erster GKS-Aufruf eines jeden Anwendungsprogramms.

```
IN:  IUNIT  (INTEGER) KANALNUMMER DER FEHLERDATEI
IN:  IBUFL  (INTEGER) LAENGE DES INTERNEN PUFFERS
                      (-1 = STANDARDWERT,
                      SONSTIGE WERTE INSTALLATIONSABHAENGIG)
ERRORS:               (0,1,200)
```

---

7. Polymarker-Ausgabe

In den vergangenen drei Kapiteln haben wir die wichtigsten Konzepte, die zur einfachen Ausgabe mit GKS (also zum Level 0a) gehören, diskutiert. Ausgehend vom Polyline als dem wohl vertrautesten graphischen Element lernten wir das Attributkonzept von GKS mit den Bundles, Bundle Representations, Individual Attributes und Aspect Source Flags kennen. Ferner besprachen wir die zweistufige Koordinatentransformation in GKS mit der Normalization Transformation, die die Benutzerwelt auf den abstrakten NDC Space abbildet, sowie der Workstation Transformation, die die Abbildung des NDC Space auf die physikalische(n) Zeichenfläche(n) der Workstation(s) regelt. Schließlich diskutierten wir noch die Fehlerbehandlung und -protokollierung in GKS. Mit diesem Wissen versehen, können wir nun wieder etwas mehr wirkliche Graphik betreiben und genauer auf die restlichen Ausgabe-Primitive von GKS eingehen.

Viele graphische Anwendungen beschäftigen sich mit der Auswertung wissenschaftlicher Meßdaten, die auf irgendeine Art in einem Koordinatensystem untergebracht werden sollen. Solche Meßwerte beschreiben jedoch durchaus nicht immer einen Kurvenverlauf, sondern sind oft zufällig in der Ebene verteilt. Ein Verbinden der einzelnen Punkte durch Linien wäre hier nicht nur unsinnig, sondern sogar irreführend. Vielmehr möchte man die einzelnen Punkte auf irgendeine Art markiert haben, um etwa die Häufigkeitsverteilung ablesen zu können. Für solche Markierungen haben sich verschiedene Arten von Symbolen eingebürgert, z.B. Kreuzchen oder Sternchen in physikalischen oder statistischen Darstellungen bis hin zu Bäumchen, Bergwerkssymbolen oder gar kleinen Kraftwerken in der Kartographie.

Das Ausgabe-Primitiv zur Erzeugung solcher Markierungen heißt *Polymarker*. Der Aufruf ist dem von Polyline analog:

POLYMARKER

```
CALL GPM ( N , X , Y )
```

wobei wiederum N die Anzahl der Punkte angibt und X und Y REAL-Felder der Dimension N sind, die die Koordinaten der zu markierenden Punkte enthalten. Im Gegensatz zum Polyline, wo man mindestens zwei Punkte braucht (sonst gäbe es ja nichts zu verbinden), ist hier auch N=1 erlaubt, d.h. man darf auch einen einzelnen Punkt markieren.

Beispiel:

```
...
PARAMETER (N=100)
REAL XVAL(N),YVAL(N)
...
READ(5,'(2F10.5)',ERR=...,END=...) (XVAL(K),YVAL(K),K=1,N)
CALL GPM(N,XVAL,YVAL)
...
```

Durch dieses Programmstück werden von der Eingabedatei, die über Unit 5 angeschlossen ist, Meßdaten gelesen und in der XY-Ebene markiert. Die Frage der Maßeinheiten stellt sich für uns inzwischen nicht mehr (wir haben dies in den vorangegangenen Kapiteln zur Genüge diskutiert). Es reicht zu sagen, daß die X- und Y-Werte wiederum (wie schon beim Polyline) in Weltkoordinaten anzugeben sind.

Was wir hingegen noch zu diskutieren haben, ist die Frage, wie man das Aussehen der Markierungen vom Anwendungsprogramm aus steuern kann, also – um in GKS-Terminologie zu sprechen – welche *Attribute* ein Polymarker hat und wie man sie setzen kann?

Um das Aussehen eines Polymarkers zu beeinflussen, stehen dem GKS-Anwender drei Polymarker-Attribute zur Verfügung:

- *Marker Type*
- *Marker Size Scale Factor*
- *Polymarker Colour Index*

Der *Marker Type* ist das wohl wichtigste Polymarker-Attribut. Er gibt an, was für ein Symbol an die einzelnen Stellen gezeichnet werden soll, also Kreuzchen, Sternchen, Kraftwerk etc. Hier ist eine grundsätzliche Frage zu klären: Von Hause aus ist ein Polymarker eine Ansammlung von *Punkten*, also ausdehnungslosen (und damit unsichtbaren) Größen, die zur Veranschaulichung mit ausgedehnten (aber in dem entsprechenden Punkt zentrierten) Symbolen markiert sind. Diesen Symbolen kommt daher keinerlei geometrische Bedeutung zu. Sie werden *keiner Koordinatentransformation* unterworfen und sehen daher unter allen Ausschnittsvergrößerungen oder Drehungen gleich aus (genau wie die Strichelung einer Linie). Geometrische Bedeutung kommt einzig und allein den *Positionen* zu, an denen die Marker ausgegeben werden. Marker Types können *nicht* vom Benutzer selbst definiert, sondern nur aus einer vorgegebenen Menge ausgewählt werden. Ähnlich wie beim Linetype ist dabei folgendes zu beachten:

Genormt sind die Marker Types 1 bis 5, sie *müssen auf allen Workstations ein analoges Bild ergeben:*

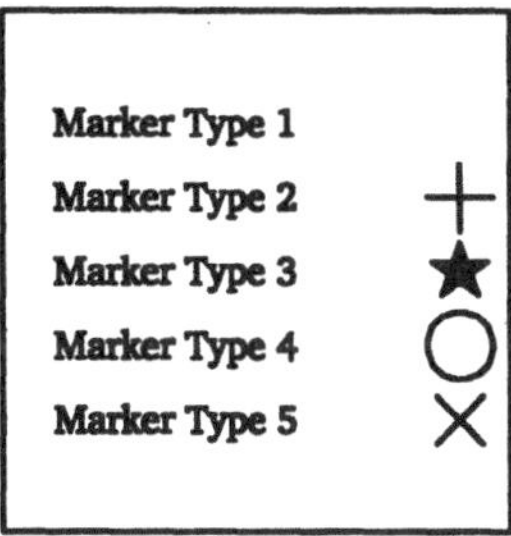

Abb. 7.1: Marker Types

Der Marker Type 1 stellt dabei immer den kleinstmöglichen Punkt (dot) dar, der auf der Workstation dargestellt werden kann.

Marker Types ab 6 waren ursprünglich für weitere Festlegungen durch eine Registrierungsbehörde vorgesehen.

Negative Marker Types sind häufig verfügbar, aber sie sind *nicht genormt und implementationsabhängig*. Beispielsweise kann Marker Type –38 auf verschiedenen GKS-Implementierungen verschiedene Ergebnisse liefern (oder braucht nicht definiert zu sein). Innerhalb einer GKS-Implementierung muß er allerdings auf allen Workstations gleiches Aussehen haben. Wählt man einen Marker Type, der nicht zur Verfügung steht, wird ersatzweise Marker Type 3 benutzt. Es kann sinnvoll sein, Marker Types außerhalb des Bereichs 1 bis 5 zu verwenden. Man muß sich in diesem Fall aber darüber klar sein, daß das Anwendungsprogramm von der verwendeten GKS-Implementierung abhängig ist.

Um Marker verschiedener Größe erzeugen zu können, gibt es als zweites Polymarker-Attribut den *Marker Size Scale Factor*. Er ist – wie sein Name schon sagt – keine absolute (z.B. in mm gemessene) Größe, sondern ein Skalenfaktor relativ zu einer sogenannten *Nominal Marker Size*, einer Größe, die in der Workstation Description Table enthalten ist und in der Regel "klein, aber deutlich" bei etwa 3 mm liegt. Analog zur Linewidth bei den Polylines existiert ein Intervall, in dem sich die Marker Size bewegen darf. Für alle diese Größen stellt GKS entsprechende Erfragefunktionen zur Verfügung.

Über den *Polymarker Colour Index* braucht man nicht mehr viele Worte zu verlieren, da das Thema Colour Index bereits im Rahmen der Polyline-Attribute ausführlich diskutiert wurde. Wichtig ist nur, daß die Polymarker eben ihren *eigenen* Colour Index haben, d.h. ohne hin und her zu schalten, kann man rote Polylines und grüne Polymarker zeichnen.

Nun zur Benutzung der Polymarker-Attribute: Genau wie bei den Polylines sind sie einerseits – zu *Polymarker Bundles* zusammengefaßt – in einer Tabelle auf der Workstation, der sogenannten *Polymarker Bundle Table*, gespeichert, andererseits ist ein vollständiger Satz Polymarker-Attribute als *Individual Attributes* wiederum zentral in der GKS State List vorhanden. Die Wahl einer Benutzungsart wird wieder über die *Aspect Source Flags* gesteuert.

Ein Polymarker Bundle Index wird ausgewählt durch:

SET POLYMARKER INDEX

```
CALL GSPMI ( IPMI )
```

Die zugehörige Erfragefunktion lautet:

INQUIRE POLYMARKER INDEX

```
CALL GQPMI ( IERR , IPMI )
```

Wie erwähnt, stellen die *Aspect Source Flags* ein Feld mit 13 Elementen dar. Die ersten drei Elemente waren belegt für die Flags, die die Polyline-Attribute betreffen. Die nächsten drei, also die Indizes 4 – 6, steuern die Wahl der Polymarker-Attribute:

MARKER TYPE ASF	INDEX 4
MARKER SIZE SCALE FACTOR ASF	INDEX 5
POLYMARKER COLOUR INDEX ASF	INDEX 6

Die *Individual Polymarker Attributes* setzt man wie folgt:

SET MARKER TYPE

```
CALL GSMK ( MTYPE )
```

SET MARKER SIZE SCALE FACTOR

```
CALL GSMKSC ( FAC )
```

SET POLYMARKER COLOUR INDEX

```
CALL GSPMCI ( ICOL )
```

Die zugehörigen Erfragefunktionen lauten:

INQUIRE MARKER TYPE

```
CALL GQMK ( IERR , MTYPE )
```

INQUIRE MARKER SIZE SCALE FACTOR

```
CALL GQMKSC ( IERR , FAC )
```

INQUIRE POLYMARKER COLOUR INDEX

```
CALL GQPMCI ( IERR , ICOL )
```

Die Bedeutung der einzelnen Parameter wurde bereits eingehend diskutiert. Zusätzlich steht dem Anwender (ab Level 1a) noch die Möglichkeit zur Verfügung, Polymarker Bundle Representations auf der Workstation umzudefinieren. Dies leistet die GKS-Funktion:

SET POLYMARKER REPRESENTATION

```
CALL GSPMR ( IWK , IPMI , MTYPE , FAC , ICOL )
```

Grundsätzlich ist damit unsere Behandlung der Polymarker abgeschlossen, denn alle wichtigen GKS-Funktionen wurden erwähnt. Ihr Zusammenspiel braucht hier nicht noch einmal diskutiert zu werden, denn wer die Konzepte bei den Polylines verstanden hat, wird sie ohne weiteres auf die Polymarker übertragen können. Ein Beispiel verdeutlicht noch einmal die Wirkungsweise der GKS-Funktionen:

Programm 7.1 Zeichnen einer Regressionsgeraden

```
      PROGRAM REGR
C
C     DAS PROGRAMM ZEICHNET STATISTISCH GESTREUTE
C     MESSWERTE, DIE UEBLICHERWEISE VON EINER DATEI EINGELESEN WERDEN
C     (HIER ABER MIT EINEM ZUFALLSGENERATOR ERZEUGT WERDEN)
C     UND ZUSAETZLICH EINE REGRESSIONSGERADE
C
      PARAMETER (NPTS=100, IERFIL=10, IWK=1, ICON=11)
      REAL XVAL(NPTS),YVAL(NPTS)
      REAL XPOL(2),YPOL(2)
      INTEGER IASF(13)
      DATA IASF /13*1/
C
C     ERZEUGUNG DER WERTE MIT EINEM
C     RECHNERSPEZIFISCHEN ZUFALLSGENERATOR
C
      DO 100 I=1,NPTS
         XVAL(I) = RANF()
         YVAL(I) = 0.8*XVAL(I) + 0.05 - RANF()/10.
100   CONTINUE
C
C     MAXIMA UND MINIMA, PARAMETER FUER REGRESSIONS-
C     GERADE BESTIMMEN
C
      XMIN = XVAL(1)
      YMIN = YVAL(1)
```

```
      XMAX = XMIN
      YMAX = YMIN
      SUMX = 0.0
      SUMY = 0.0
      QSUM = 0.0
      SUMXY = 0.0
      DO 200 I=2,NPTS
         XMIN = AMIN1(XMIN,XVAL(I))
         YMIN = AMIN1(YMIN,YVAL(I))
         XMAX = AMAX1(XMAX,XVAL(I))
         YMAX = AMAX1(YMAX,YVAL(I))
         SUMX = SUMX + XVAL(I)
         SUMY = SUMY + YVAL(I)
         QSUM = QSUM + XVAL(I)*XVAL(I)
         SUMXY = SUMXY + XVAL(I)*YVAL(I)
200   CONTINUE
C
C     EROEFFNE GKS UND WORKSTATION
C     ATTRIBUT-BENUTZUNG IST INDIVIDUELL
C
      CALL GOPKS ( IERFIL, -1 )
      CALL GSASF (IASF)
      IWT = 1
      CALL GOPWK ( IWK , ICON , IWT )
      CALL GSWKVP ( IWK , 0.0 , 0.06 , 0.0 , 0.06 )
      CALL GACWK ( IWK )
C
C     WELTKOORDINATEN DEN DATEN ANPASSEN
C
      CALL GSWN ( 1, XMIN, XMAX, YMIN, YMAX )
      CALL GSELNT ( 1 )
C
C     POLYMARKER ZEICHNEN
C
      CALL GSMK ( 3 )
      CALL GPM ( NPTS , XVAL , YVAL )
C
C     REGRESSIONSGERADE ZEICHNEN
C
      S = QSUM - SUMX*SUMX/100.
      SXY = SUMXY - SUMX*SUMY/REAL(NPTS)
      B = SXY/S
      A = SUMY/REAL(NPTS) - B * SUMX/REAL(NPTS)
      CALL GSLN ( 1 )
```

```
      XPOL(1) = XMIN
      XPOL(2) = XMAX
      YPOL(1) = B * XMIN + A
      YPOL(2) = B * XMAX + A
      CALL GPL ( 2 , XPOL , YPOL )
C
C     ALLES WIEDER ORDENTLICH SCHLIESSEN
C
      CALL GDAWK ( IWK )
      CALL GCLWK ( IWK )
      CALL GCLKS
      STOP
      END
```

Ergebnis s. Abb. 7.2.

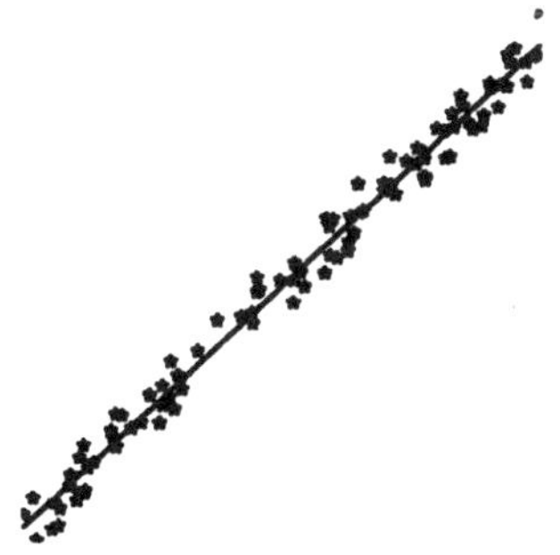

Abb. 7.2: Regressionsgerade

Liste der GKS-Funktionen für Polymarker

INQUIRE LIST element OF POLYMARKER INDICES L1a

```
CALL GQEPMI ( IWK , N , IERR , LEN , IPMIND )
```

Liefert einen in der Workstation State List definierten Polymarker Index.

```
IN:  IWK    (INTEGER) WORKSTATION IDENTIFIER
IN:  N      (INTEGER) NUMMER DES LISTENELEMENTS  (0..M)
OUT: IERR   (INTEGER) ERROR INDICATOR (0,7,20,25,33,35,36,2002)
OUT: LEN    (INTEGER) LAENGE DER POLYMARKER BUNDLE TABLE (5..M)
OUT: IPMIND (INTEGER) FALLS N > 0: N-TER POLYMARKER INDEX (1..M)
```

INQUIRE MARKER TYPE L0a

```
CALL GQMK ( IERR , MTYPE )
```

Liefert den aktuellen Marker Type der GKS State List (Individual Attribute).

```
OUT: IERR   (INTEGER) ERROR INDICATOR (0,8)
OUT: MTYPE  (INTEGER) MARKER TYPE (-N..-1,1..M)
```

INQUIRE MARKER SIZE SCALE FACTOR L0a

```
CALL GQMKSC ( IERR , SIZE )
```

Liefert den aktuellen Marker Size Scale Factor der GKS State List (Individual Attribute) an das Anwendungsprogramm zurück.

```
OUT: IERR   (INTEGER) ERROR INDICATOR (0,8)
OUT: SIZE   (REAL)    MARKER SIZE SCALE FACTOR
```

INQUIRE POLYMARKER COLOUR INDEX L0a

```
CALL GQPMCI ( IERR , ICOL )
```

Liefert den aktuellen Polymarker Colour Index der GKS State List (Individual Attribute).

```
OUT: IERR   (INTEGER) ERROR INDICATOR (0,8)
OUT: ICOL   (INTEGER) POLYMARKER COLOUR INDEX (0..M)
```

INQUIRE POLYMARKER FACILITIES L0a

```
CALL GQPMF ( IWT , N , IERR , NTYPS , MTYPE , NSIZE ,
                              SZNOM , SZMIN , SZMAX , NPPMI )
```

Liefert die Polymarker Facilities eines Workstation Type.

```
IN:  IWT    (INTEGER) WORKSTATION TYPE
IN:  N      (INTEGER) NUMMER DES LISTENELEMENTS (0..M)
OUT: IERR   (INTEGER) ERROR INDICATOR (0,8,22,23,39,2002)
OUT: NTYPS  (INTEGER) ANZAHL DER VERFUEGBAREN MARKER TYPES (5..M)
OUT: MTYPE  (INTEGER) FALLS N > 0:
                      N-TER MARKER TYPE (-L..-1,1..M)
OUT: NSIZE  (INTEGER) ANZAHL DER VERFUEGBAREN MARKER SIZES
                      ( 0 = KONTINUIERLICH )
OUT: SZNOM  (REAL)    NOMINAL MARKER SIZE (IN METERN)
OUT: SZMIN  (REAL)    MINIMAL MARKER SIZE (IN METERN)
OUT: SZMAX  (REAL)    MAXIMAL MARKER SIZE (IN METERN)
OUT: NPPMI  (INTEGER) ANZAHL DER PREDEFINED POLYMARKER INDICES
                      (5..M)
```

INQUIRE POLYMARKER INDEX L0a

```
CALL GQPMI ( IERR , IPMI )
```

Liefert den aktuellen Polymarker Index der GKS State List. Dies ist die Nummer der Polymarker Representation, die die Workstations jeweils verwenden.

```
OUT: IERR   (INTEGER) ERROR INDICATOR (0,8)
OUT: IPMI   (INTEGER) POLYMARKER INDEX (1..M)
```

INQUIRE POLYMARKER REPRESENTATION L1a

```
CALL GQPMR ( IWK , IPMI , ITYPE , IERR , MTYPE , SIZE , ICOL )
```

Liefert die auf der Workstation definierte Polymarker Representation zum gegebenen Bundle Index.

```
IN:  IWK    (INTEGER) WORKSTATION IDENTIFIER
IN:  IPMI   (INTEGER) POLYMARKER INDEX (1..M)
IN:  ITYPE  (INTEGER) ART DER ABGEFRAGTEN WERTE (SET,REALIZED)
OUT: IERR   (INTEGER) ERROR INDICATOR
                      (0,7,20,25,33,35,36,66,67,2000)
OUT: MTYPE  (INTEGER) MARKER TYPE (-L..-1,1..N) (ZUM BUNDLE IPMI)
OUT: SIZE   (REAL)    MARKER SIZE SCALE FACTOR  (ZUM BUNDLE IPMI)
OUT: ICOL   (INTEGER) COLOUR INDEX (0..MCOL-1)  (ZUM BUNDLE IPMI)
```

INQUIRE PREDEFINED POLYMARKER REPRESENTATION L0a

```
CALL GQPPMR ( IWT , IPMI , IERR , MTYPE , SIZE , ICOL )
```

Liefert die für den Workstation Type vordefinierte Polymarker Representation zum gegebenen Bundle Index.

```
IN:  IWT    (INTEGER) WORKSTATION TYPE
IN:  IPMI   (INTEGER) POLYMARKER INDEX (1..M)
OUT: IERR   (INTEGER) ERROR INDICATOR (0,8,22,23,39,66,68)
OUT: MTYPE  (INTEGER) MARKER TYPE (-L..-1,1..N) (ZUM BUNDLE IPMI)
OUT: SIZE   (REAL)    MARKER SIZE SCALE FACTOR  (ZUM BUNDLE IPMI)
OUT: ICOL   (INTEGER) COLOUR INDEX (0..MCOL-1)  (ZUM BUNDLE IPMI)
```

POLYMARKER L0a

```
CALL GPM ( N , X , Y )
```

Zeichnet Markierungen an den übergebenen Punkten.

```
IN:  N      (INTEGER) ANZAHL DER PUNKTE (N ≥ 1)
IN:  X      (REAL(N)) X-KOORDINATEN DER PUNKTE
IN:  Y      (REAL(N)) Y-KOORDINATEN DER PUNKTE
ERRORS:               (0,5,100)
```

SET MARKER TYPE L0a

```
CALL GSMK ( MTYPE )
```

Setzt den Marker Type in der GKS State List (Individual Attribute) neu.

```
IN:  MTYPE  (INTEGER) MARKER TYPE (-N..-1,1..M)
ERRORS:               (0,8,69)
```

SET MARKER SIZE SCALE FACTOR L0a

```
CALL GSMKSC ( SIZE )
```

Setzt den Marker Size Scale Factor in der GKS State List (Individual Attribute) neu.

```
IN:  SIZE   (REAL)    MARKER SIZE SCALE FACTOR
ERRORS:               (0,8,71)
```

SET POLYMARKER COLOUR INDEX L0a

```
CALL GSPMCI ( ICOL )
```

Setzt den Polymarker Colour Index in der GKS State List (Individual Attribute) neu.

```
IN:  ICOL   (INTEGER) POLYMARKER COLOUR INDEX (0..M)
ERRORS:               (0,8,92)
```

SET POLYMARKER INDEX L0a

```
CALL GSPMI ( IPMI )
```

Setzt den Polymarker Index in der GKS State List neu. Dieser gibt die Nummer der Polymarker Representation an, die die Workstations jeweils verwenden werden.

```
IN:  IPMI   (INTEGER) POLYMARKER INDEX (1..M)
ERRORS:               (0,8,66)
```

SET POLYMARKER REPRESENTATION L1a

```
CALL GSPMR ( IWK , IPMI , MTYPE , SIZE , ICOL )
```

Definiert zu einem Polymarker Index auf der gegebenen Workstation eine Polymarker Representation.

```
IN:  IWK    (INTEGER) WORKSTATION IDENTIFIER
IN:  IPMI   (INTEGER) POLYMARKER INDEX (1..M)
IN:  MTYPE  (INTEGER) MARKER TYPE (-L..-1,1..N) (ZUM BUNDLE IPMI)
IN:  SIZE   (REAL)    MARKER SIZE SCALE FACTOR  (ZUM BUNDLE IPMI)
IN:  ICOL   (INTEGER) COLOUR INDEX (0..MCOL-1)  (ZUM BUNDLE IPMI)
ERRORS:               (0,7,20,25,33,35,36,66,69,70,71,93)
```

---

8. Textausgabe

Kaum eine Graphikanwendung kommt ohne Beschriftung aus. Daher enthält GKS – wie fast jedes Graphiksystem – die Möglichkeit, einen Text auszugeben. Trotz allen Komforts, den wir in diesem Kapitel noch kennenlernen werden, geht es nur um Beschriftungen, die den Umfang einer einzigen Zeile nicht überschreiten.

Will man daher formatierte Texte mit Graphiken, sogenannte Dokumente, erstellen, verwende man ein Textverarbeitungssystem, das auch den Zeilen- und Seitenumbruch organisiert und für Graphiken Platz freihalten kann, und benutze GKS, um jeweils eine Graphik zu erzeugen.

Bei der Text-Ausgabe in GKS geht es also um Beschriftungen innerhalb einer Zeichnung. Beginnen wir – wie immer – beim Einfachsten, dem *Ausgabe-Primitiv*. Ein Text wird in GKS mit folgendem Aufruf ausgegeben:

TEXT

```
CALL GTX ( XST , YST , TEXT )
```

Dabei ist (XST,YST) die Position des Textes – natürlich in Weltkoordinaten – und TEXT ist eine Zeichenkette oder ein String, also beispielsweise:

```
CALL GTX ( 0.1 , 0.1 , 'X-Achse' )
```

oder

```
CHARACTER STR * 80
.....
READ (1,'(A)') STR
XANF = 0.3
YANF = 0.7
CALL GTX ( XANF , YANF , STR )
.....
```

Solange wir die geometrischen Attribute des Textes noch nicht besprochen haben, können wir uns unter der Textposition die linke untere Ecke des Textes vorstellen.

Wie üblich folgt der Definition der Ausgabefunktion die Beschreibung ihrer Attribute. Hierbei gibt es gegenüber den uns schon bekannten Ausgabe-Primitiven Polyline und Polymarker etwas Neues: Im Gegensatz zu letzteren, bei denen nur *ausdehnungslose Punkte* verbunden bzw. markiert werden, hat der Text zwar nur eine Position – dort aber eine eigene Ausdehnung. Daher existieren auch Attribute *geometrischer Bedeutung* wie z.B. Höhe oder Winkel. Solche geometrischen Attribute werden in GKS *generell nicht auf einzelnen Workstations, sondern nur zentral in der GKS State List gesetzt.* Daher sind sie für alle Workstations gleich. Es ist nicht möglich, einen Text auf einer Workstation horizontal und gleichzeitig auf einer anderen vertikal laufen zu lassen. Andererseits besitzt auch der Text *nicht-geometrische* Attribute, die – genau wie die Polyline- und Polymarker-Attribute – als Bundles von der Workstation angewählt oder als Individual Attributes aus der GKS State List benutzt werden können.

Nicht-geometrische Attribute

Beginnen wir mit den vertrauteren nicht-geometrischen Attributen. Es sind dies:

- *Text Font und Text Precision*
- *Character Expansion Factor*
- *Character Spacing*
- *Text Colour Index*

Ein *Text Font* ist eine *Schriftart.* Man kann also (je nach Komfort der GKS-Implementierung) Texte in verschiedenen Schriftarten ausgeben. Welche Bedeutung die einzelnen Fontnummern haben, unterliegt zur Zeit noch keiner Normung. *Lediglich Font 1 muß auf jeder GKS-Implementierung als ein ASCII-Standardzeichensatz vorhanden sein.* Weitere *positive Fontnummern* sind für zukünftige Normung reserviert. Darüber hinaus steht es jedem GKS-Implementierer frei, unter *negativen Fontnummern* beliebige Fonts wie z.B. griechisch, russisch, gotisch, oder was immer man mag, anzubieten, und das entsprechend den Vorgaben des Font Designers als Proportionalschrift oder monospaced (d.h. mit einer für alle Zeichen des Fonts einheitlichen Breite). Die Definition eigener Zeichen sieht GKS nicht vor.

Die *Text Precision* ist eine Größe vom Typ ENUMERATION, die die Qualität des erzeugten Textes steuert. Sie kann die folgenden Werte annehmen:

(STRING,CHAR,STROKE)

STRING: Der Text wird nur als vollständige Zeichenkette vom Graphikgerät verarbeitet. Inwieweit Textgröße, Winkel, Spacing etc. benutzt oder ignoriert werden, hängt von den Fähigkeiten des Gerätes ab. Es müssen korrekt benutzt werden: die Font-Nummer, der Colour Index und (natürlich) die Position.

CHAR: Der Text kann als eine Folge einzelner Zeichen vom Gerät verarbeitet werden. Damit wird – unabhängig von den Fähigkeiten des Gerätes – zusätzlich zur Precision STRING jedes Zeichen einzeln positioniert und auf jedem Gerät gesperrte Schrift realisierbar.

STROKE: Alle Textattribute *müssen* auf der Workstation korrekt ausgewertet werden. Diese Qualität – auch als Softwaretext bezeichnet – bietet dem Benutzer erst die eigentliche Geräteunabhängigkeit. Daher ist sie trotz des höheren Aufwands am gebräuchlichsten.

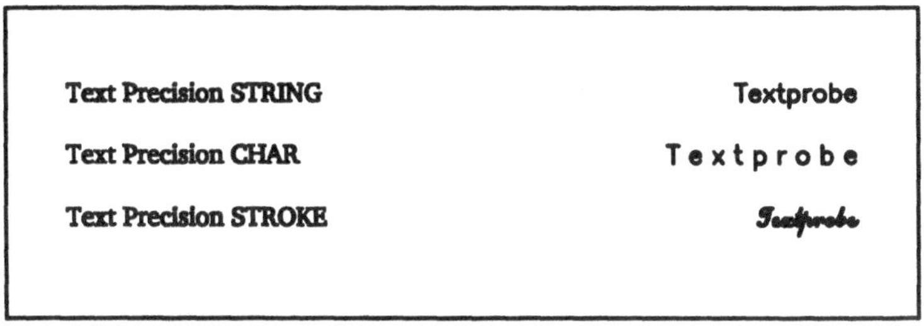

Text Precision STRING	Textprobe
Text Precision CHAR	T e x t p r o b e
Text Precision STROKE	Textprobe

Abb. 8.1: Text Precision

Besonders verbreitet (und oft innerhalb von GKS-Implementierungen angeboten) sind die sogenannten *Hershey Fonts* [WOLC], seltener aber von wesentlich besserer Qualität sind die sogenannten *Bitstream Schriften.*

Der *Character Expansion Factor* steuert die Breite der Zeichen relativ zur Höhe. Dabei bedeutet ein Expansion Factor von 1.0 nicht, daß etwa alle Zeichen quadratische Form haben, sondern daß man das *Originalaussehen* des Fonts erhält. Ist der Expansion Factor größer als 1.0 werden die Zeichen relativ breiter, ist er kleiner als 1.0 werden die Zeichen relativ schmaler.

Bei den Text Precisions STRING und CHAR läßt sich der Expansion Factor meistens nicht verändern, bei STROKE Precision dagegen ist er innerhalb gewisser Grenzen beliebig einstellbar.

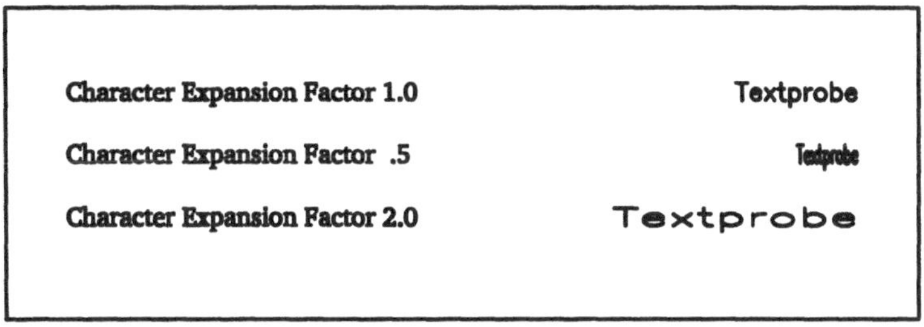

Character Expansion Factor 1.0	Textprobe
Character Expansion Factor .5	Textprobe
Character Expansion Factor 2.0	Textprobe

Abb. 8.2: Character Expansion Factor

Das *Character Spacing* steuert den zusätzlichen Abstand zwischen den einzelnen Zeichen des Textes relativ zur Höhe. Dabei bedeutet ein Spacing von 0.0, daß man das *Originalaussehen* des Fonts erhält. Ist es größer als 0.0, erhält man gesperrte Schrift. Dagegen ist das Überlappen von Zeichen durch negatives Spacing eine ausgesprochen unübliche Anwendung.

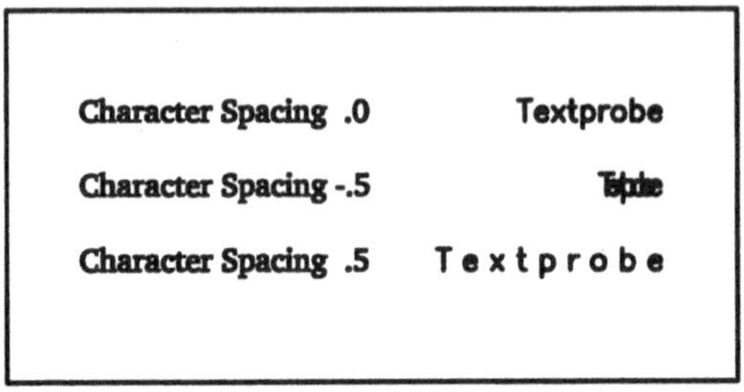

Character Spacing .0 Textprobe

Character Spacing -.5

Character Spacing .5 T e x t p r o b e

Abb. 8.3: Character Spacing

Über den *Text Colour Index* brauchen wir wohl nach den Diskussionen der vorangehenden Kapitel keine Worte mehr zu verlieren. Die GKS-Funktion zur Anwahl eines Text Bundle Index heißt:

SET TEXT INDEX

```
CALL GSTXI ( ITXI )
```

Die GKS-Funktionen zur Setzung der Individual Attributes lauten:

SET TEXT FONT AND PRECISION

```
CALL GSTXFP ( IFT , IPR )
```

SET CHARACTER EXPANSION FACTOR

```
CALL GSCHXP ( EX )
```

SET CHARACTER SPACING

```
CALL GSCHSP ( SP )
```

SET TEXT COLOUR INDEX

```
CALL GSTXCI ( ICOL )
```

Ein Text Bundle kann auf der Workstation (ab Level 1a) wie folgt definiert werden:

SET TEXT REPRESENTATION

```
CALL GSTXR ( IWK , ITXI , IFT , IPR , EX , SP , ICOL )
```

In allen vorangehenden Aufrufen steht ITXI für den Text Bundle Index, IFT für den Font, IPR für die Text Precision, EX für den Character Expansion Factor, SP für das Character Spacing und ICOL für den Text Colour Index.

Die Erfragefunktionen führen wir jetzt nicht mehr alle einzeln auf. Man entnehme die Aufrufe bitte dem Anhang dieses Kapitels.

Um das Zusammenspiel von Bundles und Individual Attributes zu steuern, sind wiederum Aspect Source Flags zuständig, und zwar die Nummern 7-10. Im einzelnen bedeuten:

TEXT FONT/PRECISION ASF	INDEX 7
CHARACTER EXPANSION FACTOR ASF	INDEX 8
CHARACTER SPACING ASF	INDEX 9
TEXT COLOUR INDEX ASF	INDEX 10

Man beachte also, daß Text Font und Text Precision *zusammen ein Attribut* darstellen und nie getrennt einstellbar sind, da nicht jeder Font in jeder Precision verfügbar sein muß.

Geometrische Attribute

Bei den vier *geometrischen Text-Attributen* unterscheiden wir:

- *Character Height*
- *Character Up Vector*
- *Text Path*
- *Text Alignment*

Die beiden ersten werden von der Normalisierungstransformation erfaßt, die beiden letzten haben nichts mit Transformationen zu tun.

Character Height ist – wie der Name schon sagt – die Zeichenhöhe. Es handelt sich hierbei um eine positive REAL-Zahl, die im GKS-Dokument etwas unscharf als "Weltkoordinate" bezeichnet wird. Die exakte Bedeutung werden wir später – nach Einführung des *Character Up Vectors* – erläutern.

Character Up Vector definiert den Winkel eines Textes. Denn GKS mißt den Textwinkel nicht in Grad oder Bogenmaß, sondern es ist ein Vektor anzugeben, der genau in die Richtung der Texthöhe zeigt (*nicht etwa der Winkel der Textlaufrichtung*) – auch als Zeichenaufwärtsvektor bezeichnet.

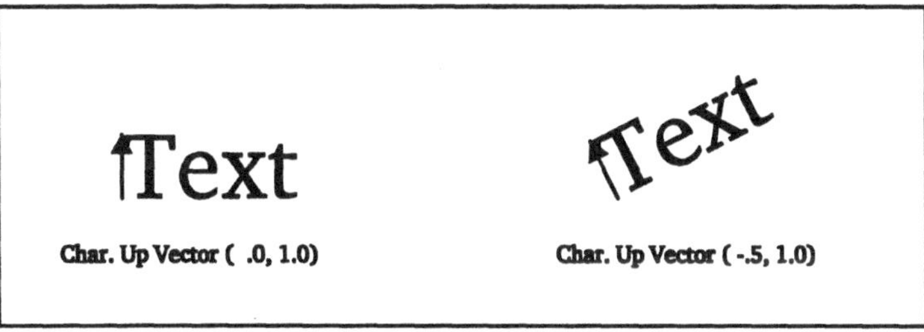

Abb. 8.4: Character Up Vector

Warum solch ein Vektor anstelle des gewohnten Winkels? Es ist in erster Linie eine Geschmacksfrage, und häufig liegt in der Praxis kein Winkel als Rohdatenmaterial vor. Ein interaktives Programm kann z.B. zwei Fadenkreuzpositionen abfragen, um einen Winkel zu bestimmen. Aus der Differenz der beiden gewonnenen Punkte kann man sofort den Vektor erhalten, während für die Bestimmung des Winkels noch analytische Geometrie nötig ist. Da die Texthöhe in einem eigenen Aufruf festgelegt wird, ist der Betrag des Character Up Vectors ohne Bedeutung und wird von GKS ignoriert. So braucht man nicht erst Herrn Pythagoras zu bemühen und den Vektor zu normieren. Dies vereinfacht die Benutzung beträchtlich.

Für die gebräuchlichsten Anwendungsfälle kann man sich folgender kleiner Tabelle bedienen:

Tabelle 8.1 Textwinkel

Character Up Vector	Textwinkel in Laufrichtung	
(0.0, 1.0)	0.0	(360.0)
(-1.0, 1.0)	45.0	(-315.0)
(-1.0, 0.0)	90.0	(-270.0)
(-1.0,-1.0)	135.0	(-225.0)
(0.0,-1.0)	180.0	(-180.0)
(1.0,-1.0)	225.0	(-135.0)
(1.0, 0.0)	270.0	(-90.0)
(1.0, 1.0)	315.0	(-45.0)

Oder man verwendet folgende Formel:
$XUP = -sin(\alpha)$
$YUP = cos(\alpha)$

Die beiden GKS-Funktionen zum Setzen von Character Height und Character Up Vector sind:

SET CHARACTER HEIGHT

```
CALL GSCHH ( HGT )
```

SET CHARACTER UP VECTOR

```
CALL GSCHUP ( XUP , YUP )
```

Hierbei ist HGT die Texthöhe, die wir noch ausführlich diskutieren werden, XUP und YUP sind die Koordinaten des *Character Up Vectors*. Die Voreinstellung des Character Up Vectors beträgt (0.0,1.0), also wird Text horizontal gezeichnet. Die *Character Height* sollte man immer selbst setzen, da für beliebige Weltkoordinatensysteme keine sinnvolle Voreinstellung – sie beträgt 0.01 – möglich ist.

Benutzt man eine Normalisierungstransformation, die *nicht verzerrt*, kann man Character Height und Character Up Vector *problemlos* benutzen, *andernfalls* muß man mit folgenden *Überraschungen* rechnen: Ein horizontaler Text ist gedehnt oder gestaucht, darüber hinaus hat ein senkrechter Text eine andere Größe und ein Text im Winkel von 45^0 erscheint völlig verzerrt.
Daher wollen wir das Zusammenspiel zwischen Normalisierungstransformation und geometrischen Text-Attributen näher erläutern. Bei jeder Setzung des Character

Up Vector definiert das GKS automatisch einen zweiten, gleich langen, auf dem Character Up Vector senkrecht stehenden *Character Base Vector*. Analog wird bei jeder Setzung von Character Height eine gleich große Zahl als *Character Width* von GKS definiert (diese Werte sind also *nicht direkt vom Benutzer setzbar!)*. Wird nun ein Text ausgegeben, so normiert GKS den Character Up Vector und den Character Base Vector – die Länge der Vektoren wird ignoriert und auf 1 gesetzt – und multipliziert den ersten mit dem Wert für Character Height und den letzten mit dem Wert für Character Width. Die resultierenden Vektoren werden dann den aktuellen Koordinatentransformationen unterworfen.

Bei Interpretation von GKS-Metafiles (vgl. Kap. 14) kann es vorkommen, daß bereits im Weltkoordinatenraum die beiden Vektoren nicht mehr gleich lang sind bzw. nicht mehr senkrecht aufeinander stehen. Daher stellt GKS zusätzliche Erfragefunktionen zur Verfügung, mit denen Character Base Vector und Character Width erfragt werden können.

Mit folgendem Unterprogramm läßt sich Text unter jeder Normalisierungstransformation unverzerrt ausgeben:

Programm 8.1 Unterprogramm für unverzerrten Text

```
      SUBROUTINE GTXHYW ( ITYPE , X , Y , TEXT )
C
C     AUSGABE VON UNVERZERRTEM TEXT
C     (ES WIRD NUR DIE WINDOWHOEHE (Y) NICHT ABER
C      DIE WINDOWBREITE (X) BRUECKSICHTIGT)
C
C     ITYPE : ART DER CHARACTER HEIGHT INTERPRETATION (ABSOLUT,RELATIV
C       0 = CHARACTER HEIGHT IN ABSOLUTEN EINHEITEN DER WINDOWHOEHE
C       1 = CHARACTER HEIGHT RELATIV ZUR WINDOWHOEHE
C           (Z.B. CHH = 0.1 BEDEUTET 10% WINDOWHOEHE)
C
C     X, Y, TEXT  POSITION UND TEXT WIE BEI GTX
C
      CHARACTER*(*) TEXT
      REAL WIND(4),VIEW(4)
      CALL GQCNTN (IERR,NUMTR)
      IF(IERR.NE.0) RETURN
      IF(NUMTR.EQ.0) THEN
C
C        WIR HABEN NICHTS ZU TUN
C
         CALL GTX (X,Y,TEXT)
      ELSE
         CALL GQNT (NUMTR,IERR,WIND,VIEW)
C
C        NEUES WINDOW BERECHNEN
```

```
C
         VIEWXY = (VIEW(2) - VIEW(1))/(VIEW(4) - VIEW(3))
         XWLEN = WIND(2) - WIND(1)
         YWLEN = WIND(4) - WIND(3)
         IF(ITYPE.EQ.0) THEN
C
C           ABSOLUTE HOEHE
C
            WINDX = VIEWXY * YWLEN
            CALL GSWN(NUMTR,0.0,WINDX,WIND(3),WIND(4))
            X2 = WINDX * (X - WIND(1)) / XWLEN
            Y2 = Y
         ELSE
C
C           RELATIVE HOEHE
C
            CALL GSWN(NUMTR,0.0,VIEWXY,0.0,1.0)
            X2 = VIEWXY * (X - WIND(1)) / XWLEN
            Y2 = (Y - WIND(3)) / YWLEN
         ENDIF
         CALL GTX(X2,Y2,TEXT)
C
C        ALTES WINDOW ZURUECKSETZEN
C
         CALL GSWN(NUMTR,WIND(1),WIND(2),WIND(3),WIND(4))
      ENDIF
      RETURN
      END
```

Das nächste zu besprechende Text-Attribut ist der *Text Path.* Er bestimmt die Lauf*richtung* (nicht Winkel!) des Textes, gibt also an, ob das nachfolgende Zeichen jeweils rechts, links, oben oder unten an die vorangehenden angesetzt werden soll. Demzufolge ist Text Path eine Größe vom Typ ENUMERATION, die folgende Werte annehmen kann: (RIGHT,LEFT,UP,DOWN)

SET TEXT PATH

```
CALL GSTXP ( IPATH )
```

Mit IPATH = RIGHT (oder = 0 gemäß unserer FORTRAN-Konvention für ENUMERATION) schreibt man also von links nach rechts (wie üblich). Wohlgemerkt: das hat nichts mit dem Textwinkel zu tun! IPATH = LEFT schreibt von rechts nach links (zum Beispiel für hebräische oder arabische Zeichensätze). Analog schreibt man mit IPATH = UP von unten nach oben und mit IPATH = DOWN von oben nach unten. Bevor man SET TEXT PATH aufruft, gilt der Default-Wert in GKS: Text Path RIGHT.

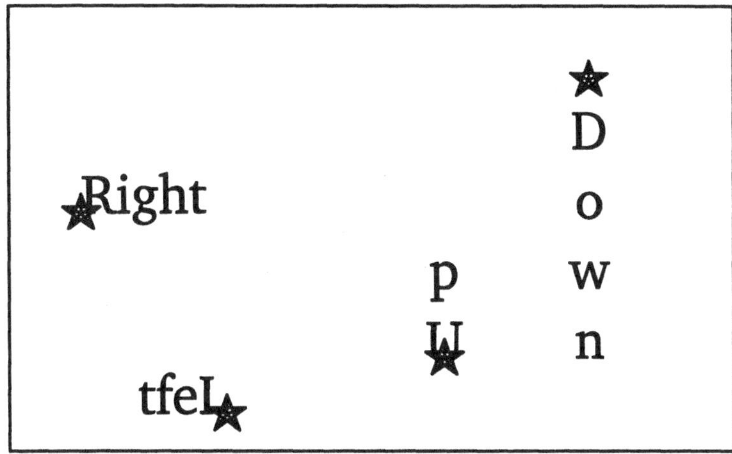

Abb. 8.5: Text Path

Kommen wir nun zur *Textausrichtung (Text Alignment)*. Es ist dies die Angabe, wo – relativ zur Position – der Text erscheinen soll. Ob ein Text links- oder rechtsbündig oder zentriert erscheint, steuert das Horizontal Alignment. Was heißt nämlich einen Text zentrieren? Man gibt einen Punkt (die Textposition) vor und möchte nun, daß der Text diesen Punkt nach genau der Hälfte seiner Gesamtausdehnung erreicht.

Analog bedeutet rechtsbündig, daß man einen Punkt hat, an dem der Text nicht anfangen, sondern aufhören soll. Ebenso läßt sich auch ein Vertical Alignment einstellen. Die zugehörige GKS-Funktion heißt:

SET TEXT ALIGNMENT

```
CALL GSTXAL ( IALH , IALV )
```

Beide Parameter sind vom Typ ENUMERATION. IALH ist das Horizontal Alignment und kann die Werte

(NORMAL,LEFT,CENTRE,RIGHT)
(normal,linksbündig,zentriert,rechtsbündig)

annehmen. IALV ist das Vertical Alignment und kann die Werte

(NORMAL,TOP,CAP,HALF,BASE,BOTTOM)
(normal,Oberlänge,Versalhöhe,Mitte,Schriftlinie,Unterlänge)

annehmen. Die Begriffe horizontal und vertical sind hierbei (unabhängig von Winkel und Path) als "senkrecht zum Character Up Vector" und "parallel zum Character Up Vector" zu interpretieren.

Die Großbuchstaben stehen auf der Schriftlinie (BASE) und reichen genau an die Versalhöhe (CAP). Mit der CHARACTER HEIGHT (s.o.) legt man gerade die Höhe dieser Großbuchstaben, also den Abstand CAP – BASE, fest. Die Text Alignments sind in folgender Graphik dargestellt:

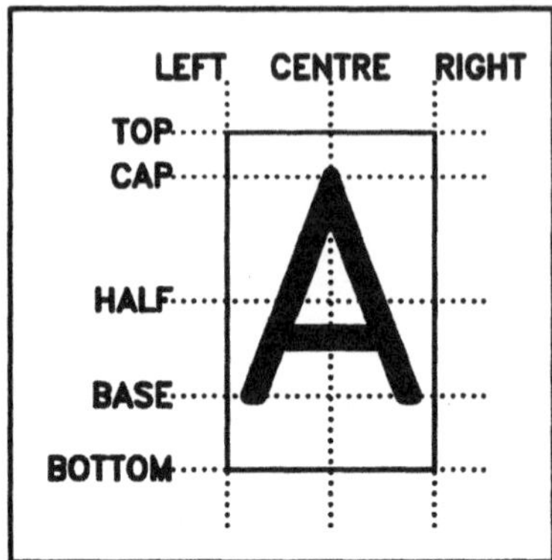

Abb. 8.6: Text Alignment

Mit dem Aufruf von SET TEXT ALIGNMENT legt man die Bedeutung der Textposition bei späterer Ausgabe von Text fest. Beispielsweise bedeutet ein Vertical Alignment TOP, daß beim späteren Aufruf von TEXT der Text an der Position "hängt".

Was bedeutet nun jeweils NORMAL? Dies ist nur in Zusammenhang mit den Text Pathes zu beantworten. Zu jedem Path gibt es ein sozusagen natürliches, naheliegendes (eben normales) Alignment. Schreibt man z.B. von links nach rechts (also Path RIGHT), so erwartet man normalerweise den Text linksbündig und auf der Grundlinie der Großbuchstaben stehend (also Alignment (LEFT,BASE)). Diese beiden Werte stellen für Path RIGHT also das Paar (NORMAL,NORMAL) dar. Zeichnet man nun aber mit Path LEFT, dann ist plötzlich das erste Zeichen nicht mehr das am weitesten links stehende, sondern das am weitesten rechts stehende. Daher gilt bei Path LEFT das Alignment (RIGHT,BASE) für (NORMAL,NORMAL). Und das ist nun genau der springende Punkt: Steht das Text Alignment auf (LEFT,BASE), dann bleibt es so stehen, auch wenn man den Path umschaltet. Im Falle (NORMAL,NORMAL) hingegen wird *es nach Umschalten auf Text Path LEFT plötzlich anders interpretiert (da ja NORMAL jetzt etwas anderes ist). Das Text Alignment NORMAL paßt sich (in beiden Richtungen) dem gewählten Text Path automatisch an!*

Tabelle 8.2 Bedeutung von NORMAL

bei Path:	bedeutet (NORMAL,NORMAL):
RIGHT	(LEFT,BASE)
LEFT	(RIGHT,BASE)
UP	(CENTRE,BASE)
DOWN	(CENTRE,TOP)

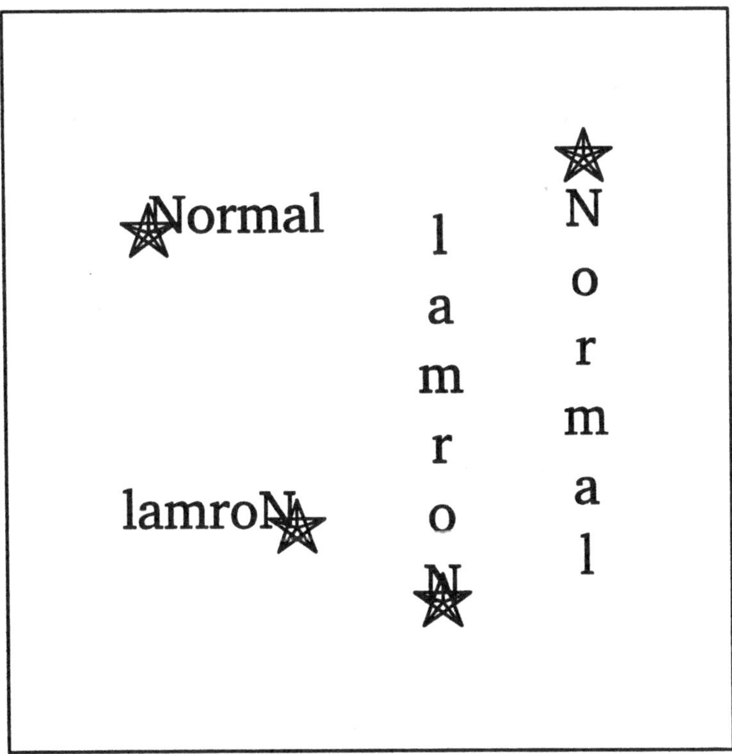

Abb. 8.7: "Normal" Text Alignment bei unterschiedlichem Text Path

Im folgenden Beispiel wird ein Rahmen (in dem sich irgendeine Zeichnung befinden kann) zentriert beschriftet. Damit der Text am Rahmen "hängt", wählen wir als Vertical Alignment TOP. Damit ersparen wir uns schwierige (und unsichere) Koordinatenumrechnungen.

Programm 8.2 Zeichnen einer zentrierten Beschriftung

```
      PROGRAM TEST
C
C     AUSGABE EINES RAHMENS MIT ZENTRIERTER BESCHRIFTUNG
C
      REAL X(5),Y(5)
      INTEGER TOP,CENTRE
      INTEGER IASF(13)
      PARAMETER (CENTRE=2, TOP=1)
      PARAMETER (IERFIL=10, IWK=1, ICON=11)
      DATA IASF /13*0/
      DATA X /0.2,0.2,0.8,0.8,0.2/
```

```
      DATA Y /0.2,0.8,0.8,0.2,0.2/
C
C     EROEFFNE GKS UND WORKSTATION
C     ATTRIBUT-BENUTZUNG IST BUNDLED
C
      CALL GOPKS ( IERFIL, -1 )
      CALL GSASF (IASF)
      IWT = 1
      CALL GOPWK ( IWK , ICON , IWT )
      CALL GSWKVP( IWK , 0.0, 0.09, 0.0, 0.09 )
      CALL GACWK ( IWK )
C
C     RAHMEN MIT DICKERER STRICHSTAERKE
C
      CALL GSPLR ( IWK , 1 , 1 , 3. , 1 )
      CALL GSPLI ( 1 )
C
C     ALS TEXT WAEHLEN WIR EINEN
C     SOFTWARE-FONT
C
      CALL GSTXR ( IWK , 1 , 2 , 2 , 1. , 0. , 1 )
      CALL GSTXI ( 1 )
C
C     RAHMEN-AUSGABE
C
      CALL GPL ( 5 , X , Y )
C
C     TEXT-AUSGABE
C
      CALL GSCHH ( 0.05 )
      CALL GSTXAL ( CENTRE , TOP )
      XST = ( X(2) + X(3) )/2.
      YST = Y(1)
      CALL GTX ( XST , YST , 'Legende' )
      CALL GDAWK ( IWK )
      CALL GCLWK ( IWK )
      CALL GCLKS
      STOP
      END
```

Ergebnis s. Abb. 8.8.

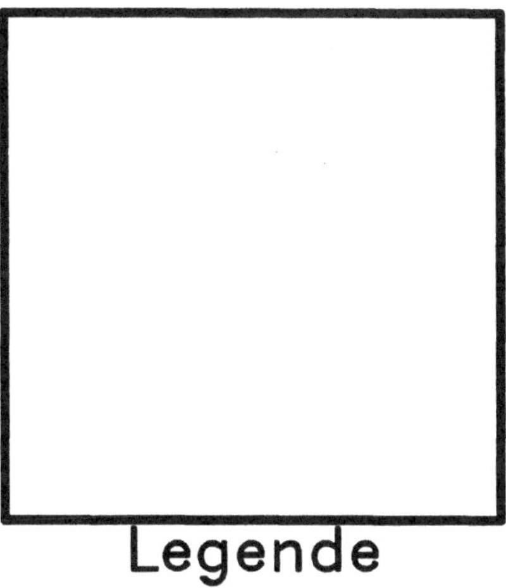

Abb. 8.8: Alignment-Beispiel

Text Extent
Grob gesagt wird für einen konkreten Text durch die geometrischen Text-Attribute Character Up Vector, Character Height, Text Path und Text Alignment ein den ganzen Text umschließendes Rechteck, das sogenannte *Text Extent Rectangle*, definiert. Genauer betrachtet spielen auch noch Character Expansion Factor, Character Spacing und die konkreten Zeichen des Textes eine Rolle. Dieses Rechteck ist in der Praxis für den Anwender von großer Bedeutung. Er kann nämlich aus dessen Eckpunkten die Ausdehnung des Textes erkennen, und damit (in Abhängigkeit vom Text Path und Alignment) auch, wo ein Anschlußtext anzusetzen hätte. Daher bietet GKS eine Erfragefunktion an, die es dem Anwender erlaubt, dieses Rechteck und den sogenannten *Concatenation Point* oder *Fortsetzungspunkt*, also den Punkt, an dem der Text fortgeführt werden kann, zu erfragen. Die GKS-Funktion heißt:

INQUIRE TEXT EXTENT

```
CALL GQTXX ( IWK, PX, PY, TEXT, IERR, CPX, CPY, TRX, TRY )
```

IWK ist – wie immer – der Workstation Identifier, (PX,PY) die Textposition, TEXT der Textstring selbst. Ab IERR folgen die Ausgabeparameter. IERR ist der Error Indicator und (CPX,CPY) ist der Concatenation Point. TRX und TRY beinhalten das Text Extent Rectangle (für TRX und TRY müssen REAL-Felder der Dimension 4 übergeben werden). Im folgenden Beispiel werden zwei Texte hintereinander gezeichnet:

Programm 8.3 Anketten von Text

```
      PROGRAM CONCA
C
C     DEMONSTRIERE CONCATENATION POINT
C
      REAL TRX(4),TRY(4)
      INTEGER IASF(13)
      PARAMETER (XST=0.1,YST=0.1)
      PARAMETER (IERFIL=10, IWK=1, ICON=11)
      DATA IASF /13*1/
C
C     EROEFFNE GKS UND WORKSTATION
C     ATTRIBUT-BENUTZUNG IST INDIVIDUELL
C
      CALL GOPKS ( IERFIL, -1 )
      CALL GSASF (IASF)
      IWT = 69999
      CALL GOPWK ( IWK , ICON , IWT )
      CALL GACWK ( IWK )
      CALL GSTXFP( 1, -2 )
      CALL GSWKVP( IWK, 0.0, 0.1, 0.0, 0.1 )
      CALL GSCHH(0.05)
      CALL GTX( XST , YST , 'Erster Text' )
C
C     DER ZWEITE TEXT WIRD GENAU
C     ANSCHLIESSEND GEZEICHNET
C
      CALL GQTXX ( IWK, XST, YST, 'Erster Text',
     ,             IERR , CPX , CPY , TRX , TRY )
      IF ( IERR.EQ.0 ) THEN
         CALL GTX( CPX, CPY, 'Zweiter Text' )
      END IF
      CALL GDAWK ( IWK )
      CALL GCLWK ( IWK )
      CALL GCLKS
      STOP
      END
```

Ergebnis s. Abb. 8.9.

Erster TextZweiter Text

Abb. 8.9: Concatenation Point

In diesem Beispiel wird das Rechteck selbst gar nicht benutzt (muß aber selbstverständlich trotzdem ordentlich als Feld deklariert und übergeben werden), sondern nur der Concatenation Point.

Im folgenden Beispiel wird das Text Extent Rectangle dazu benutzt, um den Text einzurahmen.

Programm 8.4 Zeichnen eines Text-Rahmens

```
      PROGRAM EXTENT
C
C     TEXT EXTENT BEISPIEL
C
      REAL TX(5),TY(5)
      CHARACTER TEXT*15
      PARAMETER (TEXT='Text mit Rahmen')
      PARAMETER (XST=0.1, YST=0.1)
      PARAMETER (IERFIL=10, IWK=1, ICON=11)
      INTEGER IASF(13)
      DATA IASF /13*1/
C
C     EROEFFNE GKS UND WORKSTATION
C     ATTRIBUT-BENUTZUNG IST INDIVIDUELL
C
      CALL GOPKS ( IERFIL, -1 )
      CALL GSASF ( IASF )
      CALL GSTXFP ( 1, 2 )
      IWT = 69999
      CALL GOPWK ( IWK, ICON, IWT )
      CALL GSWKVP( IWK , 0.0, 0.09, 0.0, 0.09 )
      CALL GACWK ( IWK )
      CALL GSCHH ( 0.06 )
      CALL GTX ( XST , YST , TEXT )
      CALL GQTXX ( IWK , XST , YST , TEXT , IERR ,
     ,             CX , CY , TX , TY )
      IF (IERR .NE. 0) GOTO 999
C
C     WIR SPEICHERN DEN ERSTEN PUNKT DES EXTENT-RECHTECKS
C     NACH TX(5),TY(5) UM, UM EINEN GESCHLOSSENEN POLYGONZUG
C     FUER GPL ZU ERHALTEN. ELEGANTER GEHT ES MIT FILL AREA
C     TYPE HOLLOW (SIEHE NAECHSTES KAPITEL)
C

      TX(5) = TX(1)
      TY(5) = TY(1)
      CALL GPL ( 5 , TX , TY )
```

```
999   CONTINUE
      CALL GDAWK ( IWK )
      CALL GCLWK ( IWK )
      CALL GCLKS
      STOP
      END
```

Ergebnis s. Abb. 8.10.

Abb. 8.10: Text Extent

Bemerkungen:

- Der Aufruf von INQUIRE TEXT EXTENT ist unabhängig davon, ob der Text auch wirklich irgendwann auf der Workstation ausgegeben wird. Er kann auch vor der Textausgabe oder ohne Textausgabe erfolgen. INQUIRE TEXT EXTENT muß sogar vor der Textausgabe aufgerufen werden, wenn das Rechteck z.B. für Fill-Area-Ausgabe benutzt werden soll, um den Text mit einer Farbe zu hinterlegen.
- Obwohl Textausgabe auf allen aktiven Workstations erfolgt, kann das Text Extent Rectangle immer nur für je eine Workstation berechnet werden, da es nur dann eindeutig bestimmt ist (z.B. könnten im aktuellen Text Bundle der aktiven Workstations unterschiedliche Character Expansion Factors oder Character Spacings stehen). Die Berechnung eines Workstation-unabhängigen Concatenation Point ist demnach unmöglich (da so etwas gar nicht existiert). Speziell kann man nur dann auf mehreren Workstations gleichzeitig einen fortlaufenden Text mit mehreren Aufrufen von TEXT ausgeben, wenn gewährleistet ist, daß auch alle Workstations garantiert mit den gleichen Text-Attributen arbeiten.
- Bei den Text Pathes RIGHT und LEFT, verbunden mit dem Horizontal Alignment CENTRE bzw. UP und DOWN, verbunden mit dem Vertical Alignment HALF ist der Begriff des Concatenation Point sinnlos. Die Position des nächsten Textes liegt ja in dessen Mitte! Um nicht einen undefinierten Wert zu liefern, steht dann in den Variablen für den Concatenation Point wieder die alte Textposition. Das Text Extent Rectangle dagegen wird selbstverständlich für alle Kombinationen von Path und Alignment korrekt geliefert.

Da Beschriftungen in einer komplexen Graphik schwer lesbar werden können, ist es eine interessante Anwendung, das Text Extent Rectangle zusammen mit Füllgebieten (siehe nächstes Kapitel) zu verwenden. Denn man hat die Möglichkeit, vor der Textausgabe das Text Extent Rectangle mit einer Kontrastfarbe zu füllen, so daß der Text auf jedem Untergrund lesbar bleibt.

Liste der GKS-Funktionen für Text

INQUIRE CHARACTER BASE VECTOR L0a

```
CALL GQCHB ( IERR , CBX , CBY )
```

Liefert den aktuellen Character Base Vector der GKS State List.

```
OUT: IERR   (INTEGER) ERROR INDICATOR (0,8)
OUT: CBX    (REAL)    CHARACTER BASE VECTOR (X-KOORDINATE)
OUT: CBY    (REAL)    CHARACTER BASE VECTOR (Y-KOORDINATE)
```

INQUIRE CHARACTER EXPANSION FACTOR L0a

```
CALL GQCHXP ( IERR , CXP )
```

Liefert den aktuellen Character Expansion Factor der GKS State List (Individual Attribute).

```
OUT: IERR   (INTEGER) ERROR INDICATOR (0,8)
OUT: CXP    (REAL)    CHARACTER EXPANSION FACTOR
```

INQUIRE CHARACTER HEIGHT L0a

```
CALL GQCHH ( IERR , CHH )
```

Liefert die aktuelle Character Height der GKS State List.

```
OUT: IERR   (INTEGER) ERROR INDICATOR (0,8)
OUT: CHH    (REAL)    CHARACTER HEIGHT
```

INQUIRE CHARACTER SPACING L0a

```
CALL GQCHSP ( IERR , CSP )
```

Liefert das aktuelle Character Spacing der GKS State List (Individual Attribute).

```
OUT: IERR   (INTEGER) ERROR INDICATOR (0,8)
OUT: CSP    (REAL)    CHARACTER SPACING
```

INQUIRE CHARACTER UP VECTOR L0a

```
CALL GQCHUP ( IERR , CUX , CUY )
```

Liefert den aktuellen Character Up Vector der GKS State List.

```
OUT: IERR   (INTEGER) ERROR INDICATOR (0,8)
OUT: CUX    (REAL)    CHARACTER UP VECTOR (X-KOORDINATE)
OUT: CUY    (REAL)    CHARACTER UP VECTOR (Y-KOORDINATE)
```

INQUIRE CHARACTER WIDTH L0a

```
CALL GQCHW ( IERR , CWD )
```

Liefert die aktuelle Character Width der GKS State List.

```
OUT: IERR   (INTEGER) ERROR INDICATOR (0,8)
OUT: CWD    (REAL)    CHARACTER WIDTH
```

INQUIRE LIST element OF TEXT INDICES L1a

```
CALL GQETXI ( IWK , N , IERR , LEN , ITXIND )
```

Liefert einen in der Workstation State List definierten Text Index.

```
IN:  IWK    (INTEGER) WORKSTATION IDENTIFIER
IN:  N      (INTEGER) NUMMER DES LISTENELEMENTS (0..M)
OUT: IERR   (INTEGER) ERROR INDICATOR (0,7,20,25,33,35,36,2002)
OUT: LEN    (INTEGER) LAENGE DER TEXT BUNDLE TABLE (2..M)
OUT: ITXIND (INTEGER) FALLS N > 0: N-TER TEXT INDEX (1..M)
```

INQUIRE PREDEFINED TEXT REPRESENTATION L0a

```
CALL GQPTXR ( IWT , ITXI , IERR , IFONT , IPREC , EXF , SPC , ICOL )
```

Liefert die für den Workstation Type vordefinierte Text Representation zum gegebenen Bundle Index.

```
IN:  IWT    (INTEGER) WORKSTATION TYPE
IN:  ITXI   (INTEGER) TEXT INDEX (1..M)
OUT: IERR   (INTEGER) ERROR INDICATOR (0,8,22,23,39,72,74)
OUT: IFONT  (INTEGER) TEXT FONT (-L..-1,1..N)
OUT: IPREC  (INTEGER) TEXT PRECISION (STRING,CHAR,STROKE)
OUT: EXF    (REAL)    CHARACTER EXPANSION FACTOR
OUT: SPC    (REAL)    CHARACTER SPACING
OUT: ICOL   (INTEGER) COLOUR INDEX (0..MCOL-1)
```

INQUIRE TEXT ALIGNMENT L0a

```
CALL GQTXAL ( IERR , IALH , IALV )
```

Liefert das aktuelle Text Alignment der GKS State List.

```
OUT: IERR   (INTEGER) ERROR INDICATOR (0,8)
OUT: IALH   (INTEGER) HORIZONTAL ALIGNMENT
                      (NORMAL,LEFT,CENTRE,RIGHT)
OUT: IALV   (INTEGER) VERTICAL ALIGNMENT
                      (NORMAL,TOP,CAP,HALF,BASE,BOTTOM)
```

INQUIRE TEXT COLOUR INDEX L0a

```
CALL GQTXCI ( IERR , ICOL )
```

Liefert den aktuellen Text Colour Index der GKS State List (Individual Attribute).

```
OUT: IERR   (INTEGER) ERROR INDICATOR (0,8)
OUT: ICOL   (INTEGER) TEXT COLOUR INDEX
```

INQUIRE TEXT EXTENT L0a

```
CALL GQTXX ( IWK , PX , PY , TEXT , IERR , CX , CY , TRX , TRY )
```

Liefert zu einem gegebenen Text String und einer Text Position die Koordinaten des Text Extent Rectangles und des Concatenation Point auf der gegebenen Workstation.

```
IN:  IWK    (INTEGER)       WORKSTATION IDENTIFIER
IN:  PX     (REAL)          TEXT POSITION (X-KOORDINATE)
IN:  PY     (REAL)          TEXT POSITION (Y-KOORDINATE)
IN:  TEXT   (CHARACTER*(*)) TEXT STRING
OUT: IERR   (INTEGER)       ERROR INDICATOR (0,7,20,25,39,101)
OUT: CX     (REAL)          CONCATENATION POINT (X-KOORDINATE)
OUT: CY     (REAL)          CONCATENATION POINT (Y-KOORDINATE)
OUT: TRX    (REAL(4))       TEXT EXTENT RECTANGLE (X-KOORDINATEN)
OUT: TRY    (REAL(4))       TEXT EXTENT RECTANGLE (Y-KOORDINATEN)
```

INQUIRE TEXT FACILITIES L0a

```
CALL GQTXF ( IWT , N , IERR , NFPR , IFONT, IPREC , NHGT ,
             HMIN , HMAX , NEXP , EMIN , EMAX , NPTXI )
```

Liefert die Text Facilities eines Workstation Type.

```
IN:  IWT    (INTEGER) WORKSTATION TYPE
IN:  N      (INTEGER) NUMMER DES LISTENELEMENTS (0..M)
OUT: IERR   (INTEGER) ERROR INDICATOR (0,8,22,23,39,2002)
OUT: NFPR   (INTEGER) ANZAHL DER VERFUEGBAREN FONT/PRECISION PAIRS
OUT: IFONT  (INTEGER) FALLS N > 0: N-TER TEXT FONT
OUT: IPREC  (INTEGER) FALLS N > 0: N-TE TEXT PRECISION
OUT: NHGT   (INTEGER) ANZAHL DER VERFUEGBAREN CHARACTER HEIGHTS
                      ( 0 = KONTINUIERLICH)
OUT: HMIN   (REAL)    MINIMAL CHARACTER HEIGHT (IN METERN)
OUT: HMAX   (REAL)    MAXIMAL CHARACTER HEIGHT (IN METERN)
OUT: NEXP   (INTEGER) ANZAHL DER VERFUEGBAREN
                      CHARACTER EXPANSION FACTORS
                      ( 0 = KONTINUIERLICH)
OUT: EMIN   (REAL)    MINIMAL CHARACTER EXPANSION FACTOR
OUT: EMAX   (REAL)    MAXIMAL CHARACTER EXPANSION FACTOR
OUT: NPTXI  (INTEGER) ANZAHL DER PREDEFINED TEXT INDICES (2..M)
```

INQUIRE TEXT FONT AND PRECISION L0a

```
CALL GQTXFP ( IERR , IFONT , IPREC )
```

Liefert das aktuelle Text Font/Precision Pair der GKS State List (Individual Attribute).

```
OUT: IERR   (INTEGER) ERROR INDICATOR (0,8)
OUT: IFONT  (INTEGER) TEXT FONT (-N..-1,1..M)
OUT: IPREC  (INTEGER) TEXT PRECISION (STRING,CHAR,STROKE)
```

INQUIRE TEXT INDEX L0a

```
CALL GQTXI ( IERR , ITXI )
```

Liefert den aktuellen Text Index der GKS State List. Dieser gibt die Nummer der Text Representation an, die die Workstations jeweils verwenden.

```
OUT: IERR   (INTEGER) ERROR INDICATOR (0,8)
OUT: ITXI   (INTEGER) TEXT INDEX (1..M)
```

INQUIRE TEXT PATH L0a

```
CALL GQTXP ( IERR , IPATH )
```

Liefert den aktuellen Text Path der GKS State List.

```
OUT: IERR   (INTEGER) ERROR INDICATOR (0,8)
OUT: IPATH  (INTEGER) TEXT PATH (RIGHT,LEFT,UP,DOWN)
```

INQUIRE TEXT REPRESENTATION L1a

```
CALL GQTXR ( IWK, ITXI, ITYPE, IERR, IFONT, IPREC, EXF, SPC, ICOL )
```

Liefert die auf der Workstation definierte Text Representation zum gegebenen Bundle Index.

```
IN:  IWK    (INTEGER) WORKSTATION IDENTIFIER
IN:  ITXI   (INTEGER) TEXT INDEX (1..M)
IN:  ITYPE  (INTEGER) ART DER ABGEFRAGTEN WERTE (SET,REALIZED)
OUT: IERR   (INTEGER) ERROR INDICATOR (0,7,20,25,33,35,36,72,73)
OUT: IFONT  (INTEGER) TEXT FONT (-L..-1,1..N)
OUT: IPREC  (INTEGER) TEXT PRECISION (STRING,CHAR,STROKE)
OUT: EXF    (REAL)    CHARACTER EXPANSION FACTOR
OUT: SPC    (REAL)    CHARACTER SPACING
OUT: ICOL   (INTEGER) COLOUR INDEX (0..MCOL-1)
```

SET CHARACTER EXPANSION FACTOR L0a

```
CALL GSCHXP ( EXF )
```

Setzt den Character Expansion Factor in der GKS State List (Individual Attribute) neu.

```
IN:  EXF    (REAL)    CHARACTER EXPANSION FACTOR
ERRORS:               (0,8,77)
```

SET CHARACTER HEIGHT L0a

```
CALL GSCHH ( HGT )
```

Setzt die Character Height in der GKS State List neu.

```
IN:  HGT    (REAL)    CHARACTER HEIGHT
ERRORS:               (0,8,78)
```

SET CHARACTER SPACING L0a

```
CALL GSCHSP ( SPC )
```

Setzt das Character Spacing in der GKS State List (Individual Attribute) neu.

```
IN:  SPC    (REAL)     CHARACTER SPACING
ERRORS:                (0,8)
```

SET CHARACTER UP VECTOR L0a

```
CALL GSCHUP ( UPX , UPY )
```

Setzt den Character Up Vector in der GKS State List neu.

```
IN:  UPX    (REAL)     CHARACTER UP VECTOR (X KOORDINATE)
IN:  UPY    (REAL)     CHARACTER UP VECTOR (Y KOORDINATE)
ERRORS:                (0,8,79)
```

SET TEXT ALIGNMENT L0a

```
CALL GSTXAL ( IALH , IALV )
```

Setzt das Text Alignment in der GKS State List neu.

```
IN:  IALH   (INTEGER) HORIZONTAL ALIGNMENT
                      (NORMAL,LEFT,CENTRE,RIGHT)
IN:  IALV   (INTEGER) VERTICAL ALIGNMENT
                      (NORMAL,TOP,CAP,HALF,BASE,BOTTOM)
ERRORS:               (0,8,2000)
```

SET TEXT COLOUR INDEX L0a

```
CALL GSTXCI ( ICOL )
```

Setzt den Text Colour Index in der GKS State List (Individual Attribute) neu.

```
IN:  ICOL   (INTEGER) TEXT COLOUR INDEX (0..M)
ERRORS:               (0,8,92)
```

SET TEXT FONT AND PRECISION L0a

```
CALL GSTXFP ( IFONT , IPREC )
```

Setzt Text Font und Text Precision in der GKS State List (Individual Attribute) neu.

```
IN:  IFONT  (INTEGER) TEXT FONT (-N..-1,1..M)
IN:  IPREC  (INTEGER) TEXT PRECISION (STRING,CHAR,STROKE)
ERRORS:               (0,8,75,2000)
```

SET TEXT INDEX L0a

```
CALL GSTXI ( INDEX )
```

Setzt den Text Index in der GKS State List neu. Dieser gibt die Nummer der Text Representation an, die die Workstations jeweils verwenden werden.

```
IN:  INDEX  (INTEGER) TEXT INDEX (1..M)
ERRORS:               (0,8,72)
```

SET TEXT PATH L0a

```
CALL GSTXP ( IPATH )
```

Setzt den Text Path in der GKS State List neu.

```
IN:  IPATH  (INTEGER) TEXT PATH (RIGHT,LEFT,UP,DOWN)
ERRORS:               (0,8,2000)
```

SET TEXT REPRESENTATION L1a

```
CALL GSTXR ( IWK , ITXI , IFONT , IPREC , EXF , SPC , ICOL )
```

Definiert zu einem Text Index auf der gegebenen Workstation eine Text Representation.

```
IN:  IWK    (INTEGER) WORKSTATION IDENTIFIER
IN:  ITXI   (INTEGER) TEXT INDEX (1..M)
IN:  IFONT  (INTEGER) TEXT FONT (-L..-1,1..N)
IN:  IPREC  (INTEGER) TEXT PRECISION (STRING,CHAR,STROKE)
IN:  EXF    (REAL)    CHARACTER EXPANSION FACTOR
IN:  SPC    (REAL)    CHARACTER SPACING
IN:  ICOL   (INTEGER) COLOUR INDEX (0..MCOL-1)
ERRORS:               (0,7,20,25,33,35,36,72,75,76,77,93)
```

TEXT **L0a**

```
CALL GTX ( X , Y , TEXT )
```

Zeichnet Text String an der übergebenen Position.

```
IN:  X       (REAL)            TEXT POSITION (X-KOORDINATE)
IN:  Y       (REAL)            TEXT POSITION (Y-KOORDINATE)
IN:  TEXT    (CHARACTER*(*))   TEXT STRING
ERRORS:                        (0,5,101)
```

9. Fill-Area-Ausgabe

Die bisher besprochenen Ausgabefunktionen *Polyline, Polymarker* und *Text* umfassen die klassische Liniengraphik, die schon in der Frühzeit der graphischen Datenverarbeitung auf den damals verfügbaren Stift-Plottern die Ausgabe von Koordinatenachsen und Funktionsgraphen möglich machte. Der immer stärkere Trend zu Graphikbildschirmen und Plottern auf Rasterbasis führte inzwischen jedoch zu neuen Graphikanwendungen, die sich mit Hilfe dieser Primitives nicht oder nur mit unverhältnismäßig großem Aufwand realisieren lassen, wie z.B. thematische Kartographie oder die Ausgabe von Rasterbildern. Daher gibt es in GKS zwei weitere Ausgabefunktionen *Fill Area (Füllgebiet)* und *Cell Array (Zellmatrix)*, die in diesem und im nächsten Kapitel besprochenen werden.

Auch diese Ausgabefunktionen sind generell für sämtliche Graphikgeräte geeignet – sogar für Stift-Plotter. Allerdings lassen sich überlappende Flächen oder hochauflösende Rasterbilder nur auf Rastergeräten mit befriedigendem Resultat ausgeben.

Ein *Fill Area* ist in GKS definiert als ein geschlossenes Polygon, gegeben durch seine Randpunkte, die – wie beim Polyline oder Polymarker – als zwei Koordinatenfelder übergeben werden. Das Innengebiet der vom Polygon umschlossenen Fläche wird in irgendeiner Weise gefüllt, wie es auch der Name schon sagt. Den Unterschied zwischen Polyline und Fill Area zeigt folgendes Bild:

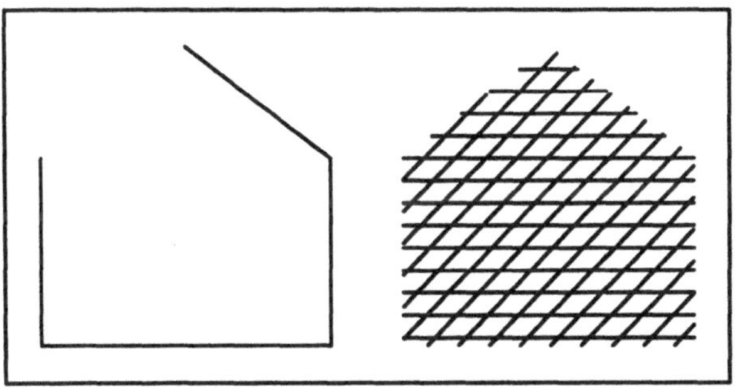

Abb. 9.1: Vergleich POLYLINE mit FILL AREA

Die GKS-Funktion zur Ausgabe von Flächen ist:

FILL AREA

```
CALL GFA ( N , X , Y )
```

N ist wieder die Anzahl der Punkte, X und Y sind die Koordinatenfelder (N Elemente).

Für die Gestalt der Fläche gibt es keine Einschränkungen. Die Anzahl der Punkte darf prinzipiell beliebig sein, und es darf sich die Fläche auch beliebig oft überschneiden. Bei solch komplizierten Flächen stellt sich natürlich die Frage, *was* eigentlich das zu füllende Innere sein soll. Hierzu gibt GKS eine klare Definition:

Man nehme einen beliebigen Punkt der Zeichenfläche und ziehe einen Strahl ins Unendliche. Ist dann die Anzahl der Schnittpunkte des Strahls mit dem Randpolygon des Fill Area ungerade, so liegt der Punkt im Innern der Fläche. Ist sie gerade, so liegt er außen, weshalb dies als "Even-odd-Regel" bezeichnet wird.

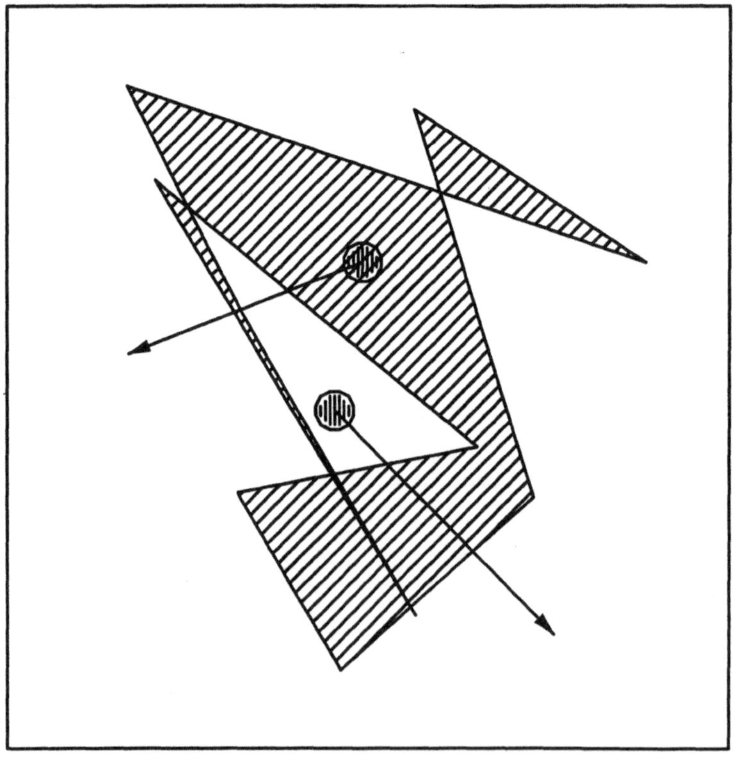

Abb. 9.2: Was ist innen?

Nachdem wir nun klar definiert haben, *was* unter dem Fill Area eigentlich zu verstehen ist (dies war – wie gesehen – nicht so naheliegend wie bei Polyline oder

Polymarker), gilt es nun zu klären, wie und womit eine solche Fläche eigentlich gefüllt wird.

Wer die vorangegangenen Kapitel aufmerksam gelesen hat, der weiß schon, worauf diese Frage hinausläuft, nämlich auf das Besprechen der Fill-Area-*Attribute*. Ein Fill Area hat drei nicht-geometrische Attribute:

- den *Interior Style*
- den *Style Index*
- den *Fill Area Colour Index*

Das entscheidende Attribut ist hierbei der *Interior Style*. Er bestimmt, *wie* das Fill Area gefüllt werden soll (während die beiden anderen das *womit* kennzeichnen). Da es vier Möglichkeiten gibt, ist er vom Typ ENUMERATION und kann die Werte (HOLLOW,SOLID,PATTERN,HATCH) annehmen. Hierbei bedeuten die verschiedenen Interior Styles im einzelnen:

HOLLOW Das Füllgebiet wird nicht gefüllt im eigentlichen Sinne, sondern es wird nur seine Umrandung gezeichnet, und zwar in der Farbe, die der aktuell zu benutzende *Fill Area Colour Index* angibt. Im Gegensatz zum Polyline werden der erste und der letzte Punkt miteinander verbunden.

SOLID Das Füllgebiet wird mit einer einheitlichen Farbe gefüllt, die der aktuell zu benutzende *Fill Area Colour Index* angibt.

PATTERN Das Füllgebiet wird mit einem Muster (Pattern) gefüllt. Dabei verweist der aktuelle *Style Index* auf ein Pattern, das auf der Workstation in einer Tabelle mit den derzeit möglichen Patterns gespeichert ist.

HATCH Das Füllgebiet wird mit einem Hatch Style gefüllt. Dies kann eine Schraffur sein, aber auch ein andersgeartetes Muster. Der aktuelle *Style Index* verweist dabei auf eine (in der Workstation Description Table gespeicherte) Hatch Style Table, also auf eine Tabelle, in der die möglichen Hatch Styles gespeichert sind. Handelt es sich bei dem aktuellen Hatch Style um eine Schraffur, so wird diese in der Farbe gezeichnet, die der aktuelle *Fill Area Colour Index* angibt.

Bemerkungen:

- Der Style Index wird bei den Interior Styles HOLLOW und SOLID ignoriert.
- Der Fill Area Colour Index wird beim Interior Style PATTERN ignoriert.
- Die Interior Styles PATTERN und HATCH sind nahe verwandt, wie man schon aus obigen Definitionen ersehen kann. Hier wollen wir die Unterschiede verdeutlichen: Ein Hatch Style ist in der Workstation Description Table gespeichert, d.h. die Liste der Hatch Styles ist eine workstationabhängige *unveränderliche* Liste von Schraffuren (oder Mustern), die man – wie bei den Linetypes – nur per Index anwählen kann. Man kann nicht z.B. bei Schraffuren den Winkel oder den Schraffurabstand vorgeben. Ein Pattern ist hingegen auf der Workstation (d.h. in der Workstation State List) gespeichert und kann daher auch vom Benutzer *neu definiert werden.*

- Genau wie schon bei den Begriffen Text Font, Linetype und Marker Type (die ja auch vom Benutzer nicht definierbare Attribut-Typen sind), gilt auch beim Hatch Style, daß *genormte Hatch Styles mit positiven Indizes, nicht genormte Hatch Styles dagegen mit negativen Indizes anzuwählen sind.* Derzeit sind keine Hatch Styles genormt. Der *Pattern Index* hingegen ist wie ein Polyline Index stets positiv anzugeben. Er hat ja – wie gesagt – auch keine feste Bedeutung, sondern zeigt auf ein vor- oder selbstdefiniertes Muster.
- Mit Ausnahme des Interior Style HOLLOW muß eine Workstation nicht alle Interior Styles unterstützen. Die Liste der vorhandenen Interior Styles ist in der Workstation Description Table gespeichert und kann mit Hilfe der Funktion INQUIRE FILL AREA FACILITIES erfragt werden. Von PATTERN abgesehen werden die anderen Interior Styles üblicherweise auf allen ausgabefähigen Workstations unterstützt.
- Ein nahtloses Aneinandersetzen mehrerer Flächen ist – natürlich nicht bei HOLLOW – problemlos möglich. Die (auf Wunsch) automatische Umrandung von Flächen, in späteren Graphikstandards (CGM, CGI, GKS-3D, PHIGS) als EDGE bezeichnet, ist in GKS noch nicht vorgesehen. Hierfür muß also zweimal FILL AREA mit den gleichen Koordinaten gerufen werden, wobei vor dem zweiten Aufruf der Interior Style HOLLOW einzustellen ist. Für eine dickere oder gestrichelte Umrandung muß man in GKS allerdings ein POLYLINE bemühen, bei dem jedoch die Verbindung zwischen dem ersten und letzten Punkt weitere Klimmzüge erfordert.
- In den Anwendungen dominieren HATCH für Stift-Plotter und SOLID für farbige Rastergeräte.

Die Einstellung der Fill-Area-Attribute läuft genauso wie bei Polylines, Polymarkers und Texten: Einerseits existiert auf der Workstation eine *Fill Area Bundle Table*, in der je ein Satz Fill-Area-Attribute zu einem Bundle zusammengefaßt und mit einem Index versehen ist, andererseits ist ein vollständiger Satz Fill-Area-Attribute in der GKS State List als *Individual Attributes* gespeichert. Die Anwahl wird erneut über *Aspect Source Flags* gesteuert. Ein Fill Area Bundle Index wird angewählt durch

SET FILL AREA INDEX

```
CALL GSFAI ( IFAI )
```

Die Individual Attributes setzt man durch

SET FILL AREA INTERIOR STYLE

```
CALL GSFAIS ( IFAIS )
```

SET FILL AREA STYLE INDEX

```
CALL GSFASI ( ISTIN )
```

SET FILL AREA COLOUR INDEX

```
CALL GSFACI ( ICOL )
```

Schließlich noch (ab Level 1a) die GKS-Funktion zur Neu- oder Umdefinition eines Fill Area Bundles:

SET FILL AREA REPRESENTATION

```
CALL GSFAR ( IWK , IFAI , IFAIS , ISTIN , ICOL )
```

Für das Zusammenspiel von Bundles und Individual Attributes sind die letzten 3 Aspect Source Flags zuständig. Im einzelnen bedeuten:

INTERIOR STYLE ASF	INDEX 11
STYLE INDEX ASF	INDEX 12
FILL AREA COLOUR INDEX ASF	INDEX 13

Im folgenden Beispiel wird ein Balkendiagramm (Bar Chart) mit Hilfe der Fill Area Interior Styles HOLLOW, SOLID und HATCH gezeichnet.

Programm 9.1 Zeichnen eines Balkendiagramms

```
      PROGRAM BARCH
C
C     ZEICHNET BAR CHART
C
      PARAMETER (NBARS=3)
      REAL BAR(NBARS)
      CHARACTER*4 YEAR(NBARS)
      INTEGER IASF(13)
      INTEGER HOLLOW, SOLID, HATCH, TOP, CENTRE, EGAL
      PARAMETER ( HOLLOW=0, SOLID=1, HATCH=3, EGAL=1)
      PARAMETER ( TOP=1, CENTRE=2 )
      PARAMETER ( IERFIL=10, IWK=1, ICON=1 )
      DATA IASF /13*0/
      DATA (YEAR(I),I=1,NBARS)/'1991','1992','1993'/
      DATA BAR /0.6,0.4,0.85/
C
```

```
C     EROEFFNE GKS UND WORKSTATION
C     ATTRIBUT-BENUTZUNG IST BUNDLED
C
      CALL GOPKS ( IERFIL, -1 )
      CALL GSASF (IASF)
      IWT = 1
      CALL GOPWK ( IWK , ICON , IWT )
      CALL GSWKVP( IWK, 0.0, 0.1, 0.0, 0.1 )
      CALL GACWK ( IWK )
      CALL RECT ( 0.0, 0.0, 1.0, 1.0 )
C
C     DREI FILL AREA BUNDLES
C
      CALL GSFAR ( IWK , 2 , HOLLOW , EGAL , 1 )
      CALL GSFAR ( IWK , 3 , SOLID , EGAL , 1 )
      CALL GSFAR ( IWK , 4 , HATCH , -16 , 1 )
C
C     TEXT REPRESENTATION FUER BESCHRIFTUNG
C
      CALL GSTXR ( IWK, 1, 2, 2, 1.0, 0.0, 1 )
      CALL GSTXI ( 1 )
      CALL GSCHH ( 0.02 )
      CALL GSTXAL ( CENTRE, TOP )
C
C     BALKEN WERDEN IN FOLGENDER SCHLEIFE AUSGEGEBEN
C
      XSTART = 0.2
      DELTA = 0.1
      DO 300 I=1,NBARS
         CALL GSFAI ( I+1 )
C
C        BENUTZE RECHTECK-ROUTINE (S.U.)
C
         XEND = XSTART + DELTA
         CALL RECT ( XSTART, 0.1, XEND, BAR(I) )
         CALL GTX ( (XSTART+XEND)/2.0, 0.1, YEAR(I) )
         XSTART = XEND + DELTA*0.5
300   CONTINUE
      CALL GDAWK ( IWK )
      CALL GCLWK ( IWK )
      CALL GCLKS
      STOP
      END
      SUBROUTINE RECT ( XMIN, YMIN, XMAX, YMAX )
```

```
C
C     ZEICHNE RECHTECK MIT AKTUELLEN
C     FILL AREA ATTRIBUTEN
C
      REAL X(4), Y(4)
      X(1) = XMIN
      X(2) = XMAX
      X(3) = XMAX
      X(4) = XMIN
      Y(1) = YMIN
      Y(2) = YMIN
      Y(3) = YMAX
      Y(4) = YMAX
      CALL GFA ( 4, X, Y )
      RETURN
      END
```

Ergebnis s. Abb. 9.3.

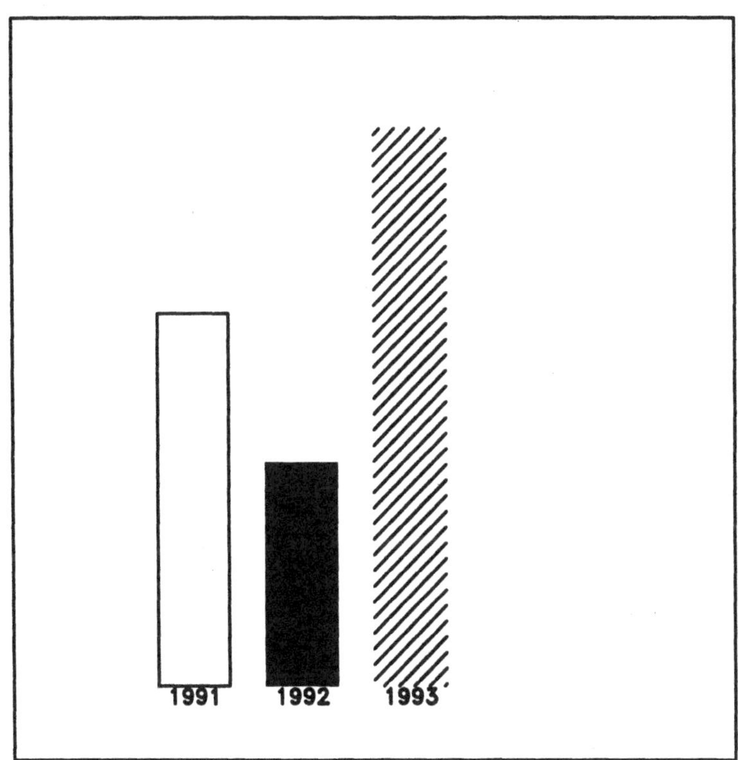

Abb. 9.3: Balkendiagramm

Zwei Beispiele sollen die Anwendungsmöglichkeiten von FILL AREA verdeutlichen. Eine thematische Karte wurde uns von der Fa. GraS zur Verfügung gestellt (s. Abb. 9.4). Sie wurde mit dem GKS-Anwendungsprogramm THEMAK2 erstellt [THEM], das von Herrn Prof. Dr. Jürgen Bollmann, Universität Trier, konzipiert wurde und von GraS entwickelt und vertrieben wird.

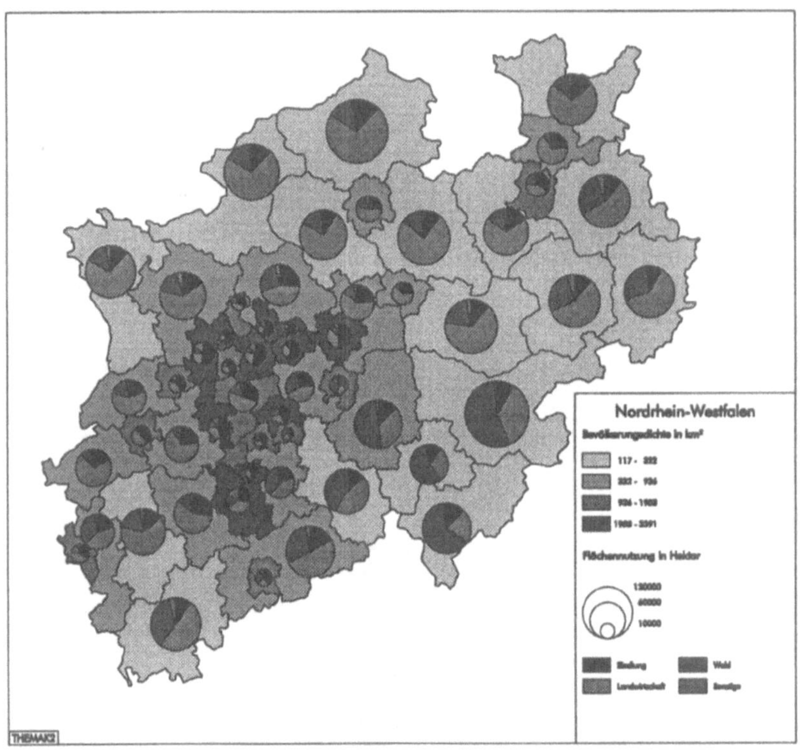

Abb. 9.4: Beispiel1: Thematische Karte

Ein Balkendiagramm wurde mit Hilfe des auf GKS aufbauenden Präsentationsgraphikpaketes BIZEPS [BIZ] erzeugt (s. Abb. 9.5).

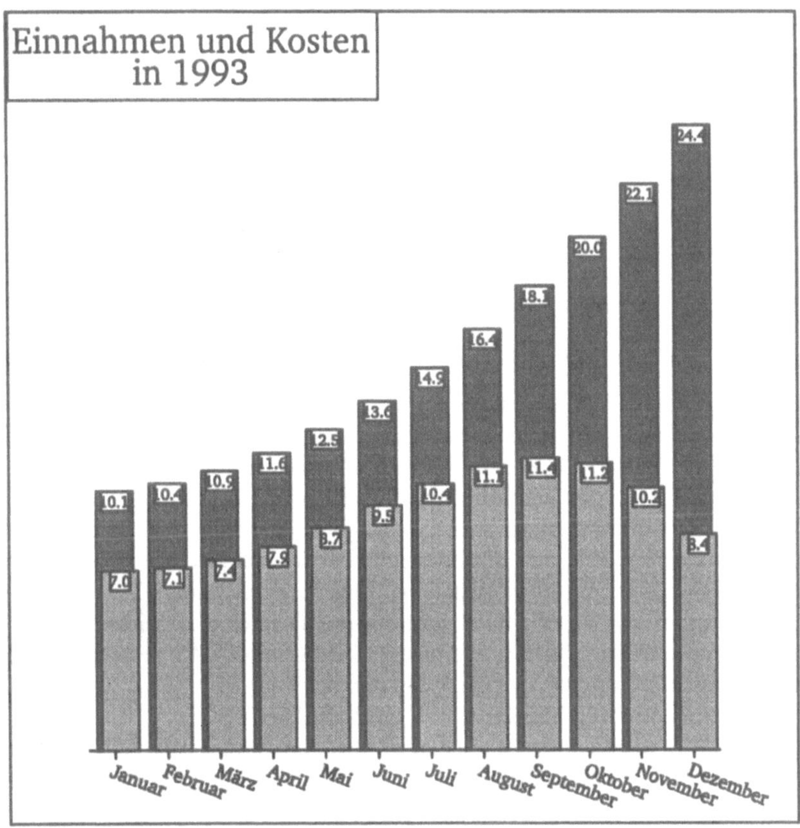

Abb. 9.5: Beispiel2: Balkendiagramm

Der verbleibende Interior Style PATTERN benötigt eine umfassendere Diskussion. Es ergeben sich zwei Benutzungsarten:

- Man arbeitet nur mit den Patterns, die auf der Workstation bereits vordefiniert sind, d.h. man wählt nur bestimmte Pattern Indices (als Style Index in der Fill Area Representation oder als Individual Style Index) an. In diesem Fall ist die Benutzung dem Interior Style HATCH völlig analog.
- Man arbeitet mit Patterns, die man selbst definiert hat. Dies ist allerdings erst ab GKS Level 1a möglich. Dieser Fall verdient eine genauere Betrachtung.

Zuerst ist die Frage zu klären, *was* ein Pattern eigentlich ist. Analog zu den Colour Representations handelt es sich hier um ein Workstation-Attribut *eine Stufe unter den Bundles*, d.h. man setzt im Bundle nur den Index ein, kann aber die Bedeutung des Index verändern.

Eine Pattern Representation wird vollständig definiert durch ein sogenanntes *Pattern Array (Mustermatrix)*. Ein Pattern Array ist eine zweidimensionale Matrix von Colour Indices, die zusammen ein Rastermuster spezifizieren. Dieses Muster wird in allen Richtungen innerhalb des Fill Area so oft nebeneinandergesetzt, bis das Polygon vollständig gefüllt ist, wobei am Rand des Polygons eventuell nur noch Teile des Patterns verwendet werden (das Muster wird sozusagen am Randpolygon abgeschnitten). Dabei entspricht ein Matrixelement nicht unbedingt einem Rasterpunkt auf der Zeichenfläche (*Pixel*), sondern es kann sich auch um makroskopische Zellen aus vielen Pixeln handeln. Die GKS-Funktion zur Definition einer Pattern Representation lautet:

SET PATTERN REPRESENTATION

```
CALL GSPAR ( IWK, IPTI, IDIMX, IDIMY, ISX, ISY, NX, NY, IPATT )
```

Auf der Workstation IWK wird unter der Bezeichnung (Nummer) IPTI, die bei der *späteren Benutzung* als *Style Index* anzugeben ist, ein Pattern definiert. Hierbei ist IPATT das Pattern Array, also eine INTEGER-Matrix, die in ihren Elementen die Colour Indices der einzelnen Zellen enthält. NX ist die Anzahl der Zellen in X-Richtung, NY ist die Anzahl der Zellen in Y-Richtung, d.h. das Pattern besteht aus NXxNY Colour Indices. Damit sind alle für GKS relevanten Parameter besprochen. Um nun nicht immer nur eine vollständige Matrix, sondern auch Teile davon als Pattern definieren zu können, gibt es weitere vier Parameter, die für FORTRAN den zu betrachtenden Teil der Matrix bestimmen: IDIMX und IDIMY geben an, wie das Pattern Array IPATT im aufrufenden Programm deklariert ist:

INTEGER IPATT (IDIMX,IDIMY)

ISX und ISY bestimmen das Startelement. Das Pattern steht als Teilmatrix also zwischen IPATT(ISX,ISY) (links oben) und IPATT(ISX+NX-1,ISY+NY-1) (rechts unten). Beide müssen selbstverständlich innerhalb der deklarierten Matrix liegen. Für den einfachen Fall, daß die *gesamte Matrix* verwendet wird, gilt:

ISX=ISY=1 IDIMX=NX IDIMY=NY

Wie schon bei den Bundle Representations und den Colour Representations ist auch hier zu beachten: Wurde bereits ein Fill-Area-Primitiv unter Benutzung des Pattern Index IPTI ausgegeben, so stellt die Änderung der Pattern Representation eine dynamische Bildänderung dar. Man kann diese Effekte vermeiden, indem man SET PATTERN REPRESENTATION bei leerer Zeichenfläche ausführt.

Bevor wir uns den geometrischen Attributen widmen, also der Frage, wo und in welcher Größe die Pattern innerhalb eines Fill Area ausgegeben werden, soll das bisher Gesagte an einem Beispiel demonstriert werden:

Programm 9.2 Fill Area mit Pattern

```
PROGRAM HAMMER
PARAMETER (NX=12, NY=16)
INTEGER IPATT(NX,NY), IASF(13)
REAL X(3),Y(3)
INTEGER PATTER,MYPATT
```

```
      PARAMETER (PATTER=2, MYPATT=1)
      PARAMETER (IERFIL=10, IWK=1, ICON=11)
      DATA IASF /13*1/
      DATA X /0.0, 1.0, 0.5/
      DATA Y /0.0, 0.0, 1.0/
      DATA ((IPATT(I,J),I=1,NX),J=1,NY)/0,0,0,0,0,0,0,0,0,0,0,0,
     ,                                  0,0,1,1,1,1,1,1,0,0,0,0,
     ,                                  0,0,1,1,1,1,1,1,1,0,0,0,
     ,                                  0,0,1,1,1,1,1,1,1,1,0,0,
     ,                                  0,0,1,1,1,1,1,1,1,1,1,0,
     ,                                  0,0,0,0,0,1,1,1,0,0,0,0,
     ,                                  0,0,0,0,0,1,1,1,0,0,0,0,
     ,                                  0,0,0,0,0,1,1,1,0,0,0,0,
     ,                                  0,0,0,0,0,1,1,1,0,0,0,0,
     ,                                  0,0,0,0,0,1,1,1,0,0,0,0,
     ,                                  0,0,0,0,0,1,1,1,0,0,0,0,
     ,                                  0,0,0,0,0,1,1,1,0,0,0,0,
     ,                                  0,0,0,0,0,1,1,1,0,0,0,0,
     ,                                  0,0,0,0,0,1,1,1,0,0,0,0,
     ,                                  0,0,0,0,0,0,0,0,0,0,0,0,
     ,                                  0,0,0,0,0,0,0,0,0,0,0,0/
C
C     EROEFFNE GKS UND WORKSTATION
C     ATTRIBUT-BENUTZUNG IST INDIVIDUELL
C
      CALL GOPKS ( IERFIL, -1 )
      CALL GSASF (IASF)
      IWT = 1
      CALL GOPWK ( IWK , ICON , IWT )
      CALL GSWKVP( IWK , 0.0, 0.09, 0.0, 0.09 )
      CALL GSPAR ( IWK , MYPATT ,NX ,NY ,1 ,1 ,NX ,NY , IPATT )
      CALL GACWK ( IWK )
C
C     PATTERN INDIVIDUAL EINSTELLEN
C
      CALL GSFAIS ( PATTER )
      CALL GSFASI ( MYPATT )
C
C     PATTERN SIZE FUER 10 PATTERN UEBEREINANDER IM NDC
C
      CALL GSPA ( 0.1*REAL(NX)/REAL(NY), 0.1 )
      CALL GFA ( 3 , X , Y )
      CALL GDAWK ( IWK )
      CALL GCLWK ( IWK )
```

```
CALL GCLKS
STOP
END
```

Ergebnis s. Abb. 9.6.

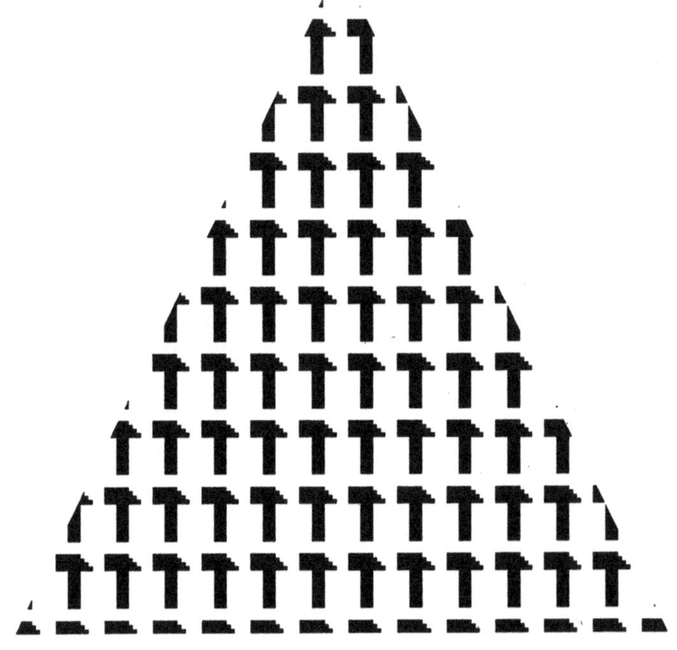

Abb. 9.6: Pattern-Beispiel

Auf einem Farb-Bildschirm oder Farb-Plotter kann man natürlich noch andere Colour Indices als 0 und 1 einsetzen und so Farbmuster erstellen. Großflächige Pattern sind sogar auf einem Stift-Plotter vorstellbar. Üblicherweise werden Pattern allerdings nur auf Rastergeräten unterstützt, dort will man häufig "Pixelmuster" erzeugen, d.h. jede Zelle des Pattern wird auf genau ein Pixel abgebildet. Damit kommen wir zum Abschluß dieses Kapitels zu der Frage, wie ein Pattern auf die Zeichenfläche abgebildet wird. Hierbei treten zwei Fragen auf:

- An welcher Stelle wird das Pattern erstmals angesetzt (um dann in alle Richtungen wiederholt zu werden)?
- Aus wievielen Pixeln (in X- und Y-Richtung) bestehen die Zellen, und wie liegen sie auf der Zeichenfläche? Wirken z.B. Transformationen auf sie?

Die Antworten sind: Beides kann der Benutzer selbst setzen! Hierzu stehen ihm zwei *geometrische* Fill-Area-Attribute zur Verfügung, der *Pattern Reference Point* und die *Pattern Size*.

Der *Pattern Reference Point* ist der Punkt, an dem das Pattern erstmals angesetzt wird. Dieser Punkt braucht nicht innerhalb des Fill Areas zu liegen. Das Ansetzen kann man sich so vorstellen, daß am Pattern Reference Point das Matrixelement IPATT(ISX,ISY+NY-1) (links unten) anfängt, d.h. das Pattern "steht" auf dem Punkt.

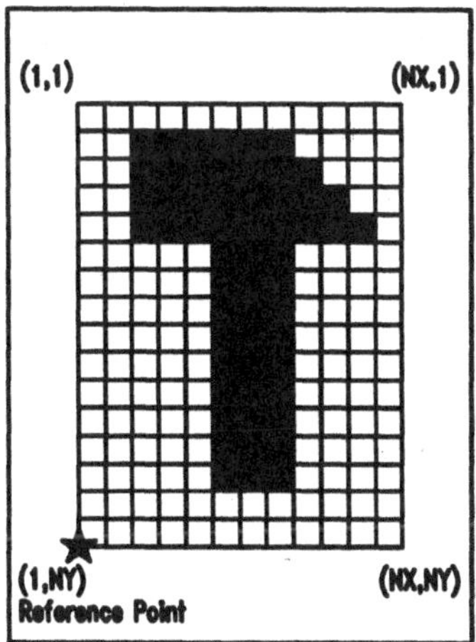

Abb. 9.7: Pattern-Matrix

Von hier ausgehend wird das Pattern dann in alle Richtungen bis ins Unendliche wiederholt und darüber das Randpolygon des Fill Area gelegt, wobei nur die Teile des Patterns sichtbar werden, die im Innern des Fill Area liegen. Der Pattern Reference Point wird wie folgt gesetzt:

SET PATTERN REFERENCE POINT

```
CALL GSPARF ( RX , RY )
```

Voreinstellung ist der Punkt (0.0,0.0). Mit der *Pattern Size* wird die Größe des Patterns – unabhängig in X- und Y-Richtung – festgelegt. Stellen wir uns ein Rechteck vor, das parallel zu den Koordinatenachsen liegt und das wir als Pattern Box bezeichnen wollen. Auf diese Pattern Box wird das Pattern abgebildet. Der linke untere Eckpunkt ist der Pattern Reference Point. Die Breite (= Boxgröße in X-Richtung) und die Höhe (= Boxgröße in Y-Richtung) werden mit folgendem Aufruf festgelegt:

SET PATTERN SIZE

```
CALL GSPA ( SX , SY )
```

Die Voreinstellung ist SX = SY = 1.0, d.h. standardmäßig (bei Normalisierungstransformation 0) entspricht die Pattern Box dem gesamten NDC-Raum. Dadurch, daß das Pattern Array die gesamte Pattern Box ausfüllt, wird gleichzeitig die Größe der Zellen auf der Zeichenfläche festgelegt.

Die Pattern Box wird allen Koordinatentransformationen unterworfen. Dadurch kann sich bei Verwendung einer Segmenttransformation (siehe Kapitel 17) auch eine gedrehte und auch nicht-rechtwinklige Box auf der Workstation ergeben. Außerdem ist es möglich, daß nach Interpretation eines entsprechenden GKS-Metafiles (s. Kapitel 14) die darauffolgenden Fill Areas mit "schiefen" Pattern gezeichnet werden. Die Erfragefunktion für die Pattern Size liefert daher anstelle der zwei Längen der Setzefunktion zwei Vektoren zurück.

Will man Pattern als Pixelmuster verwenden, so muß man zuerst die Pixelgröße in Weltkoordinaten ermitteln und anschließend die Pattern Size passend zur Anzahl der Zellen im Pattern einstellen:

```
      REAL RW(4),CW(4),RV(4),CV(4),WIN(4),VIEW(4)
       ...
C
C     1. SCHRITT: BERECHNE PIXELGROESSE IM NDC
C
      CALL GQDSP(IWT,IERR,IDUN,SZDX,SZDY,IRX,IRY)
      IF(IERR.NE.0) GOTO 999
      CALL GQWKT(IWK,IERR,ITUS,RW,CW,RV,CV)
      IF(IERR.NE.0) GOTO 999
      ZNDCX = SZDX/REAL(IRX) * (CW(2)-CW(1))/(CV(2)-CV(1))
      ZNDCY = SZDY/REAL(IRY) * (CW(4)-CW(3))/(CV(4)-CV(3))
C
C     2. SCHRITT: BERECHNE PIXELGROESSE IN WELTKOORDINATEN
C
      CALL GQCNTN(IERR,NUMTR)
      IF(IERR.NE.0) GOTO 999
      CALL GQNT(NUMTR,IERR,WIN,VIEW)
      IF(IERR.NE.0) GOTO 999
      ZWCX = ZNDCX * (WIN(2)-WIN(1))/(VIEW(2)-VIEW(1))
      ZWCY = ZNDCY * (WIN(4)-WIN(3))/(VIEW(4)-VIEW(3))
C
C     3. SCHRITT: PATTERN SIZE PASSEND ZUR PATTERNGROESSE (NX*NY)
C                 EINSTELLEN
C
      CALL GSPA(NX*ZWCX,NY*ZWCY)
999   CONTINUE
```

Die Definition der geometrischen Fill-Area-Attribute ermöglicht es, auf intelligenten Workstations bewegte Bilder mit mitbewegten Patterns zu erzeugen. Die existierenden Graphikgeräte unterstützen allerdings meistens nur achsenparallele Pattern, deren Zellen genau ein Pixel groß sind. Um auf diesen Geräten überhaupt Patterns unterstützen zu können, schränkt GKS seine Anforderungen an die Implementierung drastisch ein:

Pattern Reference Point und Pattern Size brauchen nur so weit unterstützt zu werden, wie es die Workstation vermag. Von gar nicht bis vollständig ist alles GKSkonform. Ein sinnvoller Kompromiß ist es, daß der Pattern Reference Point unterstützt wird, so daß der relative Pattern-Anfang verschiebbar ist, und die Pattern Size so gerundet wird, daß die Zellen ein ganzzahliges Vielfaches der Pixelgröße ergeben. Wir haben festgestellt, daß Pattern bei beliebiger Rundung schnell unkenntlich werden.

Es ist für den Anwender sehr vorteilhaft, wenn er Grautöne oder Mischfarben auch auf Rasterplottern mit SET COLOUR REPRESENTATION definiert (und die Flächen mit Interior Style SOLID ausgibt) und SET PATTERN REPRESENTATION nur für *echte* Muster benutzt (und die Flächen mit Interior Style PATTERN ausgibt). Denn wie bereits in Kapitel 5 erwähnt, ist das Erzeugen gutaussehender Grautöne auf diesen Geräten sehr stark von der Auflösung des Gerätes abhängig. Die Ausgabe von soliden Flächen ist auf Bildschirmen in der Regel wesentlich schneller. Das Anwendungsprogramm bleibt frei von Geräteabhängigkeiten.

Liste der GKS-Funktionen für Fill Area

FILL AREA **L0a**

```
CALL GFA ( N , X , Y )
```

Füllt die von den übergebenen Punkten begrenzte Fläche.

```
IN:  N       (INTEGER) ANZAHL DER PUNKTE (N ≥ 3)
IN:  X       (REAL(N)) X-KOORDINATEN DER PUNKTE
IN:  Y       (REAL(N)) Y-KOORDINATEN DER PUNKTE
ERRORS:                (0,5,100)
```

INQUIRE LIST element OF FILL AREA INDICES **L1a**

```
CALL GQEFAI ( IWK , N , IERR , LEN , IFAIND )
```

Liefert einen in der Workstation State List definierten Fill Area Index.

```
IN:  IWK    (INTEGER) WORKSTATION IDENTIFIER
IN:  N      (INTEGER) NUMMER DES LISTENELEMENTS (0..M)
OUT: IERR   (INTEGER) ERROR INDICATOR (0,7,20,25,33,35,36,2002)
OUT: LEN    (INTEGER) LAENGE DER FILL AREA BUNDLE TABLE (5..M)
OUT: IFAIND (INTEGER) FALLS N > 0: N-TER FILL AREA INDEX (1..M)
```

INQUIRE LIST element OF PATTERN INDICES **L1a**

```
CALL GQEPAI ( IWK , N , IERR , LEN , IPTI )
```

Liefert einen in der Workstation State List definierten Pattern Index.

```
IN:  IWK    (INTEGER) WORKSTATION IDENTIFIER
IN:  N      (INTEGER) NUMMER DES LISTENELEMENTS (0..M)
OUT: IERR   (INTEGER) ERROR INDICATOR (0,7,20,25,33,35,36)
OUT: LEN    (INTEGER) LAENGE DER PATTERN TABLE (0..M)
OUT: IPTI   (INTEGER) FALLS N > 0:N-TER PATTERN INDEX (1..M)
```

INQUIRE FILL AREA COLOUR INDEX **L0a**

```
CALL GQFACI ( IERR , ICOL )
```

Liefert den aktuellen Fill Area Colour Index der GKS State List (Individual Attribute).

```
OUT: IERR   (INTEGER) ERROR INDICATOR (0,8)
OUT: ICOL   (INTEGER) FILL AREA COLOUR INDEX (0..M)
```

INQUIRE FILL AREA FACILITIES L0a

```
CALL GQFAF ( IWT, NI, NH, IERR, NINS, INS, NHAT, IHAT, NPFAI )
```

Liefert die Fill Area Facilities eines Workstation Type.

```
IN:  IWT    (INTEGER) WORKSTATION TYPE
IN:  NI     (INTEGER) NUMMER DES LISTENELEMENTS (INTERIOR STYLES)
                      (0..4)
IN:  NH     (INTEGER) NUMMER DES LISTENELEMENTS (HATCH STYLES)
                      (0..M)
OUT: IERR   (INTEGER) ERROR INDICATOR (0,8,22,23,39,2002)
OUT: NINS   (INTEGER) ANZAHL DER VERFUEGBAREN INTERIOR STYLES
                      (1..4)
OUT: INS    (INTEGER) FALLS NI > 0: NI-TER INTERIOR STYLE
                      (HOLLOW,SOLID,PATTERN,HATCH)
OUT: NHAT   (INTEGER) ANZAHL DER VERFUEGBAREN HATCH STYLES
                      (0,3..M)
OUT: IHAT   (INTEGER) FALLS NH > 0: NH-TER HATCH STYLE
                      (-N..-1,1..M)
OUT: NPFAI  (INTEGER) ANZAHL DER PREDEFINED FILL AREA INDICES
                      (5..M)
```

INQUIRE FILL AREA INDEX L0a

```
CALL GQFAI ( IERR , IFAI )
```

Liefert den aktuellen Fill Area Index der GKS State List. Dieser gibt die Nummer der Fill Area Representation an, die die Workstations jeweils verwenden.

```
OUT: IERR   (INTEGER) ERROR INDICATOR (0,8)
OUT: IFAI   (INTEGER) FILL AREA INDEX (1..M)
```

INQUIRE FILL AREA INTERIOR STYLE L0a

```
CALL GQFAIS ( IERR , IFAIS )
```

Liefert den aktuellen Fill Area Interior Style der GKS State List (Individual Attribute).

```
OUT: IERR   (INTEGER) ERROR INDICATOR (0,8)
OUT: IFAIS  (INTEGER) FILL AREA INTERIOR STYLE
                      (HOLLOW,SOLID,PATTERN,HATCH)
```

INQUIRE FILL AREA REPRESENTATION L1a

```
CALL GQFAR ( IWK , IFAI , ITYPE , IERR , IFAIS , IFASI , ICOL)
```

Liefert die auf der Workstation definierte Fill Area Representation zum gegebenen Bundle Index.

```
IN:  IWK    (INTEGER) WORKSTATION IDENTIFIER
IN:  IFAI   (INTEGER) FILL AREA INDEX (1..M)
IN:  ITYPE  (INTEGER) ART DER ABGEFRAGTEN WERTE (SET,REALIZED)
OUT: IERR   (INTEGER) ERROR INDICATOR (0,7,20,25,33,35,36,80,81)
OUT: IFAIS  (INTEGER) INTERIOR STYLE (HOLLOW,SOLID,PATTERN,HATCH)
                      (ZUM BUNDLE IFAI)
OUT: IFASI  (INTEGER) STYLE INDEX (-L..-1,1..N) (ZUM BUNDLE IFAI)
OUT: ICOL   (INTEGER) COLOUR INDEX (0..MCOL-1) (ZUM BUNDLE IFAI)
```

INQUIRE FILL AREA STYLE INDEX L0a

```
CALL GQFASI ( IERR , IFASI )
```

Liefert den aktuellen Fill Area Style Index der GKS State List (Individual Attribute).

```
OUT: IERR   (INTEGER) ERROR INDICATOR (0,8)
OUT: IFASI  (INTEGER) FILL AREA STYLE INDEX (-N..-1,1..M)
```

INQUIRE PATTERN FACILITIES L0a

```
CALL GQPAF ( IWT , IERR , NPPAI )
```

Liefert die Pattern Facilities eines Workstation Type.

```
IN:  IWT    (INTEGER) WORKSTATION TYPE
OUT: IERR   (INTEGER) ERROR INDICATOR (0,8,22,23,39)
OUT: NPPAI  (INTEGER) ANZAHL DER VORDEFINIERTEN PATTERN INDICES
```

INQUIRE PATTERN REFERENCE POINT L0a

```
CALL GQPARF ( IERR , PRX , PRY )
```

Liefert den in der GKS State List definierten Pattern Reference Point.

```
OUT: IERR   (INTEGER) ERROR INDICATOR (0,8)
OUT: PRX    (REAL)    PATTERN REFERENCE POINT (X-KOORDINATE)
OUT: PRY    (REAL)    PATTERN REFERENCE POINT (Y-KOORDINATE)
```

INQUIRE PATTERN REPRESENTATION L1a

```
CALL GQPAR ( IWK, IPTI, ITYPE, IDIMX, IDIMY, IERR, NX, NY, IPATT )
```

Liefert eine in der Workstation State List definierte Pattern Representation.

```
IN:  IWK    (INTEGER) WORKSTATION IDENTIFIER
IN:  IPTI   (INTEGER) PATTERN INDEX (1..M)
IN:  ITYPE  (INTEGER) ART DER ABGEFRAGTEN WERTE (SET,REALIZED)
IN:  IDIMX  (INTEGER) 1. DIMENSION VON IPATT
IN:  IDIMY  (INTEGER) 2. DIMENSION VON IPATT
OUT: IERR   (INTEGER) ERROR INDICATOR
                      (0,7,20,25,33,35,36,85,88,90)
OUT: NX     (INTEGER) ANZAHL DER ZELLEN IN X
OUT: NY     (INTEGER) ANZAHL DER ZELLEN IN Y
OUT: IPATT  (INTEGER(IDIMX,IDIMY)) PATTERN ARRAY
                      (DAVON BELEGT: IPATT(1,1) .. IPATT(NX,NY))
```

INQUIRE PATTERN SIZE L0a

```
CALL GQPA ( IERR , WX , WY , HX , HY )
```

Liefert die in der GKS State List definierte Pattern Size in der Form Pattern Width Vector und Pattern Height Vector.

```
OUT: IERR   (INTEGER) ERROR INDICATOR (0,8)
OUT: WX     (REAL)    PATTERN WIDTH (X)
OUT: WY     (REAL)    PATTERN WIDTH (Y)
OUT: HX     (REAL)    PATTERN HEIGHT (X)
OUT: HY     (REAL)    PATTERN HEIGHT (Y)
```

INQUIRE PREDEFINED FILL AREA REPRESENTATION L0a

```
CALL GQPFAR ( IWT , IFAI , IERR , IFAIS , IFASI , ICOL )
```

Liefert die für den Workstation Type vordefinierte Fill Area Representation zum gegebenen Bundle Index.

```
IN:  IWT    (INTEGER) WORKSTATION TYPE
IN:  IFAI   (INTEGER) FILL AREA INDEX (1..M)
OUT: IERR   (INTEGER) ERROR INDICATOR (0,8,22,23,39,80,82)
OUT: IFAIS  (INTEGER) INTERIOR STYLE (HOLLOW,SOLID,PATTERN,HATCH)
                      (ZUM BUNDLE IFAI)
OUT: IFASI  (INTEGER) STYLE INDEX (-L..-1,1..N) (ZUM BUNDLE IFAI)
OUT: ICOL   (INTEGER) COLOUR INDEX (0..MCOL-1) (ZUM BUNDLE IFAI)
```

INQUIRE PREDEFINED PATTERN REPRESENTATION L0a

```
CALL GQPPAR ( IWT , IPTI , IDIMX , IDIMY , IERR , NX , NY , IPATT )
```

Liefert eine für den Workstation Type vordefinierte Pattern Representation.

```
IN:  IWT    (INTEGER) WORKSTATION TYPE
IN:  IPTI   (INTEGER) PATTERN INDEX (1..M)
IN:  IDIMX  (INTEGER) 1. DIMENSION VON IPATT
IN:  IDIMY  (INTEGER) 2. DIMENSION VON IPATT
OUT: IERR   (INTEGER) ERROR INDICATOR (0,8,22,23,39,85,89,90)
OUT: NX     (INTEGER) ANZAHL DER ZELLEN IN X
OUT: NY     (INTEGER) ANZAHL DER ZELLEN IN Y
OUT: IPATT  (INTEGER(IDIMX,IDIMY)) PATTERN ARRAY
                      (DAVON BELEGT: IPATT(1,1) .. IPATT(NX,NY))
```

SET FILL AREA COLOUR INDEX L0a

```
CALL GSFACI ( ICOL )
```

Setzt den Fill Area Colour Index in der GKS State List (Individual Attribute) neu.

```
IN:  ICOL   (INTEGER) FILL AREA COLOUR INDEX (0..M)
ERRORS:               (0,8,92)
```

SET FILL AREA INDEX L0a

```
CALL GSFAI ( IFAI )
```

Setzt den Fill Area Index in der GKS State List neu. Dieser gibt die Nummer der Fill Area Representation an, die die Workstations jeweils verwenden werden.

```
IN:  IFAI   (INTEGER) FILL AREA INDEX (1..M)
ERRORS:               (0,8,80)
```

SET FILL AREA INTERIOR STYLE L0a

```
CALL GSFAIS ( IFAIS )
```

Setzt den Fill Area Interior Style in der GKS State List (Individual Attribute) neu.

```
IN:  IFAIS  (INTEGER) INTERIOR STYLE (HOLLOW,SOLID,PATTERN,HATCH)
ERRORS:               (0,8,2000)
```

SET FILL AREA REPRESENTATION L1a

```
CALL GSFAR ( IWK , IFAI , IFAIS , IFASI , ICOL )
```

Definiert zu einem Fill Area Bundle Index auf der gegebenen Workstation eine Fill Area Representation.

```
IN:  IWK    (INTEGER) WORKSTATION IDENTIFIER
IN:  IFAI   (INTEGER) FILL AREA INDEX (1..M)
IN:  IFAIS  (INTEGER) INTERIOR STYLE (HOLLOW,SOLID,PATTERN,HATCH)
                      (ZUM BUNDLE IFAI)
IN:  IFASI  (INTEGER) STYLE INDEX (-L..-1,1..N) (ZUM BUNDLE IFAI)
IN:  ICOL   (INTEGER) COLOUR INDEX (0..MCOL-1) (ZUM BUNDLE IFAI)
ERRORS:               (0,7,20,25,33,35,36,80,83,85,86,93)
```

SET FILL AREA STYLE INDEX L0a

```
CALL GSFASI ( IFASI )
```

Setzt den Fill Area Style Index in der GKS State List (Individual Attribute) neu.

```
IN:  IFASI  (INTEGER) FILL AREA STYLE INDEX (-N..-1,1..M)
ERRORS:               (0,8,84)
```

SET PATTERN REFERENCE POINT L0a

```
CALL GSPARF ( PRX , PRY )
```

Setzt den Pattern Reference Point in der GKS State List neu.

```
IN:  PRX    (REAL)    PATTERN REFERENCE POINT (X-KOORDINATE)
IN:  PRY    (REAL)    PATTERN REFERENCE POINT (Y-KOORDINATE)
ERRORS:               (0,8)
```

SET PATTERN REPRESENTATION L1a

```
CALL GSPAR ( IWK, IPTI, IDIMX, IDIMY, ISX, ISY, NX, NY, IPATT )
```

Definiert zu einem Pattern Index auf der gegebenen Workstation eine Pattern Representation.

```
IN:  IWK    (INTEGER) WORKSTATION IDENTIFIER
IN:  IPTI   (INTEGER) PATTERN INDEX (1..M)
IN:  IDIMX  (INTEGER) 1. DIMENSION VON IPATT
IN:  IDIMY  (INTEGER) 2. DIMENSION VON IPATT
IN:  ISX    (INTEGER) STARTZELLE DES PATTERN IN X
IN:  ISY    (INTEGER) STARTZELLE DES PATTERN IN Y
IN:  NX     (INTEGER) ANZAHL DER ZELLEN IN X
IN:  NY     (INTEGER) ANZAHL DER ZELLEN IN Y
IN:  IPATT  (INTEGER(IDIMX,IDIMY)) PATTERN ARRAY (DAVON BENUTZT:
            IPATT(ISX,ISY)..IPATT(ISX+NX-1,ISY+NY-1))
ERRORS:               (0,7,20,25,33,35,36,85,90,91,93)
```

SET PATTERN SIZE L0a

```
CALL GSPA ( SX , SY )
```

Setzt die Pattern Size in der GKS State List neu.

```
IN:  SX     (REAL)    PATTERN SIZE (X)
IN:  SY     (REAL)    PATTERN SIZE (Y)
ERRORS:               (0,8,87)
```

Die GKS-Funktion zur Ausgabe eines Rasterbildes lautet:

CELL ARRAY

```
CALL GCA (PX, PY, QX, QY, IDIMX, IDIMY, ISX, ISY, NX, NY, ICELL)
```

Hierbei ist ICELL eine zweidimensionale INTEGER-Matrix, die in ihren Elementen die Colour Indices der einzelnen Zellen enthält und zwischen den beiden Eckpunkten P und Q ausgegeben wird. NX ist die Anzahl der Zellen in X-Richtung, NY ist die Anzahl der Zellen in Y-Richtung, d.h. das Cell Array besteht aus NX*NY Colour Indices. Damit sind die graphikrelevanten Parameter besprochen. Damit man nun auch – genau wie beim Pattern – *Teile* einer Matrix als Cell Array ausgeben kann, gibt es weitere vier Parameter, die für FORTRAN den zu betrachtenden Teil der Matrix bestimmen: IDIMX und IDIMY geben die Dimensionen von ICELL im aufrufenden Programm an: INTEGER ICELL (IDIMX,IDIMY)

ISX und ISY bestimmen das Startelement. Das Cell Array steht als Teilmatrix also zwischen den Matrixelementen

ICELL(ISX,ISY)	(am Punkt P ausgegeben) und
ICELL(ISX+NX-1,ISY+NY-1)	(am Punkt Q ausgegeben).

Üblicherweise liegt der Punkt P links oben und der Punkt Q rechts unten; dann nämlich wird das Cell Array von oben nach unten und links nach rechts ausgegeben – eine Form, in der Rasterbilder meistens vorliegen. Ist PY < QY, so wird das Cell Array von unten nach oben ausgegeben. Ist PX > QX wird es (ggf. zusätzlich) von rechts nach links ausgegeben. (Diese Bemerkungen beziehen sich auf die Erzeugung eines Cell Arrays. Es kann wie alle anderen Ausgabe-Primitive noch beliebig transformiert werden). In allen genannten Fällen gilt:

Zellbreite = | PX – QX | / NX
Zellhöhe = | PY – QY | / NY

Neben der Möglichkeit, Schachbretter – auch auf einem Stift-Plotter – zu zeichnen, bietet das Cell Array auch wirklich interessante Anwendungen: die Darstellung von Photos oder Satellitendaten oder auch die Wiedergabe Computer-generierter Bilder mit Beleuchtung und Schattierung oder Mandelbrot-Mengen [MAND].

Einem GKS-Anwender können die Methoden, wie die GKS-Funktionen realisiert werden, im allgemeinen gleichgültig sein. Verwendet man Cell Array jedoch zur Ausgabe von Bildern, entstehen durch die riesigen Datenmengen – man denke an eine Größe von 1000x1000 Bildpunkten – Anforderungen an die gesamte Graphikumgebung, die nicht immer erfüllt sind. Es sei denn, die GKS-Implementierung beschränkt sich darauf, nur die Umrandung des Cell Arrays zu zeichnen, was tatsächlich legal wäre (siehe Kapitel 13)! In diesem Zusammenhang stellen sich einige Fragen, die wir im folgenden behandeln wollen:

Frage 1: Wie wird ein beispielsweise 512×512 Zellen großes Cell Array unabhängig von der Auflösung eines Graphikgerätes realisiert?

10. Cell-Array-Ausgabe

Zur Ausgabe eines Rasterbildes dient eine eigene Ausgabefunktion, das *Cell Array (Zellmatrix)*. Ein Cell Array ist (wie das uns schon bekannte *Pattern Array*) eine zweidimensionale Matrix von Colour Indices und wird in einem von zwei Eckpunkten definierten Rechteck dargestellt.

Abb. 10.1: Beispiel für CELL ARRAY

Antwort: Ein Vergrößerungsfaktor (in einer Richtung) von beispielsweise 2.5 wird realisiert, indem die Zellen abwechselnd mit 2 und 3 Pixeln dargestellt werden. Bei einer Verkleinerung auf 3/4 wird jede 4. Zelle weggelassen. Auf diese Weise ist der "Fehler" nie größer als ein Pixel, das Cell Array ist sogar zoomfähig. Nur wenn das Cell Array dünne Linien enthielte, was bei den o.g. Anwendungen nicht der Fall ist, würden diese Rundungseffekte sichtbar werden.

Frage 2: Welche Anforderungen werden an die Graphikgeräte gestellt?

Antwort: Neben der Voraussetzung, daß wir es mit Rastergeräten zu tun haben, sind die Qualität und das Zeitverhalten zu beachten: Für die Qualität ist die Anzahl verfügbarer Intensitäten verantwortlich. Daher ist es wichtig, daß GKS bei Geräten, die "von Natur aus" nur zwei Intensitäten besitzen (z.B. Laserdrucker), weitere Intensitäten simuliert (siehe Kapitel 5). Wenn das Anwendungsprogramm nicht direkt auf der Workstation rechnet, sondern eine Datenübertragung stattfindet, kann das Zeitverhalten kritisch werden. In X-Window-Umgebungen haben große Cell Arrays ein akzeptables Zeitverhalten. Wir haben selbst bei einer seriellen Schnittstelle (19200 Baud) mit einer "pack-bits"-Kodierung (s.u.) ein noch akzeptables Zeitverhalten erreicht. Da die Handhabung von Bilddaten – auch außerhalb von GKS – stark zugenommen hat, gibt es zur Kompression von Bilddaten diverse Verfahren. Hier wollen wir nur skizzieren, wie man mit einfachsten Methoden eine Serie von Farb-Indizes darstellen kann:

normal:	2,2,2,2,2,3,3,3,3,3,3,6,7,8,5,6	16	Bytes
runlength:	5,2,6,3,1,6,1,7,1,8,1,5,1,6	14	Bytes
pack-bits:	2,-4,3,-5,6,7,8,5,6	9	Bytes

Runlength-Kodierung erzeugt also statt einzelner Colour Indices Pärchen, die aus Anzahl und Colour Index bestehen. Sie ist effizient für Bereiche gleicher Farbe, wird aber bei einzelnen Farbpunkten schlecht. Die intelligentere "pack-bits"-Kodierung vermeidet diesen Nachteil, indem sie das Runlength-Verfahren nach Bedarf an- und abschaltet. Fazit: Auf Graphikgeräten, die seriell an einen Host angeschlossen sind und über keine Runlength-Kodierung verfügen oder wo vielleicht sogar die Zellen mit Flächen realisiert werden müssen, benötigen große Cell Arrays unzumutbar viel Zeit.

Frage 3: Bei den o.g. Anwendungen will man *echte Farben* oder *reale Intensitäten* darstellen, das Cell Array enthält allerdings *symbolische* Colour Indices. Was ist also zu tun, um echte Farben mit GKS auszugeben?

Antwort: Man wähle einen Bereich von Colour Indices für das Cell Array aus, der von anderen Teilen der Graphik nicht benutzt wird (wieviele Colour Indices insgesamt auf einer Workstation verfügbar sind, erfährt man in Kapitel 5). Dann definiere man diese Colour Indices (SET COLOUR REPRESENTATION) nach einem Schema und setze anschließend die vorgegebenen Intensitäten passend dazu in Colour Indices des Cell Arrays um. Dies soll im folgenden an einem Beispiel erläutert werden.

Wir haben ein Farbrasterbild, das bereits vom Programm eingelesen wurde und in drei REAL ARRAYS mit Intensitäten zwischen 0.0 und 1.0 vorliegt. Auf der Workstation können wir die Colour Indices 101..225 benutzen. Damit stehen uns für alle drei Farbanteile jeweils 5 Intensitäten zur Verfügung ($5^3 = 125$). Die ganzzahligen Intensitäten liegen also zwischen 0 und 4, d.h. die maximalen Intensitäten KR, KG und KB haben den Wert 4.

```
C       ES GELTEN:    MINCOL=101     KR=4  KG=4  KB=4
C
C       DEFINIERE COLOUR INDICES VON:
C       MINCOL .. MINCOL + 5**3 - 1
C       MIT EINER GLEICHMAESSIG ABGESTUFTEN FARBVERTEILUNG
C
        DO 100 IR=0,KR
        DO 100 IG=0,KG
        DO 100 IB=0,KB
         CALL GSCR(IWK,(IR*(KG+1)+IG)(KB+1) + IB + MINCOL,
     ,        REAL(IR)/REAL(KR),REAL(IG)/REAL(KG),REAL(IB)/REAL(KB))
100     CONTINUE

        ...

        DO 200 J=1,NY
        DO 201 I=1,NX
C
C        ANHAND DER ROT-, GRUEN- und BLAU-INTENSITAETEN
C        WIRD DER "PASSENDSTE" COLOUR INDEX ERMITTELT
C
         ICELL(I,J) = (NINT(KR*RED(I,J))*(KG+1)+NINT(KG*GREEN(I,J)))*
     ,                (KB+1) + NINT(KB*BLUE(I,J)) + MINCOL
201     CONTINUE
200     CONTINUE
```

Große Cell Arrays können auf manchen Systemen Speicherplatzprobleme verursachen. In solchen Situationen ist es sinnvoll, das Cell Array streifenweise zu bearbeiten. Als Beispiel geben wir ein 512*512 Cell Array in vier Portionen aus:

```
        INTEGER ICELL (512,128)
        ...

        DY = (PY - QY) / 4.0
        PY2 = PY
        QY2 = PY - DY
        DO 100 I=1,4
C
C          BEREITSTELLEN DER CELL ARRAY DATEN
C
           ...
```

```
          CALL GCA (PX,PY2,QX,QY2,512,128,1,1,512,128,ICELL)
          PY2 = QY2
          QY2 = QY2 - DY
  100   CONTINUE
        ...
```

Mit dem Cell Array haben wir alle fünf "offiziellen" GKS-Ausgabefunktionen besprochen. Bevor in Kapitel 12 noch eine "optionale" Ausgabefunktion kennenlernen, befassen wir uns im folgenden Kapitel mit der Rückgabe von Rasterbildern.

Liste der GKS-Funktionen für Cell Arrays

CELL ARRAY L0a

```
CALL GCA ( PX, PY, QX, QY, IDIMX, IDIMY, ISX, ISY, NX, NY, ICELL )
```

Zeichnet eine Zellmatrix.

```
IN:  PX     (REAL)     X-KOORDINATE VON P
IN:  PY     (REAL)     Y-KOORDINATE VON P
                       (BEI P WIRD ICELL(ISX,ISY) AUSGEGEBEN,
                        MEISTENS LINKS OBEN)
IN:  QX     (REAL)     X-KOORDINATE VON Q
IN:  QY     (REAL)     Y-KOORDINATE VON Q
                       (BEI Q WIRD ICELL(ISX+NX-1,ISY+NY-1)
                       AUSGEGEBEN, MEISTENS RECHTS UNTEN)
IN:  IDIMX  (INTEGER) 1. DIMENSION DES CELL ARRAY
IN:  IDIMY  (INTEGER) 2. DIMENSION DES CELL ARRAY
IN:  ISX    (INTEGER) STARTZELLE IN X
IN:  ISY    (INTEGER) STARTZELLE IN Y
IN:  NX     (INTEGER) ANZAHL DER ZELLEN IN X
IN:  NY     (INTEGER) ANZAHL DER ZELLEN IN Y
IN:  ICELL  (INTEGER(IDIMX,IDIMY)) CELL ARRAY
                       (DAVON BENUTZT:
                       ICELL(ISX,ISY)..ICELL(ISX+NX-1,ISY+NY-1))
ERRORS:                (0,5,91)
```

11. Pixel-Rückgabe

In den vergangenen beiden Kapiteln haben wir mit *Cell Array* und *Pattern* die Ausgabe zweidimensionaler Farbmatrizen kennengelernt und vorausgesetzt, daß die Daten unabhängig von GKS berechnet oder von einer Datei eingelesen wurden. In diesem Kapitel lernen wir, wie man diese Farbmatrizen mit eigener Graphik erzeugen kann. Wir skizzieren zwei Anwendungen:

Pattern-Anwendung: Man erzeugt mit beliebigen Ausgabefunktionen wie *Polyline, Text* oder *Fill Area* eine Graphik. Nachdem man die Graphik als Rasterbild vom Bildschirm eingelesen hat, definiert man sie als Pattern. Mit Hilfe eines Metafiles (siehe Kapitel 14) wird dieses Pattern sogar für andere GKS-Programme nutzbar.

Cell-Array-Anwendung: Bei der Analyse von Rasterbildern sind häufig auch manuelle Eingriffe erforderlich. Folgendes Vorgehen ist denkbar:

- Ausgabe des Rasterbildes als Cell Array
- Interaktives Zeichnen (siehe Kapitel 19 und folgende) von Hilfslinien oder Ausblenden von Flächen.
- Lesen des Rasterbildes vom Bildschirm.
- Analyse des Rasterbildes mit einem Unterprogramm.

Dieses Vorgehen läßt sich auch mehrfach wiederholen, d.h. das bearbeitete Rasterbild wird wieder als Cell Array ausgegeben.

Hierzu stellt GKS drei sogenannte *Pixel Inquiry Functions* zur Verfügung. Die erste lautet:

INQUIRE PIXEL ARRAY DIMENSIONS

```
CALL GQPXAD ( IWK, PX, PY, QX, QY, IERR, NX, NY )
```

Eingabeparameter sind der Workstation Identifier IWK sowie zwei Punkte P und Q, die das Rechteck auf dem Bildschirm festlegen. Zurückgeliefert werden der Error Indicator IERR sowie, falls IERR = 0 ist, die Größe der eingeschlossenen Pixel-Matrix, und zwar in NX die Anzahl der Pixel in X-Richtung und in NY die Anzahl der Pixel in Y-Richtung. Praktisch handelt es sich lediglich um eine Umrechnung von Weltkoordinaten in Pixel.

Die anderen beiden Pixel Inquiry Functions liefern im Gegensatz zu den bisher bekannten Erfragefunktionen (Inquiry Functions), die nur Tabellenwerte liefern, ein echtes Stück Graphik vom Bildschirm zurück ins Anwendungsprogramm. Diese Fähigkeit – in GKS auch als *Pixel Store Readback Capability* bezeichnet –

muß nicht von allen ausgabefähigen Workstations unterstützt werden. Anstelle der gewünschten Informationen erhält man dann im Error-Parameter eine "40": *Specified Workstation has no pixel store readback capability.*
Folgende Möglichkeiten stehen zur Verfügung:

- Ausgehend von einem Punkt kann eine ganz bestimmte Pixel-Matrix erfragt werden.
- Zu einem Punkt kann der Colour Index (des getroffenen Pixel) erfragt werden.

Die von GQPXAD gewonnenen Informationen können z.B. zum Aufruf der nächsten Inquiry-Funktion weiterverwendet werden:

INQUIRE PIXEL ARRAY

```
CALL GQPXA ( IWK , PX , PY , IDIMX , IDIMY , ISX , ISY ,
             NX , NY , IERR , INVVAL , IPIX )
```

IWK ist wieder der Workstation Identifier, PX und PY die Koordinaten eines Punktes der Zeichenfläche. Dieser Punkt wird als obere linke Ecke eines Rechteckes der Breite NX Pixel und der Höhe NY Pixel interpretiert. Die Ausgabematrix IPIX ist im rufenden Programm mit den Dimensionen (IDIMX,IDIMY) deklariert. Es wird das bei (PX,PY) liegende Pixel im Matrixelement IPIX(ISX,ISY) zurückgeliefert. IPIX wird bis zum Element IPIX(ISX+NX-1,ISY+NY-1) belegt. IERR ist der für Erfragefunktionen typische Error Indicator. Sind alle Fehlerabfragen bezüglich GKS Operating State, Existenz der Workstation, Fähigkeit der Workstation zur Ausführung dieser Funktion etc. positiv verlaufen, dann ist IERR = 0, und in den übrigen Parametern sind wie üblich sinnvolle Werte zu erwarten. Nun wird hier aber nicht irgendein Tabellenwert, sondern eine Zellmatrix bzw. ein Rasterbild erfragt. Auch wenn Bereiche der Pixel-Matrix außerhalb der Zeichenfläche liegen, will man doch den Bereich innerhalb der Zeichenfläche bearbeiten können. Dies wird nicht vom Error Indicator gemeldet, sondern folgendermaßen gehandhabt:

Jedes Element der Pixel-Matrix, das außerhalb der Zeichenfläche liegt, erhält den Wert -1. Als Colour Index ist dies bekanntlich ein unsinniger Wert, für das Anwendungsprogramm hingegen ist dieser Wert ohne Schaden benutzbar und erfragbar. Um nicht jedesmal die gesamte Matrix überprüfen zu müssen, gibt es einen weiteren Rückgabe-Parameter INVVAL vom Typ ENUMERATION. Er hat den Wertebereich (ABSENT,PRESENT) d.h. bei INVVAL=0 enthält das Feld keine unzulässigen Colour Indices, bei INVVAL=1 sind solche Werte vorhanden (und in diesem Fall muß die Matrix genauer durchsucht werden).

Ein Anwendungsbeispiel ist die Generierung komplizierter Patterns für die Fill-Area-Ausgabe: Das Anwendungsprogramm erzeugt eine Graphik, beispielsweise ein Symbol. Hierzu können alle möglichen Ausgabe-Primitive verwendet werden. Mit Hilfe von INQUIRE PIXEL ARRAY wird dann die fertige Rasterzeichnung ins Anwendungsprogramm geholt und kann direkt zur Definition eines Pattern Array für die anschließende Ausgabe von Flächen verwendet werden:

Programm 11.1 Skelett für Pixel-Rückgabe

```
      PROGRAM PIXEL
      PARAMETER (IDIMX=640,IDIMY=480)
      INTEGER SCREEN(IDIMX,IDIMY)
      ...
C
C     AUSGABE EINER BELIEBIGEN GRAPHIK
C     IN BELIEBIGEM KOORDINATENSYSTEM
C
      ...
C
C     WIR BESTIMMEN 2 PUNKTE P UND Q MIT DER LOCATOR-EINGABE
C     VGL. KAPITEL 19
C
      ...
C
C     HOLE PIXEL ARRAY ZWISCHEN P UND Q
C
      CALL GQPXAD( IWK, PX, PY, QX, QY, IERR, NX, NY )
      IF(IERR.NE.0) GOTO 999
      CALL GQPXA ( IWK, PX, PY, IDIMX, IDIMY, 1, 1,
     ,             NX, NY, IERR, INVVAL, SCREEN )
      IF(IERR.NE.0) GOTO 999
C
C     UNGUELTIGE WERTE KOENNEN NICHT AUFTRETEN,
C     DA ARRAY BESTIMMT INNERHALB DER ZEICHNUNG, TROTZDEM:
C
      IF(INVVAL.NE.0) GOTO 999
C
C     ARRAY ALS PATTERN INDEX "IPATT" DEFINIEREN
C
      CALL GSPAR ( IWK, IPATT, IDIMX, IDIMY, 1, 1, NX, NY, SCREEN )
      ...
999   CONTINUE
      ...
```

Besonders interessant wird diese Anwendung im Zusammenhang mit GKS-Metafiles (s. Kapitel 14): Nicht jedes Anwendungsprogramm ist dazu gedacht, Patterns während des Ablaufs zu erzeugen, sondern soll z.B. einfach eine Fläche mit bestimmten Mustern füllen. Daher ist es zweckmäßig, solche Patterns in einem Vorlaufprogramm zu generieren und auf einem GKS-Metafile zu lagern (siehe Kapitel 14). Das eigentliche Anwendungsprogramm kann dann die Informationen vom Metafile einlesen und benutzen.

Die letzte der drei Pixel Inquiry Functions lautet:

INQUIRE PIXEL

```
CALL GQPX ( IWK , PX , PY , IERR , ICOL )
```

Es wird von der Workstation IWK der Colour Index des Pixels am Punkt (PX,PY) ans Anwendungsprogramm zurückgeliefert. IERR ist Error Parameter. Liegt der Punkt (PX,PY) außerhalb der Zeichenfläche, so wird wiederum in ICOL eine -1 zurückgeliefert.

Eine mögliche Anwendung ist die "Eingabe von Farbe": Mit Hilfe des Locators (s. Kapitel 19, 21) wählt der Anwender einen Punkt der Zeichenfläche aus. Anschliessend erfragt das Programm mit INQUIRE PIXEL den Colour Index des ausgewählten Punktes. Dies kann z.B. dazu benutzt werden, um Zeichnungsteile ganz bestimmter Farbe zeitweise auszublenden (indem man den Colour Index kurzfristig auf die Hintergrundfarbe setzt). Dieses Verfahren bewährt sich etwa bei Detailbetrachtungen auf komplizierten Leiterplatten.

Liste der GKS-Funktionen für Pixel-Rückgabe

INQUIRE PIXEL L0a

```
CALL GQPX ( IWK , PX , PY , IERR , ICOL )
```

Liefert Colour Index des zum Punkt (PX,PY) gehörenden Pixels.

```
IN:  IWK    (INTEGER) WORKSTATION IDENTIFIER
IN:  PX     (REAL)    X-KOORDINATE DES PUNKTES
IN:  PY     (REAL)    Y-KOORDINATE DES PUNKTES
OUT: IERR   (INTEGER) ERROR INDICATOR (0,7,20,25,39,40)
OUT: ICOL   (INTEGER) COLOUR INDEX DES PIXELS (-1..N)
```

INQUIRE PIXEL ARRAY L0a

```
CALL GQPXA (IWK, PX, PY, IDIMX, IDIMY, ISX, ISY , NX, NY, IERR,
                                              INVVAL, IPIX)
```

Liefert den aktuellen Inhalt eines Bereiches der Zeichenfläche als Colour Matrix – beginnend am Punkt (PX,PY) (dies entspricht Matrixelement IPIX(ISX,ISY)).

```
IN:  IWK    (INTEGER) WORKSTATION IDENTIFIER
IN:  PX     (REAL)    X-KOORDINATE DER LINKEN OBEREN BOX-ECKE
IN:  PY     (REAL)    Y-KOORDINATE DER LINKEN OBEREN BOX-ECKE
IN:  IDIMX  (INTEGER) 1. DIMENSION VON IPIX
IN:  IDIMY  (INTEGER) 2. DIMENSION VON IPIX
IN:  ISX    (INTEGER) STARTELEMENT IN IPIX (1. DIMENSION)
IN:  ISY    (INTEGER) STARTELEMENT IN IPIX (2. DIMENSION)
IN:  NX     (INTEGER) ANZAHL DER PIXEL IN X
IN:  NY     (INTEGER) ANZAHL DER PIXEL IN Y
OUT: IERR   (INTEGER) ERROR INDICATOR (0,7,20,25,39,40,91)
OUT: INVVAL (INTEGER) INVALID VALUES FLAG (ABSENT,PRESENT)
OUT: IPIX   (INTEGER(IDIMX,IDIMY)) PIXEL ARRAY (-1..N)
                     (DAVON BELEGT:
                     IPIX(ISX,ISY) .. IPIX(ISX+NX-1,ISY+NY-1))
```

INQUIRE PIXEL ARRAY DIMENSIONS L0a

```
CALL GQPXAD ( IWK , PX , PY , QX , QY , IERR , NX , NY )
```

Liefert die Anzahl der zwischen den übergebenen Diagonalpunkten P und Q liegenden Pixel.

```
IN:  IWK    (INTEGER) WORKSTATION IDENTIFIER
IN:  PX     (REAL)    X-KOORDINATE VON P
IN:  PY     (REAL)    Y-KOORDINATE VON P
IN:  QX     (REAL)    X-KOORDINATE VON Q
IN:  QY     (REAL)    Y-KOORDINATE VON Q
OUT: IERR   (INTEGER) ERROR INDICATOR (0,7,20,25,39)
OUT: NX     (INTEGER) ANZAHL DER PIXEL IN X
OUT: NY     (INTEGER) ANZAHL DER PIXEL IN Y
```

12. Zwei "Hintertüren": GDP und Escape

Wie bei allen Standards gibt es auch bei GKS seitens der Anwender Wünsche, die über den Standard hinausgehen. Das veranlaßt wiederum die kommerziellen GKS-Anbieter, zusätzliche Funktionen zur Verfügung zu stellen. Der Preis für die Nutzung dieser Erweiterungen ist der Verlust an Portabilität zwischen verschiedenen GKS-Anbietern. Während die eher verdeckten Abhängigkeiten von verschiedenen Implementierungen und Geräteklassen Gegenstand des folgenden Kapitels sind, werden hier zwei GKS-Funktionen besprochen, die nur in ihrem Aufruf genormt sind und für Erweiterungen zur Verfügung stehen (Originalton GKS: *„a standard way of being non-standard"*). Der Vorteil dieser Methode ist, daß dem Anwender Probleme beim Linken seiner Programme bzw. Programmabstürze erspart bleiben und stattdessen das Fehlen einer Funktion in der Fehlerprotokolldatei vermerkt wird.

Zusätzliche Funktionen für die graphische Ausgabe – beispspielsweise Kreise oder Ellipsen – werden als *Generalized Drawing Primitive (Verallgemeinertes Darstellungselement)* (oder kurz *GDP*) aufgerufen. Zusätzliche Funktionen ohne graphische Ausgabe – beispielsweise das Ein- und Ausschalten von Transparenz – bezeichnet man als *Escape-Funktion (Fluchtfunktion)*.

Escape

Beginnen wir mit der *Escape-Funktion.* Mit ihr können beliebige, in GKS nicht enthaltene Funktionen unterstützt werden. Beispiele sind *Durchsichtigkeit* bei Pattern, Auswahl eines Schreibmodus wie XOR oder die Veränderung der Strichstärke bei Text oder Polymarker. Allerdings müssen folgende Auflagen eingehalten werden:

- Zunächst soll das allgemeine GKS-Design-Konzept nicht verletzt werden. Hierzu gehören: *Konsistenz,* d.h. eine Escape-Funktion sollte nicht im Widerspruch zu anderen GKS- oder Escape-Funktionen stehen. *Kompatibilität,* d.h. eine Escape-Funktion sollte in ihrer Definition nicht einem anderen Standard oder allgemein akzeptierten Regeln widersprechen. *Orthogonalität,* d.h. die Funktionen sollten entweder voneinander unabhängig sein, oder ihre Abhängigkeit sollte strukturiert und dokumentiert sein.
- Die GKS State List (s. Kapitel 6) darf nicht geändert werden.
- Die Funktion darf keine graphische Ausgabe erzeugen.
- Alle Nebeneffekte der Funktion müssen klar dokumentiert sein.

Ansonsten gibt es keine weiteren Beschränkungen: Eine Escape-Funktion kann (muß aber nicht) auf eine oder mehrere (z.B. alle offenen oder aktiven) Workstations wirken, ihre Aufrufbarkeit darf vom GKS Operating State abhängig gemacht werden. Eine Escape-Funktion wird gerufen durch:

ESCAPE

```
CALL GESC ( IESCID , NDI , IDR , NDO ,  LDO , ODR )
```

IESCID ist eine Kennummer der jeweiligen Escape-Funktion, die sogenannte *Escape Function Identification.* Diese Nummer dient also nur dazu, über die eine GKS-Funktion mehrere Escape-Funktionen ansprechen zu können. *Positive* Nummern warten seit fünf Jahren auf eine Registrierung bei den Normungsbehörden, um auch den non-standard way noch wenigstens etwas portabel zu halten. *Negative* Escape Function Identifications können beliebig in einer Implementierung benutzt werden.

Die eigentlichen Parameter der jeweiligen Escape-Funktion sind – da sie ja nicht für alle denkbaren Escape-Funktionen schon a priori festliegen (und auch mit Bestimmtheit nicht untereinander kompatibel sind) – in zwei sogenannten *Escape Data Records* IDR und ODR zusammengefaßt, wobei in IDR die Eingabeparameter und in ODR die Ausgabeparameter stehen. In FORTRAN (vgl. Kapitel 2) wird ein solcher Data Record als ein Feld vom Typ CHARACTER*80 dargestellt:

```
CHARACTER*(80) IDR(NDI)
CHARACTER*(80) ODR(NDO)
```

In ihm können nun beliebig REAL-, INTEGER- oder CHARACTER-Größen kodiert sein. Damit ist über diesen Umweg jede Escape-Funktion in der Wahl ihrer Parameterversorgung praktisch frei. In einem weiteren Ausgabeparameter LDO wird die *aktuelle Länge* des Output Data Record zurückgeliefert. Um nun zum Aufruf einer Escape-Funktion einen passenden Input Data Record bereitstellen bzw. den zurückgelieferten Output Data Record geeignet interpretieren zu können, reicht die Kenntnis des Datentyps natürlich nicht aus. Vielmehr benötigt man eine Methode, *wie* man INTEGER- oder REAL-Werte in einen Data Record hinein- (und heraus)packt.

Pack/Unpack Data Record (nur FORTRAN)

Hierzu sind in der FORTRAN-Sprachanbindung von GKS zwei *zusätzliche Funktionen* definiert, die INTEGER-, REAL- und CHARACTER-Daten zu einem Data Record der benötigten Struktur zusammen- oder wieder auseinanderpacken:

PACK DATA RECORD

```
CALL GPREC ( NI , IDAT , NR , RDAT , NS , LSTR ,
                   CDAT , ND , IERR , LD , REC )
```

und

UNPACK DATA RECORD

```
CALL GUREC ( ND , REC , NI , NR , NS , IERR ,
        LI , IDAT , LR , RDAT , LS , LSTR , CDAT )
```

In anderen Sprachanbindungen wie beispielsweise C stehen dem Programmierer entsprechende Datentypen zur Verfügung. Teilweise sind diese Datentypen allerdings von der Implementierung abhängig, so daß die Data Records bei der Portierung von Programmen etwas genauer betrachtet werden müssen.

Bei PACK DATA RECORD werden ein Feld IDAT mit INTEGER-Daten, ein Feld RDAT mit REAL-Daten sowie ein Feld CDAT mit Texten übergeben. NI, NR und NS geben an, wieviele Werte aus IDAT bzw. RDAT und wieviele Texte aus CDAT genommen werden sollen. Alle drei Zahlen dürfen auch 0 sein (der Data Record enthält dann keine INTEGER-, REAL- oder Text-Parameter). In FORTRAN muß ein Feld von Texten oder CHARACTER Strings in der Form

```
PARAMETER (NS=7)
CHARACTER*8 CDAT(NS)
```

also mit einheitlicher Länge der einzelnen Strings, deklariert werden. Um trotzdem Texte unterschiedlicher Länge im Data Record abspeichern zu können, ist zusätzlich ein String-Längenfeld LSTR (ebenfalls mit NS dimensioniert) erforderlich, dessen i-tes Element die Länge des i-ten Strings aus CDAT angibt. Die Deklaration des String-Feldes richtet sich also nach dem längsten Text. Der Data Record REC ist ein CHARACTER*80-Feld der Dimension ND. Wie lang ein Data Record sein muß, um eine bestimmte Menge INTEGER-, REAL- und CHARACTER-Daten aufzunehmen, ist derzeit nicht genormt und daher implementationsabhängig. Ist er zu kurz, ergeht eine (ebenfalls FORTRAN-spezifische) Fehlermeldung. Diese und andere mögliche Fehler werden in IERR zurückgeliefert. Die Anzahl der vom gepackten Data Record benutzten Elemente (CHARACTER*80 Einheiten) wird von GPREC in LD zurückgeliefert.

Liegt eine Escape-Funktion vor, die in irgendeiner Form Daten ins Anwendungsprogramm zurückliefert, so braucht man auch die umgekehrte Funktion UNPACK DATA RECORD, die einem den Output Data Record in ein INTEGER-Feld, ein REAL-Feld und ein Feld von CHARACTER Strings zerlegt. Der Data Record REC(ND) ist hier Eingabeparameter! NI, NR und NS sind die echten Dimensionen, unter denen die Felder IDAT, RDAT und das String-Feld CDAT sowie das String-Längenfeld LSTR deklariert wurden. Die Anzahl der wirklich belegten Elemente wird in LI, LR und LS zurückgeliefert. Die Einzel-String-Längen stehen im Feld LSTR.

Ein Beispiel: Eine Escape-Funktion braucht einen Parameter vom Typ INTEGER und zwei Parameter vom Typ REAL. Sie soll mit den Werten 5, 3.14 und -1.5 aufgerufen werden. Dies erreicht man durch folgende Sequenz:

```
INTEGER IDAT(1), LSTR(1)
REAL RDAT(2)
CHARACTER*1 EMPTY(1)
```

```
C
C     DATA RECORD VORSICHTSHALBER GROSS
C     DIMENSIONIEREN
C
      PARAMETER (IDIM=10)
      CHARACTER*80 REC(IDIM)
      PARAMETER (IESCID=...)
      ...
      IDAT(1) = 5
      RDAT(1) = 3.14
      RDAT(2) = -1.5
      CALL GPREC ( 1 , IDAT , 2 , RDAT , 0 , LSTR ,
     ,             EMPTY , IDIM , IERR , LDI , REC )
      IF ( IERR .EQ. 0 ) THEN
C
C        JETZT KANN DIE ESCAPE-FUNKTION
C        GERUFEN WERDEN
C
         CALL GESC ( IESCID, LDI, REC, IDIM, LDO, REC )
      ...
      ELSE
C
C        GPREC MOCHTE DIE DATEN AUS IRGENDEINEM GRUND NICHT
C        EIGENE FEHLERBEHANDLUNG DURCH DAS ANWENDERPROGRAMM
C
         ...
      END IF
```

Generalized Drawing Primitive

Mit dem zweiten "standard way of being non-standard" in GKS, dem *Generalized Drawing Primitive (GDP)*, können nicht genormte graphische Ausgabefunktionen einer Workstation, wie Kreise oder Ellipsen, unterstützt werden. Die GKS-Funktion wird wie folgt aufgerufen:

GENERALIZED DRAWING PRIMITIVE

```
CALL GGDP ( N , X , Y , IGID , ND , DATA )
```

Die ersten Parameter entsprechen denen der übrigen Ausgabe-Primitive: Es werden die Anzahl N der Punkte und zwei Koordinatenfelder X und Y der Dimension N übergeben. Es folgt der *GDP Identifier* IGID, der angibt, welches GDP man haben möchte. Für den Fall, daß noch weitere Parameter gebraucht werden, die keine transformierbaren Punkte darstellen, ist noch ein Data Record vorgesehen, der das gleiche Format wie bei der Escape-Funktion hat und – falls er nicht leer ist – ebenfalls mit PACK DATA RECORD erzeugt werden sollte. Die *positiven*

GDP-Identifier warten auf eine Registrierung. Mit *negativen* GDP Identifiern kann man implementationsabhängige GDPs ansprechen. Im unverbindlichen Angebot der GKS-Implementierungen finden sich häufiger:

Kreis	In den Koordinatenfeldern werden (in dieser Reihenfolge) der Mittelpunkt und ein beliebiger Randpunkt des Kreises übergeben. Es ist also stets N=2.
Kreisbogen	In den Koordinatenfeldern werden der Mittelpunkt, der Startpunkt und Endpunkt des Kreisbogens übergeben. Es ist also stets N=3.
Ellipse	In den Koordinatenfeldern werden die beiden Brennpunkte und ein beliebiger Randpunkt der Ellipse übergeben. Es ist also stets N=3.
Ellipsenbogen	In den Koordinatenfeldern werden die beiden Brennpunkte sowie Startpunkt und Endpunkt des Ellipsenbogens übergeben. Es ist also stets N=4.
Interpolationskurve	In den Koordinatenfeldern werden die Stützstellen übergeben.

Bemerkungen:

- Um die eigene GKS-Anwendung möglichst unabhängig von der verwendeten GKS-Implementierung zu halten, empfehlen wir eigene Kreis- und Ellipsenfunktionen bereitzustellen, die nur den GDP-Aufruf enthalten und damit leicht anzupassen sind.
- Es ist kein Zufall, daß alle obigen Beispiele aus gekrümmten Kurven bestehen. Will man nämlich diese gekrümmten oder glatten Kurven in einer GKS-Anwendung realisieren, steht man vor dem eigentlich unlösbaren Problem, eine geeignete Schrittweite für das Zeichnen einer glatten Kurve festzulegen. Denn alle Geräte besitzen eine andere Auflösung, und ein nachträgliches (beliebig tiefes) Zoomen (siehe Kapitel 16) kann jede Abschätzung der Anzahl erforderlicher Punkte ad absurdum führen. Diese ganze Problematik bleibt dem GDP-Benutzer erspart.
- Über den Inhalt des Data Records bei obigen Funktionen kann man keine genaue Aussage treffen. Bei implementationsabhängigen Funktionen kann er zusätzliche (nicht transformierbare) Daten, etwa Genauigkeiten (für die Interpolation) enthalten. Er darf aber auch ganz leer sein.
- Dem aufmerksamen Leser dürfte wohl nicht entgangen sein, daß – bei beliebiger Normalization Transformation – das Bild eines Kreises nicht unbedingt wieder ein Kreis ist, oder anders ausgedrückt: Ein GDP kann bei Durchführung der Transformation in eine ganz andere Figur überführt werden. Dies könnte laut GKS zu Schwierigkeiten führen, wenn die Workstation z.B. zwar Kreise, nicht jedoch Ellipsen erzeugen kann. Außerdem könnte es sein, daß die Workstation das GDP zwar komplett erzeugen kann, aber nicht in der Lage ist, nur einen Teil innerhalb des Clipping Rectangles (Klipprechtecks) zu zeichnen. In allen diesen Fällen sagt GKS, daß die Workstations nur diejenigen GDPs auszugeben brauchen, die sie auch korrekt erzeugen können. Im anderen Fall wird eine entsprechende

Fehlermeldung ausgegeben. Von einer gebrauchsfähigen GKS-Implementierung kann man allerdings erwarten, daß ein fester Satz von GDPs auf allen Workstations und in jeder Situation verfügbar ist.
- Die Liste der für einen Workstation Typ verfügbaren GDPs ist in der *Workstation Description Table* gespeichert und kann vom Anwendungsprogramm erfragt werden.

Es bleibt nun – wie bei allen Ausgabe-Primitiven – wieder die Frage nach den *Attributen* eines GDP offen (mit welcher Farbe etwa ein Kreis gezeichnet werden soll). Die oben definierten GDPs könnten den Verdacht aufkommen lassen, daß ein GDP stets – wie ein Polyline – ausschließlich Linien ausgibt. Dies ist jedoch nur zufällig so! Es gibt eine ganze Anzahl anderer Beispiele, die in der obigen Liste nicht enthalten sind. Man denke z.B. an Kreissegmente oder Kreisflächen (also Gebilde vom Typ Fill Area).

Da andererseits jedes GDP zumindest einem der echten Ausgabe-Primitive (oder einer Kombination von ihnen) verwandt sein wird, läßt man ihm keine eigenen neuen Attribute zukommen, sondern es darf die Attribute der übrigen Primitive mitbenutzen. Welche dies im aktuellen Fall sind, ist für jedes GDP in der *Workstation Description Table* festgelegt. Dabei ist es zulässig, daß ein GDP sowohl die Polyline- als auch z.B. die Fill Area-Attribute mitbenutzt. Handelt es sich z.B. um ein Kreissegment, das automatisch umrandet wird, so kann es zum Füllen die aktuellen Fill Area-Attribute und zum Umranden die aktuellen Polyline-Attribute benutzen. Im Extremfall kann ein GDP sogar die Attribute aller vier Primitive Polyline, Polymarker, Text und Fill Area mitbenutzen, wenn es so geartet ist, daß es sich aus allen diesen Primitiven zusammensetzt.

Nach diesen Erläuterungen können wir feststellen, daß die oben aufgelisteten GDPs natürlich alle Polyline-Charakter haben und demzufolge sinnvollerweise die Polyline-Attribute mitbenutzen.

Im folgenden Beispiel werden eine Anzahl von Punkten nicht mit Polyline verbunden, sondern es wird eine glatte Interpolationskurve durch sie gelegt. Der Aufruf ist nicht viel komplizierter als der Aufruf von POLYLINE:

Programm 12.1 Interpolation

```
      PROGRAM GDP
      CHARACTER*80 DATA(5)
      PARAMETER (NPTS=8)
      PARAMETER (IERFIL=10, IWK=1, ICON=11)
      REAL X(NPTS),Y(NPTS)
C
C     IDENTIFIER FUER INTERPOLATIONSKURVE
C     IST IMPLEMENTIERUNGSABHAENGIG !
C
      PARAMETER (IGID = -50 )
      DATA (X(I),I=1,NPTS)
```

```
     ,       /0.1,0.5,0.8,0.8,0.5,0.4,0.4,0.9/
      DATA (Y(I),I=1,NPTS)
     ,       /0.8,0.8,0.8,0.5,0.5,0.5,0.1,0.1/
C
C     EROEFFNE GKS UND WORKSTATION
C
      CALL GOPKS ( IERFIL, -1 )
      IWT = 1
      CALL GOPWK ( IWK , ICON , IWT )
C
C     ZEICHNUNGSGROESSE 6 CM
C
      CALL GSWKVP( IWK , 0.0, 0.06, 0.0, 0.06 )
      CALL GSPMR ( IWK, 1, 3, 2.0, 1 )
      CALL GACWK ( IWK )
C
C     MARKIEREN DER STUETZPUNKTE MIT POLYMARKER
C
      CALL GPM ( NPTS , X , Y )
C
C     JETZT AUSGABE DER KURVE
C
      CALL GGDP ( NPTS , X , Y , IGID , 0 , DATA )
      CALL GDAWK ( IWK )
      CALL GCLWK ( IWK )
      CALL GCLKS
      STOP
      END
```

Ergebnis s. Abb 12.1.

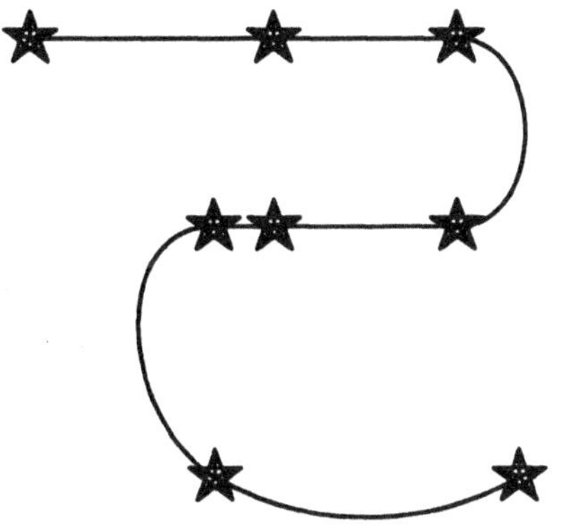

Abb. 12.1: Interpolationskurve

Liste der GKS-Funktionen für GDP und Escape

ESCAPE **L0a**

```
CALL GESC ( IESCID , NDI , IDR , NDO , LDO , ODR )
```

Führt die angegebene Escape-Funktion aus.

```
IN:  IESCID (INTEGER)            ESCAPE FUNCTION IDENTIFICATION
IN:  NDI    (INTEGER)            LAENGE DES INPUT DATA RECORD
IN:  IDR    (CHARACTER*80(NDI))  INPUT DATA RECORD
IN:  NDO    (INTEGER)            DIMENSION DES OUTPUT DATA RECORD
OUT: LDO    (INTEGER)            LAENGE DES OUTPUT DATA RECORD
OUT: ODR    (CHARACTER*80(NDO))  OUTPUT DATA RECORD
ERRORS:                          (0,8,180,181,182)
```

GENERALIZED DRAWING PRIMITIVE **L0a**

```
CALL GGDP ( N , X , Y , IGID , ND , REC )
```

Führt die angegebene GDP-Funktion aus.

```
IN:  N      (INTEGER)           ANZAHL DER PUNKTE
IN:  X      (REAL(N))           X-KOORDINATEN DER PUNKTE
IN:  Y      (REAL(N))           Y-KOORDINATEN DER PUNKTE
IN:  IGID   (INTEGER)           GDP IDENTIFIER
IN:  ND     (INTEGER)           LAENGE DES DATA RECORD
IN:  REC    (CHARACTER*80(ND))  DATA RECORD
ERRORS:                         (0,5,100,102,103,104,105)
```

INQUIRE GENERALIZED DRAWING PRIMITIVE **L0a**

```
CALL GQGDP ( IWT , IGID , IERR , NATT , IATT )
```

Liefert zum angegebenen GDP-Identifier die auf dem gegebenen Workstation Type benutzten Attributsätze.

```
IN:  IWT    (INTEGER)     WORKSTATION TYPE
IN:  IGID   (INTEGER)     GDP IDENTIFIER
OUT: IERR   (INTEGER)     ERROR INDICATOR (0,8,22,23,39,41)
OUT: NATT   (INTEGER)     ANZAHL BENUTZTER ATTRIBUTSAETZE (0..4)
OUT: IATT   (INTEGER(4))  LISTE DER ATTRIBUTSAETZE (IN DEN ERSTEN
                          NATT ELEMENTEN UND ZWAR ALS ENUMERATION
                          DER FORM:
                          (POLYLINE,POLYMARKER,TEXT,FILL AREA))
```

INQUIRE LIST element OF AVAILABLE GENERALIZED DRAWING PRIMITIVES L0a

```
CALL GQEGDP ( IWT , N , IERR , NGDP , IGID )
```

Liefert Anzahl der verfügbaren GDP-Funktionen sowie ein ausgewähltes Listenelement für den gegebenen Workstation Type.

```
IN:  IWT    (INTEGER) WORKSTATION TYPE
IN:  N      (INTEGER) GEWUENSCHTES LISTENELEMENT
OUT: IERR   (INTEGER) ERROR INDICATOR (0,8,22,23,39,2002)
OUT: NGDP   (INTEGER) ANZAHL VERFUEGBARER GDP-FUNKTIONEN
OUT: IGID   (INTEGER) N-TE GDP-FUNKTION
```

PACK DATA RECORD L0a

```
CALL GPREC ( NI , IDAT , NR , RDAT , NS , LSTR ,
             CDAT , ND , IERR , LD , REC )
```

Packt INTEGER-, REAL- und CHARACTER-Daten zu einem Data Record zusammen. (Ist keine Original-GKS-Funktion, sondern gehört zur FORTRAN-Sprachanbindun von GKS.)

```
IN:  NI     (INTEGER)              ANZAHL INTEGER-DATEN
IN:  IDAT   (INTEGER(NI))          INTEGER-DATENFELD
IN:  NR     (INTEGER)              ANZAHL REAL-DATEN
IN:  RDAT   (REAL(NR))             REAL-DATENFELD
IN:  NS     (INTEGER)              ANZAHL CHARACTER STRINGS
IN:  LSTR   (INTEGER(NS))          STRING-LAENGENFELD
IN:  CDAT   (CHARACTER*MST(NS))    CHARACTER STRING-FELD
                                   (MST = MAXIMALE STRINGLAENGE)
IN:  ND     (INTEGER)              DIMENSION DES DATA RECORD
OUT: IERR   (INTEGER)              ERROR INDICATOR (0,2001)
OUT: LD     (INTEGER)              LAENGE DES DATA RECORD
OUT: REC    (CHARACTER*80(ND))     DATA RECORD
```

UNPACK DATA RECORD L0a

```
CALL GUREC ( ND , REC , NI , NR , NS , IERR , LI ,
             IDAT , LR , RDAT , LS , LSTR , CDAT )
```

Entpackt aus einem Data Record INTEGER-, REAL- und CHARACTER-Daten. (Ist keine Original-GKS-Funktion, sondern gehört zur FORTRAN-Sprachanbindung von GKS.)

IN:	ND	(INTEGER)	DIMENSION DES DATA RECORD
IN:	REC	(CHARACTER*80(ND))	DATA RECORD
IN:	NI	(INTEGER)	DIMENSION VON IDAT
IN:	NR	(INTEGER)	DIMENSION VON RDAT
IN:	NS	(INTEGER)	DIMENSION VON CDAT UND LSTR
OUT:	IERR	(INTEGER)	ERROR INDICATOR (0,2001,2003)
OUT:	LI	(INTEGER)	ANZAHL INTEGER-DATEN
OUT:	IDAT	(INTEGER(NI))	INTEGER-DATENFELD
OUT:	LR	(INTEGER)	ANZAHL REAL-DATEN
OUT:	RDAT	(REAL(NR))	REAL-DATENFELD
OUT:	LS	(INTEGER)	ANZAHL CHARACTER STRINGS
OUT:	LSTR	(INTEGER(NS))	STRING-LAENGENFELD
OUT:	CDAT	(CHARACTER*(*)(NS))	CHARACTER STRING-FELD

13. Portabilität von GKS-Anwendungen

Mit GKS wurde es erstmals möglich, graphische Anwendungen zu entwickeln, die sowohl interaktiv als auch portabel sind. Das bedeutet jedoch nicht, daß jede Anwendung auf jedem Graphikgerät sinnvolle Ergebnisse liefert. Im letzten Kapitel haben wir zwei GKS-Funktionen kennengelernt, mit denen wir uns *explizit* von einem GKS-Anbieter abhängig machen. Ziel dieses Kapitels ist es, die *impliziten* Grenzen der Portabilität offenzulegen. Zuerst legen wir allerdings fest, *welche Voraussetzungen* für eine Untersuchung der verschiedenen Abhängigkeiten erfüllt sein müssen:

- Die Anwendung selbst ist rechnerunabhängig programmiert.
- Eine GKS-Implementierung mit passender Sprachanbindung und ausreichendem Level (siehe Kapitel 1) steht zur Verfügung.
- Die GKS-Implementierung selbst ist korrekt und erfüllt die Anforderungen einer Zertifizierung (siehe Literaturverzeichnis [KIPF]).

Es dürfte jedem unmittelbar klar sein, daß man ein korrekt formuliertes GKS-Programm, das interaktiv z.B. mit Locator-Eingabe arbeitet, nicht auf eine Level-0a-Version von GKS portieren kann. Betrachten wir nun, welche unterschiedlichen Abhängigkeiten auftreten können:

- Abhängigkeiten von Rechner, Betriebssystem und Kommunikationssystem.
- Abhängigkeiten von einer GKS-Implementierung.
- Abhängigkeiten von einer Workstation (Gerät und Implementierung).

Abhängigkeit vom Rechner

Konventionen für Dateinamen, Grenzen für Betriebsmittel wie Speicherplatz oder Dateigrößen werden vom jeweiligen Betriebssystem vorgegeben. Hinzu kommen Regelungen, die von einer einzelnen Installation abhängen: Wie die Software bereitgestellt wird (beispielsweise mit einem speziellen LINK-Kommando) oder wie der Zugriff auf einzelne Graphikgeräte geregelt ist. Schwächen in den Kommunikationsfähigkeiten können dafür verantwortlich sein, daß die graphische Eingabe bei derselben GKS-Implementierung auf einem Betriebssystem weniger komfortabel ist als auf anderen.

Abhängigkeiten von der GKS-Implementierung

Bei der Beurteilung von GKS-Implementierungen haben wir bereits vorausgesetzt, daß die Anforderungen einer Zertifizierung erfüllt werden. Damit ist sichergestellt, daß die Implementierer GKS verstanden haben und daß kleine Anwendungen funktionieren. Spannend bleibt die Frage, wie weit eine GKS-Implementierung über die teilweise sehr spartanischen *Minimalanforderungen* des Standards – besonders die Anforderungen an Workstations (s.u.) – hinausgeht. Ebenso interessant ist, wie sich eine GKS-Implementierung bei Anwendungen mit großem graphischem Datenvolumen verhält. Hier spielt neben der Funktionstüchtigkeit auch das Zeitverhalten für die Akzeptanz eine große Rolle. Während man die vom Betriebssystem gesetzten Grenzen akzeptiert, erwartet man mit Recht, daß die GKS-Implementierung nicht mit vermeidbaren Einschränkungen aufwartet. Dies läßt sich allerdings nur schwer mit formalen Methoden fassen, man ist auf Tests mit echten Anwendungen angewiesen, die beispielsweise Flächen mit mehr als 10000 Punkten ausgeben. Die Unterstützung von *Bilddateien und deren Austauschbarkeit* sind Themen von Kapitel 14.

Abhängigkeiten von einer Workstation

Wenn wir von Abhängigkeiten von einer Workstation sprechen, meinen wir nicht die unterschiedlichen Workstation-Kategorien, sondern das *unterschiedliche Verhalten von Graphikgeräten innerhalb derselben Kategorie.*

Um der Vielfalt von Graphikgeräten Rechnung zu tragen, sind in GKS die Anforderungen an Workstations sehr zurückhaltend ausgefallen. Wir zeigen eine Auswahl der ab GKS-Level 1 gestellten Anforderungen:

Predefined bundles	5	(Text: 6)
Settable bundles	20	(Fill Area: 10)
Predefined colours	2	
Linetypes	4	
Linewidths	1	
Marker types	5	
Marker sizes	1	
Stroke precision fonts	2	
Falls PATTERN unterstützt wird:		
Predefined pattern	1	
Settable pattern	10	
Falls HATCH unterstützt wird:		
Hatch styles	3	

Diese Anforderungen sind für das Hauptanliegen von GKS, graphische Anwendungen zwischen verschiedenen Workstations portieren zu können, nicht weitgehend genug. Daher bemühen sich manche GKS-Anbieter, die Unterschiede der verschiedenen Workstations auf das *unvermeidbare Mindestmaß* zu beschränken. Die unterschiedliche Anzahl verfügbarer Farben beispielsweise kann man dem GKS-Anwender nicht ersparen – daher wurde dieses Thema auch in Kapitel 5 ausführlich behandelt. Dagegen kann man bei Schraffuren und Schriftarten (Stroke Precision) Einheitlichkeit erwarten. Da es offenbar nicht möglich war, im Rahmen einer Registrierung einheitliche Nummern für Schriftarten und Schraffuren festzulegen, bleibt ihre Auswahl in der Anwendung abhängig von der GKS-Implementierung. Absolute Vorsicht ist bei FILL AREA und CELL ARRAY geboten: Hier reicht die Spannbreite vom Zeichnen der Umrandungen (einziger interior style: HOLLOW, Umrandung des Cell Arrays) bis zur Unterstützung beliebig komplexer Flächen auch mit SOLID, PATTERN oder HATCH (siehe Kapitel 9) und der Ausgabe hochauflösender Rasterbilder (siehe Kapitel 10). Bei der graphischen Eingabe, die ab Kapitel 19 behandelt wird, bietet der Standard die Möglichkeiten für Menüs, während die Realisierung der Minimalanforderungen keinen Anwender zufriedenstellen dürfte.

Fazit: Die Abhängigkeiten vom Rechner sind für die Benutzung von GKS unbedeutend. Die sehr großen Unterschiede bei den Graphikgeräten werden von einer guten GKS-Implementierung bestmöglich abgefedert. Bleibt die Abhängigkeit von der Implementierung für die meisten anspruchsvolleren Anwendungen. Daher sollte man auch für eine heterogene Rechnerlandschaft eine einheitliche GKS-Implementierung in Erwägung ziehen, was außerdem den Austausch von Bilddateien (siehe Kapitel 14) vereinfacht.

Zum Abschluß dieses Kapitels besprechen wir Workstation-Abhängigkeiten, die der Anwender zu verantworten hat. Da bei den Textqualitäten STRING und CHAR einige Attribute nicht exakt realisiert werden müssen, muß eine Anwendung, die damit arbeitet, auf jedem Gerät neu getestet werden. Viele Anwendungen sind von der sogenannten *Workstation Classification* abhängig: Was passiert, wenn sich mehrere gezeichnete Ausgabe-Primitive überlappen? Wie sieht das Überschneidungsgebiet aus? Anwendungen mit überlappenden Ausgabe-Primitiven sind zwar auch auf Vektorgeräten funktionsfähig – den Erwartungen entsprechende Ergebnisse erzeugen sie nur auf Rastergeräten. Zwei kleine Beispiele sollen dies verdeutlichen:

Programm 13.1 Überlappung von Flächen

```
      PROGRAM RAS1
C
C     ES WIRD ZUERST EIN QUADRAT IN VORDERGRUNDFARBE GEZEICHNET,
C     SPAETER DARUEBER EIN KREIS IN HINTERGRUNDFARBE
C
      REAL X(4),Y(4)
      REAL CX(40),CY(40)
      INTEGER SOLID, IASF(13)
      PARAMETER (SOLID=1,IGNORE=1)
      PARAMETER (IERFIL=10, IWK=1, ICON=1)
      DATA IASF /13*0/
      DATA X /0.0, 0.0, 1.0, 1.0/
      DATA Y /0.0, 1.0, 1.0, 0.0/
C
C     EROEFFNE GKS UND WORKSTATION
```

```
C     ATTRIBUT-BENUTZUNG IST BUNDLED
C
      CALL GOPKS ( IERFIL, -1 )
      CALL GSASF (IASF)
      IWT = 1
      CALL GOPWK ( IWK , ICON , IWT )
C
C     ZEICHNUNGSGROESSE 6 CM
C
      CALL GSWKVP( IWK , 0.0, 0.06, 0.0, 0.06 )
C
C     VOR DER AUSGABE VON PRIMITIVES DEFINIEREN
C     WIR DIE BENOETIGTEN FILL AREA BUNDLES
C
C     BUNDLE 1 : SOLID, VORDERGRUNDFARBE
C     BUNDLE 2 : SOLID, HINTERGRUNDFARBE
C
      CALL GSFAR ( IWK , 1 , SOLID , IGNORE , 1 )
      CALL GSFAR ( IWK , 2 , SOLID , IGNORE , 0 )
      CALL GACWK ( IWK )
C
C     JETZT DAS QUADRAT IN VORDERGRUNDFARBE
C
      CALL GSFAI ( 1 )
      CALL GFA ( 4 , X , Y )
C
C     DEN KREIS ZEICHNEN WIR NAEHERUNGSWEISE
C     ALS 40-ECK
C
      RADIUS = 0.25
      XM = 0.5
      YM = 0.5
      ANGLE = 0.0
C
C     DELTA IST DER 40. TEIL DES VOLLWINKELS
C     ( 2 * PI = 8 * ARCTAN( 1 ) )
C
      DELTA = ATAN ( 1.0 ) / 5.0
      DO 100 I=1,40
         CX(I) = XM + RADIUS * COS(ANGLE)
         CY(I) = YM + RADIUS * SIN(ANGLE)
         ANGLE = ANGLE + DELTA
100   CONTINUE
C
```

```
C     KREIS MIT HINTERGRUNDFARBE UEBER
C     DAS QUADRAT LEGEN
C
      CALL GSFAI ( 2 )
      CALL GFA ( 40, CX, CY )
      CALL GDAWK ( IWK )
      CALL GCLWK ( IWK )
      CALL GCLKS
      STOP
      END
```

Ergebnis s. Abb. 13.1.

Abb. 13.1: Überlappende Flächen

Die im obigen Beispiel vorgestellte Vordergrund-/Hintergrundzeichentechnik realisiert sehr elegant Aussparungen, Legenden etc., die sonst nur mit aufwendigen Clipping-Algorithmen erstellt werden können. Diese Technik beschränkt sich übrigens nicht auf Füllgebiete, sondern hat für alle flächigen Gebilde in GKS Gültigkeit, wie das folgende Beispiel zeigt:

Programm 13.2 Überlappung von Linien

```
      PROGRAM RAS2
C
C     2. BEISPIEL FUER UEBERLAPPENDE GRAPHIK-AUSGABE
C     WIR ZEICHNEN EINE "STRASSE"
C
      PARAMETER (IERFIL=10, IWK=1, ICON=1)
```

```
      REAL X(4), Y(4)
      INTEGER IASF (13)
      DATA IASF /13*0/
      DATA X /0.1, 0.25, 0.5, 0.75/
      DATA Y /0.1, 0.25, 0.35, 0.7/
C
C     EROEFFNE GKS UND WORKSTATION
C     ATTRIBUT-BENUTZUNG IST SPASSESHALBER GEMISCHT !
C
      CALL GOPKS ( IERFIL, -1 )
C
C     LINIENTYP UND LINIENFARBE WERDEN INDIVIDUELL BENUTZT
C     LINIENDICKE WIRD BUNDLED BENUTZT
C     (SINNVOLL FUER UNTERSCHIEDLICHE AUFLOESUNG)
C
      IASF(1) = 1
      IASF(3) = 1
      CALL GSASF (IASF)
      IWT = 1
      CALL GOPWK ( IWK , ICON , IWT )
C
C     ZEICHNUNGSGROESSE 6 CM
C
      CALL GSWKVP( IWK , 0.0, 0.06, 0.0, 0.06 )
C
C     POLYLINE BUNDLE 1 : DICK
C     POLYLINE BUNDLE 2 : DUENNER
C
      CALL GSPLR ( IWK , 1 , 1 , 21. , 1 )
      CALL GSPLR ( IWK , 2 , 1 , 7. , 1 )
      CALL GACWK ( IWK )
C
C     ZUERST DIE "STRASSE"
C     (DIE FOLGENDEN 3 AUFRUFE SIND EIGENTLICH UEBERFLUESSIG,
C      DA SIE DER VOREINSTELLUNG ENTSPRECHEN !)
C
      CALL GSLN ( 1 )
      CALL GSPLCI ( 1 )
      CALL GSPLI ( 1 )
      CALL GPL ( 4 , X , Y )
C
C     JETZT DIE MARKIERUNG
C
      CALL GSLN ( 2 )
```

```
CALL GSPLCI ( 0 )
CALL GSPLI ( 2 )
CALL GPL ( 4 , X , Y )
CALL GDAWK ( IWK )
CALL GCLWK ( IWK )
CALL GCLKS
STOP
END
```

Ergebnis s. Abb. 13.2.

Abb. 13.2: Überlappende Linien

Liste der GKS-Funktionen zum Thema des Kapitels

Die hier aufgeführten Funktionen sind die Erfragefunktionen der sogenannten *GKS Description Table*. Nur die Funktion INQUIRE LIST OF AVAILABLE WORKSTATION TYPES wurde auf Grund ihrer Wichtigkeit bereits in Kapitel 5 behandelt.

INQUIRE LEVEL OF GKS L0a

```
CALL GQLVKS ( IERR , LEVEL )
```

Liefert den Level der GKS-Implementierung.

```
OUT: IERR   (INTEGER) ERROR INDICATOR (0,8)
OUT: LEVEL  (INTEGER) GKS-LEVEL (0A,0B,0C,1A,1B,1C,2A,2B,2C)
                      (ALSO: 7 BEDEUTET LEVEL 2B)
```

INQUIRE MAXIMUM NORMALIZATION TRANSFORMATION NUMBER L0a

```
CALL GQMNTN ( IERR , NMAX )
```

Liefert die maximale Normalization Transformation Number.

```
OUT: IERR   (INTEGER) ERROR INDICATOR (0,8)
OUT: NMAX   (INTEGER) MAXIMUM NORMALIZATION TRANSFORMATION NUMBER
                      (NMAX ≥ 1, ab Level 1x: NMAX ≥ 10)
```

INQUIRE WORKSTATION MAXIMUM NUMBERS L1a

```
CALL GQWKM ( IERR , MOPWK , MACWK , MWKAS )
```

Liefert die maximale Anzahl gleichzeitig offener oder aktiver Workstations und die maximale Anzahl von Workstations, die mit einem Segment assoziiert sein können.

```
OUT: IERR   (INTEGER) ERROR INDICATOR (0,8)
OUT: MOPWK  (INTEGER) MAXIMALE ANZAHL OFFENER WORKSTATIONS
OUT: MACWK  (INTEGER) MAXIMALE ANZAHL AKTIVER WORKSTATIONS
OUT: MWKAS  (INTEGER) MAXIMALE ANZAHL WORKSTATIONS, DIE MIT
                      EINEM SEGMENT ASSOZIIERT SEIN KOENNEN
```

---

14. Bilddateien

Zur Speicherung und zum Austausch von Bildern dienen sogenannte *Bilddateien (Metafiles)*. Sobald man eine Graphik zu einem späteren Zeitpunkt oder mit einem anderen Programm weiterbearbeiten will, benötigt man eine Bilddatei. Wichtig ist die Tatsache, daß die Graphik auf einer Bilddatei geräteunabhängig gepeichert ist und sich noch auf beliebigen Graphikgeräten ausgeben läßt. Weiterhin werden Metafiles benötigt,

- um aufwendige Anwendungsprogramme, die keine Interaktion des Benutzers benötigen, im Stapelbetrieb ablaufbar zu machen.
- um weiterverarbeitbare Graphiken austauschen zu können, ohne gleichzeitig die erzeugenden Programme und Daten zugänglich zu machen.

Wir werden dieses Kapitel in zwei Abschnitte teilen:

Benutzung: Wir zeigen, wie man in einem GKS-Anwendungsprogramm Bilddateien (Metafiles) erzeugen und interpretieren kann. Solange man sich innerhalb einer GKS-Implementierung bewegt, sind weitergehende Kenntnisse über Funktionalität und Kodierung der Metafiles nicht erforderlich.

Austausch: Funktionalität und Kodierung sind allerdings beim Austausch von Metafiles mit anderen Graphiksystemen entscheidend. Wir betrachten einerseits den *GKS-Metafile (GKSM)*, der nur eine Empfehlung und keine Norm darstellt, und andererseits den *Computer Graphics Metafile (CGM)*, den Standard für 2-dimensionale Bilddateien oder Metafiles [CGM].

Metafile-Benutzung in GKS

Die Erzeugung von Metafiles unterscheidet sich nicht von der Graphikausgabe auf einem Gerät. Es ist also lediglich eine Workstation der Kategorie *Metafile Output (MO)* zu öffnen und zu aktivieren (vgl. Kapitel 5). Workstation-Typ 1 wird dafür häufig verwendet, das ist aber implementationsabhängig. Eine Liste der Workstation-Typen – geordnet nach der Kategorie – erhält man mit dem im letzten Kapitel erwähnten und im Anhang aufgeführten "Check-Programm". Eine MO-Workstation hat generell alle Fähigkeiten, die eine denkbare echte Ausgabe-Workstation haben könnte. Man kann also z.B. beliebige Bundle Representations definieren und beliebige Zeichenflächen als Workstation Viewport angeben. Erst bei späterer Ausgabe des Metafile auf einer echten Ausgabe-Workstation wird festgestellt, ob *diese Workstation* die entsprechenden Setzungen realisieren kann oder nicht. Daher besitzt eine MO-Workstation keine Workstation Description Table. *Der Aufruf von WDT-Erfragefunktionen ist bei MO-Workstations nicht möglich!* Eine Metafile-Output-Workstation läßt sich erwartungsgemäß mit folgendem Aufruf öffnen:

```
CALL GOPWK ( IWK , ICON , MOTYP )
```

IWK ist der frei wählbare Workstation Identifier, MOTYP ist der Workstation-Type der Metafile-Output-Workstation (oft: MOTYP=1). Über den Connection Identifier ICON erfolgt der Zugriff auf eine (neue) Datei, in die die Metafile-Informationen geschrieben werden. Der Name der Datei hängt von Betriebssystem und GKS-Implementierung ab. Bei FORTRAN-Anwendungen läßt sich bei *manchen Implementierungen* der Name der Datei durch ein eigenes OPEN-Statement bestimmen:

```
OPEN ( UNIT=ICON , FILE='GKSMXXX' , STATUS='NEW' )
CALL GOPWK ( IWK , ICON , MOTYP )
```

Nach dem CLOSE WORKSTATION steht diese Datei sowohl intern (etwa um ein neues OPEN WORKSTATION als Metafile-Input-Workstation zu machen und die Graphik wieder zu interpretieren) als auch extern zur weiteren Bearbeitung durch das Betriebssystem (etwa zur Langzeitspeicherung oder zum Transport in Netzen) zur Verfügung.

Wir kommen nun zur wohl wichtigsten Anwendung für Metafiles: Der Benutzer entwickelt eine Graphik am Bildschirm und möchte *eventuell* die fertige Zeichnung später auf einem Plotter ausgeben (natürlich ohne das Programm noch einmal laufen zu lassen). Hierzu ist es lediglich nötig, zusätzlich zur Bildschirm-Workstation noch eine Metafile-Output-Workstation zu öffnen und zu aktivieren. Dadurch wird erreicht, daß die Graphik, die auf dem Bildschirm ausgegeben wird, auch Einträge im Metafile erzeugt. Später können dann diese Informationen vom Metafile wieder gelesen und auf anderen Workstations ausgegeben werden. Hierbei ist folgendes zu beachten:

Im Gegensatz zu den Ausgabe-Primitiven, Bundle Indices, individuellen und geometrischen Attributen, die ja bekanntlich auf alle aktiven Workstations verteilt werden, erfolgt die Ausgabe von *Workstation-Attributen* (also Bundle-, Pattern- und Colour Representations sowie Workstation Windows und Workstation Viewports) stets nur auf *eine* Workstation, die ja auch als Parameter beim Aufruf der entsprechenden GKS-Funktion zu spezifizieren ist. Will man also dem Metafile (und damit der späteren Ausgabe-Workstation) die gleichen Workstation-Attribute verleihen wie dem Bildschirm (damit die Zeichnung garantiert genauso aussieht), so muß man die entsprechenden GKS-Funktionen stets *zweimal aufrufen* (einmal für den Bildschirm und einmal für den Metafile). Denkbar ist auch, die Graphik von den Workstation-Attributen zu trennen, indem man für die Workstation-Attribute eine andere Metafile-Workstation benutzt, die gar nicht erst aktiviert wird (damit keine Graphik auf sie ausgegeben wird). Dadurch kann man sich verschiedene Attributbanken herstellen, die auf die einzelnen Workstation-Typen optimal zugeschnitten sind. Die gleiche Graphik kann dann auf einem Farb-Bildschirm mehrfarbig, auf einem Laserdrucker mit Grautönen und auf einem Stiftplotter mit verschiedenen Schraffuren erstellt werden.

Im Gegensatz zu älteren Graphiksystemen, bei denen Metafiles nur von fertigen Postprozessoren auf Plottern *ausgegeben* werden konnten, ist die Interpretation von Metafiles in beliebigen GKS-Anwendungen möglich. Hierzu steht eine eigene Workstation-Kategorie (siehe Kapitel 5) *Metafile Input (MI)* zur Verfügung. Mit Hilfe einer MI-Workstation läßt sich die Graphik von einem fertigen (früher erzeugten) Metafile ins Anwendungsprogramm holen. Meistens wird die Graphik dann auf alle aktiven Workstations ausgegeben. Da eine MI-Workstation völlig andere Aufgaben zu erfüllen hat, sind neben OPEN WORKSTATION und CLOSE WORKSTATION zwei für diese Workstation-Kategorie spezifische GKS-Funktionen verfügbar, um graphische Information vom Metafile ins Programm zu bekommen. Eine dritte GKS-Funktion kann diese Information anschließend interpretieren. Auch eine Metafile-Input-Workstation wird in der üblichen Art und Weise geöffnet:

```
CALL GOPWK ( IWK , ICON , MITYP )
```

IWK ist der Workstation Identifier, MITYP ist der Workstation-Type der Metafile Input Workstation (oft: MITYP=2). Über den Connection Identifier ICON erfolgt der Zugriff auf eine (vorhandene) Datei, von der die Metafile-Informationen gelesen werden. Der Name der Datei hängt wiederum von Betriebssystem und GKS-Implementierung ab. Bei FORTRAN-Anwendungen läßt sich bei *manchen Implementierungen* der Name der Datei durch ein eigenes OPEN-Statement bestimmen:

```
OPEN ( UNIT=ICON , FILE='GKSMXXX' , STATUS='OLD' )
CALL GOPWK ( IWK , ICON , MITYP )
```

In jedem Fall muß die Datei bereits existieren und das Lesen erlaubt sein. Ein Aktivieren einer Metafile-Input-Workstation ist sinnlos und auch unzulässig.

Nach dem Eröffnen der Metafile-Input-Workstation kann mit dem Lesen ihrer graphischen Information begonnen werden. Sie gliedert sich in einzelne Abschnitte, sogenannte *Items*. Im Prinzip entspricht jedes Item dem Aufruf einer GKS-Funktion.

Beim GKS-Metafile besteht jedes Item aus einem Vorlaufteil, dem *Item Header*, und einem Datenteil, dem *Item Data Record*. Im Item Header sind der *Item Type* vermerkt (also ob die erzeugende GKS-Funktion nun *Polyline* oder *Set Workstation Viewport* war) sowie die Länge des Item Data Record in Zeichen. Der Item Data Record enthält die eigentliche graphische Information, im Falle eines Polyline etwa die Anzahl der Punkte und die Koordinaten, im Falle einer Polyline Representation den Index, Linetype, Linewidth Scale Factor und Polyline Colour Index. Item Header und Item Data Record werden mit zwei verschiedenen GKS-Funktionen eingelesen:

GET ITEM TYPE FROM GKSM

```
CALL GGTITM ( IWK , ITYPE , LENC )
```

IWK ist der Workstation Identifier der Metafile-Input-Workstation. ITYPE und LENC sind Ausgabeparameter und liefern den Item Type und die Länge des Item Data Records in Zeichen.

READ ITEM FROM GKSM

```
CALL GRDITM ( IWK , MAXL , IDIM , ITEM )
```

IWK ist der Workstation Identifier der MI-Workstation. MAXL gibt an, wie viele Zeichen gelesen werden sollen. Sinnvollerweise ist MAXL gleich dem Wert LENC, den der letzte Aufruf von GET ITEM TYPE geliefert hat. Durch die Angabe von MAXL=0 erreicht man, daß das Item übersprungen wird. Andere Werte sind nicht sinnvoll. IDIM ist die Dimension des Data Record ITEM (CHARACTER*80 ITEM(IDIM)), in den das Item eingelesen wird. Ist er für das Item zu klein, erhält man eine Fehlermeldung.

Die angemessene Dimensionierung des Data Record ist etwas problematisch. Ein brauchbarer Wert ist 1000, man kann damit immerhin Items bis zu einer Länge von 80000 Zeichen einlesen. Das scheint zunächst viel, ist aber beispielsweise für die Verarbeitung von Cell Arrays der Größe 512 x 512 völlig unzureichend. Man sollte dort lieber eine Dimensionierung von 10000 oder 20000 vornehmen. Auf jeden Fall sollte man darauf gefaßt sein, an dieser Stelle nachbessern zu müssen.

Wir haben jetzt gelernt, wie man mit Hilfe einer Metafile-Input-Workstation Items von einem Metafile ins Anwendungsprogramm bekommt. Stellt sich nun die Frage, wie man ein Item interpretiert. Der von GET ITEM TYPE gelieferte Item Type kennzeichnet, *welche* GKS-Funktion aufzurufen ist. Der von READ ITEM eingelesene Item Data Record enthält die Parameter für diese GKS-Funktion. Für das Anwendungsprogramm kann es allerdings beliebig kompliziert sein, die Werte dieser Parameter zu entschlüsseln. Dies ist auch in der Regel unnötig, da in GKS eine Funktion zum Interpretieren von Items vorgesehen ist:

INTERPRET ITEM

```
CALL GIITM ( ITYPE , LENC , IDIM , ITEM )
```

Alle Parameter sind Eingabeparameter. ITYPE ist dabei der Item Type und LENC ist die Länge des Item Data Record (in Zeichen). Beide Werte hat man beim letzten Aufruf von GET ITEM TYPE erhalten. ITEM ist der gelesene Item Data Record selbst, IDIM seine Dimension. Ist das Item verstümmelt, da es nicht vollständig in den Data Record paßte, erfolgt eine informative Fehlermeldung, und das Item wird ignoriert.

Wie man sieht, bietet INTERPRET ITEM einen solchen Benutzerkomfort, daß nicht nur der Inhalt des Item Data Record, sondern auch der jeweilige Wert des Item Type für das Anwendungsprogramm selbst belanglos ist. Hiervon gibt es jedoch Ausnahmen: Man muß wissen, wann das letzte Item des Metafile gelesen wurde, um eine Leseschleife zur Interpretation einer ganzen Datei beenden zu können. Außerdem könnte es durchaus sinnvoll sein, einzelne Items an Hand ihres Item Type gezielt zu überspringen (z.B. Klipprechtecke). Beim CLEAR WORKSTATION kann es sinnvoll sein, wenn das Programm vorher auf eine Eingabe wartet. Daher zeigen wir hier die Liste der Item Types, die für alle GKS-Metafiles, die gemäß Annex E kodiert sind, verbindlich sind.

Liste der Item Types für GKS-Metafiles
(gemäß Annex E des GKS-Dokuments)

GKS-Funktion	Item
CLOSE WORKSTATION	0
CLEAR WORKSTATION	1
REDRAW ALL SEGMENTS	2
UPDATE WORKSTATION	3
DEFERRAL STATE	4
MESSAGE	5
ESCAPE	6
POLYLINE	11
POLYMARKER	12
TEXT	13
FILL AREA	14
CELL ARRAY	15
GENERALIZED DRAWING PRIMITIVE	16
POLYLINE INDEX	21
LINETYPE	22
LINEWIDTH SCALE FACTOR	23
POLYLINE COLOUR INDEX	24
POLYMARKER INDEX	25
MARKER TYPE	26
MARKER SIZE SCALE FACTOR	27
POLYMARKER COLOUR INDEX	28
TEXT INDEX	29
TEXT FONT AND PRECISION	30
CHARACTER EXPANSION FACTOR	31
CHARACTER SPACING	32
TEXT COLOUR INDEX	33
CHARACTER VECTORS	34
TEXT PATH	35
TEXT ALIGNMENT	36
FILL AREA INDEX	37
FILL AREA INTERIOR STYLE	38
FILL AREA STYLE INDEX	39
FILL AREA COLOUR INDEX	40

Liste der Item Types für GKS-Metafiles (Fortsetzung)

GKS-Funktion	Item
PATTERN VECTORS	41
PATTERN REFERENCE POINT	42
ASPECT SOURCE FLAGS	43
PICK IDENTIFIER	44
POLYLINE REPRESENTATION	51
POLYMARKER REPRESENTATION	52
TEXT REPRESENTATION	53
FILL AREA REPRESENTATION	54
PATTERN REPRESENTATION	55
COLOUR REPRESENTATION	56
CLIPPING RECTANGLE	61
WORKSTATION WINDOW	71
WORKSTATION VIEWPORT	72
CREATE SEGMENT	81
CLOSE SEGMENT	82
RENAME SEGMENT	83
DELETE SEGMENT	84
SET SEGMENT TRANSFORMATION	91
SET VISIBILITY	92
SET HIGHLIGHTING	93
SET SEGMENT PRIORITY	94
SET DETECTABILITY	95
USER ITEM	>100

Das folgende Beispiel gibt eine Zeichnung, die auf einem Metafile gespeichert ist, auf einer Workstation aus.

Programm 14.1 Metafile-Interpreter

```
      PROGRAM POSTPR
C
C     POSTPROCESSOR ZUR AUSGABE EINES GKS-METAFILE
C     AUF EINER WORKSTATION
C
      PARAMETER (IERFIL=10, IWK1=1, IWK2=2, ICON=11)
      PRINT*, ' Bitte Metafile-Connection eingeben: '
      READ*, META
      PRINT*, ' Bitte Geraete(Workstation)-Typ eingeben: '
      READ*, IWT
C
C     EROEFFNEN VON GKS UND AUSGABE-WORKSTATION.
C     AKTIVIEREN DER AUSGABE-WORKSTATION.
```

```
C
      CALL GOPKS ( IERFIL , -1 )
      CALL GOPWK ( IWK1 , ICON , IWT )
      CALL GACWK ( IWK1 )
C
C     RUFE INTERPRETIERFUNKTION AUF
C
      CALL READMF ( IWK2 , META )
      CALL GDAWK ( IWK1 )
      CALL GCLWK ( IWK1 )
      CALL GCLKS
      STOP
      END
      SUBROUTINE READMF ( IWK , META )
C
C     LESEN UND INTERPRETIEREN EINES METAFILE MIT
C     DER CONNECTION "META"
C     BENUTZT WIRD FUER DIE METAFILE-WORKSTATION
C     DER IDENTIFIER IWK
C
      PARAMETER (MITYP=2, IDIM=1000, LAST=0)
      CHARACTER*80 ITEM(IDIM)
C
C     EROEFFNEN DER METAFILE-INPUT-WORKSTATION
C
      CALL GOPWK ( IWK , META , MITYP )
C
C     JETZT INTERPRETATIONSSCHLEIFE
C     (WHILE NACH FORTRAN-ART)
C
1     CONTINUE
         CALL GGTITM ( IWK , ITYPE , LENC )
         IF ( ITYPE .NE. LAST ) THEN
            CALL GRDITM ( IWK , LENC , IDIM , ITEM )
            CALL GIITM ( ITYPE , LENC , IDIM , ITEM )
            GOTO 1
         ENDIF
C
C     METAFILE ZU ENDE
C
      CALL GCLWK ( IWK )
      RETURN
      END
```

Bemerkungen:

- Es ist zwar nicht gerade üblich, aber dennoch möglich, mehrere Metafile-Input-Workstations parallel geöffnet haben, um abwechselnd von ihnen Items zu lesen und zu interpretieren. Eine Anwendung, in der zwei Metafiles *nacheinander* interpretiert werden, ist die getrennte Abhandlung von Zeichnung und anwendungsspezifischer Geräteinitialisierung mit Hilfe eines Metafile, der nur Workstation-Attribute enthält.
- Interpretiert man mehrere Metafiles, die Segmente enthalten (siehe folgendes Kapitel), stößt man auf das Problem von Namenskonflikten. Um das Problem mit einer Umbenennung zu lösen, benötigt man den Segmentnamen im Anwendungsprogramm. Dies erfordert allerdings eine eigene Interpretation des Item Data Record. Ob das möglich ist, hängt von der verwendeten GKS-Implementierung ab.
- Da INTERPRET ITEM stets so wirkt wie die Originalfunktion, die das jeweilige Item erzeugt hatte, verändert die Interpretation eines Metafile auch die Zustandsliste von GKS (GKS State List): Die Setzung eines individuellen Attributes etwa (oder eines Bundle Index) wirkt auch auf die nachfolgende Ausgabe von Primitiven aus dem Programm heraus (etwa mit der GKS-Funktion POLYLINE), nicht nur auf die Primitive, die vom Metafile kommen.
- Workstation-Attribute (z.B. Bundles) werden immer gezielt für eine einzelne Workstation definiert. Da die Items, die Workstation-Attribute darstellen, keine Hinweise für eine spätere Workstation-Auswahl enthalten (können), behilft sich GKS mit der Interpretation dieser Items auf allen aktiven Workstations.
- Die Koordinaten sind auf einem Metafile normalisiert (NDC), d.h. die Window/-Viewport-Transformation wird vor Ausgabe der Primitive auf den Metafile ausgeführt. Das Clipping Rectangle hingegen wird als eigener Eintrag im Metafile vermerkt. Auf dem Metafile stehen ungeclippte Koordinaten. Bei der Interpretation des Metafile kann man daher durch Überspringen des Clipping Rectangle erreichen, daß auch Zeichnungsteile sichtbar werden, die ursprünglich abgeschnitten waren. Auf jeden Fall hat die aktuelle Setzung von Window und Viewport beim Interpretieren eines Metafile keine Bedeutung.
- Beim Interpretieren eines Metafile können Effekte auftreten, die man mit eigenen Aufrufen von GKS-Funktionen nicht erreichen kann: Ein Cell Array muß nicht achsenparallel sein, das aktuelle Klipprechteck muß nicht dem aktuellen Viewport oder dem gesamten NDC (siehe Kapitel 4) entsprechen, der Character Base Vector muß nicht senkrecht zum Character Up Vector (siehe Kapitel 8) stehen, wie auch der Pattern Width Vector nicht mehr senkrecht zum Pattern Height Vector (siehe Kapitel 9) stehen muß. GKS trägt dem Rechnung, indem es umfangreichere Erfragefunktionen als Setzefunktionen zur Verfügung stellt.

Der Vollständigkeit halber sei auf die Möglichkeit hingewiesen, im Metafile auch nicht-graphische Informationen in Form von sogenannten *User Items* unterzubringen. Solche User Items werden bei Aufruf von GET ITEM TYPE FROM GKSM und READ ITEM FROM GKSM genau wie die echten GKS-Items behandelt. Allerdings darf für sie *nicht* INTERPRET ITEM aufgerufen werden, sondern die Interpretation hat im Anwendungsprogramm selbst stattzufinden. Das hat zur Folge, daß ein Metafile mit bedeutungsschweren User Items nur noch von eigenen Programmen richtig interpretiert werden kann. Der Aufruf zur Erzeugung eines User Item lautet:

WRITE ITEM TO GKSM

```
CALL GWITM ( IWK , ITYPE , LENC , IDIM , ITEM )
```

Hierbei ist IWK der Workstation Identifier. Selbstverständlich muß es sich um eine Workstation der Kategorie Metafile Output handeln. ITYPE ist der Item Type des User Items. Hierdurch hat der Anwender noch die Möglichkeit, seine User Items zu unterscheiden. Es stehen ihm hierfür alle Item Types oberhalb von 100 zur Verfügung (die Item Types bis 100 sind gerade für die GKS-Items reserviert). ITEM ist der Item Data Record, also in FORTRAN wieder ein Feld CHARACTER*80(IDIM). In diesem Data Record können beliebige Benutzerdaten enthalten sein, die man entweder selbst (unter Verwendung von FORTRAN Internal Files) oder aber – noch eleganter – unter Verwendung der Routine PACK DATA RECORD dort abgelegt hat. Diese Daten werden von GKS ungeprüft an die Metafile-Output-Workstation ausgegeben. LENC ist die Länge des User Item in Zeichen. Damit kann man auch Items schreiben, deren Länge kein Vielfaches von 80 ist.

Um auch User Items von einer Metafile-Input-Workstation behandeln zu können, modifizieren wir unser obiges Metafile-Leseprogramm wie folgt (die Interpretation der User Items, die ja vom Anwendungsprogramm selbst zu erfolgen hat, wird hierbei allerdings offengelassen):

```
      ...
C
C     JETZT INTERPRETATIONSSCHLEIFE
C     (WHILE NACH FORTRAN-ART)
C
1     CONTINUE
         CALL GGTITM ( IWK , ITYPE , LENC )
         IF ( ITYPE .NE. LAST ) THEN
            CALL GRDITM ( IWK , LENC , IDIM , ITEM )
            IF(ITYPE.LT.100) THEN
C
C              NORMALES GKS-ITEM
C
               CALL GIITM ( ITYPE , LENC , IDIM , ITEM )
            ELSE
C
C              USER ITEM. HIER EIGENE WEITER-
C              VERARBEITUNG DES ITEM-FELDES
C
               ...
```

```
            ENDIF
            GOTO 1
          ENDIF
C
C     METAFILE ZU ENDE
C
      ...
```

Zum Abschluß dieses Abschnitts über den Umgang mit Metafiles im Anwendungsprogramm kommen wir zu einer sehr verbreiteten Arbeitsform: Ein Metafile wird vorab (im Stapelbetrieb oder sogar auf einem ganz anderen Rechner) von einem Anwendungsprogramm erzeugt. Auf diesem Metafile sind nur diejenigen Graphikelemente enthalten, die mit den (möglicherweise umfangreichen) numerischen Berechnungen zusammenhängen. Anschließend wird die Datei zum Zielrechner transportiert und dort auf einem Graphik-Bildschirm ausgegeben, wo man schließlich die nur das Layout betreffenden Graphikelemente (z.B. Beschriftungen), die sich nur schlecht von einem passiven Programm korrekt positionieren lassen, interaktiv hinzufügt. Die resultierende Gesamtgraphik wird dann wieder in einem Metafile gespeichert oder auf einem Plotter ausgegeben.

Austausch mit anderen Systemen

Auch hier stellt sich das Problem der Portabilität. Während wir in Kapitel 13 über die Portabilität von GKS-Anwendungsprogrammen gesprochen haben, geht es in diesem Abschnitt um zusätzliche Aspekte bei der Austauschbarkeit von Bilddateien (Metafiles). Denn die in Kapitel 13 besprochenen Probleme machen sich auch bei Metafiles bemerkbar: Ein Metafile mit diversen ESCAPE Items wird nicht besonders portabel sein. Hier beschäftigen wir uns allerdings mit den *metafilespezifischen* Problemen.

Wir werden nicht verheimlichen, wie sich kleine Unverträglichkeiten der Standards in der Praxis auswirken. Um es kurz zu sagen: GKS-Metafiles verschiedener GKS-Anbieter sind wegen unterschiedlicher Kodierung häufig nicht austauschbar, CGM-Metafiles sind zwar austauschbar, aber ihre Erzeugung und Interpretation mit GKS ist wegen funktionaler Unterschiede nicht unproblematisch. Wir wollen lediglich einen Überblick über diese Problematik geben:

Funktionale Unterschiede zwischen GKSM und CGM. Als *GKS-Metafile (GKSM)* wird die Empfehlung für einen Metafile im Anhang des GKS-Standards bezeichnet. Ursprünglich war der GKSM nur im Annex E des GKS-Standards dokumentiert. Im Rahmen einer Ergänzung zum GKS-Standard – einem s.g. Amendment – ist er zusätzlich im Annex H mit neuen Möglichkeiten der Kodierung (s.u.) beschrieben und wird dort als *GKS Session Metafile* bezeichnet. Obwohl nicht genormt, ist der GKSM für den GKS-Benutzer erst einmal der "natürliche" Metafile. Basiert das andere Graphiksystem nicht auf GKS, kommt der GKSM nicht in Frage. Es bietet sich dann der *Computer Graphics Metafile (CGM)* an – der Standard für Bilddateien oder Metafiles (ISO 8632,[CGM]), der damit für einen Austausch mit anderen Systemen geeignet ist. Man muß dabei den weitverbreiteten *klassischen* CGM von 1987 und den aktuellen CGM von 1992 unterscheiden. Im aktuellen CGM-Standard ist der Leistungsumfang aufsteigend in drei Versionen gegliedert. Version 1 entspricht gerade dem ursprünglichen CGM von 1987.

Trotz der zweifellos gemeinsamen Basis ist der funktionale Umfang von GKS und CGM nicht identisch. Man beachte außerdem, daß die Interpretation von GKSM-Metafiles für eine GKS-Implementierung selbstverständlich ist, die von CGM-Metafiles hingegen nicht. Bei der Graphik-Ausgabe ist der CGM umfangreicher und enthält beispielsweise eigene Attribute für die Umrandung von Flächen (Edge). Dynamische Bildänderungen (siehe Kapitel 16) sind nur im GKSM enthalten. Strukturierung mit Segmenten (siehe Kapitel 15) ist im GKSM enthalten und wurde erst später in den CGM aufgenommen (als Amendment zum CGM'87 bzw. eingearbeitet als Version 2 im CGM'92). Da eine dynamische Bildänderung dem Grundkonzept des CGM als statischer Bilddatei völlig widerspricht, kann der CGM nicht die Rolle eines echten GKS-Metafiles übernehmen. Eine gute Übersicht wird vermittelt in [GÖB].

Kodierungen. Man unterscheidet bei Metafiles drei Typen von Kodierungen: Zeichenkodierung (character encoding), Binärkodierung (binary encoding) und Klartextkodierung (clear text encoding). Bei der Zeichenkodierung wird eine Zahl nicht nur durch Ziffern, sondern durch beliebige Zeichen dargestellt. Darüber hinaus werden die häufig vorkommenden *kleinen* Zahlen mit sehr wenigen Zeichen dargestellt: ein Zeichen für Zahlen zwischen -15 und +15, zwei Zeichen für Zahlen zwischen -511 und +511. Daher ist diese Methode sehr platzsparend. Beschränkt man sich darüber hinaus auf druckbare Zeichen, hat man eine echte Textdatei, die sich entsprechend leicht zwischen unterschiedlichen Systemen transferieren läßt. Bei der Binärkodierung werden Zahlen durch eine feste Anzahl von Bytes dargestellt, bei denen alle 8 Bit benutzt werden. Ihr Vorteil ist der geringe Bedarf an Rechenzeit. Bei der Klartextkodierung werden Zahlen mit Ziffern dargestellt. Man erkauft sich die Lesbarkeit (deren Sinn bei komplexeren Anwendungen fragwürdig ist) mit höherer Rechenzeit und verschwenderischem Platzbedarf.

Für den CGM sind alle drei Kodierungen vorgesehen, wobei allerdings die Binärkodierung die größte Verbreitung fand. Die Kodierungen des CGM sind ebenfalls in [GÖB] beschrieben. Beim GKSM gibt es im Annex E eine nicht sonderlich raffinierte Klartextkodierung und eine nicht näher spezifizierte Binärkodierung. Im Annex H präsentiert sich der GKSM fast als perfekter CGM (mit seinen drei Kodierungen), der nur um eine Handvoll Funktionen, die von GKS zusätzlich benötigt werden, erweitert wurde.

Austauschbarkeit von GKS-Metafiles nach Annex E. Unabhängig von kleineren Unterschieden in der Kodierung treten bei den verschiedenen GKS-Anbietern folgende gravierenden Probleme auf:

- Welche Dateiattribute haben die Metafiles? Dies ist stark abhängig vom Betriebssystem und wichtig für den Transfer in Netzen.

- Besitzen die Metafiles eine Recordstruktur (und welche)?
- Wie lang sind die Records? Üblich sind sowohl 80 als auch 4096 Zeichen.
- Sind die Records vollgeschrieben oder beginnt jedes Item mit einem neuen Record?

Aus diesen Fragen läßt sich eine gewisse Anzahl von Kombinationsmöglichkeiten schöpfen, die auch tatsächlich verbreitet sind. Uns ist zumindest ein GKS-Anbieter bekannt, der GKS-Metafiles von mehreren Konkurrenten sowohl interpretieren als auch schreiben kann.

Erzeugung eines CGM mit GKS. Ein CGM läßt sich in einem GKS-Programm genauso einfach erzeugen wie ein GKSM, was im ersten Abschnitt dieses Kapitels besprochen wurde. Allerdings muß man sich informieren, ob der Workstation-Type *CGM Output* unterstützt wird und unter welcher Nummer er mit welcher Kodierung angesprochen wird. GKS-Funktionen, die sich auf einem CGM nicht darstellen lassen, müssen in GKS simuliert werden.

Interpretation eines CGM in GKS. Bei der Interpretation von Metafiles unterscheiden wir CGM-Metafiles, die von GKS erzeugt wurden, und CGM-Metafiles beliebiger Herkunft. CGM-Metafiles, die ursprünglich mit GKS erzeugt wurden, lassen sich auch problemlos interpretieren. Wurden die CGM-Metafiles von einem anderen Graphiksystem erzeugt, kann niemand garantieren, daß sich alle Einträge unmittelbar in GKS realisieren lassen. Damit ergeben sich Anforderungen, die über den Leistungsumfang einer GKS-Implementierung hinausgehen.

In diesem Zusammenhang ist die Aussage von Graphik-Anbietern "Wir unterstützen CGM" ausgesprochen nichtssagend. Unabhängig von der Unterstützung verschiedener Kodierungen gibt es eine *erhebliche Bandbreite* in der Unterstützung von CGM-Metafiles, die wir mit folgenden drei Kriterien verdeutlichen wollen:

- Bandbreite der erzeugenden Programme
  minimal: Geeignete GKS-Programme, die keine Segmente und Bundles definieren, können einen CGM erzeugen.
  maximal: Beliebige GKS-Programme können einen CGM erzeugen, da Segmentierung und Bundle Definitionen in GKS aufgelöst werden.
- Bandbreite der interpretierenden Programme
  minimal: Die Interpretation eines CGM wird mit derart virtuosen GKS-Aufrufen realisiert, daß sie nur als separates Programm ablaufen kann.
  maximal: CGMs lassen sich in jede GKS-Anwendung (vergleichbar mit GKSM) einspielen.
- Bandbreite der interpretationsfähigen Metafiles
  minimal: Es können CGMs interpretiert werden, die ausschließlich Funktionen enthalten, die auch von GKS unterstützt werden.
  maximal: CGMs mit beliebigem Inhalt werden interpretiert.

Trotz dieser Probleme – die übrigens häufig unerwähnt bleiben – werden GKS-Metafiles zwischen verschiedenen GKS-Implementierungen ausgetauscht und CGM-

Metafiles erzeugt und interpretiert. Es sollte aufgezeigt werden, wo sich Probleme ergeben können, wo Grenzen liegen und ob zusätzliche Software benötigt wird.

In den folgenden Kapiteln werden wir Segmente (Kap. 15) und dynamische Bildänderungen (Kap. 16) kennenlernen. Ob man in einer Bilddatei den gesamten Enstehungsprozeß oder nur das Endergebnis speichern möchte, ist Geschmackssache bzw. durch den Typ der Bilddatei vorgegeben. Man hat die Wahl – wie es funktioniert, wird abschließend in Kapitel 18 behandelt.

Liste der GKS-Funktionen für Metafiles

Es werden hier nur die Metafile-spezifischen GKS-Funktionen aufgeführt. Bei der Benutzung von Metafile-Output-Workstations ist zu beachten, daß sie sich wie Output-Workstations verhalten, abgesehen von den nicht vorhandenen Erfragefunktionen für die Workstation Description Table.

GET ITEM TYPE FROM GKSM L0a

```
CALL GGTITM ( IWK , ITYPE , LENC )
```

Liest Item Header (also Item Type und Item-Länge in Zeichen) des nächsten Metafile-Item ein.

```
IN:  IWK    (INTEGER) WORKSTATION IDENTIFIER
OUT: ITYPE  (INTEGER) ITEM TYPE
OUT: LENC   (INTEGER) LAENGE DES ITEM DATA RECORD
ERRORS:               (0,7,20,25,34,162,163)
```

INTERPRET ITEM L0a

```
CALL GIITM ( ITYPE , LENC , IDIM , ITEM )
```

Interpretiert das vom Metafile gelesene Item, d.h. wirkt wie die GKS-Funktion, die das Item erzeugte.

```
IN:  ITYPE  (INTEGER) ITEM TYPE (VON GGTITM)
IN:  LENC   (INTEGER) LAENGE DES ITEMS (VON GGTITM)
IN:  IDIM   (INTEGER) DIMENSION DES ITEM DATA RECORD
IN:  ITEM   (CHARACTER*80(IDIM)) ITEM DATA RECORD
ERRORS:               (0,7,161,163,164,165,167,168)
```

READ ITEM FROM GKSM L0a

```
CALL GRDITM ( IWK , MAXL , IDIM , ITEM )
```

Liest den Item Data Record des nächsten Metafile-Item ein.

```
IN:  IWK    (INTEGER) WORKSTATION IDENTIFIER
IN:  MAXL   (INTEGER) MAXIMALZAHL ZU LESENDER ZEICHEN
                      (0 ODER LENC VON GGTITM)
IN:  IDIM   (INTEGER) DIMENSION DES ITEM DATA RECORD
OUT: ITEM   (CHARACTER*80(IDIM)) ITEM DATA RECORD
ERRORS:               (0,7,20,25,34,162,163,166,2001)
```

WRITE ITEM TO GKSM L0a

```
CALL GWITM ( IWK , ITYPE , LENC , IDIM , ITEM )
```

Sendet frei formatierte Benutzerdaten an eine Metafile-Output-Workstation.

```
IN:  IWK    (INTEGER) WORKSTATION IDENTIFIER
IN:  ITYPE  (INTEGER) USER ITEM TYPE ( > 100 )
IN:  LENC   (INTEGER) ANZAHL SIGNIFIKANTER ZEICHEN
                      IM ITEM DATA RECORD
IN:  IDIM   (INTEGER) DIMENSION DES USER ITEM DATA RECORD
IN:  ITEM   (CHARACTER*80(IDIM)) USER ITEM DATA RECORD
ERRORS:               (0,5,20,30,32,160,161)
```

Teil III

Level 1a

15. Segmente

Mit diesem Kapitel beginnt nicht nur ein neuer GKS-Level, sondern auch ein neues Lernziel: Kapitel 1 bis 14 behandeln alles zur graphischen Ausgabe, Ziel ist die Erstellung wunschgemäßer Bilder. Kapitel 15 bis 28 behandeln interaktive Graphik mit Bildmanipulation; hier ist das Ziel ein wunschgemäßes Verhalten interaktiver Anwendungsprogramme. Wir behandeln zuerst die Möglichkeiten der Bildmanipulation und anschließend die graphische Eingabe (ab Kapitel 19).

Manipulieren heißt nichts anderes, als daß man Zeichnungselemente noch nach deren Ausgabe vom Programm aus in irgendeiner Form ansprechen, verändern oder löschen kann.

Eine Möglichkeit wäre, daß alle vom Programm erzeugten Ausgabe-Primitive (also alle Polylines, Polymarker, Texte, Fill Areas, Cell Arrays oder Generalized Drawing Primitives) automatisch durchnumeriert würden und der Anwender danach vom Programm aus sagen könnte:

"Bitte Primitiv Nr. 375 verschieben!"

Eine solche Lösung ist nicht praktikabel, denn der Graphikanwender, beispielsweise der am Bildschirm konstruierende Ingenieur, arbeitet im allgemeinen nicht mit Begriffen wie Polyline, wie sie GKS kennt, sondern mit problembezogenen Bildelementen wie Werkstück, Kondensator, Schaltkreis, Achse etc., also mit Bildteilen, die sich aus einer ganzen Reihe von Ausgabe-Primitiven zusammensetzen.

Daher bietet GKS dem Benutzer die Möglichkeit, *selbst* festzulegen, welche seiner Graphikelemente zusammengehören und eventuell später manipuliert werden sollen. Eine solche, vom Benutzer als zusammengehörig deklarierte und mit einem Namen versehene Gruppe von Bildelementen heißt *Segment*.

Um solch ein Segment zu erzeugen, braucht der Benutzer nur die gewünschte Gruppe von Graphikelementen einzurahmen durch die zwei Aufrufe

CREATE SEGMENT	und	**CLOSE SEGMENT**
`CALL GCRSG ( NAME )`		`CALL GCLSG`

Hierbei ist NAME ein frei wählbarer Name für das Segment (und zwar vom Typ INTEGER, also eine Nummer). Selbstverständlich darf es nicht zwei Segmente mit dem gleichen Namen geben.

Alle Ausgabe-Primitive (und ihre Attribute), die zwischen dem Aufruf von CREATE SEGMENT und CLOSE SEGMENT aufgerufen werden, gehören zum gleichen, durch NAME gekennzeichneten Segment.

Bemerkungen:

- Zwischen den Aufrufen von CREATE SEGMENT und CLOSE SEGMENT bezeichnet man das aktuell bearbeitete Segment als *das offene Segment*. Nur zu dieser Zeit kann dem Segment noch graphische Information hinzugefügt werden. Nach dem Aufruf von CLOSE SEGMENT liegt der graphische Inhalt des Segments für alle Zeiten fest. Es ist zwar möglich, das Segment *als Ganzes* noch nachträglich zu manipulieren (z.B. zu transformieren oder zu löschen), nicht aber, ihm auch nur einen einzigen Strich hinzuzufügen oder zu löschen. Darin unterscheidet sich GKS von PHIGS.
- Da ein Segment im wesentlichen aus Primitiven besteht, darf man es nur generieren, wenn wenigstens eine Workstation aktiviert ist (oder gemäß Kapitel 6: *CREATE SEGMENT darf nur im Operating State WSAC aufgerufen werden*). Auf dieser (oder diesen) Workstation(s) ist das Segment auch sofort bei seiner Erzeugung zu sehen (da bekanntlich Ausgabe-Primitive auf allen aktiven Workstations ausgegeben werden). Die Gesamtheit aller Workstations, die bei der Erzeugung eines Segments aktiv waren, heißt *Menge der mit dem Segment XYZ assoziierten Workstations*. Die Menge aller Segmente, die erzeugt wurden, während eine Workstation aktiv war, wird als *Menge der auf der Workstation gespeicherten Segmente* bezeichnet.
- Während ein Segment offen ist, darf keine Workstation aktiviert oder deaktiviert werden, da diese Workstation dann Bruchstücke eines Segments enthalten würde. Die Ausgabe-Primitive, die – im Segment – erzeugt wurden, bevor die Workstation aktiviert oder nachdem sie deaktiviert wurde, wären ja auf ihr nicht zu sehen. Es ist aber in GKS festgelegt, daß die kleinste manipulierbare Einheit das Segment ist. Teilsegmente darf es demzufolge nicht geben. Formulieren wir es noch einmal als Kontextregel gemäß Kapitel 6: *Im Operating State SGOP dürfen die Funktionen ACTIVATE WORKSTATION und DEACTIVATE WORKSTATION nicht aufgerufen werden.*
- Zu jeder Zeit darf es höchstens *ein* offenes Segment geben. Eine Schachtelung von Segmenten ist nicht vorgesehen. Als Kontextregel formuliert heißt das: *Im Operating State SGOP ist der Aufruf von CREATE SEGMENT verboten.*
- Die obige Bemerkung, daß Segmente auf der Workstation *gespeichert* sind, ist nicht wörtlich zu nehmen, aber für die Anschauung sehr nützlich. Bezeichnet wird das Ganze als *Workstation Dependent Segment Storage (oder kurz: WDSS)*. Betrachtet man hingegen die Realisierung, steht lediglich fest, daß die Segmente innerhalb des gesamten Graphiksystems gespeichert sind. Wo und mit welchen Methoden die Segmente gespeichert werden, ist für die Programmierung nicht interessant, wohl aber für die Geschwindigkeit des Bildaufbaus nach der Verschiebung eines Segments oder dessen Löschung. Handhabung und Realisierung

dieser dynamischen Änderungen werden in den folgenden beiden Kapiteln behandelt.

Im folgenden Beispiel gehören POLYLINE auf der einen und TEXT und FILL AREA auf der anderen Seite zu zwei verschiedenen Segmenten und können daher unabhängig voneinander manipuliert werden. Da TEXT und FILL AREA zum gleichen Segment gehören, können sie hinterher nur gemeinsam manipuliert werden. Das Polymarker-Primitiv gehört gar keinem Segment an (da es nicht zwischen je einem Aufruf von CREATE SEGMENT und von CLOSE SEGMENT steht) und kann daher überhaupt nicht manipuliert werden.

Programm 15.1 Segmente und Workstations

```
      PROGRAM SEG1
C
C     DEMONSTRATION DER SEGMENT-WORKSTATION-KOPPLUNG
C
      REAL XPL(10),YPL(10),XPM(20),YPM(20)
      REAL XFA(15),YFA(15)
      CHARACTER*25 TEXT
      ...
      CALL GOPKS ( IERFIL , IBUFL )
      CALL GOPWK ( IWK , ICON , IWT )
      CALL GOPWK ( IWK2 , ICON2 , IWT2 )
      CALL GACWK ( IWK )
C
C     SEGMENT NR. 1
C
      CALL GCRSG ( 1 )
      CALL GPL ( 10 , XPL , YPL )
      CALL GCLSG
C
C     JETZT AUCH WORKSTATION 2 AKTIVIEREN
C     SEGMENT NR. 2 AUSGEBEN
C
      CALL GACWK ( IWK2 )
      CALL GCRSG ( 2 )
      CALL GTX ( XSTART , YSTART , TEXT )
      CALL GFA ( 15 , XFA , YFA )
      CALL GCLSG
C
C     WORKSTATION 1 DEAKTIVIEREN
C
      CALL GDAWK ( IWK )
      CALL GPM ( 20 , XPM , YPM )
```

```
...
CALL GDAWK ( IWK2 )
CALL GCLWK ( IWK )
CALL GCLWK ( IWK2 )
CALL GCLKS
STOP
END
```

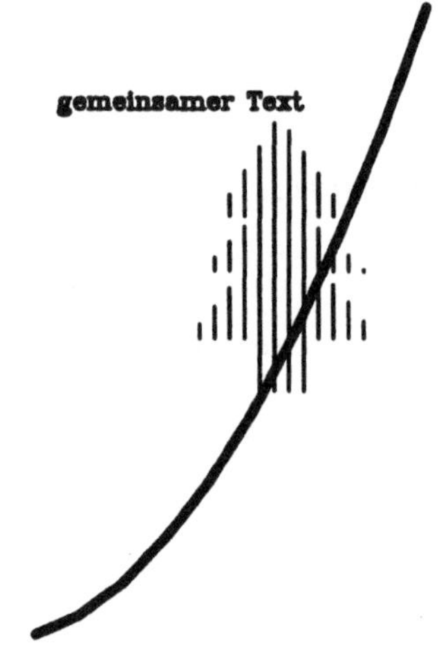

Abb. 15.1: Ergebnis auf Workstation 1

Abb. 15.2: Ergebnis auf Workstation 2

Das Beispiel zeigt auch, wie sich durch gezieltes Benutzen von ACTIVATE WORKSTATION und DEACTIVATE WORKSTATION die Ausgabe-Primitive und Segmente auf die beiden Workstations verteilen: Auf Workstation IWK sind die beiden Segmente 1 und 2 gespeichert, nicht jedoch das einzelne Polymarker-Primitiv. Auf Workstation IWK2 ist nur Segment 2 gespeichert. Zusätzlich ist auf dieser Workstation noch das Polymarker-Primitiv zu sehen. Man erinnere sich an die Bemerkung aus Kapitel 3: "...weil ein schlauer GKS-Benutzer mit diesen sechs GKS-Funktionen

(OPEN GKS, OPEN WORKSTATION, ACTIVATE WORKSTATION, DEACTIVATE WORKSTATION, CLOSE WORKSTATION, CLOSE GKS) noch viel mehr anfangen kann als sie lediglich in zwei starren Dreierblöcken aufzurufen."

Wird eine Workstation geschlossen (z.B. Workstation IWK im obigen Beispiel), so wird bekanntlich der Zugriff auf diese Workstation gelöst. Hinterher ist es in GKS nicht mehr feststellbar, daß diese Workstation je existiert hat. Also wird natürlich auch ihr Eintrag aus den Workstation-Tabellen aller Segmente entfernt.

Nach dem Aufruf in unserem Beispiel CALL GCLWK (IWK) enthält die Liste der assoziierten Workstations von Segment 2 nur noch die Workstation IWK2, da ja IWK gerade geschlossen und damit aus dem Anwendungsprogramm vollständig entfernt wurde. Segment 1 war nur auf IWK gespeichert. Also ist die Tabelle der assoziierten Workstations für dieses Segment jetzt leer, oder anders gesagt: Das Segment ist nirgendwo mehr zu sehen. Demzufolge wird das Segment 1 selbst als Karteileiche aus GKS entfernt.

Das gleiche Schicksal widerfährt Segment 2 nur ein FORTRAN-Statement weiter. Nachdem IWK2 geschlossen ist, gibt es keine Workstation mehr, auf dem Segment 2 noch zu sehen wäre. Daher wird in diesem Moment auch das Segment selbst gelöscht.

Am Ende eines Programms, zu einem Zeitpunkt, an dem es keine Workstations mehr gibt, gibt es also auch keine Segmente mehr (ohne daß der Benutzer sie explizit löschen mußte). Öffnet man danach wieder GKS oder neue Workstations, so kann man nicht mehr auf die früheren Segmente zugreifen. Will man dies, so muß man sie rechtzeitig auf einem Metafile speichern, den man hinterher wieder als Metafile-Input-Workstation öffnen und interpretieren kann. Daher als Merksatz: *Der Transport und die Langzeitspeicherung von Graphiken sind in GKS nur mit Hilfe von Metafiles möglich.*

Nachdem wir nun so viel über das automatische Verschwinden von Segmenten gesprochen haben, soll der Hinweis nicht fehlen, wie man explizit im Programm ein Segment löschen kann. Dies will man typischerweise bei interaktiven Programmen: Ein Zeichnungsteil (das man klugerweise in ein eigenes Segment gepackt hat) ist mißlungen und soll entfernt werden, um es dann verbessert neu zu generieren. Dies erreicht man durch:

DELETE SEGMENT

```
CALL GDSG ( NAME )
```

Das Segment wird vollständig aus GKS entfernt, d.h. es ist auf keiner Workstation mehr zu sehen und wird aus allen WDSS-Speichern gelöscht. Selbstverständlich hat dieser Aufruf auch sichtbare Konsequenzen: Das Segment muß wirklich vom Bildschirm verschwinden. Es handelt sich also um eine *dynamische Bildänderung*, die wir in den folgenden Kapiteln ausführlich erläutern werden.

Soll das Segment nur auf einer bestimmten Workstation gelöscht werden, auf den anderen aber weiter existieren, benutzt man:

DELETE SEGMENT FROM WORKSTATION

```
CALL GDSGWK ( IWK , NAME )
```

Zum Abschluß dieses Kapitels über Segmente noch eine einfache Kontrollfunktion, um Segmenten einen neuen Namen zu geben:

RENAME SEGMENT

```
CALL GRENSG ( NAME1 , NAME2 )
```

Mit ihr wird dem Segment mit dem Namen NAME1 der neue Name NAME2 (der natürlich nicht schon vergeben sein darf) gegeben. Will man beispielsweise mehrere Metafiles interpretieren, so kann es vorkommen, daß Segmentnamen mehrfach auftreten (da eben auf mehreren Metafiles ein Segment z.B. mit der Nummer 4711 vorkommt). So kann man, ehe ein neues Segment mit einem schon vorhandenen Namen auftritt, das alte Segment umbenennen. *Auch wenn man bei der Interpretation von Metafiles nur mit implementierungsabhängigen Methoden einen Segmentnamen erfahren kann, ist dies doch eine typische Anwendung in Graphik-Editoren.*

Mit dem Ende dieses Kapitels ist die Diskussion der Segmente natürlich noch lange nicht beendet (die interessanten Anwendungen kommen erst noch). Wir haben lediglich die Bedeutung des Segmentbegriffs in GKS kennengelernt und die Wechselwirkung zwischen Segmenten und Workstations diskutiert. *Wie* man mit Hilfe von Segmenten seine Zeichnung manipulieren kann, das soll in den nächsten drei Kapiteln diskutiert werden.

Liste der GKS-Funktionen für Segmente (Teil1)

CLOSE SEGMENT L1a

```
CALL GCLSG
```

Schließt das offene Segment. Der graphische Inhalt des Segments liegt von nun an fest.

```
ERRORS:            (0,4)
```

CREATE SEGMENT L1a

```
CALL GCRSG ( NAME )
```

Öffnet ein neues Segment. Alle Ausgabe-Primitive, die bis zum nächsten CLOSE SEGMENT generiert werden, gehören zu diesem Segment.

```
IN:  NAME   (INTEGER) SEGMENTNAME
ERRORS:               (0,3,120,121)
```

DELETE SEGMENT L1a

```
CALL GDSG ( NAME )
```

Löscht ein Segment. Das Segment wird von allen assoziierten Workstations entfernt.

```
IN:  NAME   (INTEGER) SEGMENTNAME
ERRORS:               (0,7,120,122,125)
```

DELETE SEGMENT FROM WORKSTATION L1a

```
CALL GDSGWK ( IWK , NAME )
```

Löscht ein Segment von einer bestimmten Workstation.

```
IN:  IWK    (INTEGER) WORKSTATION IDENTIFIER
IN:  NAME   (INTEGER) SEGMENTNAME
ERRORS:               (0,7,20,25,33,35,120,123,125)
```

INQUIRE NAME OF OPEN SEGMENT L1a

```
CALL GQOPSG ( IERR , NAME )
```

Liefert den Namen des offenen Segments.

```
OUT: IERR   (INTEGER) ERROR INDICATOR (0,4)
OUT: NAME   (INTEGER) NAME DES OFFENEN SEGMENTS
```

INQUIRE SET member OF ASSOCIATED WORKSTATIONS L1a

```
CALL GQASWK ( NAME , N , IERR , NWK , IWK )
```

Liefert zu einem gegebenen Segment die Anzahl der assoziierten Workstations sowie ein ausgewähltes Listenelement.

```
IN:  NAME   (INTEGER) SEGMENTNAME
IN:  N      (INTEGER) NUMMER DES LISTENELEMENTS
OUT: IERR   (INTEGER) ERROR INDICATOR (0,7,120,122,2002)
OUT: NWK    (INTEGER) ANZAHL DER ASSOZIIERTEN WORKSTATIONS
OUT: IWK    (INTEGER) FALLS N > 0: N-TE ASSOZIIERTE WORKSTATION
```

INQUIRE SET member OF SEGMENT NAMES IN USE L1a

```
CALL GQSGUS ( N , IERR , NSG , NAME )
```

Liefert die Anzahl der benutzten Segmentnamen sowie ein ausgewähltes Listenelement.

```
IN:  N      (INTEGER) NUMMER DES LISTENELEMENTS
OUT: IERR   (INTEGER) ERROR INDICATOR (0,7,2002)
OUT: NSG    (INTEGER) ANZAHL BENUTZTER SEGMENTNAMEN
OUT: NAME   (INTEGER) FALLS N > 0: N-TER SEGMENTNAME
```

INQUIRE SET member OF SEGMENT NAMES ON WORKSTATION . L1a

```
CALL GQSGWK ( IWK , N , IERR , NSG , NAME )
```

Liefert die Anzahl der benutzten Segmentnamen auf einer bestimmten Workstation sowie ein ausgewähltes Listenelement.

```
IN:  IWK    (INTEGER) WORKSTATION IDENTIFIER
IN:  N      (INTEGER) NUMMER DES LISTENELEMENTS
OUT: IERR   (INTEGER) ERROR INDICATOR (0,7,20,25,33,35,2002)
OUT: NSG    (INTEGER) ANZAHL SEGMENTE AUF DER WORKSTATION
OUT: NAME   (INTEGER) FALLS N > 0: N-TER SEGMENTNAME
```

RENAME SEGMENT L1a

```
CALL GRENSG ( NAME1 , NAME2 )
```

Benennt ein Segment neu.

```
IN:  NAME1  (INTEGER) ALTER SEGMENTNAME
IN:  NAME2  (INTEGER) NEUER SEGMENTNAME
ERRORS:               (0,7,120,121,122)
```

---

16. Dynamische Bildänderungen

Dieses Kapitel setzt das Workstation-Kapitel (Kapitel 5) fort. Die Behandlung dynamischer Bildänderungen ist eine Workstation-Eigenschaft, die sich erst nach Einführung des Segmentbegriffs beschreiben läßt. Die wichtigsten Merkmale sind im folgenden aufgeführt:

- Eine dynamische Bildänderung kann durch die Setzung von Workstation- oder Segment-Attributen verursacht werden. Sie liegt dann vor, wenn bereits gezeichnete Bildteile *nachträglich geändert* werden.
- Auf jeder Workstation kann es dynamische Bildänderungen geben, die sich ohne spürbaren Zeitaufwand (*immediately*) realisieren lassen (Beispiele aus Kapitel 5: Colour Table auf Raster-Bildschirmen, Zoom auf Vector-Refresh-Bildschirmen), während die übrigen dynamischen Bildänderungen eine Bildregenerierung (*implicit regeneration*) erforderlich machen. Achtung: Bei der Bildregenerierung geht Graphik außerhalb von Segmenten verloren.
- Zur *Vermeidung unbeabsichtigter Bildänderungen* empfehlen wir folgendes: Workstation-Attribute stellt man am besten bei leerer Zeichenfläche ein, also nach dem OPEN WORKSTATION oder CLEAR WORKSTATION. Darauf wurde bereits in Kapitel 5 hingewiesen. Genauso setzt man Segment-Attribute – wir besprechen sie im folgenden Kapitel – am besten beim leeren Segment, also direkt nach CREATE SEGMENT.

Im folgenden werden wir uns ausschließlich mit der Bildregenerierung befassen und betrachten dabei das Auslösen und Verzögern sowie die Realisierung von Bildregenerierungen.

Auslösen und Verzögern von Bildregenerierungen

Die einfachste Form, eine Bildregenerierung auszulösen, ist es, alle Segmente auf einer bestimmten Workstation neu zeichnen zu lassen. Diese Funktion lautet:

REDRAW ALL SEGMENTS ON WORKSTATION

```
CALL GRSGWK ( IWK )
```

Bei diesem Aufruf wird die Zeichenfläche gelöscht, und anschließend werden alle im Workstation Dependent Segment Storage (WDSS) gespeicherten Segmente neu gezeichnet. Ausgabe-Primitive, die außerhalb von Segmenten generiert wurden, sind nirgendwo in GKS gespeichert und gehen hierbei verloren.

Wozu braucht man eine solche Funktion? Nach ihrem Aufruf kann man jedenfalls sicher sein, daß auf dem Bildschirm sämtliche Setzungen des Anwendungsprogramms in Segment- und Workstation-Tabellen von GKS auch realisiert sind. Zwischenzeitliche Diskrepanzen zwischen Wunsch und Wirklichkeit, die bei dynamischen Bildänderungen auftreten können (und dürfen), werden hiermit beseitigt.

Als Beispiel betrachte man folgendes Programmstück:

```
      ...
C
C     SEGMENTAUSGABE BEI STANDARD-
C     WORKSTATION WINDOW
C
      CALL GCRSG ( 1234 )
      CALL GTX ( 0.1 , 0.1 , 'Textprobe' )
      CALL GCLSG
C
C     JETZT UMDEFINITION DES WORKSTATION
C     WINDOW AUF UNTERES VIERTEL NDC
C     UND ANSCHLIESSENDER BILDNEUAUFBAU
C
      CALL GSWKWN ( IWK , 0. , 0.5 , 0. , 0.5 )
      CALL GRSGWK ( IWK )
      ...
```

Es werden nacheinander folgende Bilder erzeugt:

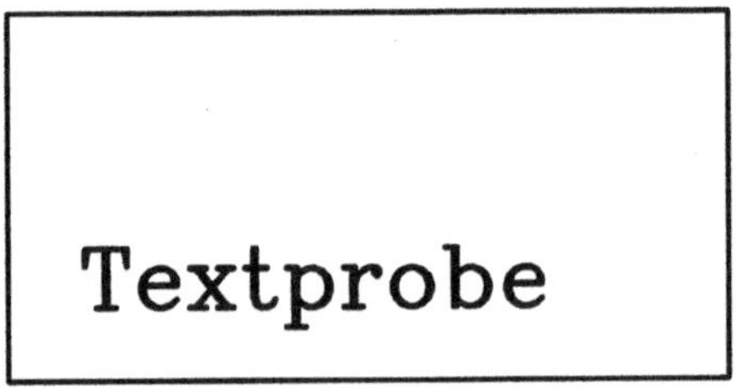

Textprobe

Abb. 16.1: Original

Abb. 16.2: Neues Workstation-Window

Es handelt sich um eine Ausschnittvergrößerung des linken unteren Viertels der Zeichnung.

Stellen wir dieser Standardanwendung eine eher didaktisch motivierte Anwendung gegenüber: Ändert man statt des Workstation Windows die Representation des zum Text gehörenden Bundles, so kann man folgenden Effekt erzielen (dabei sei Font -15 als "deutsche Gotik" definiert):

```
      ...
      CALL GCRSG ( 1234 )
      CALL GSTXI ( 1 )
      CALL GTX ( 0.1 , 0.1 , 'Textprobe' )
      CALL GCLSG
C
C     UMDEFINITION VON TEXT BUNDLE 1
C     UND BILDNEUAUFBAU
C
      CALL GSTXR ( IWK , 1 , -15 , 2 , 1. , 0. , 1 )
      CALL GRSGWK ( IWK )
```

Hier ergibt sich folgende Bildserie:

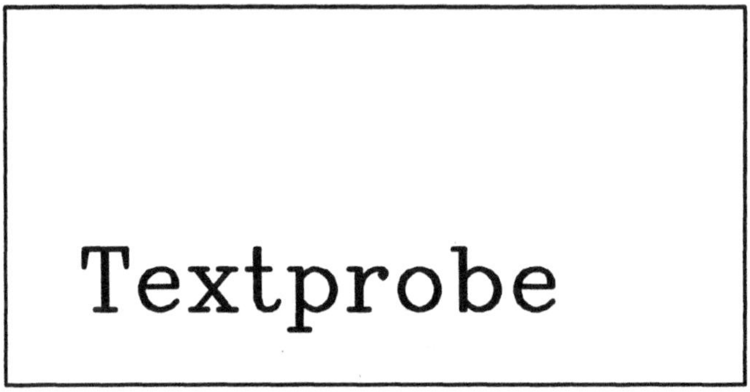

Textprobe

Abb. 16.3: Original

Textprobe

Abb. 16.4: Neues Text-Bundle

Die in Kapitel 5 beschriebene Funktion CLEAR WORKSTATION hat natürlich auch die Wirkung, die Zeichenfläche zu löschen, allerdings ohne Bildneuaufbau. Vielmehr werden alle Segmente von der Workstation gelöscht, d.h. die Zeichenfläche bleibt leer.

Die oben angeführten Beispiele haben einen entscheidenden Nachteil: Sie lassen keinen Raum für Graphik-Fähigkeiten, die die Workstation selbst bietet. Ein Vector-Refresh-Bildschirm beispielsweise, der das Bild sowieso 30 mal in der Sekunde neu zeichnet, *braucht gar keinen Redraw-Aufruf des Anwendungsprogramms*, um die Setzung des Workstation-Window zum Tragen kommen zu lassen. Die dynamische Bildänderung kann sofort ausgeführt werden. Die Bildregenerierung im GKS-Sinn – das neue Laden des Vektorspeichers aus Gerätesicht – kann unterbleiben, außerhalb von Segmenten erzeugte Graphik bleibt erhalten. Die bisher gezeigten Beispielprogramme sind also nur schlecht an eventuell vorhandenen Geräte-Fähigkeiten angepaßt. GKS gestattet uns aber eine differenziertere Vorgehensweise:

- Aus der Tatsache, daß dynamische Bildänderungen *möglicherweise* einen Bildneuaufbau erfordern, folgt ja noch nicht, daß man einem Aufruf von SET WORKSTATION WINDOW immer einen zwingenden Bildneuaufbau hinterherschicken muß. Wie kann man entscheiden, ob nach einem solchen Aufruf alles in Ordnung ist oder ob man eben *doch* den Bildneuaufbau braucht?
- Aus der Festlegung, daß dynamische Bildänderungen, die die Workstation nicht ohne Bildneuaufbau vollziehen kann, bis zum nächsten Löschen der Zeichenfläche verzögert werden müssen, folgt noch nicht der *Zeitpunkt* für einen Bildneuaufbau. Muß ihn der Anwender vom Programm aus erzwingen oder kann er automatisch (etwa bei Aufruf der GKS-Funktion, die die dynamische Bildänderung herbeiführt) erfolgen?

Die beiden Fragen lassen sich – etwas allgemeiner formuliert – folgendermaßen zusammenfassen: *Wann befinden sich das laufende Anwendungsprogramm und die sichtbare Graphik auf dem gleichen Stand, und wie kann das Anwendungsprogramm gezielt auf den Stand der sichtbaren Graphik Einfluß nehmen?* Um es nun jedem recht zu machen, bietet GKS zwei Kontrollfunktionen an, die das Verhalten der Workstation bezüglich des Datentransfers und der Bildaktualisierung steuern. Die erste Funktion heißt:

UPDATE WORKSTATION

```
CALL GUWK ( IWK , IRFLAG )
```

Sie stellt sozusagen das weich arbeitende Gegenstück zum harten REDRAW ALL SEGMENTS dar. Durch den Aufruf von UPDATE WORKSTATION erreicht man, daß der Stand der Graphik auf einer Workstation gegenüber dem Anwendungsprogramm aktualisiert wird. Hierbei sind zwei Stufen möglich, die der Schalter IRFLAG (Update Regeneration Flag) steuert. Er ist vom Typ ENUMERATION und kann die Werte (POSTPONE,PERFORM) annehmen. Steht er auf POSTPONE, so wird das Bild nur soweit aktualisiert, wie es ohne Bildneuaufbau möglich ist, d.h. der Ausgabepuffer wird geleert. Steht der Schalter auf PERFORM, so werden alle anstehenden Aktualisierungen durchgeführt, auch wenn dadurch ein Bildneuaufbau erforderlich wird.

Der Vorteil von UPDATE WORKSTATION ist, daß überflüssige Bildregenerierungen vermieden werden: Selbst wenn der Schalter auf PERFORM steht, erfolgt nur dann eine Bildregenerierung, wenn dynamische Bildänderungen dies erforderlich machen.

Im obigen Beispiel programmieren wir also sinnvoller:

```
...
CALL GSWKWN ( IWK , 0. , 0.5 , 0. , 0.5 )
CALL GUWK ( IWK , 1 )
```

beziehungsweise

```
...
```

```
CALL GSTXR ( IWK , 1 , -15 , 2 , 1. , 0. , 1 )
CALL GUWK ( IWK , 1 )
```

Im ersten Fall wird bei einem Vector-Refresh-Bildschirm die Transformationsänderung sofort durchgeführt, während UPDATE WORKSTATION nur den Ausgabepuffer leert. Im zweiten Fall ist in der Regel ein Bildneuaufbau nötig, um den Text-Font zu wechseln.

Beim CLOSE WORKSTATION wird implizit immer ein UPDATE WORKSTATION (mit PERFORM) durchgeführt, was gegebenenfalls einen Bildneuaufbau nach sich ziehen kann.

Im Prinzip wäre das oben angeschnittene Problem mit Hilfe dieser UPDATE-WORKSTATION-Funktion vollständig gelöst: Alle dynamischen Bildänderungen, die einen Bildneuaufbau benötigen, werden bis zum Aufruf von GUWK (bzw. GRSGWK, GCLRWK oder GCLWK) verzögert, so daß der Anwender alle Effekte voll unter Kontrolle hat.

Um nun aber die UPDATE-Aufrufe im Programm auf einige markante Stellen beschränken zu können (schließlich soll der GKS-Anwender Graphiken und keine Verwaltung programmieren), bietet GKS noch weiteren Komfort: Die Workstation State List enthält zwei Schalter, um das *implizite Update-Verhalten* zu steuern, also das, was zwischen den expliziten UPDATE-Aufrufen zu geschehen hat. Diese Schalter können mit Hilfe folgender GKS-Funktion vom Programm gesetzt werden:

SET DEFERRAL STATE

```
CALL GSDS ( IWK , IDF , IRG )
```

Mit ihr läßt sich der Verzögerungsstatus einer Workstation einstellen, durch den sowohl für den Ausgabepuffer als auch für die dynamischen Bildänderungen festgelegt wird, wann – unabhängig von der Funktion UPDATE WORKSTATION – die Graphik auf dem Bildschirm aktualisiert wird.

Für beide Schalter gibt es Voreinstellungen, die in der Workstation Description Table definiert sind. Man braucht SET DEFERRAL STATE also nur aufzurufen, wenn man mit dem Standardverhalten der Workstation nicht einverstanden ist.

IDF ist der *Deferral Mode*, also ein Schalter, der angibt, wann *spätestens* graphische Ausgabe auf der Zeichnung zu erscheinen hat. Er ist vom Typ ENUMERATION und hat den Wertebereich (ASAP,BNIG,BNIL,ASTI) wobei die Kürzel stehen für:

ASAP *As Soon As Possible*. Jegliche graphische Ausgabe, im Prinzip also jedes Ausgabe-Primitiv, soll so schnell wie möglich, d.h. unmittelbar nach Aufruf der GKS-Funktion, auf die Workstation gelangen. Das Anwendungsprogramm und das Ausgabegerät sind immer auf dem gleichen Stand.

BNIG *Before Next Interaction Globally*. Graphische Ausgabe darf verzögert werden, aber höchstens solange, bis auf *irgendeiner* Workstation eine Eingabe von GKS erwartet wird. Dieser Modus ist für die Synchronisierung mehrerer Workstations geeignet.

BNIL *Before Next Interaction Locally.* Graphische Ausgabe darf verzögert werden, aber höchstens solange, bis auf *dieser* Workstation eine Eingabe von GKS erwartet wird. Dieser Wert ist sinnvoll für die Aktualisierung einzelner Bildschirme.

ASTI *At Some TIme.* Das Anwendungsprogramm legt keinen Wert auf ein spezielles Verhalten der Workstation. Die graphische Ausgabe darf – so lange keine expliziten UPDATE-WORKSTATION-Aufrufe erfolgen – so lange (oder auch so kurz) verzögert werden, wie es für die Workstation am günstigsten ist. Dieser Wert ist sinnvoll bei der Benutzung von Plottern.

Bemerkungen:

- Es gibt keine Möglichkeit, die Verzögerung von graphischer Ausgabe bis zu einem benutzerdefinierten Zeitpunkt zu erzwingen, d.h. auch beim Deferral Mode ASTI kann jederzeit Graphik-Ausgabe auf der Workstation erfolgen, auch wenn nie UPDATE WORKSTATION aufgerufen wird. Will man solch einen Effekt haben, sollte man ein Segment öffnen und dieses sofort auf unsichtbar setzen (s. nächstes Kapitel). Vor dem UPDATE-Aufruf setzt man es dann wieder auf sichtbar.
- Läuft auf irgendeiner Workstation ein Input Device im Sample oder Event Mode (siehe Kapitel 20, 27 und 28), so gibt es auf allen Workstations hinsichtlich des Ausgabeverhaltens keinen Unterschied zwischen den Zuständen BNIG und ASAP. Da jederzeit eine Eingabe erwartet wird, muß jedes Ausgabe-Primitiv sofort ausgegeben werden. Auf der betreffenden Workstation sind dann auch die Zustände BNIL und ASAP von der Wirkung her gleich.

Der dritte Parameter IRG von SET DEFERRAL STATE ist die sogenannte *Implicit Regeneration Flag*, also der Schalter zur Steuerung impliziter Bilderneuerungen. Er ist vom Typ ENUMERATION und hat den Wertebereich

(SUPPRESSED,ALLOWED)

Im Gegensatz zu einer *expliziten* Bilderneuerung – die also durch einen Aufruf von REDRAW ALL SEGMENTS ON WORKSTATION oder UPDATE WORKSTATION ausgelöst wurde – spricht man von einer *impliziten* Bilderneuerung, wenn sie beispielsweise von SET WORKSTATION WINDOW oder SET POLYLINE REPRESENTATION – also GKS-Funktionen, die dynamische Bildänderungen zur Folge haben können – ausgelöst wurde. Setzt man obigen Schalter also auf ALLOWED, so würde die Funktion SET WORKSTATION WINDOW (oder eine entsprechende andere Funktion) – falls nötig – die sofortige Bilderneuerung selbst auslösen. Steht der Schalter auf SUPPRESSED – und dies dürfte in der Regel die Voreinstellung sein –, so findet keine implizite Bilderneuerung statt. Die Bildänderung wird bis zur expliziten Bilderneuerung durch einen Aufruf von UPDATE WORKSTATION (o.ä.) verzögert.

In der Einleitung dieses Kapitels stellten wir unter anderem die Frage, woher das Anwendungsprogramm denn wissen solle, ob der Aufruf von REDRAW ALL SEGMENTS noch nötig sei oder nicht. Inzwischen haben wir gelernt, daß es meist gar nicht nötig ist, das zu wissen, da es intelligentere GKS-Funktionen gibt, die sich für jede Situation passend verhalten. Dennoch kann sich der Benutzer jederzeit über den Verzögerungsstatus einer Workstation informieren durch die Funktion

INQUIRE WORKSTATION DEFERRAL AND UPDATE STATES

```
CALL GQWKDU ( IWK , IERR , IDF , IRG , IEM , NFR )
```

durch die man für die Workstation IWK die aktuellen Einstellungen für Deferral Mode und Implicit Regeneration Mode erhält. Noch interessanter sind zwei weitere Größen, die Aufschluß über den Zustand der Workstation geben: IEM – als *Display Surface Empty Flag* bezeichnet – gibt an, ob die Zeichenfläche gerade leer ist oder nicht. Sie hat den Wertebereich (NOTEMPTY,EMPTY). NFR – als *New Frame Action Necessary At Update* bezeichnet – gibt an, ob beim nächsten UPDATE WORKSTATION eine Bilderneuerung notwendig ist (weil sich inzwischen dynamische Bildänderungen angesammelt haben). Der Wertebereich ist (NO,YES).

Die folgenden GKS-Funktionen können zu impliziten Bilderneuerungen führen, *wenn ihr Aufruf sichtbare Auswirkungen auf die bereits existierende Zeichnung hat und die Workstation diese Änderung nicht anders vollziehen kann:*

1. Workstation-Attribute:
   SET POLYLINE REPRESENTATION
   SET POLYMARKER REPRESENTATION
   SET TEXT REPRESENTATION
   SET FILL AREA REPRESENTATION
   SET PATTERN REPRESENTATION
   SET COLOUR REPRESENTATION
   SET WORKSTATION WINDOW
   SET WORKSTATION VIEWPORT
2. Segment-Kontrolle und -Attribute:
   DELETE SEGMENT
   DELETE SEGMENT FROM WORKSTATION
   SET SEGMENT <Attribute> (siehe folgendes Kapitel)
3. indirekte Auslösung:
   INTERPRET ITEM (falls eine der obigen Funktionen vorliegt)

Bei welchen dieser Funktionen haben dynamische Änderungen auch eine Bedeutung in der Praxis? Sicherlich bei allen Segment-Funktionen und bei SET WORKSTATION WINDOW – der GKS-Funktion für Zoom. SET COLOUR REPRESENTATION wird in der Regel ohne Bildregenerierung erledigt. Hier kann man sich auch mit preiswertem Gerät an echter Dynamik berauschen. Dagegen werden die übrigen Workstation-Attribute in der Regel zur Geräteinitialisierung verwendet, selten aber für dynamische Änderungen. Welche Funktionen eine Workstation ohne Bildneuaufbau dynamisch ausführt, kann von der Workstation Description Table erfragt werden.

Realisierung von Bildregenerierungen

Für die Akzeptanz von GKS-Anwendungen ist die Schnelligkeit, mit der die Graphik auf dem Bildschirm aktualisiert wird, von entscheidender Bedeutung. Eine Rolle spielen die Hardwareausstattung und die Leistungsfähigkeit der GKS-Implementierung. Die Hardwaresituation hat sich in den letzten Jahren drastisch verbessert: GKS-Anwendungen laufen lokal auf einer Workstation oder bedienen den Bildschirm über ein schnelles Netz. Früher dagegen waren Graphik-Terminals üblich, die über eine langsame Leitung mit einem zentralen Rechner verbunden waren. Um die entnervenden Bildregenerierungen über ein langsames Netz zu vermeiden, wurden die Graphik-Terminals mit lokaler Intelligenz ausgestattet. Daraus resultierende Probleme wollen wir im Zusammenhang mit den Segment-Attributen im folgenden Kapitel besprechen.

Natürlich hängt die Geschwindigkeit der Bildregenerierung auch von der GKS-Implementierung ab, allerdings ist ein Vergleich nur bei mehreren Anwendungen auf derselben Workstation aussagekräftig. Während für ein Zoom die Erneuerung des gesamten Bildes unvermeidlich ist, ist dies bei der Realisierung von Segmentmanipulationen nicht zwingend. Wenn Teile des Bildes aktualisiert werden, spricht man von "Quick Update Methods". Dieser Begriff wird zwar in GKS nicht erwähnt, findet sich aber in den (später veröffentlichten) Graphik-Standards GKS-3D und PHIGS. Die Qualität von Quick-Update-Methoden kann sehr unterschiedlich sein. Da sie nur im Zusammenhang mit Segmentmanipulationen eine Rolle spielen, werden sie im folgenden Kapitel ausführlicher behandelt. Ihre Bedeutung für umfangreiche interaktive Anwendungen kann nicht hoch genug eingeschätzt werden.

Liste der GKS-Funktionen für Workstations (Teil2)

INQUIRE DEFAULT DEFERRAL STATE VALUES L1a

```
CALL GQDDS ( IWT , IERR , IDF , IRG )
```

Liefert von der Workstation Description Table die Voreinstellung für Deferral Mode und Implicit Regeneration Mode.

```
IN:  IWT   (INTEGER) WORKSTATION TYPE
OUT: IERR  (INTEGER) ERROR INDICATOR (0,8,22,23,39)
OUT: IDF   (INTEGER) DEFAULT DEFERRAL MODE (ASAP,BNIG,BNIL,ASTI)
OUT: IRG   (INTEGER) DEFAULT IMPLICIT REGENERATION MODE
                     (SUPPRESSED,ALLOWED)
```

INQUIRE DYNAMIC MODIFICATION OF SEGMENT ATTRIBUTES L1a

```
CALL GQDSGA ( IWT , IERR , ITR , IV1 , IV2 , IHG , ISP , IAD , IDL )
```

Diese GKS-Funktion ist hier aufgeführt, weil es sich um eine Erfragefunktion der Workstation Description Table handelt und an dieser Stelle sämtliche noch fehlenden Funktionen zum Thema Workstation aufgeführt werden. Die Bedeutung der Parameter wird im folgenden Kapitel besprochen. Die Funktion liefert für den Workstation Type, welche Segment-Attribute dynamisch geändert werden können. Die Parameter haben jeweils den Wertebereich (IRG,IMM), wobei IRG = Implicit ReGeneration necessary und IMM = performed IMMediately.

```
IN:  IWT   (INTEGER) WORKSTATION TYPE
OUT: IERR  (INTEGER) ERROR INDICATOR (0,8,22,23,39)
OUT: ITR   (INTEGER) SEGMENT TRANSFORMATION AENDERBAR
OUT: IV1   (INTEGER) VISIBILITY ABSCHALTBAR
OUT: IV2   (INTEGER) VISIBILITY ANSCHALTBAR
OUT: IHG   (INTEGER) HIGHLIGHTING AENDERBAR
OUT: ISP   (INTEGER) SEGMENTPRIORITAET AENDERBAR
OUT: IAD   (INTEGER) HINZUFUEGEN NEUER PRIMITIVE ZUM OFFENEN
                     SEGMENT (NICHT-OBERSTER PRIORITAET)
                     MOEGLICH
OUT: IDL   (INTEGER) DELETE SEGMENT MOEGLICH
```

INQUIRE DYNAMIC MODIFICATION OF WORKSTATION ATTRIBUTES L1a

```
CALL GQDWKA ( IWT, IERR, IPL, IPM, ITX, IFA, IPR, ICL, IWKT )
```

Liefert für den Workstation Type, welche Workstation-Attribute dynamisch geändert werden können. Die Parameter haben jeweils den Wertebereich (IRG,IMM), wobei IRG = Implicit ReGeneration necessary und IMM = performed IMMediately.

```
IN:  IWT    (INTEGER) WORKSTATION TYPE
OUT: IERR   (INTEGER) ERROR INDICATOR (0,8,22,23,39)
OUT: IPL    (INTEGER) POLYLINE REPRESENTATION AENDERBAR
OUT: IPM    (INTEGER) POLYMARKER REPRESENTATION AENDERBAR
OUT: ITX    (INTEGER) TEXT REPRESENTATION AENDERBAR
OUT: IFA    (INTEGER) FILL AREA REPRESENTATION AENDERBAR
OUT: IPR    (INTEGER) PATTERN REPRESENTATION AENDERBAR
OUT: ICL    (INTEGER) COLOUR REPRESENTATION AENDERBAR
OUT: IWKT   (INTEGER) WORKSTATION TRANSFORMATION AENDERBAR
```

INQUIRE NUMBER OF SEGMENT PRIORITIES SUPPORTED L1a

```
CALL GQSGP ( IWT , IERR , NSGP )
```

Liefert für den Workstation Type die maximale Anzahl unterstützter Segmentprioritäten (s. Kapitel 17).

```
IN:  IWT    (INTEGER) WORKSTATION TYPE
OUT: IERR   (INTEGER) ERROR INDICATOR (0,8,22,23,39)
OUT: NSGP   (INTEGER) ANZAHL SEGMENTPRIORITAETEN
```

INQUIRE WORKSTATION DEFERRAL AND UPDATE STATES L0a

```
CALL GQWKDU ( IWK , IERR , IDF , IRG , IEM , NFR )
```

Liefert die auf der Workstation definierten Deferral States sowie den aktuellen Zustand der Zeichenfläche.

```
IN:  IWK    (INTEGER) WORKSTATION IDENTIFIER
OUT: IERR   (INTEGER) ERROR INDICATOR (0,7,20,25,33,35,36)
OUT: IDF    (INTEGER) DEFERRAL MODE (ASAP,BNIG,BNIL,ASTI)
OUT: IRG    (INTEGER) IMPLICIT REGENERATION MODE
                      (SUPPRESSED,ALLOWED)
OUT: IEM    (INTEGER) DISPLAY SURFACE EMPTY FLAG (NOTEMPTY,EMPTY)
OUT: NFR    (INTEGER) NEW FRAME ACTION NECESSARY  (NO,YES)
```

REDRAW ALL SEGMENTS ON WORKSTATION L1a

```
CALL GRSGWK ( IWK )
```

Löscht die Zeichenfläche, führt alle verzögerten Bildänderungen durch und zeichnet alle Segmente neu.

```
IN:  IWK    (INTEGER) WORKSTATION IDENTIFIER
ERRORS:               (0,7,20,25,33,35,36)
```

SET DEFERRAL STATE L1a

```
CALL GSDS ( IWK , IDF , IRG )
```

Setzt den Verzögerungsstatus einer Workstation neu.

```
IN:  IWK    (INTEGER) WORKSTATION IDENTIFIER
IN:  IDF    (INTEGER) DEFERRAL MODE (ASAP,BNIG,BNIL,ASTI)
IN:  IRG    (INTEGER) IMPLICIT REGENERATION MODE
                      (SUPPRESSED,ALLOWED)
ERRORS:               (0,7,20,25,33,35,36)
```

UPDATE WORKSTATION L0a

```
CALL GUWK ( IWK , IRFLAG )
```

Leert den Ausgabepuffer. Falls sich dynamische Bildänderungen angesammelt haben und der Parameter IRFLAG den Wert 1 (PERFORM) hat, wird außerdem eine Bildregenerierung durchgeführt.

```
IN:  IWK    (INTEGER) WORKSTATION IDENTIFIER
IN:  IRFLAG (INTEGER) UPDATE REGENERATION FLAG (POSTPONE,PERFORM)
ERRORS:               (0,7,20,25,33,35,36)
```

17. Segment-Attribute

Im letzten Kapitel lernten wir, wie man mit Hilfe der Segmente und der dynamischen Änderung von Workstation-Attributen gewisse Manipulationen an einem bestehenden Bild vornehmen kann. Wesentlich interessanter ist im allgemeinen die Bildmanipulation mit Hilfe der sogenannten *Segment-Attribute*, die wir in diesem Kapitel besprechen werden. Bei der Definition des Segmentbegriffs wurde festgelegt, daß der *Inhalt* eines Segments nach dessen Erzeugung nicht mehr zu ändern ist. Es ist also nicht möglich, einem fertigen (geschlossenen) Segment z.B. noch einen Strich hinzuzufügen. Vielmehr erstrecken sich alle Manipulationen auf das Segment als Ganzes, und zwar auf gewisse Aspekte, die das Aussehen des Segments bestimmen, eben auf seine Attribute.

Möglichkeiten von Segmentmanipulationen

Folgende Segment-Attribute werden von GKS angeboten:

Segmenttransformation:	Man kann Segmente beliebig drehen, skalieren und positionieren.
Sichtbarkeit (Visibility):	Man kann die Sichtbarkeit von Segmenten an und ausschalten.
Hervorheben (Highlighting):	Man kann Segmente z.B. durch Blinken hervorheben. Diese sehr gerätenahe Eigenschaft kann auf verschiedenen Workstations unterschiedlich realisiert sein.
Segmentpriorität:	Man kann steuern, ob ein Segment mehr im Vorder- oder Hintergrund liegen soll, und zwar unabhängig von der Reihenfolge der Generierung.
Identifizierbarkeit (Detectability):	Auf dieses Attribut wollen wir an dieser Stelle nicht weiter eingehen. Es ist nur zur Steuerung der Pick-Eingabe nötig und erzeugt keinerlei sichtbare Effekte an der Zeichnung.

Die *Sichtbarkeit* eines Segmentes wird eingestellt durch den Aufruf:

SET VISIBILITY

```
CALL GSVIS ( NAME , IVIS )
```

NAME ist der Segmentname, IVIS hat den Wertebereich (INVISIBLE,VISIBLE). Die Voreinstellung ist für jedes Segment VISIBLE. Generell gilt es – genau wie bei der Änderung von Workstation-Attributen – zwischen zwei Fällen zu unterscheiden:

- Die Setzung wird am gerade geöffneten (und daher noch leeren) Segment sozusagen zur Änderung der Voreinstellung durchgeführt. In diesem Fall hat die Funktion keine Auswirkungen auf das bereits bestehende Bild und kann daher auf jeder Workstation sofort ausgeführt werden. Gleiches gilt für die übrigen Segment-Attribute.
- Die Setzung geschieht am fertigen (geschlossenen) Segment (oder am offenen Segment, das aber schon graphische Informationen enthält). In diesem Fall sind sichtbare Änderungen für das bestehende Bild – also dynamische Bildänderungen – gegeben, deren Realisierung der zweite Abschnitt dieses Kapitels behandelt.

Im Gegensatz zur Funktion DELETE SEGMENT, die ein Segment auf Nimmerwiedersehen verschwinden läßt, kann man mit SET VISIBILITY die Sichtbarkeit beliebig ein- und ausschalten. Die Funktion kann beispielsweise benutzt werden, um Segmente für Eingaben kurzfristig einzusetzen, ohne die "normale" Graphik zu stören.

Das *Highlighting* eines Segments, also die Möglichkeit, ein Segment durch Blinken hervorzuheben, wird ein- bzw. ausgeschaltet durch die Funktion

SET HIGHLIGHTING

```
CALL GSHLIT ( NAME , IHGL )
```

NAME ist der Segmentname, IHGL ein Schalter mit dem Wertebereich (NORMAL,HIGHLIGHTED). Für IHGL = 1 wird das Segment also durch Blinken oder eine andere Farbe hervorgehoben, für IHGL = 0 nicht. Erwartungsgemäß ist in der Voreinstellung bei jedem Segment das Highlighting abgeschaltet.

Selbstverständlich hat die Funktion nur dann einen sichtbaren Effekt, wenn das Segment sichtbar ist. Die Art und Weise, *wie* das Segment hervorgehoben wird, ist implementations- und geräteabhängig.

Als nächstes betrachten wir die *Segmentpriorität.* Wie bereits erwähnt wurde, dient sie dazu, vom Programm aus Vorder- und Hintergrund der Zeichnung festzulegen, oder genauer gesagt zu definieren, welches von zwei Segmenten bei Überlappung sichtbar sein soll. Formal hängt es von der Workstation ab, wieviele Abstufungen verschiedener Segmentprioritäten möglich sind. In der Regel werden einheitlich sehr viele (ca. 32000) Abstufungen zur Verfügung gestellt. Um das Anwendungsprogramm von gerätespezifischen Aufrufen möglichst frei zu halten, erwartet GKS – ähnlich wie bei der Definition der Colour Representation (vgl. Kapitel 5) – eine

Angabe der Priorität zwischen 0.0 und 1.0, also aus einem kontinuierlichen Bereich. Für jede Workstation bildet GKS diese Prioritäten auf das vorhandene Spektrum ab. Die GKS-Funktion zum Setzen der Segmentpriorität lautet:

SET SEGMENT PRIORITY

```
CALL GSSGP ( NAME , PRIO )
```

Wieder ist NAME der Segmentname und PRIO die gewünschte neue Segmentpriorität aus dem Intervall [0.0,1.0]. Dabei bedeutet 0.0 die niedrigstmögliche Priorität (also den absoluten Hintergrund) und 1.0 die höchstmögliche Priorität (also den absoluten Vordergrund). Als Voreinstellung hat jedes Segment die Priorität 0.0.

Mit der Prioritätensetzung erzeugt man sichtbare Effekte, wenn die Reihenfolge der Segmente verändert wird. Setzt man z.B. die Priorität eines Segments von 0.0 auf 1.0, und gibt es ein weiteres Segment mit Priorität 0.5, das das erste teilweise überlappt, so hat man einen sichtbaren Effekt. Setzt man hingegen eine Priorität von 0.5 auf 1.0, und haben alle anderen Segmente eine Priorität kleiner als 0.5, so ändert sich nichts Sichtbares an der Zeichnung.

Haben zwei sich überlappende Segmente gleiche Priorität, stellt sich die Frage, welches der beiden sichtbar und welches (evtl. teilweise) verdeckt ist. Obwohl sich der GKS-Standard darüber ausschweigt, ist uns keine Implementierung bekannt, in der nicht die *chronologische Reihenfolge* eingehalten wird, d.h. das zuletzt gezeichnete Segment wird – bei gleichbleibender Priorität – im Vordergrund liegen. Sinn und Zweck der Segmentpriorität ist es dann gerade, diese chronologische Reihenfolge nachträglich ändern zu können. Dies soll im folgenden Beispiel verdeutlicht werden:

Programm 17.1 Vertauschen von Vorder- und Hintergrund

```
      PROGRAM PRIO
C
C     AENDERUNG DER SEGMENT-PRIORITAET
C
      INTEGER IASF(13)
      PARAMETER (IERFIL=10, IWK=1, ICON=11)
      DATA IASF /13*1/
C
C     EROEFFNE GKS UND WORKSTATION
C     ATTRIBUT-BENUTZUNG IST INDIVIDUELL
C
      CALL GOPKS ( IERFIL, -1 )
      CALL GSASF ( IASF )
      CALL GSFAIS ( 1 )
      IWT = 69999
      CALL GOPWK ( IWK, ICON, IWT )
C
```

```
C     DEFINIERE 2 GRAUTOENE
C
      CALL GSCR ( IWK, 2, 0.3, 0.3, 0.3 )
      CALL GSCR ( IWK, 3, 0.6, 0.6, 0.6 )
      CALL GACWK ( IWK )
C
C     1. SEGMENT
C
      CALL GCRSG ( 1 )
      CALL GSFACI ( 2 )
      XST = 0.1
      YST = 0.5
      DX = 0.1
      DY = 0.4
      DO 100 I=1,4
C
C        BENUTZE BOX-ROUTINE (S.U.)
C
         CALL RBOX ( XST, YST, DX, DY )
         XST = XST + 2.0*DX
100   CONTINUE
      CALL GCLSG
C
C     2. SEGMENT
C
      CALL GCRSG ( 2 )
      CALL GSFACI ( 3 )
      XST = 0.15
      YST = 0.2
      DY = 0.6
      DO 200 I=1,3
         CALL RBOX ( XST, YST, DX, DY )
         XST = XST + 2.0*DX
200   CONTINUE
      CALL GCLSG
C
C     3. SEGMENT
C
      CALL GCRSG ( 3 )
      CALL GSFACI ( 1 )
      CALL RBOX ( 0.05, 0.25, 0.8, 0.2 )
      CALL GCLSG
C
C **** JETZT 2. SEGMENT IN DEN VORDERGRUND ****
```

```
C
      CALL GSSGP ( 2, 1.0 )
      CALL GUWK ( IWK, 1 )
C
C     ENDE
C
      CALL GDAWK ( IWK )
      CALL GCLWK ( IWK )
      CALL GCLKS
      STOP
      END
      SUBROUTINE RBOX ( X0, Y0, DX, DY )
C
C     ZEICHNET EINE BOX AN DER POSITION (X0,Y0)
C     MIT DER BREITE DX UND DER HOEHE DY
C
      REAL X(4), Y(4)
      X(1) = X0
      X(2) = X0 + DX
      X(3) = X(2)
      X(4) = X0
      Y(1) = Y0
      Y(2) = Y0
      Y(3) = Y0 + DY
      Y(4) = Y(3)
      CALL GFA ( 4, X, Y )
      RETURN
      END
```

Abb. 17.1: Ergebnis von Programm 17.1, chronologische Reihenfolge

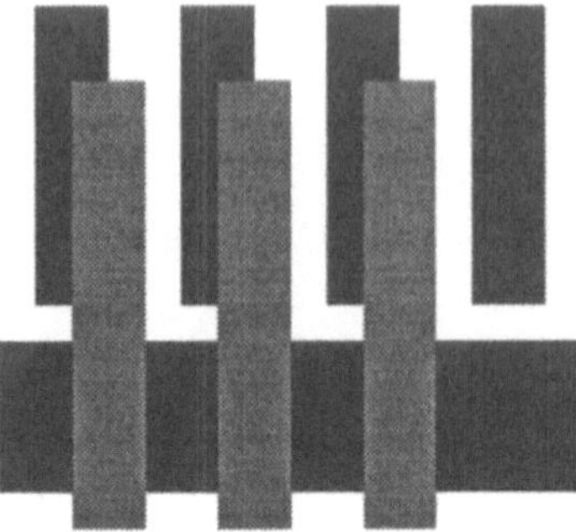

Abb. 17.2: Ergebnis von Programm 17.1, nach Änderung der Priorität

Bei obigem Beispiel sind wir davon ausgegangen, daß die Zeichnung zunächst ordnungsgemäß von hinten nach vorn erzeugt wird, d.h. daß die Prioritäten gleich oder aufsteigend sind. Ist dies nicht der Fall, so gibt es eventuell Probleme, an die man nicht unmittelbar denkt:

Nehmen wir einmal an, wir hätten ein Segment der Priorität 0.5 und öffnen jetzt ein neues Segment, dem wir die voreingestellte Priorität (also 0.0) oder irgendeinen anderen Wert kleiner als 0.5 geben. Damit legen wir fest, *daß von nun an graphische Ausgabe relativ zum alten Segment im Hintergrund stattfindet.* Die Setzung der Priorität selbst (am noch leeren offenen Segment) stellt noch keine dynamische Bildänderung dar, da keine sichtbaren Effekte erzeugt werden. *Anschließend kann jedoch jedes Ausgabe-Primitiv, sobald es hinter dem alten Segment zu liegen käme, eine solche dynamische Bildänderung darstellen!* Der Grund ist, daß die meisten Workstations nicht in der Lage sind, etwas neues hinter etwas altem zu zeichnen. Sie zeichnen eben immer, wie man es erwartet, von hinten nach vorn.

Da diese Möglichkeit – im Hintergrund zeichnen zu können – völlig unabhängig ist von der Möglichkeit, Prioritäten fertiger Segmente zu vertauschen, kann man beides auch getrennt erfragen (INQUIRE DYNAMIC MODIFICATION OF SEGMENT ATTRIBUTES im Anhang zu Kapitel 16).

Da leider die meisten Workstations nicht über diese "schöne" Fähigkeit verfügen, hat dieses Zeichnen im Hintergrund die Konsequenz, daß nun jede graphische Ausgabe bis zum UPDATE verzögert werden muß. Es ist dann ein Bildneuaufbau fällig, wobei das offene Segment jeweils richtig in der Reihenfolge einsortiert wird.

Noch problematischer wird es beim Implicit Regeneration Mode ALLOWED (SET DEFERRAL STATE in Kapitel 16), da jede graphische Ausgabe eine dynamische Bildänderung verursacht. Also als **Warnung: Ein offenes Segment, das sichtbar ist, sollte immer höchste Priorität haben.** Das ist normalerweise der Fall, da **alle** Segmente bis zum ersten Aufruf von SET SEGMENT PRIORITY dieselbe Priorität 0.0 haben.

Das wichtigste Segment-Attribut ist die *Segmenttransformation.* Dies ist eine zusätzliche Transformation (zu Normalization und Workstation Transformation), die – konzeptionell – *zwischen* den beiden anderen Transformationen (also im NDC-Raum) durchgeführt wird. Als einzige der GKS-Transformationen kann man für sie jede affine Abbildung der Ebene einsetzen (also nicht nur Rechtecke auf Rechtecke abbilden, sondern auch drehen, scheren, spiegeln etc.). Sie ist definiert als eine (2,3)-Matrix. Voreinstellung ist die identische Transformation. Sie ist – genau wie Sichtbarkeit, Highlighting und Segmentpriorität ein Segment-Attribut, d.h. *jedes Segment hat seine eigene Transformation und kann daher auch beliebig gegenüber den anderen Segmenten hin- und hertransformiert werden.* Die Segmenttransformation wird gesetzt durch den Aufruf

SET SEGMENT TRANSFORMATION

```
CALL GSSGT ( NAME , TRAN )
```

Es wird die (2,3)-Matrix TRAN als Segmenttransformation des Segments NAME eingetragen. Wiederum ergibt sich natürlich nur dann ein sichtbarer Effekt, wenn das Segment bereits sichtbare Informationen enthält. Dann muß genau dieser graphische Inhalt des Segments mit Hilfe der neuen Transformation transformiert werden, und zwar entweder sofort oder beim nächsten UPDATE. **Achtung: Die Clipping-Rechtecke im Segment werden nicht transformiert.** Wenn also bei der Erzeugung des Segments das Clipping eingeschaltet war, können nach der Segmenttransformation Teile des Segments abgeschnitten sein. Will man Segmente auf dem ganzen Bildschirm verschieben können, sollte man bei der Erzeugung der Segmente das Clipping ausschalten.

Die Transformation ist *nicht* akkumulierend, d. h. eine neue Transformation wirkt nicht als Änderung der alten Transformation, sondern als *absolute Neusetzung*. Im Segmentspeicher werden nämlich die Original-NDC-Koordinaten des Segments abgelegt und jeweils der aktuellen Transformation (die extra gespeichert ist) unterworfen. Relative Bewegungen sind also durch geeignetes Abspeichern und Neuberechnen der Matrix im Anwendungsprogramm selbst zu programmieren.

In der Regel wird nicht jeder GKS-Anwender mit den Gesetzen der affinen Geometrie so vertraut sein, daß er auf Anhieb eine der Standardabbildungen (etwa eine Rotation, Skalierung oder Translation) als Matrix hinschreiben kann.

$$\begin{bmatrix} x' \\ y' \end{bmatrix} = \begin{bmatrix} M_{11} & M_{12} & M_{13} \\ M_{21} & M_{22} & M_{23} \end{bmatrix} \times \begin{bmatrix} x \\ y \\ 1 \end{bmatrix}$$

Deshalb bietet GKS zwei Utilities an, die aus anschaulichen geometrischen Größen die Matrix berechnen. Das Ergebnis kann dann als Parameter an SET SEGMENT TRANSFORMATION übergeben werden. Die erste dieser Utilities heißt:

EVALUATE TRANSFORMATION MATRIX

```
CALL GEVTM ( XO , YO , DX , DY , PHI , FX , FY , ISW , TRAN )
```

Diese Utility berechnet die Transformationsmatrix für eine Kombination der Standardfälle Translation, Rotation und Skalierung (und zwar wird zuerst skaliert, dann gedreht und dann verschoben). (X0,Y0) sind die Koordinaten des Fixpunktes der Rotation und Skalierung. Dieser Punkt wird also nur der Translation unterworfen. Der Translationsvektor ist (DX,DY). PHI ist der Drehwinkel im Bogenmaß (im Gegenuhrzeigersinn gemessen). FX und FY sind Skalierungsfaktoren für die X- bzw. Y-Richtung. ISW ist ein Schalter, der angibt, in welchem Koordinatensystem der Fixpunkt (X0,Y0) und der Translationsvektor (DX,DY) angegeben werden. Für ISW = 0 sind es Weltkoordinaten, für ISW = 1 sind es NDC-Koordinaten. TRAN ist die Ergebnismatrix. Sie muß im Anwendungsprogramm als

```
REAL TRAN ( 2,3 )
```

deklariert werden. Diese Matrix kann – wie gesagt – an SET SEGMENT TRANSFORMATION unmittelbar weitergereicht werden. EVALUATE TRANSFORMATION MATRIX *führt also nur eine Berechnung durch, ohne etwas in GKS zu verändern!* Dies hat den Vorteil, daß man mit der einmal berechneten Matrix mehrere Segmente transformieren und sich außerdem die Transformation für weitere Berechnungen im Programm aufheben kann. Das Problem relativer Segmenttransformationen löst die zweite Utility-Funktion

ACCUMULATE TRANSFORMATION MATRIX

```
CALL GACTM ( TRIN, X0, Y0, DX, DY, PHI, FX, FY, ISW, TROUT )
```

Bei dieser Utility übergibt man eine – bereits früher (selbst oder mit GEVTM oder GACTM) berechnete – Transformationsmatrix TRIN sowie die geometrischen Größen X0, Y0, DX, DY, PHI, FX und FY, die die gleiche Bedeutung wie bei GEVTM haben (das gleiche gilt für ISW). Die Matrix, die sich bei Hintereinanderausführung der Transformationen TRIN und der aus den übrigen Parametern gewonnenen Matrix ergeben würde, wird in TROUT ausgegeben. TRIN und TROUT müssen im Anwendungsprogramm deklariert sein als

```
REAL TRIN ( 2,3 ), TROUT ( 2,3 )
```

Für TRIN und TROUT darf auch das gleiche Feld übergeben werden, d.h. man darf eine Transformation auch auf dem Platz akkumulieren.

Im folgenden Beispiel wird ein Segment in einer Schleife 100 mal um einen Winkel von 3.6 Grad um den eigenen Mittelpunkt gedreht und gleichzeitig diagonal verschoben.

Programm 17.2 Bewegung mit Segmenttransformation

```
      PROGRAM TRANS
C
C     SEGMENTTRANSFORMATION
C
      PARAMETER (IERFIL=10, IWK=1, ICON=11, NAME=17)
```

```
      PARAMETER (ANGLE=3.6*3.141592654/180.0, DX=0.01, DY=0.01)
      REAL TRAN(2,3), X(4), Y(4)
      INTEGER ALLOW, IASF(13)
C
C     BILDAENDERUNGEN SOLLEN SCHNELLSTMOEGLICH
C     SICHTBAR SEIN
C
      PARAMETER (ALLOW=1, IDF=0)
      DATA IASF /13*1/
      DATA X /0.0, 0.2, 0.2, 0.0/
      DATA Y /0.0, 0.0, 0.1, 0.1/
C
C     EROEFFNE GKS UND WORKSTATION
C     ATTRIBUT-BENUTZUNG IST INDIVIDUELL
C
      CALL GOPKS ( IERFIL, -1 )
      CALL GSASF (IASF)
      CALL GSFAIS ( 1 )
      IWT = 69999
      CALL GOPWK ( IWK , ICON , IWT )
      CALL GACWK ( IWK )
C
C     SEGMENT GENERIEREN
C
      CALL GCRSG ( NAME )
         CALL GFA ( 4, X, Y )
      CALL GCLSG
C
C     HIER IMPLICIT REGENERATION WICHTIG!
C
      CALL GSDS ( IWK , IDF , ALLOW )
C
C     MATRIX INITIALISIEREN
C
      CALL GEVTM ( 0.0, 0.0, 0.0, 0.0, 0.0, 1.0, 1.0, 1, TRAN )
C
C     TRANSFORMATIONSSCHLEIFE:
C     BEWEGUNG ENTLANG DER DIAGONALEN UND
C     DREHUNG UM DEN EIGENEN MITTELPUNKT
C
      X0 = 0.1
      Y0 = 0.05
      DO 100 I=1,100
        CALL GACTM (TRAN, X0, Y0, DX, DY, ANGLE, 1.0, 1.0, 1, TRAN)
```

```
        CALL GSSGT (NAME, TRAN)
        X0 = X0 + DX
        Y0 = Y0 + DY
100   CONTINUE
C
C     ENDE
C
      CALL GDAWK ( IWK )
      CALL GCLWK ( IWK )
      CALL GCLKS
      STOP
      END
```

Jedes Segment besitzt also eine Zustandstabelle, die sogenannte Segment State List. In ihr sind neben der Liste der Workstations, auf denen das Segment existiert, eine Reihe von Segment-Attributen gespeichert. Über die Modifikation dieser Segment-Attribute hat der Benutzer (neben der Änderung der Workstation-Attribute, die wir im letzten Kapitel kennengelernt haben) eine weitere Möglichkeit, ein bestehendes Bild zu manipulieren. Es sind dies

- *Sichtbarkeit (Visibility)*
- *Hervorheben (Highlighting)*
- *Identifizierbarkeit (Detectability)*
- *Segmentpriorität (Segment Priority)*
- *Segment Transformation*

Die Attribute sind vorbesetzt mit VISIBLE, NORMAL *(d.h. kein Highlighting),* UNDETECTABLE*(s.u.), Priorität 0.0 und der identischen Transformation – also der Transformation, die alles an seinem Platz läßt. Die Segmenttransformation ist eine allgemeine affine Abbildung (bildet also nicht notwendigerweise Rechtecke auf Rechtecke ab), die zwischen Normalization Transformation und Workstation Transformation geschaltet wird. Sie wirkt nicht akkumulierend, d.h. eine Neusetzung überschreibt die alte Transformation. Durch Utility-Funktionen kann man sich Transformationen für die Standardanwendungen Skalierung, Rotation und Translation berechnen lassen.*

Sobald ein Segment Ausgabe-Primitive enthält, hat eine Änderung der Segment-Attribute (mit Ausnahme der Detectability) sichtbare Effekte zur Folge, die zu dynamischen Bildänderungen (siehe Kapitel 16) führen, deren Realisierung Gegenstand des folgenden Abschnitts ist.

Realisierung von Segmentmanipulationen / Quick Update

Eine Änderung der *Identifizierbarkeit (Detectability)* hat keinerlei sichtbaren Effekt und ist daher an dieser Stelle uninteressant. Eine Realisierung des *Highlighting* oder *Hervorhebens* erfolgt meistens sehr gerätespezifisch und läßt sich schlecht

nach allgemeinen Maßstäben bewerten. Daher wollen wir uns im folgenden auf die *Sichtbarkeit (Visibility), Priorität (Priority)* und *Transformation* beschränken. Bei den Graphik-Bildschirmen nehmen wir nach der Realisierung der Segmente folgende Grobeinteilung vor:
a) Realisierung in Hardware (Vector-Refresh-Bildschirm)
b) Realisierung in Firmware ("intelligentes" Graphik-Terminal)
c) Realisierung in Software (auf einer Workstation)
Betrachten wir das Verhalten des letzten Beispiel-Programms. Es kann je nach Gerät sehr unterschiedlich sein: Auf einem Vektor-Refresh-Bildschirm (a), auf dem Segmente innerhalb der Bildwiederholungsfrequenz geändert werden können, findet die Drehung in Echtzeit statt. Man sieht also ein sich bewegendes Bild. Diese Geräte sind allerdings immer mehr von Raster-Bildschirmen verdrängt worden. Auf einem Raster-Bildschirm (üblicherweise bei b) und c)) kann die Bildregenerierung *unter Umständen* so schnell abgewickelt werden, daß ebenfalls ein Bewegungseindruck entsteht. Auf anderen Workstations hat man den Eindruck einer Bildserie. Vorsicht bei Plottern: Hier kann ein großer Materialverbrauch die Folge sein!

Bei a) und b) muß die Logik von GKS zur Logik des Gerätes passen, was nicht selbstverständlich ist. Den Prozeß der Bildregenerierung kann man sich wie ein Fließband vorstellen: Zuerst werden alle Segmenteigenschaften verarbeitet. Danach werden Clipping und Simulation von Ausgabefunktionen (z.B. Schraffuren, Markertypen usw.) durchgeführt. Wenn man nun die zeitliche Abfolge dieser beiden Schritte vertauscht, handelt man sich auf jeden Fall Probleme ein. Die Geräte eines bekannten Herstellers von Graphik-Terminals können beispielsweise Segmente speichern, unterstützen aber kein Clipping-Rechteck. Nutzt man die Segmentfähigkeit des Gerätes aus, kommen einmal abgeschnittene Teile eines Segmentes nie wieder zum Vorschein, auch wenn man das Segment verkleinert oder verschiebt.

Auf Raster-Bidschirmen muß man zur Realisierung von Segmentmanipulationen eine – zumindest teilweise – Bildregenerierung durchführen. Da ein Anwender über den Neuaufbau des gesamten Bildes bei jeder Änderung nicht besonders glücklich sein dürfte, wollen wir uns jetzt mit den verschiedenen Spielarten des *Quick Update* beschäftigen. Ziel ist es, ein möglichst korrektes Bild mit möglichst geringem Aufwand, also möglichst schnell zu erreichen. Wir nehmen für die Segmentmanipulationen folgende Einteilung vor:
a) nur Zeichnen: Visibility (ON) und Priority
b) nur Löschen: Visibility (OFF) (natürlich auch: Delete Segment!)
c) Löschen und Zeichnen: Transformation
Mit Zeichnen ist folgendes gemeint: 1) das Zeichnen des Segments, das manipuliert wird, und 2) das Zeichnen von Teilen von Segmenten höherer Priorität, die dieses Segment überlappen. Nach diesen konzeptionellen Vorüberlegungen, wollen wir uns nun der konkreten Realisierung widmen:

Für das Löschen eines Segments vom Bildschirm gibt es drei Methoden:

1. Man zeichnet das ganze Segment in der Hintergrundfarbe neu. Diese Methode bezeichnet man im allgemeinen als *Selective Erase* oder auch *Undraw*.

2. Das Rechteck, das das Segment auf dem Bildschirm umschließt, wird mit der Hintergrundfarbe gefüllt. Anschließend werden alle sichtbaren Segmente, die sich mit dem Rechteck überlappen, neu gezeichnet. Diese Methode wurde in der GKS-Implementierung eines berühmten Workstation-Herstellers verwendet.
3. Wie bei 2) wird das Rechteck, das das Segment auf dem Bildschirm umschließt, mit der Hintergrundfarbe gefüllt. Anschließend werden alle sichtbaren Segmente *nur innerhalb dieses Rechtecks* neu gezeichnet. Diese Methode bezeichnen wir als *Selective Redraw*.

Die Methode 1) (*Selective Erase*) ist die übliche Methode. Graphik außerhalb von Segmenten bleibt erhalten. Diese Methode hat nur einen gravierenden Nachteil: Für die vielen Anwendungen, bei denen sich Segmente überlappen, die teilweise auch Flächen enthalten, ist sie nicht zu gebrauchen, denn der Bildschirm bekommt "schwarze Löcher".

Bei Methode 2) kann Graphik außerhalb von Segmenten verlorengehen. Der "Makel", daß Graphik außerhalb von Segmenten möglicherweise nur teilweise vom Bildschirm verschwindet, ist dafür verantwortlich, daß wir es nicht mit einem lupenreinen Update sondern mit einer Quick-Update-Methode zu tun haben. Trotzdem ist dieser "Makel" formalistischer Natur, da interaktive GKS-Anwendungen eigentlich immer sämtliche Graphik in Segmenten halten. Der Vorteil dieser Methode liegt darin, daß auch bei Manipulationen überlappender Segmente ein korrektes Bild ohne schwarze Löcher geliefert wird. Für den Fall, daß sich die Segmente nicht überlappen, ist diese Methode (das Zeichnen eines Rechtecks in Hintergrundfarbe) fast immer schneller als das *Selective Erase* (das Zeichnen eines ganzen Segments in Hintergrundfarbe). Überlappen sich die Segmente, macht sich für das Zeitverhalten störend bemerkbar, daß auch außerhalb des Rechtecks gezeichnet wird. Folge: Ursprünglich unbeteiligte Segmente müssen ebenfalls neu gezeichnet werden. Wenn sich also alle Segmente nur ein wenig überlappen, wird aus dem Quick-Update eine unendliche Geschichte, die länger als eine komplette Bildregenerierung dauern kann. Aus diesem Grunde darf sich der Anwender in der GKS-Implementierung, die diese Methode anbietet, die "geeignete" Update-Strategie auswählen.

Die Methode 3) (*Selective Redraw*) wird von einem anderen GKS-Anbieter eingesetzt. Sie hat die gleichen Vorteile wie Methode 2). Da in jedem Fall nur innerhalb des Rechtecks gezeichnet wird, ist sie allerdings wesentlich schneller und kann gar nicht langsamer als eine komplette Bildregenerierung ablaufen: Enthält das Rechteck beispielsweise 10% der Graphik, so dauert nach unseren Erfahrungen das Quick-Update etwa ebenfalls 10% der Zeit, die für eine komplette Bildregenerierung nötig wäre.

Bleibt noch die Frage offen, wie sich das Einschalten der Sichtbarkeit oder das Ändern der Priorität realisieren läßt, das ja ohne Löschen von Graphik möglich ist. Eine Lösungsmöglichkeit ist ein *reduziertes Selective Redraw*: Man verzichtet auf das Löschen des Rechtecks (mit der Hintergrundfarbe) und auf das Zeichnen der Segmente im Hintergrund. Stattdessen zeichnet man von dem manipulierten Segment an alle Segmente höherer Priorität innerhalb des Rechtecks. Dieses grundsätzliche Verfahren zur Realisierung von Segmentmanipulationen läßt noch Freiraum für weitere Feinheiten. Durch die Verwendung von zusätzlichem Bildspeicher (double buffering oder Pixmaps in X-Window-Umgebung) lassen sich hektische Effekte auf dem Bildschirm vermeiden und Bewegungseindrücke realisieren.

Mit diesem Kapitel haben wir die Möglichkeiten, aber auch die Grenzen der Manipulationen in GKS kennengelernt. Manipulationen, die darüber hinausgehen, wie z.B. das Ändern von Segmentinhalten, müssen von der Anwendung realisiert werden. GKS gibt dabei Hilfestellung, indem das gezielte Löschen und die Neuerzeugung von Segmenten möglich sind. Der zweite Abschnitt sollte zeigen, daß schnelle Interaktion oder Animation keine Frage des GKS-Standards, sondern eine Frage seiner Implementierung ist.

Liste der GKS-Funktionen für Segmente (Teil 2)

ACCUMULATE TRANSFORMATION MATRIX L1a

```
CALL GACTM ( TRIN, XO, YO, DX, DY, PHI, FX, FY, ISW, TROUT )
```

Berechnet die Transformationsmatrix, die die Skalierung, Rotation und Translation (in dieser Reihenfolge) durchführt, und liefert die akkumulierte Transformation aus der übergebenen Eingangsmatrix und der berechneten Transformation.

```
IN:  TRIN   (REAL(2,3)) TRANSFORMATIONSMATRIX
IN:  XO     (REAL)      FIXPUNKT (X-KOORDINATE)
IN:  YO     (REAL)      FIXPUNKT (Y-KOORDINATE)
IN:  DX     (REAL)      TRANSLATION (X-KOORDINATE)
IN:  DY     (REAL)      TRANSLATION (Y-KOORDINATE)
IN:  PHI    (REAL)      DREHWINKEL (BOGENMASS)
IN:  FX     (REAL)      X-SKALIERUNGSFAKTOR
IN:  FY     (REAL)      Y-SKALIERUNGSFAKTOR
IN:  ISW    (INTEGER)   KOORDINATENSCHALTER (WC,NDC)
OUT: TROUT  (REAL(2,3)) TRANSFORMATIONSMATRIX
ERRORS:                 (0,8,2000)
```

EVALUATE TRANSFORMATION MATRIX L1a

```
CALL GEVTM ( XO , YO , DX , DY , PHI , FX , FY , ISW , TROUT )
```

Liefert die Transformationsmatrix, die die Skalierung, Rotation und Translation (in dieser Reihenfolge) durchführt.

```
IN:  XO     (REAL)      FIXPUNKT (X-KOORDINATE)
IN:  YO     (REAL)      FIXPUNKT (Y-KOORDINATE)
IN:  DX     (REAL)      TRANSLATION (X-KOORDINATE)
IN:  DY     (REAL)      TRANSLATION (Y-KOORDINATE)
IN:  PHI    (REAL)      DREHWINKEL (BOGENMASS)
IN:  FX     (REAL)      X-SKALIERUNGSFAKTOR
IN:  FY     (REAL)      Y-SKALIERUNGSFAKTOR
IN:  ISW    (INTEGER)   KOORDINATENSCHALTER (WC,NDC)
OUT: TROUT  (REAL(2,3)) TRANSFORMATIONSMATRIX
ERRORS:                 (0,8,2000)
```

INQUIRE SEGMENT ATTRIBUTES **L1a**

```
CALL GQSGA ( NAME , IERR , TRAN , IVIS , IHIGH , PRIO , IDET )
```

Liefert für ein Segment die aktuellen Segment-Attribute: Transformation, Visibility, Highlighting, Priority und Detectability.

```
IN:  NAME   (INTEGER) SEGMENTNAME
OUT: IERR   (INTEGER) ERROR INDICATOR (0,7,120,122)
OUT: TRAN   (REAL(2,3)) SEGMENT TRANSFORMATION
OUT: IVIS   (INTEGER) VISIBILITY (INVISIBLE,VISIBLE)
OUT: IHIGH  (INTEGER) HIGHLIGHTING (NORMAL,HIGHLIGHTED)
OUT: PRIO   (REAL)    SEGMENT PRIORITY  0.0 ≤ PRIO ≤ 1.0
OUT: IDET   (INTEGER) DETECTABILITY (UNDETECTABLE,DETECTABLE)
```

SET DETECTABILITY **L1b**

```
CALL GSDTEC ( NAME , IDET )
```

Setzt die Identifizierbarkeit (Detectability) eines Segments neu.

```
IN:  NAME   (INTEGER) SEGMENTNAME
IN:  IDET   (INTEGER) DETECTABILITY (UNDETECTABLE,DETECTABLE)
ERRORS:               (0,7,120,122,2000)
```

SET HIGHLIGHTING **L1a**

```
CALL GSHLIT ( NAME , IHIGH )
```

Setzt das Hervorheben (Highlighting) eines Segments neu.

```
IN:  NAME   (INTEGER) SEGMENTNAME
IN:  IHIGH  (INTEGER) HIGHLIGHTING (NORMAL,HIGHLIGHTED)
ERRORS:               (0,7,120,122,2000)
```

SET SEGMENT PRIORITY **L1a**

```
CALL GSSGP ( NAME , PRIO )
```

Setzt die Segmentpriorität eines Segments neu. Dadurch wird festgelegt, ob ein Segment bezüglich anderer Segmente mehr im Vorder- oder Hintergrund erscheinen soll.

```
IN:  NAME   (INTEGER) SEGMENTNAME
IN:  PRIO   (REAL)    SEGMENT PRIORITY  0.0 ≤ PRIO ≤ 1.0
ERRORS:               (0,7,120,122,126)
```

SET SEGMENT TRANSFORMATION L1a

```
CALL GSSGT ( NAME , TRAN )
```

Setzt die Transformationsmatrix eines Segments neu.

```
IN:  NAME   (INTEGER)    SEGMENTNAME
IN:  TRAN   (REAL(2,3))  SEGMENT TRANSFORMATION
ERRORS:                  (0,7,120,122)
```

SET VISIBILITY L1a

```
CALL GSVIS ( NAME , IVIS )
```

Setzt die Sichtbarkeit (Visibility) eines Segments neu.

```
IN:  NAME   (INTEGER) SEGMENTNAME
IN:  IVIS   (INTEGER) VISIBILITY (INVISIBLE,VISIBLE)
ERRORS:               (0,7,120,122,2000)
```

Teil IV

Level 2a

18. Kopieren von Segmenten

Alles was wir bisher über Segmente gelernt haben – wie Bildmanipulationen oder Bilderneuerung – spielte sich innerhalb einer Workstation ab. Der konzeptionell einer Workstation zugeordnete Segmentspeicher wird in GKS als *Workstation Dependent Segment Storage (WDSS)* bezeichnet.

Im folgenden besprechen wir zwei interessante Anwendungen, die über diesen Rahmen hinausgehen:

Vervielfältigung von Bildteilen: Man definiert z.B. einen Kondensator oder Baum einmalig als Segment (also als Zusammenfassung von Ausgabefunktionen), um später einfach solche Kondensatoren oder Bäume an verschiedenen Stellen und in verschiedener Größe auszugeben. Stichwort: INSERT SEGMENT

"Hardcopy": Die Ausgabe des aktuellen Bildes – unter Verzicht auf seine Entstehungsgeschichte – auf einem Plotter oder Metafile. Im Gegensatz zur echten Hardcopy bietet diese Lösung völlige Geräteunabhängigkeit und optimale Bildqualität. Stichwort: COPY SEGMENT oder ASSOCIATE SEGMENT.

In beiden Fällen werden Segmente, deren Erzeugung bereits abgeschlossen war, nachträglich zu einer Workstation transportiert. Das ist in GKS möglich, wenn die Segmente im sogenannten *Workstation Independent Segment Storage (WISS)* gespeichert sind. Dieser erfordert eine höhere Leistungsstufe der GKS-Implementierung, nämlich einen GKS-Level 2 (2a, 2b oder 2c, vgl. Kapitel 1), während der WDSS bereits in Level 1 zur Verfügung steht.

Wie in Kapitel 5 erwähnt, besitzt der WISS eine eigene Workstation Category. Der Benutzer öffnet den WISS genau wie eine beliebige andere Ausgabe-Workstation *(meistens mit dem Workstation Type 0)*. Allerdings kann es nicht zur gleichen Zeit zwei offene Workstations der Category WISS geben. Was den WISS außerdem von echten Ausgabe-Workstations (und Metafiles) unterscheidet, ist die Tatsache, daß auf ihm nur Segmente (keine Ausgabe-Primitive außerhalb von Segmenten) gespeichert werden, und daß man für ihn keine Workstation-Attribute (Bundles, Workstation Window etc.) definieren und keine Kontrollfunktionen wie UPDATE oder REDRAW ALL SEGMENTS aufrufen darf.

Ist der WISS als Workstation geöffnet und aktiviert, so wird (bis zum Deaktivieren) jedes Segment auch auf diesem geräteunabhängigen Speicher abgelegt. Von dort können Segmente wiederangesprochen und auf andere Workstations verteilt werden.

Da sich der WISS (fast) wie eine Workstation verhält, brauchen wir bezüglich seiner Handhabung nichts Neues zu lernen, sondern können auf die bereits wohlbekannten Funktionen OPEN WORKSTATION, ACTIVATE WORKSTATION etc. zurückgreifen. Neu sind die Funktionen zum Ansprechen von Segmenten, die auf dem WISS gespeichert sind (die also erzeugt wurden, als der WISS aktiv war). Hierzu gibt es drei Funktionen, die es ermöglichen

- ein Segment auf einer Workstation, die erst später geöffnet oder zwischendurch mit einem CLEAR WORKSTATION gelöscht wurde, abzuspeichern,
- den Inhalt eines Segments auf einer Workstation auszugeben (ohne wieder ein Segment daraus zu machen),
- den Inhalt eines Segments auf alle aktiven Workstations (und – wenn vorhanden – ins offene Segment) zu kopieren, und zwar unter Benutzung einer zusätzlichen Transformation, und damit Graphik zu vervielfältigen.

Für alle drei Funktionen gilt, daß die im betroffenen Segment gespeicherten Ausgabe-Primitive unter Benutzung derjenigen Attribute (Bundle Indices, individuelle und geometrische Attribute) ausgegeben werden, die bei ihrer Erzeugung eingestellt waren. Auf dem WISS werden – wie auch bei Metafiles – stets NDC-Koordinaten gespeichert. Eine Umdefinition des Windows oder Viewports oder anderer Einträge der GKS State List hat – vom Clipping beim INSERT SEGMENT abgesehen – also auf späteres Umkopieren eines Segments keinen Einfluß. Die erste Funktion wird wie folgt aufgerufen:

ASSOCIATE SEGMENT WITH WORKSTATION

```
CALL GASGWK ( IWK , NAME )
```

Das Segment mit dem Namen NAME, das im Workstation Independent Segment Storage (WISS) vorhanden sein muß, wird als Segment auf der Workstation IWK ausgegeben und im WDSS von IWK gespeichert. Das ist konzeptionell zu verstehen und bedeutet nicht zwangsläufig eine mehrfache Speicherung. Damit kann man also noch nachträglich ein Segment einer neuen Workstation zuordnen. Diese Funktion kann zu einer impliziten Bilderneuerung führen (vgl. Kapitel 16), wenn nämlich das Segment nicht die höchste Priorität auf der Workstation hat (und damit hinter anderen Segmenten ausgegeben werden müßte). Ist das Segment auf der Workstation schon gespeichert gewesen, so hat die Funktion keinen Effekt (eine Fehlermeldung wird in diesem Fall nicht ausgegeben). Zur Darstellung des Segments werden die gerade eingestellten Segmentattribute benutzt. Die Ausgabe-Primitive werden jeweils an dem bei ihrer Erzeugung aktiven Clipping Rectangle geclippt. ASSOCIATE benutzt man, wenn man das Segment auf der neuen Workstation noch manipulieren will (oder z.B. das Endresultat einer interaktiven Sitzung auf einem Metafile abspeichert, um daran in einer späteren Sitzung weiterzuarbeiten).

Ist man nur am Bild und nicht an seiner Segmentstruktur interessiert, weil man beispielsweise auf einem Plotter ausgeben will, so ist es sinnvoller, folgende Funktion zu benutzen:

COPY SEGMENT TO WORKSTATION

```
CALL GCSGWK ( IWK , NAME )
```

Beide Funktionen (ASSOCIATE und COPY) dürfen nicht im Zustand SEGMENT OPEN aufgerufen werden! Im Gegensatz zu ASSOCIATE werden bei COPY nur die Ausgabe-Primitive, die im Segment enthalten sind, auf der Workstation ausgegeben. Sie sind auf der neuen Workstation *nicht* Teil eines Segments. Die Segmenttransformation wird bei der Ausgabe der Primitive verwendet, andere Segment-Attribute spielen keine Rolle. Zum Clipping wird das jeweils bei Erzeugung der Primitive gültige Clipping Rectangle benutzt. COPY benutzt man, wenn man an dem Bild keine Veränderungen mehr vornehmen möchte. In diesem Fall ist die Weiterverarbeitung weniger aufwendig. Dynamische Bildänderungen können hier ebenfalls nicht auftreten.

Im folgenden Programmstück zeigen wir Benutzung und Realisierung einer *Hardcopy-Funktion* auf Metafile:

Programm 18.1 "Hardcopy"

```
      PROGRAM TEST7
C
C *********** 1. STARTPHASE ***************************
C
      INTEGER SCREEN, WISS, META
      PARAMETER(SCREEN=1, WISS=2, META=3)
      INTEGER SET, REA, SEG, NOSEG
      PARAMETER(SET=0, REA=1, NOSEG=0, SEG=1)
C
C     ICON1, ICON2, ICON3, IERFIL, IWT MUESSEN
C     PASSEND GESETZT WERDEN
C
      CALL GOPKS ( IERFIL , -1 )
C
C     WISS UND SCREEN LAUFEN SIMULTAN !
C
      CALL GOPWK ( SCREEN , ICON1 , IWT )
      CALL GOPWK ( WISS , ICON2 , 0 )
      CALL GACWK ( SCREEN )
      CALL GACWK ( WISS )
C ****************************************************
C
C     HIER DIE GESAMTE GRAPHIKSITZUNG
C
      ...
C
C *********** 2. HARDCOPY *****************************
```

```
C
C     JETZT METAFILE WORKSTATION EROEFFNEN
C
      CALL GOPWK ( META , ICON3 , 1 )
C
C     KOPIEREN DER WORKSTATION-ATTRIBUTE
C     VON SCREEN NACH META MIT GROESSE VON 30 CM
C     HIER IST DER WUNSCH: SET STATT REALIZED
C     (DIESE ROUTINE IST IM ANHANG AUFGEFUEHRT)
C
      CALL WKCOPY ( SCREEN , META , SET , 0.3 , IERR )
C
C     KOPIEREN DER SEGMENTE VON SCREEN NACH META
C     (EIGENTLICH VOM WISS !)
C     HIER IST DER WUNSCH: KEINE SEGMENTSTRUKTUR
C     (DIESE ROUTINE IST IM ANSCHLUSS AN DIESES
C      PROGRAMM AUFGEFUEHRT
C
      CALL SGCOPY ( SCREEN , META , NOSEG , IERR )
      CALL GCLWK ( META )
C *****************************************************

      ...

C
C *********** 3. ENDPHASE ****************************
C
      CALL GDAWK ( WISS )
      CALL GDAWK ( SCREEN )
      CALL GCLWK ( WISS )
      CALL GCLWK ( SCREEN )
      CALL GCLKS
      STOP
      END
      SUBROUTINE SGCOPY ( IWK1 , IWK2 , ITYPE , IERR )
C
C     KOPIERT ALLE SEGMENTE VON IWK1 NACH IWK2
C     (SETZT DABEI VORAUS, DASS ALLE SEGMENTE AUCH IM WISS LIEGEN)
C     ITYPE STEUERT DIE SEGMENTSTRUKTUR:
C        ITYPE = 0 : KEINE SEGMENTSTRUKTUR (COPY SEGMENT)
C        ITYPE = 1 : MIT SEGMENTSTRUKTUR (ASSOCIATE SEGMENT)
C     IERR = FEHLERAUSGABE (0 = KEIN FEHLER)
C *****************************************************************
      REAL TRAN(2,3)
```

```
C
C     ANZAHL DER SEGMENTE AUF IWK1 ERFRAGEN
C
      CALL GQSGWK ( IWK1 , 0 , IERR , NSG , IDUM )
      IF(IERR .NE. 0) RETURN
      DO 300 I=1,NSG
C
C        I-TEN SEGMENTNAMEN ERFRAGEN
C
         CALL GQSGWK ( IWK1 , I , IERR , IDUM , NAME )
         IF(IERR .NE. 0) RETURN
         IF (ITYPE .EQ. 1) THEN
C
C           ASSOCIATE SEGMENT
C
            CALL GASGWK ( IWK2 , NAME )
         ELSE
C
C           COPY SEGMENT (WENN SICHTBAR)
C
            CALL GQSGA ( NAME, IERR, TRAN, IVIS, IDUM, DUM, IDUM)
            IF(IERR .NE. 0) RETURN
            IF (IVIS .EQ. 1) CALL GCSGWK ( IWK2 , NAME )
         ENDIF
300   CONTINUE
      RETURN
      END
```

Diese Hardcopy-Realisierung verdeutlicht mit ihren drei beteiligten Workstations Sinn und Zweck des *Multiple Workstation Concepts*. Außerdem können wir mit diesem Beispiel ganz gezielt Bilddateien oder Metafiles eines spezifischen Leistungsumfangs erzeugen. Wir unterscheiden drei Grundtypen:

Session Capture. Man öffnet (und aktiviert) den Metafile gleichzeitig mit dem Bildschirm und läßt ihn die gesamte interaktive Sitzung mitlaufen. Eventuelle dynamische Bildänderungen werden nur von einem *GKS-Metafile* 1:1 aufgezeichnet.

Structured Picture Capture. Anstelle eines Metafiles öffnet und aktiviert man den WISS. Erst am Ende des interaktiven Anwendungsprogramms öffnet man einen Metafile und benutzt etwa die oben aufgeführte Hardcopy-Funktion mit dem Typ ASSOCIATE. Man erhält also die endgültige Graphik mit ihrer Segmentstruktur. Dies kann ein GKS-Metafile, aber auch ein *CGM-Metafile (von 1992)* 1:1 aufzeichnen.

Picture Capture. Die "reinen Bilder" erhält man, wenn man wiederum anstelle eines Metafiles den WISS öffnet und aktiviert und am Ende die Hardcopy-Funktion diesmal aber mit dem Typ COPY benutzt. Auf diese Art kann man auch einen *klassischen CGM-Metafile (von 1987)* erzeugen, wenn man davon absieht, daß benutzerdefinierte Bundles von GKS in individuelle Attribute umgewandelt werden müssen.

Dies war ein Nachschlag zum Thema Metafiles (Kapitel 14), da man den WISS benötigt, um vorhandene dynamische Bildänderungen und Segmentstrukturen aus einem Metafile herauszuhalten.

Nachdem wir die ersten beiden Funktionen zum Kopieren von Segmenten (ASSOCIATE SEGMENT, COPY SEGMENT) auch in ihrem Anwendungsgebiet vorgestellt haben, wollen wir uns der dritten (und letzten) dieser Funktionen (INSERT SEGMENT) zuwenden, die zweifellos über die umfangreichsten Anwendungsmöglichkeiten verfügt: Man kann ein (in einem Segment gespeichertes) Teilbild vervielfältigen, und zwar unter verschiedenen Transformationen.

INSERT SEGMENT

```
CALL GINSG ( NAME , TMAT )
```

Die im Segment mit dem Namen NAME (das selbstverständlich wieder im Workstation Independent Segment Storage gespeichert sein muß) enthaltenen Primitive werden an alle aktiven Workstations geschickt und – wenn vorhanden – auch im offenen Segment abgespeichert, und zwar

- unter Verwendung des *derzeit in GKS eingestellten Clipping Rectangle* (Achtung: Die Behandlung ist hier anders als bei den beiden anderen WISS-Funktionen!)
- unter Verwendung zweier Transformationen: zunächst der für das Segment NAME eingestellten Segmenttransformation und *anschließend* der übergebenen Transformationsmatrix TMAT, einer (2,3)-Matrix, die genau wie bei der Funktion SET SEGMENT TRANSFORMATION aufgebaut ist und ebenso mit den Utility-Funktionen EVALUATE TRANSFORMATION MATRIX und ACCUMULATE TRANSFORMATION MATRIX berechnet werden kann. Ist gerade ein Segment offen, kommt dessen Segmenttransformation noch als dritte Transformation hinzu.
- ohne Verwendung der übrigen Segment-Attribute des Segments NAME.

Die gegensätzliche Behandlung des Clipping Rectangle läßt sich wie folgt begründen: Bei den Funktionen COPY und ASSOCIATE bleibt das Segment ja an Ort und Stelle. Es soll (nur eben auf einer neuen Workstation) ein originalgetreues Bild des Segments entstehen, und zwar unabhängig davon, ob inzwischen eine neue Transformation eingestellt ist. Im Gegensatz dazu wird bei der INSERT-Funktion der Segmentinhalt eventuell ganz gezielt an eine andere Stelle gebracht, die natürlich ohne weiteres auch außerhalb des (oder der) bei Erzeugung des Segment gültigen Clipping Rectangles liegen darf.

Durch die Reihenfolge der Transformationen wird erreicht, daß das Segment so, wie man es gerade sieht (also unter Anwendung der aktuellen Segmenttransformation) der übergebenen Abbildung unterworfen wird. Man kann also zunächst sein Mustersegment in Ruhe editieren und dann das (evtl. manipulierte) Endprodukt mit verschiedenen Transformationen mehrfach in die Zeichnung einstreuen. Wie das geschehen kann, zeigt folgendes Beispiel:

Programm 18.2 Vervielfältigung von Segmenten

```
      PROGRAM TEST
      PARAMETER (IERFIL=10, IWK1=1, ICON1=11, IWK2=2, ICON2=12)
      REAL TMAT(2,3)
      INTEGER BAUM, WALD, IASF(13)
      PARAMETER (BAUM=1, WALD=2, IWISS=0)
      REAL X(15), Y(15), XR(4), YR(4)
      DATA XR,YR/0.03,0.97,.97,0.03,0.03,0.03,.97,.97/
      DATA IASF /13*1/
      DATA X(1),Y(1)/.44054,.7884/
      DATA X(2),Y(2)/.34518,.63862/
      DATA X(3),Y(3)/.40293,.63862/
      DATA X(4),Y(4)/.32369,.55648/
      DATA X(5),Y(5)/.38681,.55648/
      DATA X(6),Y(6)/.30220,.45446/
      DATA X(7),Y(7)/.40293,.45446/
      DATA X(8),Y(8)/.40293,.37496/
      DATA X(9),Y(9)/.48217,.37496/
      DATA X(10),Y(10)/.48217,.45446/
      DATA X(11),Y(11)/.59096,.45446/
      DATA X(12),Y(12)/.50769,.55515/
      DATA X(13),Y(13)/.57350,.55515/
      DATA X(14),Y(14)/.48083,.63730/
      DATA X(15),Y(15)/.54664,.63730/
C
C     EROEFFNE GKS UND WORKSTATION
C     ATTRIBUT-BENUTZUNG IST INDIVIDUELL
C
      CALL GOPKS ( IERFIL, -1 )
      CALL GSASF (IASF)
      IWT = 69999
      CALL GOPWK ( IWK1 , ICON1, IWT )
      CALL GSWKVP( IWK1 , 0.0, 0.09, 0.0, 0.09 )
      CALL GACWK ( IWK1 )
C
C     UMRANDUNG
C
      CALL GCRSG ( 999 )
         CALL GFA ( 4, XR, YR )
      CALL GCLSG
C
```

```
C     EROEFFNUNG DES WISS !
C
      CALL GOPWK ( IWK2, ICON2, IWISS )
      CALL GACWK ( IWK2 )
C
C     ENTWICKLUNG DES BAUMSEGMENTS
C
      CALL GCRSG ( BAUM )
         CALL GSFAIS ( 1 )
         CALL GFA(15,X,Y)
      CALL GCLSG
C
C     ZUM ZEICHNEN DES WALDES ZUNAECHST
C     "MUSTERSEGMENT" VON DER ECHTEN OUTPUT-
C     WORKSTATION ENTFERNEN. IM WISS
C     BLEIBT ES WEITER VORHANDEN
C
      CALL GDSGWK ( IWK1 , BAUM )
      CALL GUWK ( IWK1 , 1 )
C
C     JETZT BAEUME AN VERSCHIEDENEN STELLEN UNTER
C     VERSCHIEDENEN TRANSFORMATIONEN ZEICHNEN
C
      CALL GCRSG ( WALD )
         CALL GEVTM ( 0.5,0.5,-0.3,0.,0.,0.25,0.25,1,TMAT )
         CALL GINSG ( BAUM , TMAT )
         CALL GEVTM ( 0.5,0.5,0.0,0.,0.,0.25,0.5,1,TMAT )
         CALL GINSG ( BAUM , TMAT )
         CALL GEVTM ( 0.5,0.5,0.3,-0.2,1.7,0.25,0.25,1,TMAT )
         CALL GINSG ( BAUM , TMAT )
      CALL GCLSG
C
C     ENDE DER VERANSTALTUNG
C
      CALL GDAWK ( IWK2 )
      CALL GCLWK ( IWK2 )
      CALL GDAWK ( IWK1 )
      CALL GCLWK ( IWK1 )
      CALL GCLKS
      STOP
      END
```

Der Bildschirminhalt sieht vor dem DELETE SEGMENT FROM WORKSTATION wie folgt aus:

Abb. 18.1: Vom Baum ...

Das Segment WALD enthält drei Bäume:

Abb. 18.2: ... zum Wald

Sinn und Zweck von INSERT SEGMENT ist es also, sich Mustersymbole selbst (evtl. interaktiv) zu generieren, z.B. Schaltkreissymbole, kartographische Symbole etc., um diese dann in der eigentlichen Zeichnung an bestimmten Stellen einzufügen. Zur vollen Geltung kommen diese Konzepte natürlich erst unter Verwendung interaktiver Graphik, die z.B. das Picken solcher Segmente ermöglicht. Dies wird Gegenstand der restlichen Kapitel dieses Buches sein.

Während also ein Metafile den Austausch von Graphik zwischen verschiedenen Programmen ermöglicht, gibt es zum Speichern, Abrufen sowie zum Vervielfältigen von

Graphik innerhalb eines Programms eine Spezial-Workstation, den sogenannten Workstation Independent Segment Storage (WISS). Er verhält sich im wesentlichen wie eine Ausgabe- oder Metafile-Workstation, mit der Einschränkung, daß er keine Workstation-Attribute besitzt, daß auf ihm nur Segmente (also keine Primitive außerhalb von Segmenten) gespeichert werden können und daß gewisse Kontrollfunktionen verboten sind. Zum Ausgeben eines Segments auf einer Workstation, die zum Zeitpunkt der Segmenterstellung nicht aktiv war, gibt es die zwei Funktionen

ASSOCIATE SEGMENT WITH WORKSTATION
COPY SEGMENT TO WORKSTATION

Im ersten Fall wird das Segment auch auf der neuen Workstation als ein solches behandelt, im zweiten Fall werden nur seine Primitive ausgegeben. Die Funktion ASSOCIATE SEGMENT WITH WORKSTATION kann auf der Workstation eine implizite Bilderneuerung auslösen, falls das Segment (das ja in diesem Augenblick sichtbar werden müßte) nicht die höchste Priorität hat (und die Workstation das Hinzufügen von Primitiven im Hintergrund nicht unterstützt, vgl. Kapitel 16). Mit der Funktion

INSERT SEGMENT

kann der Inhalt eines Segments – unter Anwendung einer zusätzlichen Transformation – auf alle aktiven Workstations und ggf. ins offene Segment kopiert werden. Damit hat der Benutzer die Möglichkeit, eigene (auch sehr komplexe) Symbole zu definieren, die auch interaktiv pickbar (also identifizierbar) sind.

Liste der GKS-Funktionen für den WISS

ASSOCIATE SEGMENT WITH WORKSTATION L2a

```
CALL GASGWK ( IWK , NAME )
```

Kopiert ein Segment zusammen mit seinen Segment-Attributen auf eine Workstation.

```
IN:  IWK    (INTEGER) WORKSTATION IDENTIFIER
IN:  NAME   (INTEGER) SEGMENTNAME
ERRORS:               (0,6,20,25,27,33,35,36,120,124)
```

COPY SEGMENT TO WORKSTATION L2a

```
CALL GCSGWK ( IWK , NAME )
```

Kopiert den Inhalt eines Segmentes auf eine Workstation. Dabei wird die Segment-transformation angewandt, während die übrigen Segment-Attribute nicht berücksichtigt werden.

```
IN:  IWK    (INTEGER) WORKSTATION IDENTIFIER
IN:  NAME   (INTEGER) SEGMENTNAME
ERRORS:               (0,6,20,25,27,33,35,36,120,124)
```

INSERT SEGMENT L2a

```
CALL GINSG ( NAME , TRAN )
```

Kopiert den Inhalt eines Segments auf alle aktiven Workstations und (falls vorhanden) ins offene Segment. Dabei wird nach der Segmenttransformation noch eine zusätzliche Transformation angewandt, während die übrigen Segment-Attribute nicht berücksichtigt werden.

```
IN:  NAME   (INTEGER)    SEGMENTNAME
IN:  TRAN   (REAL(2,3)) TRANSFORMATIONSMATRIX
ERRORS:                  (0,5,27,120,124,125)
```

Teil V

Level 0b

19. Eingabe für Einsteiger

Das gesamte Segmentkonzept, das wir in den letzten Kapiteln besprochen haben, dient hauptsächlich dazu, Bilder manipulieren zu können. Sinnvoll einsetzbar sind diese Bildmanipulationen allerdings erst im Zusammenhang mit *Eingabefunktionen*, mit deren Hilfe sie interaktiv am Bildschirm vorgenommen werden können. Aber schon für wesentlich schlichtere Aufgaben wie die Steuerung des Programmablaufs werden Eingabemöglichkeiten benötigt. GKS stellt dem Anwendungsprogrammierer verschiedene Eingabemöglichkeiten zur Verfügung.

In diesem Kapitel lernen wir zunächst drei einfache GKS-Funktionen kennen, die bereits einen Grundbedarf an Interaktion abdecken. Außerdem wird präzisiert, wann man Interaktion ausschließlich mit GKS-Funktionen abwickeln sollte. Im folgenden Kapitel werden die Begriffe und Konzepte des GKS-Eingabemodells veranschaulicht. In den Kapiteln 21–28 werden die Eingabefunktionen im einzelnen und anhand von Beispielen erläutert.

Die Eingabefunktionen von GKS lassen sich in zwei Gruppen einteilen: a) die Eingabe von Positionen auf der Zeichenfläche (Workstation Viewport) und b) die Eingabe von Texten oder die Auswahl aus einem Menü, was wir etwas vereinfachend als alphanumerische Eingabe bezeichnen wollen. Dabei wird man im Fall a) *ausschließlich* auf GKS-Funktionen zurückgreifen, während im Fall b) neben den GKS-Funktionen auch andere Eingabemöglichkeiten in Frage kommen. Beginnen wir mit der Frage, wann man alphanumerische Eingabe mit GKS oder anderen Methoden (FORTRAN I/O, Motif o.ä.) realisiert:

- Klar ist, daß es nur um die Zeitspanne zwischen OPEN WORKSTATION und CLOSE WORKSTATION, bezogen auf den Bildschirm, geht, da GKS sonst gar keine Möglichkeit zur Interaktion hat!
- Wenn in dieser Zeitspanne die Kommunikation ausschließlich über GKS abgewickelt wird, können keine Probleme auftreten.
- Eigene und GKS-gesteuerte Kommunikation ist gerade dann gleichzeitig möglich, wenn man zwei (zumindest logische) Geräte vor sich hat. Manche Graphikarbeitsplätze bestehen aus einem Graphik-Bildschirm und einem separaten alphanumerischen Bildschirm. In solch einer Konfiguration kümmert sich GKS um den Graphik-Bildschirm, während der alpanumerische Bildschirm für beliebige Dialogmöglichkeiten zur Verfügung steht. Heutzutage wird immer mehr X-Windows eingesetzt. Hier kann sich GKS um ein eigenes GKS-Window kümmern [KIR],

während andere Windows für die Kommunikation mit FORTRAN oder für Benutzeroberflächen wie Motif zur Verfügung stehen.
- Der Programmieraufwand für GKS-Dialog entspricht – wie wir in diesem Kapitel sehen werden – (zeilenorientiertem) FORTRAN-Dialog, ist aber bei einer guten Implementierung mit Dialogboxen realisiert, die man selbst nur mit höherem Programmieraufwand oder anderen Hilfsmitteln realisieren kann. Leider ist in der GKS-Norm die Frage, wie man die Aufforderung für eine Eingabe realisiert, soweit offengelassen worden, daß man bei unterschiedlichen GKS-Anbietern mit einem unterschiedlichen Erscheinungsbild und eventuellen Programmanpassungen rechnen muß.

Die GKS-Funktion TEXT ist für die Kommunikation ungeeignet, da der Dialog nicht Bestandteil der Zeichnung werden soll. Was man braucht, ist vielmehr eine GKS-Funktion, die

- nur auf *einer* Workstation, zweckmäßigerweise dem Bildschirm,
- an geeigneter (gut sichtbarer) Stelle, aber möglichst *außerhalb der Zeichnung*
- ohne großen Aufwand hinsichtlich der Schriftqualität, sondern *nur lesbar*

eine beliebige Nachricht ausgibt. Sie heißt

MESSAGE

```
CALL GMSG ( IWK , MESS )
```

Diese GKS-Funktion hat nicht selbst etwas mit Eingabe zu tun (und gehört daher auch dem Level 1a an), wird aber meist in Verbindung mit Eingabe benötigt. Es wird auf der Workstation IWK (und nur dort) an einer gerätespezifischen Position die Nachricht ausgegeben, die im zweiten Parameter MESS als Text übergeben wird. Ob einzelne Messages in einer Statuszeile erscheinen, ob Serien von Messages zu sogenannten Pop-up-Menüs zusammengefaßt werden, der Phantasie der Implementierer sind in GKS keine Grenzen gesetzt. Dem Anwendungsprogrammierer kann an dieser Stelle nur eine Beschreibung des GKS-Anbieters präzisere Auskünfte geben.

Daß man mit MESSAGE auch Zahlen ausgeben kann, zeigt das folgende einfache Beispiel:

1. Ausgabe von Zahlen direkt mit FORTRAN

```
WRITE(*,'(I3,I5)') IANZ, N4711
```

2. Ausgabe von Zahlen mit MESSAGE

```
CHARACTER*80 TEXT
...
WRITE(TEXT,'(I3,I5)') IANZ, N4711
CALL GMSG(IWK,TEXT(1:8))
```

Die erste GKS-Eingabefunktion, die wir kennenlernen, ermöglicht es uns, einen Text bzw. eine Zeichenkette (String) über die Tastatur einzugeben. Sie entspricht am ehesten dem gewohnten FORTRAN READ Statement, mit dem jeder schon einmal gearbeitet haben dürfte:

REQUEST STRING

```
CALL GRQST ( IWK , IDNR , ISTAT , LSTR , STR )
```

Die ersten beiden Parameter sind Eingabeparameter, sie müssen also *vor dem Aufruf* sinnvolle Werte haben. IWK ist der Workstation Identifier, und IDNR ist eine sogenannte String Device Number, deren Bedeutung wir später diskutieren werden (mit der Einstellung IDNR=1 gibt es keine Probleme). Die letzten drei Parameter sind Ausgabeparameter. Hierbei werden Variablen verwendet, deren Wert *nach dem Aufruf* im Programm benutzt werden kann. Beim Aufruf von REQUEST STRING wartet das Programm, bis der Benutzer einen beliebigen Text eingegeben hat. Die Eingabe muß mit <CR> (oder evtl. einer anderen Taste) abgeschlossen werden. Anschließend enthält STR den eingegebenen Text, seine Länge (die Anzahl der Zeichen) steht in LSTR. ISTAT ist ein Ausgabeparameter, der die Werte (NONE,OK) liefert und damit die Gültigkeit oder den Abbruch der Eingabe anzeigt. Hat ISTAT also nach dem Aufruf von GRQST den Wert 0, so wurde die Eingabe abgebrochen, und das Programm sollte mit den vermutlich unsinnigen Werten von STR und LSTR nicht arbeiten.

Eine ganz primitive Methode, interaktiv eine Auswahl zu treffen, zeigt das folgende Beispiel:

```
REAL X(100),Y(100)
CHARACTER*1 STR
...
CALL GMSG ( IWK , 'Bitte P fuer Polyline,' )
CALL GMSG ( IWK , 'M fuer Polymarker eingeben' )
CALL GRQST ( IWK , 1 , ISTAT , L , STR )
IF (ISTAT.EQ.0) GOTO 999
IF(STR.EQ.'P') THEN
  CALL GPL ( 100 , X , Y )
ELSE
  CALL GPM ( 100 , X , Y )
END IF
...
```

In diesem Beispiel wählt der eingegebene Text zwischen zwei Alternativen. Komfortablere Methoden werden wir noch kennenlernen.

Das folgende Beispiel benutzt eine String-Eingabe zur Beschriftung:

```
      CHARACTER*80 TEXT
      ...
C
C     AN EINER FERTIGEN ZEICHNUNG SOLL IN DER
C     RECHTEN OBEREN ECKE EINE BESCHRIFTUNG
C     ANGEBRACHT WERDEN
C
      CALL GMSG ( IWK , 'Bitte Titel eingeben' )
      CALL GRQST ( IWK , 1 , ISTAT , L , TEXT )
      IF (ISTAT.EQ.0) GOTO 999
      CALL GSTXAL ( 3 , 1 )
      CALL GSELNT ( 0 )
      CALL GTX ( 1. , 1. , TEXT(1:L) )
      ...
```

Wie lassen sich nun Zahlen eingeben? Im Gegensatz zu der bereits besprochenen Ausgabe ist die Verwendung fester Formate bei "getippter" Eingabe nicht praxisgerecht. Wir zeigen daher eine Funktion, die eine Zeichenkette auf numerische Eignung überprüft und gegebenenfalls in eine REAL-Zahl wandelt:

Programm 19.1 Wandlung von Text nach Zahl

```
      INTEGER FUNCTION NUMCHK (TEXT, VALUE)
C
C     PRUEFT UND WANDELT ZIFFERN-STRING IN REAL ZAHL
C
C     EINGABE-PARAMETER: TEXT    CHARACTER*(*)
C     WERT DER FUNKTION: NUMCHK  INTEGER (0=OK, SONST FEHLER)
C     AUSGABE-PARAMETER: VALUE   REAL   (FALLS NUMCHK=0)
C
      CHARACTER*(*) TEXT
      CHARACTER*7 FORM
      SAVE FORM
      DATA FORM /'(E10.0)'/
      LTEX = LEN (TEXT)
C
C     BEI LEEREM TEXT: 0.0
C
      VALUE = 0.0
      IF (LTEX .LE. 0) THEN
         IOS = 0
      ELSEIF (LTEX .GT. 99) THEN
         IOS = 1
```

```
      ELSE
         WRITE (UNIT=FORM(3:4), FMT='(I2.2)') LTEX
         READ  (UNIT=TEXT, FMT=FORM, IOSTAT=IOS) VALUE
      ENDIF
      NUMCHK = IOS
      RETURN
      END
```

Dazu verändern wir wieder unser Beispiel:

```
      CHARACTER*80 TEXT
      ...
      CALL GMSG ( IWK , 'Bitte Zahl eingeben' )
11    CONTINUE
      CALL GRQST ( IWK , 1 , ISTAT , L , TEXT )
      IF (ISTAT.EQ.0) GOTO 999
C
C          TEXT --> (REAL-)ZAHL MIT DER FUNKTION NUMCHK
C
      IF (NUMCHK (TEXT(1:L), VALUE) .NE. 0) THEN
         CALL GMSG ( IWK , 'Fehler! Bitte nocheinmal eine Zahl!')
         GOTO 11
      ENDIF
C
C     VALUE IST DER EINGEGEBENE ZAHLENWERT
C     BEI GANZEN ZAHLEN BITTE MIT: NINT(VALUE) WEITERARBEITEN
C
      ...
```

Über den bloßen alphanumerischen Dialog hinaus bietet GKS seinen Benutzern auch die Möglichkeit graphischer Eingabe, also die Eingabe von Positionen auf der Zeichenfläche mittels eines speziellen Eingabegerätes (Maus, Tablett, Lichtgriffel) oder der Tastatur (Cursor-Tasten). Diese Positionen können als Punktkoordinaten (Locator, Stroke) oder sogar als Identifikation eines Bildteils (Pick) dem Anwendungsprogramm zugeführt werden. Die einfachste dieser Funktionen wollen wir bereits hier an praktischen Beispielen einführen:

REQUEST LOCATOR

```
      CALL GRQLC ( IWK , IDNR , ISTAT , ITNR , PX , PY )
```

Durch den Aufruf wird der Benutzer in die Lage versetzt, mit der Maus oder den Cursor-Tasten (beispielsweise) ein Fadenkreuz auf dem Bildschirm zu verschieben und schließlich an der gewünschten Position mittels Tastendruck o.ä. abzuschicken. IWK gibt dabei wieder den Workstation Identifier an, und IDNR gibt eine Locator Device Number an, die wir vorerst einfach auf 1 setzen. ISTAT ist der bereits bekannte Status-Ausgabeparameter (NONE,OK). In PX und PY werden die

Weltkoordinaten des getroffenen Punktes an das Programm übergeben. Der Begriff Weltkoordinaten bezieht sich dabei nicht unbedingt auf das gerade mit Hilfe von SELECT NORMALIZATION TRANSFORMATION eingestellte Koordinatensystem, das zur Ausgabe benutzt wird. (Es ist ja auch gar nicht sicher, ob der Benutzer einen Punkt innerhalb dieses Viewports abgeschickt hat!) Vielmehr wird eine Window/Viewport-Transformation ermittelt, die zur Rücktransformation in Weltkoordinaten benutzt wird und deren Nummer dem Anwendungsprogramm in ITNR bekannt gemacht wird. Die Kriterien, nach denen diese Transformation(snummer) ermittelt wird, werden im Kapitel 21 erläutert. *Zunächst ist dies immer die Transformation 0, so daß die in Weltkoordinaten gelieferten Locator-Positionen faktisch im NDC liegen.*

Das folgende Programm zeichnet zunächst einige Segmente, anschließend wird ein Ausschnitt vergrößert dargestellt. Die Eckpunkte des hierzu benötigten Workstation Windows (vgl. auch Kapitel 16) werden mit dem Locator interaktiv bestimmt:

```
      ...
C
C     SEGMENTE FERTIG AUSGEGEBEN
C     JETZT ECKPUNKTE BESTIMMEN UND
C     VERGROESSERN
C
      CALL GMSG ( IWK , 'Linke untere Ecke eingeben' )
      CALL GRQLC ( IWK , 1 , ISTAT , ITNR , PX , PY )
      CALL GMSG ( IWK , 'Rechte obere Ecke eingeben' )
      CALL GRQLC ( IWK , 1 , ISTAT , ITNR , QX , QY )
      CALL GSWKWN ( IWK , PX , QX , PY , QY )
      CALL GUWK ( IWK , 1 )
      ...
```

Mit fünf FORTRAN Statements kann man also eine interaktive Ausschnittsvergrößerung programmieren! Im folgenden Beispiel zeichnen wir interaktiv Polymarker mit dem Locator.

```
      REAL X(1),Y(1)
      ...
C
C     POLYMARKER-SCHLEIFE
C
1     CONTINUE
      CALL GRQLC ( IWK , 1 , ISTAT , IT , X(1) , Y(1) )
      IF ( ISTAT .EQ. 1) THEN
         CALL GPM ( 1 , X , Y )
         GOTO 1
      ENDIF
      ...
```

Kombiniert man das Programm noch mit dem obigen String-Eingabebeispiel (Auswahl zwischen Polyline und Polymarker), so ist man schon auf dem besten Wege, einen kleinen Graphik-Editor zu schreiben.

Bei diesem Beispiel tritt wieder die Mächtigkeit des *Multiple Workstation Concept* deutlich zutage: Die Locator-Eingabe erfolgt nur auf *einer* Workstation, die daraus resultierenden Polylines hingegen werden *auf alle aktiven Workstations verteilt.* Eröffnet man in obigem Beispiel also noch (parallel zum Bildschirm) eine weitere Workstation (Plotter oder Metafile), so können wir unser "Jugendwerk" auch noch der Nachwelt überliefern. Wer jetzt auf den Geschmack gekommen ist, dem drängen sich weitere Fragen auf:

- Wie kann man Locator-Werte in anderen Koordinatensystemen erhalten?
- Wie steuert man die Position, wo das Fadenkreuz zuerst erscheint? Wie wählt man zwischen Fadenkreuz, Rubberband (ein mit der Position stets wie ein Gummiband mitlaufender Strich auf dem Bildschirm, der den letzten und aktuellen Punkt verbindet) oder Rubberrectangle (Gummirechteck) aus?
- Wie unterstützt man Funktionstasten, Menüs, Pick-Eingabe usw.?

Wer auf diesem Wissensstand angekommen ist, dem kann man nun ruhig wieder ein wenig mehr Theorie zumuten. Wir tun dies, indem wir zunächst das Eingabemodell von GKS erläutern und anschließend systematisch alle Eingabeklassen in GKS jeweils in einem eigenen Kapitel – ähnlich wie bei der Ausgabe – abhandeln.

Liste der GKS-Funktionen zum Thema des Kapitels

MESSAGE L1a

```
CALL GMSG ( IWK , MESS )
```

Gibt auf der Workstation die Nachricht an geeigneter Stelle aus. Die Zeichnung, andere Workstations oder Segmente werden nicht betroffen.

```
IN:  IWK    (INTEGER) WORKSTATION IDENTIFIER
IN:  MESS   (CHARACTER*(*)) TEXT
ERRORS:     (0,7,20,25,36)
```

Die übrigen in diesem Kapitel angesprochenen GKS-Funktionen werden in den Folgekapiteln aufgelistet.

20. Eingabemodell

Nachdem wir im letzten Kapitel eine praxisbezogene Einführung in die einfachsten Benutzungsarten interaktiver Graphik mit GKS gegeben haben, schließt sich nun ein etwas mehr theoretischer Teil an. Die exakte Beschreibung der graphischen Eingabe ist nämlich nicht so einfach, wie die Beschreibung der Ausgabe. Ein graphisches Ausgabegerät kann eben z.B. Linien zeichnen. Wie das im einzelnen realisiert wird, muß niemand wissen. Das Anwendungsprogramm ruft die entsprechenden GKS-Funktionen auf, und das Bild entsteht. Bei diesem Vorgang kommunizieren nur das Anwendungsprogramm und die Workstation.

Anders ist es bei der graphischen Eingabe. Hier müßen graphische Eingabegeräte bedient werden. Ohne den *Bediener* – manchmal auch als Operator bezeichnet – bewegt sich eben kein Fadenkreuz, wird keine Taste gedrückt. Hier findet also eine Kommunikation zwischen Mensch, Workstation und Anwendungsprogramm statt. Dies hat zur Folge, daß der Bediener genau wissen muß, *wie* die einzelnen Eingabegeräte zu handhaben sind. Dies ist jedoch ein Problem, das von dem verwendeten Gerät abhängt und daher nicht hierher gehört.

Gegenstand dieses Kapitels ist es, diese Kommunikation zwischen Mensch, Gerät und Anwendungsprogramm auf eine saubere Grundlage zu stellen, bevor wir daran gehen können, die einzelnen Eingabearten genauer abzuhandeln.

Unter interaktiver Graphik versteht man – wie schon gesagt – die Möglichkeit, als *Bediener* am Graphikbildschirm oder an einem Tablett unter *Kontrolle von GKS* Werte von außen ins Anwendungsprogramm einzugeben. Dies können direkt graphisch verwertbare Informationen sein, wie z.B. Positionen auf der Zeichenfläche oder Namen von Segmenten, aber auch Werte, die nicht direkt etwas mit Graphik zu tun haben, z.B. Texte, Zahlen, Auswahl aus einem Kommandovorrat.

Graphische Eingabe ist nicht von jedem Workstation-Typ aus möglich. Zum Beispiel kann man von einer Metafile-Workstation, vom Workstation Independent Segment Storage oder von den meisten Plottern aus *keine* graphische Eingabe machen.

Man kann einer Workstation vom Anwendungsprogramm aus ansehen, ob sie generell zu graphischer Eingabe fähig ist, und zwar anhand der *Workstation Category* (vgl. Kapitel 5). Auf Workstations der Kategorie INPUT oder OUTIN ist graphische Eingabe möglich (man unterscheidet die zwei Kategorien danach, ob die Workstation nur Eingaben verarbeiten kann – wie beispielsweise ein Tablett – oder ob sie auch zur Ausgabe fähig ist – wie beispielsweise Graphik-Bildschirme).

Die Workstation Category sagt allerdings noch nichts darüber aus, zu *welcher* Eingabe die Workstation befähigt ist. Hierzu gibt es weitergehende Erfragefunktionen, die im Anhang dieses und der folgenden Kapitel beschrieben sind.

Im Gegensatz zu den physikalischen Eingabegeräten, die sehr verschiedenartiger Gestalt sein können (z.B. gibt es zur Eingabe einer Position auf der Zeichenfläche so unterschiedliche Eingabegeräte wie Maus, Tablett, Lichtgriffel oder Touch Panel), ist die Anzahl der verschiedenartigen Wertetypen, die sie abliefern können, durchaus beschränkt. Nach diesen Wertetypen wird in GKS eine Klasseneinteilung vorgenommen, die unabhängig von den Eigenschaften einzelner Eingabegeräte ist. GKS unterscheidet genau sechs Eingabeklassen:

Locator übergibt eine Position auf der Zeichenfläche in Weltkoordinaten, zusammen mit der zugehörigen Transformationsnummer.

Stroke übergibt eine Serie von Positionen auf der Zeichenfläche in Weltkoordinaten, zusammen mit der zugehörigen Transformationsnummer.

Valuator übergibt einen Wert (als reelle Zahl) aus einem vorgegebenen kontinuierlichen Intervall.

Choice übergibt eine Auswahl (als Nummer) aus einer vorgegebenen Anzahl von Wahlmöglichkeiten sowie einen Choice Status, der angibt, ob überhaupt etwas Sinnvolles ausgewählt wurde.

Pick übergibt einen Segmentnamen, einen Pick Identifier sowie einen Pick Status, der angibt, ob überhaupt ein Segment getroffen wurde.

String übergibt einen Text

Wir wollen an dieser Stelle aber nicht verheimlichen, daß man nicht alle Eingaben *exklusiv* mit GKS abwickeln muß. Gerade in X-Window/Motif-Umgebungen gibt es sehr attraktive Eingabemöglichkeiten – jedenfalls für die Eingabeklassen String, Valuator und Choice. Bei der Eingabe von Positionen für die Eingabeklassen Locator, Stroke und Pick halten wir in jedem Fall die GKS-Funktionen für besser geeignet.

Betrachtet man nun die einzelnen Eingabegeräte der Workstations, so sieht man, daß sie häufig für verschiedene Eingabeklassen geeignet sind. So kann man eine Maus nicht nur zur Locator-Eingabe, sondern auch zur Stroke- und Pick-Eingabe verwenden. Eine alphanumerische Tastatur – ein klassisches String-Eingabegerät – kann ebensogut als Valuator- oder Choice-Eingabegerät benutzt werden. Wenn kein weiteres Eingabegerät zur Verfügung steht, müssen sogar die Cursor-Tasten für die restlichen Eingabeklassen (Locator, Stroke und Pick) benutzt werden, was man allerdings heutzutage als Zumutung empfindet. Üblich dagegen sind Maus und Tastatur als einzige Eingabegeräte.

Nachdem wir festgestellt haben, daß ein Eingabegeät für mehrere Eingabeklassen verwendet werden kann, stellt sich die Frage, ob man nicht mehrere Eingabegeräte in einer Eingabeklasse verwenden kann, wie beispielsweise Maus und Tablett für die Locator-Eingabe. Die Unterscheidung verschiedener Eingabegeräte innerhalb derselben Eingabeklasse erfogt mit der sogenannten *Input Device Number*, die beim Aufruf von REQUEST STRING und REQUEST LOCATOR bereits angegeben werden mußte.

Wenn man nun irgendein (physikalisches) Eingabegerät betätigt, wird diese Eingabe von GKS einem sogenannten *Logical Input Device* zugeordnet. Ein *Logical Input Device* ist in GKS definiert durch:

- den Workstation Identifier (welche Workstation?)
- die Input Class (welcher Werte- oder Daten-Typ?)
- die Input Device Number (welches Eingabegerät innerhalb der Eingabeklasse?)

In GKS muß also stets spezifiziert werden, von welcher *Workstation* in welcher *Eingabeklasse* mit welchem *Eingabegerät* die Eingabe erfolgen soll.

Um als Bediener interaktiv mit GKS zu arbeiten (d.h. ein fertiges Anwendungsprogramm benutzen zu können), braucht man eine Beschreibung der Workstation, um über Art und Handhabung der einzelnen Eingabegeräte Bescheid zu wissen. Der *Programmierer* hingegen, der interaktive Anwendungsprogramme auf Basis von GKS schreibt, arbeitet lediglich mit abstrakten Begriffen wie Locator, Pick etc., d.h. er braucht sich nicht darum zu kümmern, *wie* später das jeweilige Gerät die Eingabe realisiert. Nach abgeschlossener Eingabe kann er vielmehr davon ausgehen, daß seinem Anwendungsprogramm der Wert aus der entsprechenden Eingabeklasse zur weiteren Verarbeitung zur Verfügung steht, falls nicht ein Statusparameter eine abgebrochene Eingabe signalisiert.

Im folgenden wollen wir einige weitere Begriffe am Beispiel des Locator veranschaulichen: Ein Fadenkreuz erscheint auf dem Bildschirm. Die Position, wo das Fadenkreuz erscheint, bezeichnet man als *Initial Position*. Wenn man das unabhängig von einer speziellen Eingabeklasse ausdrücken will, spricht man vom *Initial Value*. Nun kann man das Fadenkreuz mit Hilfe der Maus oder der Cursor-Tasten verschieben. Die aktuelle Position bezeichnet man als *Measure (Maßwert)*. Das Fadenkreuz selbst ist die Visualisierung dieses Measure und wird als *Echo* bezeichnet. Das Erscheinungsbild des Echos, z.B. Fadenkreuz oder Gummirechteck, steuert man mit dem *Prompt/Echo Type*. Der Bereich, in dem man das Fadenkreuz verschieben kann, läßt sich auf ein Rechteck innerhalb des Bildschirms einschränken, das als *Echo Area* bezeichnet wird. Will man schließlich eine ausgewählte Position dem Anwendungsprogramm übergeben, drückt man eine Taste auf der Maus oder Tastatur. Dies bezeichnet man als Betätigung des *Triggers (Auslösers)*. Man unterscheidet also zwischen dem Verändern eines Maßwertes (Measure) und der Übergabe dieses Wertes an das Anwendungsprogramm (Trigger).

Ein Eingabegerät kann sich in einer von drei verschiedenen Betriebsarten befinden (REQUEST, SAMPLE, EVENT), die vom Anwendungsprogramm angewählt werden können. Dabei ist der REQUEST Mode in den GKS-Levels 0b, 1b und 2b, dagegen SAMPLE und EVENT erst in den Levels 0c, 1c und 2c verfügbar. Während SAMPLE-Funktionen in Kapitel 27 und EVENT-Funktionen in Kapitel 28 beschrieben werden, sollen hier die grundsätzlichen Unterschiede der verschiedenen Betriebsarten behandelt werden:

Request Mode: Während des normalen Programmablaufs sind Measure- und Trigger-Prozeß inaktiv. Beispielsweise ist das Fadenkreuz nicht sichtbar und kann weder bewegt noch abgeschickt werden. Beide werden aktiviert, wenn das Anwendungsprogramm einen Request-Aufruf für das Input Device absetzt. (Dadurch wird also z.B. das Fadenkreuz sichtbar und kann vom Bediener bewegt werden.) Das Anwendungsprogramm wartet so lange, bis die Eingabe durch den Trigger abgeschlossen ist. In diesem Moment wird der aktuelle Measure als Eingabewert übergeben, es sei denn, der Bediener hat einen *Break* ausgelöst, indem er eine spezielle Taste (z.B. <Tab> oder zweiten Mausknopf) betätigt. Der zeitliche Ablauf im Request Mode entspricht einem normalen FORTRAN READ.

Sample Mode: Durch Einschalten des Sample Mode wird der Measure-Prozeß aktiviert. Ein Trigger-Prozeß existiert im Sample Mode nicht. Der Bediener kann den aktuellen Wert des Measure beeinflussen, indem er etwa die Maus bewegt. Er hat jedoch keinen Einfluß darauf, wann ein Wert ins Anwendungsprogramm gelangt. Dies geschieht bei jedem Aufruf der entsprechenden Sample-Eingabefunktion – vom Bediener unbemerkt. Dabei bleibt der Measure-Prozeß aktiv, und zwar so lange, bis das Input Device vom Anwendungsprogramm eine andere Betriebsart zugewiesen bekommt. Im Sample Mode lassen sich Eingabewerte, die auch von einem Meßgerät stammen könnten, überwachen.

Event Mode: Durch Einschalten des Event Mode wird – ebenso wie beim Sample Mode – der Measure-Prozeß aktiviert, zusätzlich jedoch auch der Trigger-Prozeß. Der Bediener kann beispielsweise die Maus bewegen. Das Anwendungsprogramm läuft unabhängig davon weiter, ohne auf irgendeine Aktion zu warten. Jedesmal wenn der Bediener durch Drücken des Triggers einen gewünschten Wert abschickt, wird der Measure in einer Warteschlange, der *Input Queue*, abgespeichert. Auf diese Warteschlange hat auch das Anwendungsprogramm Zugriff. Es kann sich jederzeit den ältesten Eintrag verschaffen und weiterverarbeiten. Eingaben des Bedieners und die Abarbeitung durch das Anwendungsprogramm verlaufen völlig unabhängig voneinander. Measure- und Trigger-Prozeß bleiben bis zur nächsten Betriebsart-Änderung des entsprechenden Input Device aktiv. Entwickelt man ein Anwendungsprogramm, das von mehreren Benutzern an verschiedenen Bildschirmen gleichzeitig bedient wird, ist man auf den Event Mode angewiesen, da die anderen Betriebsarten in diesem Fall zu unflexibel sind.

In der Voreinstellung (d.h. ohne expliziten Benutzeraufruf) laufen alle Input Devices aller Workstations im Request Mode. Seit der GKS-Normung hat sich aus dem Prompt/Echo Type des GKS eine etwas differenziertere Terminologie entwickelt:

Prompt	Aufforderung zur Eingabe
Echo	Visualisierung des Measure (Maßwert)
Acknowledgement	Vollzugsmeldung der Eingabe

Texte für Prompting und Acknowledgement lassen sich entweder mit MESSAGE oder bei den INITIALISE-<input class>-Funktionen im Data Record übermitteln. Beides ist allerdings in der GKS-Norm nicht näher festgelegt.

Zum Abschluß dieses Kapitels möchten wir noch eine Übersicht über die Eingabefunktionen von GKS geben. Von den Funktionen für Sample und Event Mode abgesehen, die in den Kapiteln 27 und 28 beschrieben werden, behandeln wir in den folgenden Kapiteln jeweils eine Eingabeklasse mit den entsprechenden fünf GKS-Funktionen zur eigentlichen Request-Eingabe, zum Setzen der Betriebsart, zum Erfragen von vordefinierten und aktuellen Eingabeattributen und zu ihrem Setzen.

Liste der GKS-Funktionen für Eingabe (allgemein)

INQUIRE NUMBER OF AVAILABLE LOGICAL INPUT DEVICES ... L0b

```
CALL GQLI ( IWT , IERR , NLCD , NSKD , NVLD , NCHD , NPKD , NSTD )
```

Liefert für den gegebenen Workstation Type die Anzahl der verfügbaren Logical Input Devices.

```
IN:  IWT    (INTEGER) WORKSTATION TYPE
OUT: IERR   (INTEGER) ERROR INDICATOR (0,8,22,23,38)
OUT: NLCD   (INTEGER) ANZAHL LOCATOR DEVICES
OUT: NSKD   (INTEGER) ANZAHL STROKE DEVICES
OUT: NVLD   (INTEGER) ANZAHL VALUATOR DEVICES
OUT: NCHD   (INTEGER) ANZAHL CHOICE DEVICES
OUT: NPKD   (INTEGER) ANZAHL PICK DEVICES
OUT: NSTD   (INTEGER) ANZAHL STRING DEVICES
```

---

21. Locator-Request-Eingabe

Nach den allgemeineren Betrachtungen des vorigen Kapitels kommen wir nun zur Diskussion der einzelnen Eingabeklassen in GKS. Als erste Eingabeklasse besprechen wir den Locator, die Eingabe einer Position. Wie bei allen Koordinaten oder Punkten hat es der GKS-Anwender mit Weltkoordinaten zu tun. Das macht die Locator-Request-Eingabe etwas komplizierter. Während die Transformation von einem Punkt auf der Zeichenfläche in das NDC-Quadrat mit der inversen Workstation-Transformation eindeutig möglich ist, ist die weitere Transformation von NDC- in Weltkoordinaten eine inverse Normalisierungstransformation, von denen mehrere in Frage kommen können. Daher besteht der Eingabewert (Measure) eines Locator Device aus

- einer Position auf der Zeichenfläche in Weltkoordinaten.
- einer Nummer, die angibt, welche Normalization Transformation herangezogen wurde. Mit der Inversen dieser Transformation wurde aus der NDC-Position die Position in Weltkoordinaten berechnet.

Dem Bediener stehen zur Locator-Eingabe je nach Art seines Graphikgerätes verschiedene Möglichkeiten zur Verfügung: spezielle Tasten, Lichtgriffel, die Maus oder das Tablett mit Digitalisierstift oder Lupe. Das Echo der aktuellen Position ist häufig ein Fadenkreuz auf dem Bildschirm. Zum Abschließen der Eingabe einer Position dienen meist Tasten, der Stift oder ein Mausknopf. Der Aufruf von REQUEST LOCATOR lautet:

REQUEST LOCATOR

```
CALL GRQLC ( IWK , IDNR , ISTAT , ITNR , PX ,  PY )
```

IWK ist der Workstation Identifier. IDNR ist die Input Device Number, die angibt, von welchem Eingabegerät (etwa Maus = 1, Tablett = 2) die Eingabe erwartet wird. Oft verfügen Graphikgeräte nur über ein einziges Locator Device, das dann mit 1 bezeichnet ist. Die folgenden Parameter sind Ausgabeparameter. ISTAT ist der Status und gibt an, ob die nachfolgenden Parameter benutzbare Werte enthalten oder ob die Eingabe abgebrochen wurde. Es ist ein ENUMERATION-Parameter mit dem Wertebereich (NONE,OK). Für ISTAT = 1 sind die Werte also benutzbar, für ISTAT = 0 hingegen nicht. PX, PY sind die Weltkoordinaten des Punktes, ITNR dic Transformation, mit der er umgerechnet wurde.

Auf die Diskussion elementarer Anwendungsbeispiele können wir hier verzichten, da wir diese bereits in Kapitel 19 besprochen haben.

In Kapitel 19 sagten wir, daß die zur Umrechnung von NDC- in Weltkoordinaten benutzte *inverse* Normalization Transformation nicht notwendig mit der gerade zur Ausgabe benutzten Transformation identisch sein muß. Dies hat den Grund, daß zur Locator-Eingabe das ganze Workstation Window zur Verfügung steht, nicht etwa nur der (möglicherweise viel kleinere) Viewport. Um den Einstieg in die Eingabe nicht unnötig kompliziert zu machen, beschränkten wir uns auf den Hinweis, daß *ohne eigenen Eingriff* die Transformation 0 benutzt wird. Wie in Kapitel 4 besprochen ist diese Transformation eine 1:1-Abbildung und nicht zu verändern. Man erhält also von REQUEST LOCATOR Weltkoordinaten, die in diesem Fall mit NDC-Koordinaten identisch sind. Jetzt wollen wir diskutieren, wie man zu *echten* Weltkoordinaten einer bevorzugten Window/Viewport-Transformation kommt:

Bekanntlich gibt es zu jeder Zeit eine ganze Anzahl von Normalization Transformations, die zu Anfang alle mit dem gleichen Wert (als Eins zu Eins Abbildung) belegt sind. Mit Ausnahme der Transformation 0 können sie mit den GKS-Funktionen SET WINDOW und SET VIEWPORT geändert werden.

Jeder dieser Transformationen kommt nun zusätzlich noch eine Rangfolge zu, die sogenannte *Viewport Input Priority*. Diese Priorität spielt nur bei der Locator- und Stroke-Eingabe eine Rolle. Bei der Graphikausgabe wird die zu benutzende Transformation explizit durch SELECT NORMALIZATION TRANSFORMATION (Kapitel 4) angegeben.

Bei *Locator-Eingabe* (wie auch beim Stroke, vgl. Kapitel 22) jedoch wird stets *die Transformation höchstmöglicher Priorität benutzt, deren Viewport den eingegebenen Punkt enthält.*

Anschaulich ausgedrückt: Beginnend bei der Transformation mit der höchsten Priorität wird geprüft, ob der NDC-Punkt im Viewport dieser Transformation liegt. Sobald dies der Fall ist, wird die Suche beendet, die gefundene Transformation zur Umrechnung des Punktes in das entsprechende Weltkoordinatensystem benutzt und die Transformationsnummer an das Programm übergeben.

Zu Beginn – also ohne explizite Einstellung – hat die Transformation 0 die höchste Priorität. Es folgt Transformation 1, dann Transformation 2, bis zur höchsten Transformationsnummer. Dem entspricht unsere obige Bemerkung, daß REQUEST LOCATOR zunächst NDC-Punkte liefert. Die Prioritätenreihenfolge ändert man durch

SET VIEWPORT INPUT PRIORITY

```
CALL GSVPIP ( ITNR , IRTNR , IRPRI )
```

Mit dieser GKS-Funktion wird die Priorität der übergebenen Transformation ITNR neu definiert. Es ist nun jedoch nicht erlaubt, einer solchen Transformation einen beliebigen Prioritätswert (also etwa 36) zu geben. Vielmehr spezifiziert man eine weitere *Referenztransformation* IRTNR, *vor* oder *nach* der die Transformation ITNR einzusortieren ist. Dies wird durch den Parameter IRPRI (relative Priorität) gesteuert.

Er ist ein ENUMERATION-Parameter mit dem Wertebereich (HIGHER,LOWER) So wird z.B. durch den Aufruf

```
      CALL GSVPIP ( 15 , 0 , 0 )
```

die Transformation 15 in der Prioritätenreihenfolge *vor* der Transformation 0 (da IRPRI = 0) einsortiert. Falls dies der einzige Aufruf von SET VIEWPORT INPUT PRIORITY war, so bedeutet dies, daß nunmehr die Transformation 15 die höchste Priorität hat und daher alle Locator-Eingaben dieser Transformation unterworfen werden, *sofern der Punkt in Viewport 15 enthalten ist* (anderenfalls würde die Transformation 0 als nächstniedrigere Transformation benutzt werden).

Das folgende Unterprogramm setzt eine neue Transformationsnummer für die Ausgabe und ordnet sie gleichzeitig an höchster Stelle der Prioritätenliste ein. Benutzt man statt des expliziten Aufrufes von SELECT NORMALIZATION TRANSFORMATION immer dieses Unterprogramm, so bekommt man Locator-Werte auch immer (wenn möglich) in den gerade aktuellen Weltkoordinaten zurück:

```
      SUBROUTINE STP ( ITNR )
C
C     SET TRANSFORMATION AND PRIORITY
C
C     IN : ITNR = TRANSFORMATION NUMBER
C
      INTEGER HIGHER
      PARAMETER (HIGHER=0)
C
C     ZUERST AKTUELLE TRANSFORMATION ERFRAGEN
C     WENN IMMER DIESE ROUTINE BENUTZT WURDE
C     IST DIESE ZUGLEICH DIE HOECHSTE
C
      CALL GQCNTN ( IERR , ICNTR )
      IF ( IERR.NE.0 .OR. ITNR.EQ.ICNTR ) RETURN
      CALL GSELNT ( ITNR )
      CALL GSVPIP ( ITNR , ICNTR , HIGHER )
      RETURN
      END
```

Will man ganz sichergehen und auch für den Fall, daß im Anwendungsprogramm zwischendurch SELECT NORMALIZATION TRANSFORMATION aufgerufen wurde, die neue Transformation an erster Stelle haben (in so einem Fall wäre ja die aktuelle Transformation nicht die mit der höchsten Priorität), so benutze man die GKS-Funktion INQUIRE LIST element OF NORMALIZATION TRANSFORMATION NUMBERS. Sie liefert die Liste der Transformationen nach absteigenden Prioritäten geordnet. Also erhält man im folgenden Aufruf das erste Listenelement

```
      CALL GQENTN ( 1 , IERR , IOL , IHTNR )
```

Der Parameter IHTNR enthält nach dem Aufruf die Nummer der Transformation mit der höchsten Priorität.

Zum Abschluß dieses Komplexes noch ein nützlicher Hinweis: Da ein eingegebener Locator-Wert stets im NDC-Raum liegen muß, ist die 0-Transformation *immer* ein möglicher Kandidat. Daraus folgt, daß jede Transformation niedrigerer Priorität bei der Suche ausgeschlossen wird. Dies kann man sich zunutze machen, um sicherzustellen, daß bestimmte Transformationen bei der Locator-Eingabe *auf keinen Fall* benutzt werden. Den gewünschten Effekt erreicht man durch

```
CALL GSVPIP ( ITNR , 0 , 1 )
```

Nach diesem Aufruf hat die Transformation ITNR eine kleinere Priorität als die 0-Transformation und kann daher niemals zur Locator-Eingabe benutzt werden (solange ihre Priorität nicht wieder durch einen GSVPIP-Aufruf erhöht wird).

Nun wollen wir diskutieren, wie man die einzelnen "Attribute" des Locator, also die in Kapitel 20 eingeführten Begriffe wie Prompt/Echo Type oder Initial Value einstellen kann und was sie eigentlich bedeuten. Die Setzefunktion lautet:

INITIALISE LOCATOR

```
CALL GINLC ( IWK , IDNR , IT , PIX , PIY , IPET ,
             XMIN , XMAX , YMIN , YMAX , LD , DATA )
```

Diese GKS-Funktion setzt für das Locator Device IDNR auf der Workstation IWK Eingabeattribute. Sie darf im Request Mode jederzeit aufgerufen werden.

Mit IT, PIX und PIY werden Transformation und Koordinaten für den *Initial Locator Value* übergeben. PIX und PIY werden als Weltkoordinaten interpretiert und der Transformation IT unterworfen. Das bedeutet, daß *bei jeder folgenden Locator-Eingabe das Fadenkreuz an dieser Stelle erscheint* (es sei denn, eine Positionierung des Fadenkreuzes vom Programm aus ist auf diesem Gerät nicht möglich).

IPET ist der Prompt/Echo Type, der von allen möglichen Prompt/Echo Types ausgewählt wurde, die die Workstation IWK überhaupt unterstützen kann. Im einzelnen sind bisher genormt:

IPET = 1 Die aktuelle Locator-Position wird mit einer implementationsabhängigen Technik angezeigt. Bei Angabe von IPET=1 wird also der für jedes Gerät angemessene Typ verwendet. Er kann mit einem anderen Typ identisch sein (üblicherweise 2 oder 3).

IPET = 2 *Crosshair*. Die Position wird durch eine horizontale und vertikale Linie angezeigt, die jeweils über den ganzen Bildschirm laufen. Dies ist – gleichberechtigt mit Prompt/Echo Type 3 – der Normalfall.

IPET = 3 *Tracking Cross*. Die Position wird durch ein kleines Kreuzchen angezeigt.

IPET = 4 *Rubber Band Line*. Die Anfangsposition und die aktuelle Position werden durch eine gerade Linie verbunden (und das ganze dynamisch, d.h. die Linie wandert mit der aktuellen Position, wodurch der Eindruck eines Gummibandes entsteht). Dieser Prompt/Echo Type eignet sich gut zum Zeichnen von Linien, da man in jedem Augenblick sieht, wo die Linie später gezeichnet werden wird.

IPET = 5 *Rectangle.* Die Anfangsposition und die aktuelle Position werden durch ein Rechteck verbunden, dessen Diagonale gerade der Rubber Band Line entsprechen würde (also ein Gummirechteck). Dieser Prompt/Echo Type eignet sich besonders gut bei der Eingabe von Rechtecken (z.B. für Zoom) für den zweiten Punkt.

IPET = 6 *Digital.* Die aktuelle Locator Position wird an geeigneter Stelle als Paar von Zahlenwerten, also digital, angezeigt. Der Zahlenbereich kann vom Locator Device abhängen und ist in GKS nicht genauer festgelegt.

Weitere Prompt/Echo Types $\geq$ 7 sind für spätere Normung reserviert. Dagegen können *negative* Prompt/Echo Types für geräte- und implementationsspezifisches Prompt/Echo Handling benutzt werden.

XMIN, XMAX, YMIN, YMAX spezifizieren einen Bereich der Zeichenfläche, die sogenannte *Echo Area*, also den Bereich, in dem Prompting und Echo erscheinen dürfen. Die Parameter sind – genau wie beim Workstation Viewport – in *Device-Koordinaten* (also z.B. in Metern) anzugeben. Beim Locator wird die Interaktion generell innerhalb der Zeichnung durchgeführt, so daß man sinnvollerweise Echo Area und Workstation Viewport gleichsetzt. Man bedenke: Nur innerhalb der Echo Area sind Prompt und Echo möglich, so daß das Fadenkreuz im allgemeinen diesen Bereich nicht verlassen kann!

Bei alphanumerischen Eingabefunktionen setzt man die Echo Area sinnvollerweise außerhalb der Zeichnung. Wir werden zu gegebener Zeit noch darauf zurückkommen.

Der *Data Record* wird – wie immer in der FORTRAN-Sprachanbindung von GKS – durch ein CHARACTER*80-Feld DATA der Länge LD übergeben. Er sollte unbedingt durch die Routine PACK DATA RECORD (s. Kapitel 12) aus INTEGER-, REAL- und CHARACTER-Anteil zusammengepackt werden. Über den Inhalt des Data Record macht GKS nur die Aussage, daß sein Inhalt das Prompt/Echo Handling genauer spezifizieren soll. In der C-Sprachanbindung gibt es für Locator Data Records einen speziellen Datentyp (Gloc_data), der aus standardisierten und implementierungsabhängigen Bestandteilen zusammengesetzt ist. In beiden Sprachanbindungen wird der Implementierung wie auch zukünftiger Normung Raum freigehalten.

In der praktischen Anwendung sind in erster Linie Prompt/Echo Type und Anfangswert – oder präziser die Position, wo das Echo erscheint – von Interesse. Dabei wünscht man sich noch in der Regel, daß das Fadenkreuz an der Stelle auftauchen möge, wo es das letzte Mal zu sehen war. Um die anderen Parameter wie Echo Area oder Data Record will man sich häufig nicht kümmern. Daher werden wir in den Kapiteln zur Request-Eingabe einige Unterprogramme vorstellen, die die Eingabe mit GKS wesentlich vereinfachen.

Hier ein erstes Beispiel:

Programm 21.1 Vereinfachte Locator-Eingabe

```
      SUBROUTINE SRQLC (IWK, TEXT, IPET, ISTAT, X, Y)
C-------------------------------------------------------------
C
C   Request Locator mit Message
C
C  Parameter:
C  Name  Typ  I/O Bedeutung
C  iwk   i    i   workstation identifier
C  text  c    i   prompttext
C  ipet  i    i   prompt/echo type
C  istat i    o   status (none,ok,transformation mismatch)
C  x     r    o   entered x-position
C  y     r    o   entered y-position
C
C-------------------------------------------------------------
C
      PARAMETER (IDNRL=1)
      CHARACTER*(*) TEXT
      REAL EAL(4), WIND(4), VIEW(4)
      INTEGER NONE, OK, NOTRA
      LOGICAL FIRST
      PARAMETER (NONE=0, OK=1, NOTRA=2)
      PARAMETER (MAXDAT=1)
      CHARACTER*80 EDCDAT(MAXDAT)
      SAVE XINI, YINI, FIRST
      DATA FIRST /.TRUE./
C
C     check if current transformation has highest priority
C
      CALL GQCNTN (IERR, IT)
      CALL GQENTN (1, IERR, IOL, IHTRN)
      IF (IT .NE. IHTRN) CALL GSVPIP (IT, IHTRN, 0)
C
C     for the first call set intial locator position
C     to center of window
C
      IF (FIRST) THEN
        CALL GQNT (IT, IERR, WIND, VIEW)
        XINI = (WIND(2) - WIND(1)) / 2.0
        YINI = (WIND(4) - WIND(3)) / 2.0
        FIRST = .FALSE.
```

```
      END IF
C
C     display message
C
      CALL GMSG (IWK, TEXT)
C
C     initialize locator
C
      CALL GQLCS (IWK, IDNRL, 1, MAXDAT, IERR, MODE, IESW, ITR,
     ,            XDEF, YDEF, IPETI, EAL, LDL, EDCDAT)
C
      CALL GINLC (IWK, IDNRL, IT, XINI, YINI, IPET,
     ,            EAL(1), EAL(2), EAL(3), EAL(4), LDL, EDCDAT)
C
C     request locator
C
      CALL GRQLC (IWK, IDNRL, ISTAT, ITOUT, X, Y)
      IF (ISTAT .EQ. OK) THEN
        IF (IT .EQ. ITOUT) THEN
          XINI = X
          YINI = Y
        ELSE
          ISTAT = NOTRA
        ENDIF
      ENDIF
      RETURN
      END
```

Wenn man einen oder mehrere (jedenfalls wenige) Werte für ein Input Device einstellen möchte, verlangt INITIALISE LOCATOR stets den vollen Satz an Parametern. Selbst wenn man Echo Area oder Data Record gar nicht ändern will, müssen sie mit angegeben werden.

Daher die Methode mit der Erfragefunktion: *Man erfragt alle aktuellen Einstellungen und übergibt diejenigen, die man nicht ändern will, unverändert an die Initialise-Funktion.*

Im folgenden Beispiel wird die interaktive Ausschnittsvergrößerung aus Kapitel 19 verbessert: Bei der Eingabe des zweiten Eckpunktes wird der Anfangswert auf den zuerst gelesenen Punkt gesetzt (das Fadenkreuz erscheint also an der Position, die man dem Programm übergeben hat), und es wird der Prompt/Echo Type 5 eingestellt (also das Gummirechteck). Damit werden Anfangswert und momentaner Wert schon bei der Bewegung des Fadenkreuzes durch solch ein Rechteck verbunden, d.h. man sieht ständig, welches Workstation Window man erhalten würde (vorausgesetzt, die Workstation unterstützt diesen Prompt/Echo Type). Dazu programmieren wir ein spezielles Unterprogramm zur Eingabe von Rechtecken:

```
      ...
C
C     SEGMENTE FERTIG AUSGEGEBEN
C     JETZT ECKPUNKTE BESTIMMEN UND
C     VERGROESSERN
C
      CALL GSELNT (0)
      CALL SRQREC (IWK ,'Zoom-Fenster eingeben:', ISTAT, PX, PY, QX, QY)
      CALL GSWKWN (IWK, PX, QX, PY, QY)
      CALL GUWK (IWK, 1)
      ...
```

Programm 21.2 Eingabe von Rechtecken

```
      SUBROUTINE SRQREC (IWK, TEXT, ISTAT, XLL, YLL, XUR, YUR)
C-------------------------------------------------------------
C
C   "Request Rechteck" mit Message
C
C  Parameter:
C  Name  Typ  I/O Bedeutung
C  iwk   i    i   workstation identifier
C  text  c    i   prompttext
C  istat i    o   status (none,ok,transformation mismatch)
C  xll   r    o   entered left  x-position
C  yll   r    o   entered lower y-position
C  xur   r    o   entered right x-position
C  yur   r    o   entered upper y-position
C
C-------------------------------------------------------------
C
      CHARACTER*(*) TEXT
      INTEGER NONE, OK, NOTRA
      PARAMETER (NONE=0, OK=1, NOTRA=2)
      CALL SRQLC (IWK, TEXT, 1, ISTAT, X1, Y1)
      IF (ISTAT .NE. OK) RETURN
      CALL SRQLC (IWK, 'Zweiter Eckpunkt:', 5, ISTAT, X2, Y2)
      IF (ISTAT .EQ. 1) THEN
        XLL = MIN (X1, X2)
        XUR = MAX (X1, X2)
        YLL = MIN (Y1, Y2)
        YUR = MAX (Y1, Y2)
      ENDIF
```

```
      RETURN
      END
```

Zum Kennenlernen der interaktiven GKS-Funktionen ist es besonders wichtig, daß der Leser diese Beispiele selbst an einer Workstation ausprobiert.

Das obige Beispiel besitzt noch einen Schönheitsfehler: Wenn Prompt/Echo Type 5 auf Locator Device 1 nicht verfügbar ist, erhält man eine Fehlermeldung. Mit mehreren Aufrufen von INQUIRE DEFAULT LOCATOR DEVICE DATA kann man sich allerdings vorher informieren, welche Prompt/Echo Types verfügbar sind.

Die grundsätzliche Arbeitsweise eines Locator Device legt man fest durch:

SET LOCATOR MODE

```
      CALL GSLCM ( IWK , IDNR , MODE , IESW )
```

Diese GKS-Funktion setzt für das Locator Device IDNR der Workstation IWK die Betriebsart fest, und zwar durch den Parameter MODE. Er ist vom Typ ENUMERATION und hat den Wertebereich (REQUEST,SAMPLE,EVENT) Voreinstellung ist die Betriebsart REQUEST. Die anderen Betriebsarten können nur angewählt werden, wenn man auf einer GKS-Implementierung des Levels 0c, 1c oder 2c arbeitet (vgl. Kapitel 1, 27, 28). IESW ist der sogenannte Echo Switch (NOECHO,ECHO). In der Regel arbeitet man mit eingeschaltetem Echo, was auch der Voreinstellung entspricht.

Liste der GKS-Funktionen für Locator-Request-Eingabe

INITIALISE LOCATOR L0b

```
CALL GINLC ( IWK , IDNR , IT , PIX , PIY , IPET ,
                  XMIN , XMAX , YMIN , YMAX , LD , DATA )
```

Setzt für das gegebene Locator Device auf der gegebenen Workstation Anfangswert, Prompt/Echo Type, Echo Area und Data Record neu. Die Einheiten der Echo Area sind Device Coordinates – meist Meter.

```
IN:  IWK    (INTEGER) WORKSTATION IDENTIFIER
IN:  IDNR   (INTEGER) LOCATOR DEVICE NUMBER
IN:  IT     (INTEGER) INITIAL TRANSFORMATION NUMBER (0..MAX)
IN:  PIX    (REAL)    INITIAL LOCATOR POSITION (X)
IN:  PIY    (REAL)    INITIAL LOCATOR POSITION (Y)
IN:  IPET   (INTEGER) PROMPT/ECHO TYPE (-N..-1,1..M)
IN:  XMIN   (REAL)    ECHO AREA (X, LINKS)  (DC)
IN:  XMAX   (REAL)    ECHO AREA (X, RECHTS) (DC)
IN:  YMIN   (REAL)    ECHO AREA (Y, UNTEN)  (DC)
IN:  YMAX   (REAL)    ECHO AREA (Y, OBEN)   (DC)
IN:  LD     (INTEGER) LAENGE DES DATA RECORD
IN:  DATA   (CHARACTER*80(LD)) DATA RECORD
ERRORS:               (0,7,20,25,38,51,140,141,144,145,146,152)
```

INQUIRE DEFAULT LOCATOR DEVICE DATA L0b

```
CALL GQDLC ( IWT , IDNR , N , MLDR , IERR ,
                  DPX , DPY , NPR , IPET , EAREA , LD , DATA )
```

Liefert für ein gegebenes Locator Device eines Workstation Types die Voreinstellungen. Die Einheiten der Echo Area sind Device Coordinates – meist Meter.

```
IN:  IWT    (INTEGER) WORKSTATION TYPE
IN:  IDNR   (INTEGER) LOCATOR DEVICE NUMBER
IN:  N      (INTEGER) NUMMER DES LISTENELEMENTS (0..MAX)
IN:  MLDR   (INTEGER) DIMENSION DES FELDES DATA
OUT: IERR   (INTEGER) ERROR INDICATOR (0,8,22,23,38,140)
OUT: DPX    (REAL)    DEFAULT INITIAL POSITION (X)
OUT: DPY    (REAL)    DEFAULT INITIAL POSITION (Y)
OUT: NPR    (INTEGER) ANZAHL PROMPT/ECHO TYPES
OUT: IPET   (INTEGER) N-TER PROMPT/ECHO TYPE
OUT: EAREA  (REAL(4)) DEFAULT ECHO AREA (XMIN,XMAX,YMIN,YMAX)
OUT: LD     (INTEGER) LAENGE DES DATA RECORD
OUT: DATA   (CHARACTER*80(MLDR)) DATA RECORD
```

INQUIRE LOCATOR DEVICE STATE L0b

```
CALL GQLCS ( IWK , IDNR , ITYPE , MLDR , IERR , MODE , IESW ,
                 IT , PIX , PIY , IPET , EAREA , LD , DATA )
```

Liefert für ein gegebenes Locator Device einer Workstation den aktuellen Zustand. Die Einheiten der Echo Area sind Device Coordinates – meist Meter.

```
IN:  IWK    (INTEGER) WORKSTATION IDENTIFIER
IN:  IDNR   (INTEGER) LOCATOR DEVICE NUMBER
IN:  ITYPE  (INTEGER) ART DER ABGEFRAGTEN WERTE (SET,REALIZED)
IN:  MLDR   (INTEGER) DIMENSION DES FELDES DATA
OUT: IERR   (INTEGER) ERROR INDICATOR (0,7,20,25,38,140,2000)
OUT: MODE   (INTEGER) INPUT MODE (REQUEST,SAMPLE,EVENT)
OUT: IESW   (INTEGER) ECHO SWITCH (NOECHO,ECHO)
OUT: IT     (INTEGER) INITIAL TRANSFORMATION NUMBER
OUT: PIX    (REAL)    INITIAL LOCATOR POSITION (X)
OUT: PIY    (REAL)    INITIAL LOCATOR POSITION (Y)
OUT: IPET   (INTEGER) PROMPT/ECHO TYPE (-N..-1,1..M)
OUT: EAREA  (REAL(4)) MOMENTANE ECHO AREA (XMIN,XMAX,YMIN,YMAX)
OUT: LD     (INTEGER) LAENGE DES DATA RECORD
OUT: DATA   (CHARACTER*80(MLDR)) DATA RECORD
```

REQUEST LOCATOR L0b

```
CALL GRQLC ( IWK , IDNR , ISTAT , IT , PX , PY )
```

Fordert eine Locator-Eingabe von der Workstation an. Das aufrufende Programm hält an, bis die Eingabe beendet ist.

```
IN:  IWK    (INTEGER) WORKSTATION IDENTIFIER
IN:  IDNR   (INTEGER) LOCATOR DEVICE NUMBER
OUT: ISTAT  (INTEGER) STATUS (NONE,OK)
OUT: IT     (INTEGER) NORMALIZATION TRANSFORMATION NUMBER
OUT: PX     (REAL)    LOCATOR POSITION (X)
OUT: PY     (REAL)    LOCATOR POSITION (Y)
ERRORS:               (0,7,20,25,38,140,141)
```

SET LOCATOR MODE L0b

```
CALL GSLCM ( IWK , IDNR , MODE , IESW )
```

Stellt auf der Workstation für ein Locator Device Betriebsart und Echo Switch ein.

```
IN:  IWK    (INTEGER) WORKSTATION IDENTIFIER
IN:  IDNR   (INTEGER) LOCATOR DEVICE NUMBER
IN:  MODE   (INTEGER) BETRIEBSART (REQUEST,SAMPLE,EVENT)
IN:  IESW   (INTEGER) ECHO SWITCH (NOECHO,ECHO)
ERRORS:               (0,7,20,25,38,140,143,2000)
```

SET VIEWPORT INPUT PRIORITY L0b

```
CALL GSVPIP ( ITNR , IRTNR , IRPRI )
```

Setzt die Viewport-Input-Priorität der gegebenen Normalization Transformation relativ zu einer Referenztransformation.

```
IN:  ITNR   (INTEGER) NORMALIZATION TRANSFORMATION
IN:  IRTNR  (INTEGER) REFERENZTRANSFORMATION
IN:  IRPRI  (INTEGER) RELATIVE PRIORITAET (HIGHER,LOWER)
ERRORS:               (0,8,50,2000)
```

---

22. Stroke-Request-Eingabe

Zu den wichtigen Anwendungen von Graphikeingabe gehört das Digitalisieren: Der Anwender fährt mit einem Stift eine Linie entlang (z.B. Grenzlinie eines Staates auf einer Landkarte). Dabei gelangt entweder manuell (durch Aufdrücken des Stiftes) oder automatisch (nach gewissen Zeit- oder Abstandskriterien) eine Punktserie ins Anwendungsprogramm. Das Anwendungsprogramm kann diese Punktserie dann wieder als Polylines ausgeben und auf diese Weise z.B. Landkarten erzeugen. Wichtiger ist noch das Abspeichern der Daten in einer Datenbank zur weiteren Verarbeitung.

Nach dem, was wir in den vergangenen Kapiteln besprochen haben, läßt sich eine solche Anwendung im Prinzip auch mit Hilfe der Locator Request-Eingabe erledigen. Das Programm hält jeweils in einer Schleife an und wartet auf den nächsten Punkt. Das interaktive Zeichenprogramm aus Kapitel 19 mag hier als Muster dienen.

Dennoch bietet GKS dem Anwender eine spezielle Eingabemöglichkeit für eine Punktserie *(Stroke)* an:

REQUEST STROKE

```
CALL GRQSK ( IWK, IDNR, NMAX, ISTAT, ITNR, NSK, PXA, PYA )
```

IWK ist der Workstation Identifier. Durch die Stroke Device Number IDNR lassen sich mehrere vorhandene Stroke Devices unterscheiden. Mit IDNR = 1 greift man auf das Standard Device zu – in der Regel die Maus. Durch NMAX gibt der Benutzer die maximale Anzahl von Punkten an, die in den Feldern PXA und PYA abgelegt werden können. Daher darf NMAX die Dimension dieser Felder nicht überschreiten. Zurückgegeben werden der Status ISTAT (wie beim Locator gilt: 0 = Abbruch, 1 = alles o.k.), die Nummer ITNR der Transformation, die für die Umrechnung in Weltkoordinaten herangezogen wurde (vgl. Kapitel 21), die Anzahl NSK der eingegebenen Punkte sowie die Felder PXA und PYA mit den Koordinaten dieser Punkte. Im Gegensatz zum Locator kann also hier auf einen Schlag eine ganze Anzahl Punkte eingelesen werden.

Hatten wir nicht in Kapitel 1 darauf hingewiesen, daß sich GKS durch einen *minimalen Funktionsvorrat* auszeichnet, also keine Funktion enthält, die sich aus anderen zusammensetzen ließe?

Nach dieser Aussage wäre REQUEST STROKE überflüssig und hätte in einem Kernsystem nichts zu suchen (eher in einer höheren Anwendersoftware).

Es gibt jedoch wichtige Gründe, diese Funktion bereits im Kernsystem anzusiedeln:

- Es wird eine Punkt*serie*, aber nur *eine* Transformation geliefert, d.h. es wird diejenige Transformation (höchstmöglicher Priorität) gesucht, deren Viewport *alle Punkte enthält.* Man betrachte hierzu folgende zwei Graphiken: Im ersten Beispiel wurden 3 Locator-Werte eingegeben. Der linke gehört Viewport 1 an (Viewport 0 habe niedrigste Priorität, dann 1, dann 2), die beiden übrigen Viewport 2.

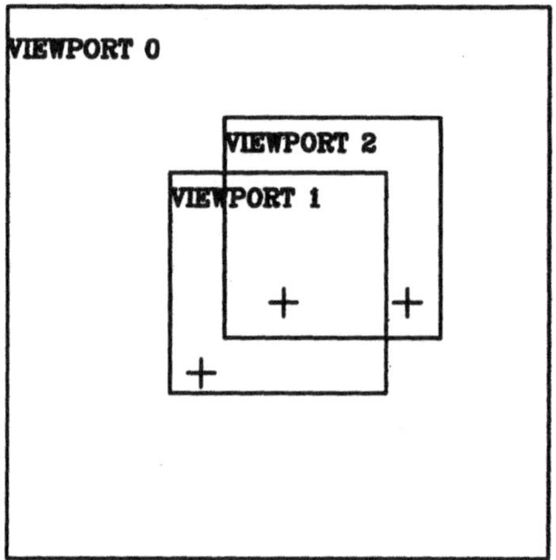

Abb. 22.1: Locator-Eingabe

Bei Stroke-Eingabe hingegen wird als Transformation 0 geliefert, denn der Stroke als ganzes liegt weder in Viewport 1 noch in Viewport 2:

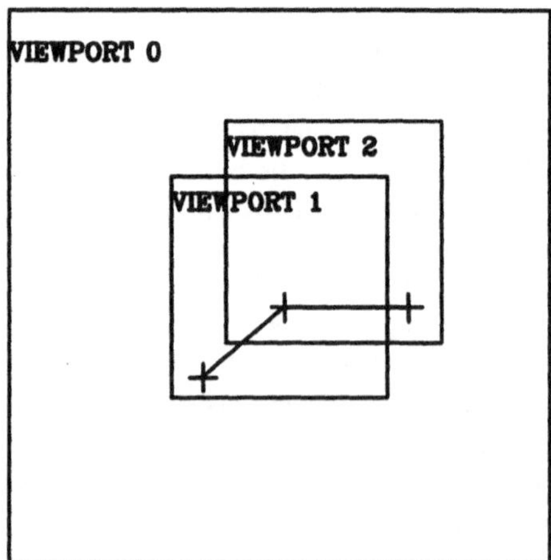

Abb. 22.2: Stroke-Eingabe

Damit ist bei Stroke-Eingabe (und nur dort) gewährleistet, daß alle Punkte einheitlich mit derselben Transformation in Weltkoordinaten umgerechnet werden.

- Für das Digitalisieren mit einem Tablett kann die Stroke-Eingabe so realisiert sein, daß der Benutzer nicht jeden Punkt einzeln abschicken muß, sondern daß er das Eingabegerät, also in diesem Fall die Lupe, kontinuierlich bewegt und die Punkte automatisch angesammelt werden. Dies kann zu regelmäßigen Zeiten (Zeitfilter) oder bei Überschreitung gewisser Mindestabstände (Abstandsfilter) geschehen.
- Bei Stroke-Eingabe können Punkte "nachgebessert" werden, da in einem bestehenden Stroke editiert werden kann (s.u.).
- Bei Verwendung eines geeigneten Prompt/Echo Types (Inking, s.u.) kann man den Stroke sich entwickeln sehen, was bei der Locator-Eingabe nur möglich ist, wenn man ein selbstprogrammiertes Echo mit ständiger Ausgabe von Zweier-Polygonzügen (und ständiger Umdefinition der Initial Locator Position) vorsieht.

Das folgende Beispiel zeigt, wie das Zeichnen mehrerer Linienzüge realisiert werden kann:

```
      PARAMETER (NPMAX=64)
      REAL X(NPMAX),Y(NPMAX)
      ...
C
C     POLYLINE-SCHLEIFE
C
1     CONTINUE
      CALL GRQSK ( IWK , 1 , NPMAX , ISTAT , ITNR , NPOL , X , Y )
C
C     ALS ENDE-KRITERIUM BENUTZEN WIR DEN
C     STATUS PARAMETER
C
      IF(ISTAT.EQ.1) THEN
         CALL GSELNT ( ITNR )
         CALL GPL ( NPOL , X , Y )
         GOTO 1
      ENDIF
C
C     ZEICHNUNG ZU ENDE
C
      ...
```

Wie gesagt, kann der Anwender auch Serien eingeben, die kürzer als die vorgesehene Stroke-Länge sind. *Wie* man einen Stroke beendet, ist geräteabhängig. Meist wird man eine bestimmte Taste drücken müssen (genau wie man eine Text-Eingabe, die ja auch beliebig lang sein kann, durch eine Spezialtaste, etwa <Carriage Return>, abschließt). Mehr als die maximale Anzahl von Punkten, die beim Request angegeben wurde, kann man auf keinen Fall eingeben. Bei Erreichen dieser Grenze wird die Eingabe vom Programm aus beendet.

Da bei den asynchronen Eingabearten Sample und Event (s. Kapitel 27 bzw. 28) bereits Koordinaten gespeichert werden müssen, bevor ein Benutzerfeld durch den Aufruf einer Eingabefunktion bereitgestellt wird, ist das direkte Eintragen der Werte in die Benutzerfelder unmöglich. Vielmehr ist jedem Stroke Device ein interner Eingabepuffer für diesen Zweck zugeordnet. Nach Abschluß der Eingabe wird der Inhalt dieses Puffers in die Benutzerfelder kopiert. Die Größe des Stroke-Eingabepuffers stellt eine weitere Begrenzung für die Länge des Strokes dar.

Wie beim Locator – und übrigens allen anderen Eingabeklassen – lassen sich die Eingabewerte initialisieren. Im Gegensatz zum Locator, wo die Initial Position eben nur eine Position war, an der das Fadenkreuz beim Request auftaucht, kann man hier eine ganze *Punktserie* vordefinieren, den sogenannten *Initial Stroke*. Dieser wird analog zum Locator (wenn das Echo eingeschaltet ist) beim Request bereits vollständig auf dem Schirm sichtbar (und auch in den Eingabepuffer kopiert). In welcher Form dies geschieht, hängt vom jeweiligen Prompt/Echo Type ab. Interessant ist hierbei, daß der Benutzer auch eine sogenannte *Editing Position* spezifizieren kann, d.h. eine Position im Puffer, *von der ab der Initial Stroke im Puffer bei der Eingabe überschrieben werden darf.* Damit kann man in einem Stroke noch nachbessern.

Nehmen wir einmal an, wir hätten bereits 50 Punkte mit einem einzigen Request eingegeben und wären beim 51. Punkt abgerutscht. Es wäre natürlich sehr ärgerlich, nun auch die ersten 50 richtigen Punkte zu verlieren. Also brechen wir die Eingabe nicht einfach ab, sondern beenden sie ganz normal. Dabei wird natürlich der falsche Punkt erst einmal mit übertragen. Anschließend muß das Programm den eingegebenen Stroke als neuen Initial Stroke definieren und die Editing Position auf 51 setzen, d.h. bei der nächsten Stroke-Eingabe sind die ersten 50 Stroke-Elemente *nicht überschreibbar.* Sie werden unverändert in unsere beim Request übergebenen Felder übertragen, ohne daß wir sie noch einmal neu eingeben müßten. Wir können beim 51. Element mit der Eingabe fortfahren, wobei der falsche (51.) Punkt überschrieben wird. Mit der fogenden GKS-Funktion setzt man die Attibute für die Stroke-Eingabe:

INITIALISE STROKE

```
CALL GINSK ( IWK , IDNR , ITNR , LSK , PIX , PIY , IPET ,
             XMIN , XMAX , YMIN , YMAX , IBUFLN , LD , DATA )
```

Die Parameter IWK und IDNR sind uns schon geläufig. ITNR ist die Initial Normalization Transformation Number, also die Nummer der Transformation, mit der der Initial Stroke umgerechnet werden soll. Der Initial Stroke wird durch die Anzahl LSK der Punkte sowie zwei Koordinatenfelder PIX und PIY spezifiziert, deren Dimension mindestens LSK groß sein muß. LSK darf auch 0 sein. Dies bedeutet, daß der Initial Stroke leer ist. XMIN, XMAX, YMIN, YMAX geben die Echo Area an. DATA ist der Data Record, seine Dimension ist LD. Er enthält u.a. die Editing Position. Der Prompt/Echo Type IPET hat hier folgende Bedeutung:

IPET = 1 Der aktuelle Stroke wird mit einer implementationsabhängigen Technik angezeigt. Bei Angabe von IPET=1 wird also der für jedes Gerät angemessene Typ verwendet. Er kann mit einem anderen Typ identisch sein.

IPET = 2 *Digital*. Der aktuelle Stroke wird an geeigneter Stelle als Zahlenreihe, also digital, angezeigt. Der Zahlenbereich kann vom Stroke Device abhängen und ist in GKS nicht genauer festgelegt.

IPET = 3 *Marker*. An jedem Punkt des Strokes wird ein Marker ausgegeben.

IPET = 4 *Inking*. Aufeinanderfolgende Punkte des Stroke werden jeweils durch eine Linie verbunden. Häufig erhält man beim ersten Punkt ein Fadenkreuz und bei allen weiteren Punkten ein Gummiband als Echo.

Weitere Prompt/Echo Types ≥ 5 sind für spätere Normung reserviert. Dagegen können *negative* Prompt/Echo Types wiederum für geräte- und implementationsspezifisches Prompt/Echo Handling benutzt werden.

Durch IBUFLN wird die Länge des internen Stroke-Puffers spezifiziert. Sie muß zwischen 1 und einem geräteabhängigen Maximum liegen, das allerdings mindestens 64 beträgt. Die oben erwähnte Editing Position wird im Data Record übergeben. Sie muß zwischen 1 und LSK+1 liegen und bewirkt, daß der Initial Stroke bei zukünftigen Eingaben ab dieser Position überschrieben wird (während die davorliegenden Werte erhalten bleiben und beim Request unverändert in die übergebenen Punktefelder eingetragen werden). Die Nachbesserung eines Stroke programmiert man also wie folgt:

Programm 22.1 Stroke-Beispiel

```
      PROGRAM STROKE
C
C     STROKE DEMONSTRATION
C
      PARAMETER (IERFIL=10, IWK=1, ICON=11)
      PARAMETER (NPTS=50, LDAT=10)
      REAL X(NPTS), Y(NPTS), DUM(1), EAREA(4)
      INTEGER IASF(13), IEDIT(1), LENG(1)
      CHARACTER*10 DIALOG
      CHARACTER*1 LEER(1)
      CHARACTER*80 DATA(10)
      LOGICAL OK
      DATA IASF /13*1/
C
C     EROEFFNE GKS UND WORKSTATION
C     ATTRIBUT-BENUTZUNG IST INDIVIDUELL
C
      CALL GOPKS ( IERFIL, -1 )
      CALL GSASF ( IASF )
      CALL GSFAIS ( 3 )
```

```
      CALL GSFASI ( -6 )
      IWT = 69999
      CALL GOPWK ( IWK , ICON , IWT )
C
C     ABFRAGEN DER STANDARDEINSTELLUNGEN
C     FUER STROKE
C
      CALL GQDSK( IWT, 1, 1, LDAT, IERR, MBUFLN,
     ,            NPR, IPET, EAREA, IBUFLN, LD, DATA)
      CALL GACWK ( IWK )
C
C     STROKE-EINGABESCHLEIFE (BIS OPERATOR BREAK)
C
1     CONTINUE
         CALL GRQSK ( IWK, 1, NPTS, ISTAT, IT, NP, X, Y )
         IF(ISTAT.EQ.0) GOTO 2
C
C        FRAGEN, OB ALLES OK WAR
C
         CALL GMSG ( IWK , 'Stroke o.k.? Y/N')
         CALL GRQST ( IWK, 1, ISTAT, LSTR, DIALOG )
         IF(ISTAT.EQ.0) GOTO 2
         OK = DIALOG(1:1).EQ.'Y' .OR. DIALOG(1:1).EQ.'y'
         IF ( OK ) THEN
C
C           STROKE OK
C
            IEDIT(1) = 1
         ELSE
C
C           STROKE NICHT OK
C
            CALL GMSG ( IWK , 'Wieviele Punkte o.k.?')
11          CONTINUE
            CALL GRQST ( IWK , 1 , ISTAT , LSTR , DIALOG )
            IF (ISTAT .EQ. 0) GOTO 2
C
C           TEXT --> ZAHL MIT DER FUNKTION NUMCHK
C                    DIE IM KAPITEL 19 BESCHRIEBEN WURDE
C
            IF (NUMCHK (DIALOG(1:LSTR), XOK) .NE. 0) THEN
              CALL GMSG ( IWK , 'Fehler! Bitte neue Eingabe!')
              GOTO 11
            ENDIF
```

```
               NOK = NINT (XOK)
C
C              AB NOK + 1 NEU EINGEBEN
C
               IEDIT(1) = NOK + 1
            ENDIF
C
C           PASSENDE EDITING POSITION FUER NAECHSTEN
C           REQUEST STROKE
C
            CALL GPREC ( 1, IEDIT, 0, DUM, 0, LENG, LEER, LDAT,
     ,                   IERR, LD, DATA )
            CALL GINSK ( IWK, 1, IT, NOK, X, Y, IPET, EAREA(1), EAREA(2),
     ,                   EAREA(3), EAREA(4), IBUFLN, LD, DATA )
C
C           AUSGABE DES STROKE ALS FUELLGEBIET
C
            IF ( OK ) CALL GFA ( NP, X, Y )
         GOTO 1
C
C        STROKE-EINGABE BEENDET
C
2        CONTINUE
         CALL GDAWK ( IWK )
         CALL GCLWK ( IWK )
         CALL GCLKS
         STOP
         END
```

Die grundsätzliche Arbeitsweise eines Stroke Device wird wiederum festgelegt durch:

SET STROKE MODE

```
CALL GSSKM ( IWK , IDNR , MODE , IESW )
```

Diese GKS-Funktion setzt für das Stroke Device IDNR der Workstation IWK die Eingabebetriebsart fest, und zwar durch den Parameter MODE. Er ist vom Typ ENUMERATION und hat den Wertebereich (REQUEST,SAMPLE,EVENT) Voreinstellung ist die Betriebsart REQUEST. Die anderen Betriebsarten können nur angewählt werden, wenn man auf einer GKS-Implementierung des Levels 0c, 1c oder 2c arbeitet (vgl. Kapitel 1, 27, 28). IESW ist der sogenannte Echo Switch (NOECHO,ECHO). In der Regel arbeitet man mit eingeschaltetem Echo, was auch der Voreinstellung entspricht.

Liste der GKS-Funktionen für Stroke-Request-Eingabe

INITIALISE STROKE L0b

```
CALL GINSK ( IWK , IDNR , IT , LSK , PIX , PIY , IPET ,
                XMIN , XMAX , YMIN , YMAX , IBUFL , LD , DATA )
```

Setzt für das gegebene Stroke Device auf der gegebenen Workstation Anfangswert, Prompt/Echo Type, Echo Area und Data Record neu. Die Einheiten der Echo Area sind Device Coordinates – meist Meter.

```
IN:  IWK    (INTEGER) WORKSTATION IDENTIFIER
IN:  IDNR   (INTEGER) STROKE DEVICE NUMBER
IN:  IT     (INTEGER) INITIAL TRANSFORMATION NUMBER (0..MAX)
IN:  LSK    (INTEGER) ANZAHL PUNKTE IM INITIAL STROKE (0..IBUFL)
IN:  PIX    (REAL(*)) INITIAL STROKE (X-WERTE)
IN:  PIY    (REAL(*)) INITIAL STROKE (Y-WERTE)
IN:  IPET   (INTEGER) PROMPT/ECHO TYPE (-N..-1,1..M)
IN:  XMIN   (REAL)    ECHO AREA (X, LINKS)  (DC)
IN:  XMAX   (REAL)    ECHO AREA (X, RECHTS) (DC)
IN:  YMIN   (REAL)    ECHO AREA (Y, UNTEN)  (DC)
IN:  YMAX   (REAL)    ECHO AREA (Y, OBEN)   (DC)
IN:  IBUFL  (INTEGER) STROKE BUFFER SIZE (1..MBUFL) (MBUFL s.u.)
IN:  LD     (INTEGER) LAENGE DES DATA RECORD
IN:  DATA   (CHARACTER*80(LD)) DATA RECORD
                      (ENTHAELT EDITING POSITION: 1..LSK+1)
ERRORS:            (0,7,20,25,38,51,140,141,144,145,146,152,153)
```

INQUIRE DEFAULT STROKE DEVICE DATA L0b

```
CALL GQDSK ( IWT , IDNR , N , MLDR , IERR , MBUFL , NPR ,
                      IPET , EAREA , IDBUFL , LD , DATA )
```

Liefert für ein gegebenes Stroke Device eines Workstation Types die Voreinstellungen. Die Einheiten der Echo Area sind Device Coordinates – meist Meter.

```
IN:  IWT    (INTEGER) WORKSTATION TYPE
IN:  IDNR   (INTEGER) STROKE DEVICE NUMBER
IN:  N      (INTEGER) NUMMER DES LISTENELEMENTS (0..MAX)
IN:  MLDR   (INTEGER) DIMENSION DES FELDES DATA
OUT: IERR   (INTEGER) ERROR INDICATOR (0,8,22,23,38,140,2002)
OUT: MBUFL  (INTEGER) MAXIMUM STROKE BUFFER SIZE (64..MAX)
OUT: NPR    (INTEGER) ANZAHL PROMPT/ECHO TYPES
OUT: IPET   (INTEGER) N-TER PROMPT/ECHO TYPE
OUT: EAREA  (REAL(4)) DEFAULT ECHO AREA (XMIN,XMAX,YMIN,YMAX)
OUT: IDBUFL (INTEGER) DEFAULT STROKE BUFFER SIZE (1..MBUFL)
OUT: LD     (INTEGER) LAENGE DES DATA RECORD
OUT: DATA   (CHARACTER*80(MLDR)) DATA RECORD
```

INQUIRE STROKE DEVICE STATE L0b

```
CALL GQSKS ( IWK, IDNR, ITYPE, NMAX, MLDR, IERR, MODE, IESW,
             IT, NP, PIX, PIY, IPET, EAREA, IBUFL, LD, DATA )
```

Liefert für ein gegebenes Stroke Device einer Workstation den aktuellen Zustand. Die Einheiten der Echo Area sind Device Coordinates – meist Meter.

```
IN:  IWK    (INTEGER)     WORKSTATION IDENTIFIER
IN:  IDNR   (INTEGER)     STROKE DEVICE NUMBER
IN:  ITYPE  (INTEGER)     ART DER ABGEFRAGTEN WERTE (SET,REALIZED)
IN:  NMAX   (INTEGER)     DIMENSION DER FELDER PIX,PIY
IN:  MLDR   (INTEGER)     DIMENSION DES FELDES DATA
OUT: IERR   (INTEGER)     ERROR INDICATOR (0,7,20,25,38,140,2000)
OUT: MODE   (INTEGER)     INPUT MODE (REQUEST,SAMPLE,EVENT)
OUT: IESW   (INTEGER)     ECHO SWITCH (NOECHO,ECHO)
OUT: IT     (INTEGER)     INITIAL TRANSFORMATION NUMBER
OUT: NP     (INTEGER)     ANZAHL DER PUNKTE IM INITIAL STROKE
OUT: PIX    (REAL(NMAX)) INITIAL STROKE (X-WERTE)
OUT: PIY    (REAL(NMAX)) INITIAL STROKE (Y-WERTE)
OUT: IPET   (INTEGER)     PROMPT/ECHO TYPE (-N..-1,1..M)
OUT: EAREA  (REAL(4))     MOMENTANE ECHO AREA (XMIN,XMAX,YMAX,YMAX)
OUT: IBUFL  (INTEGER)     STROKE BUFFER SIZE (1..MBUFL)
OUT: LD     (INTEGER)     LAENGE DES DATA RECORD
OUT: DATA   (CHARACTER*80(MLDR)) DATA RECORD
```

REQUEST STROKE L0b

```
CALL GRQSK ( IWK , IDNR , NMAX , ISTAT , IT , NP , PX , PY )
```

Fordert eine Stroke-Eingabe von der Workstation an. Das aufrufende Programm hält an, bis die Eingabe beendet ist.

```
IN:  IWK    (INTEGER)     WORKSTATION IDENTIFIER
IN:  IDNR   (INTEGER)     STROKE DEVICE NUMBER
IN:  NMAX   (INTEGER)     DIMENSION DER FELDER PX,PY
OUT: ISTAT  (INTEGER)     STATUS (NONE,OK)
OUT: IT     (INTEGER)     NORMALIZATION TRANSFORMATION
OUT: NP     (INTEGER)     ANZAHL DER GELIEFERTEN PUNKTE
OUT: PX     (REAL(NMAX))  STROKE (X-WERTE)
OUT: PY     (REAL(NMAX))  STROKE (Y-WERTE)
ERRORS:                   (0,7,20,25,38,140,141)
```

SET STROKE MODE L0b

```
CALL GSSKM ( IWK , IDNR , MODE , IESW )
```

Stellt auf der Workstation für ein Stroke Device Betriebsart und Echo Switch ein.

```
IN:  IWK    (INTEGER) WORKSTATION IDENTIFIER
IN:  IDNR   (INTEGER) STROKE DEVICE NUMBER
IN:  MODE   (INTEGER) BETRIEBSART (REQUEST,SAMPLE,EVENT)
IN:  IESW   (INTEGER) ECHO SWITCH (NOECHO,ECHO)
ERRORS:               (0,7,20,25,38,140,143,2000)
```

23. Valuator-Request-Eingabe

Valuator-Eingabe bedeutet, einen *Wert* innerhalb eines zulässigen Bereichs einzugeben. Eine Methode, Zahlenwerte mit GKS von der Tastatur ins Anwendungsprogramm zu transportieren, haben wir bereits kennengelernt. Wir lasen die Zahl erst einmal mit REQUEST STRING als String ein und wandelten den String dann mit Hilfe einer FORTRAN-Funktion um. Die Einzelheiten sind in Kapitel 19 nachzulesen.

In vielen Bereichen werden Werte von Meßgeräten erzeugt, die mit einem Analog-Digital-Wandler an den Rechner angeschlossen sind. Ebenso lassen sich Werte mit Dreh- oder Schiebereglern erzeugen, egal ob sie physisch vorhanden sind oder auf dem Bildschirm graphisch simuliert werden. Diesem Tatbestand trägt GKS Rechnung, indem es für Werte aus einem begrenzten kontinuierlichen Bereich eine Eingabeklasse, den *Wertgeber* oder *Valuator*, zur Verfügung stellt. Das Anwendungsprogramm erhält den Wert als Gleitkommazahl, also in FORTRAN als *REAL* und in C als *Gfloat*. Eine Valuator-Eingabe wird wie folgt angefordert:

REQUEST VALUATOR

```
CALL GRQVL ( IWK , IDNR , ISTAT , VAL )
```

Die Parameterliste birgt für uns keine besonderen Geheimnisse mehr: Workstation Identifier IWK, Input Device Number IDNR und Status ISTAT sind vom Locator und Stroke her bereits wohlbekannt. In der Variablen VAL (vom Typ REAL) wird der eingegebene Zahlenwert übergeben (falls der Status 1 ist).

Da REQUEST VALUATOR den Wert bereits als fertige REAL-Zahl in einer Variablen liefert, braucht sich das *Programm* tatsächlich nicht darum zu kümmern, *wie* diese Zahl erzeugt wurde. Sowohl die oben erwähnten Meßgeräte als auch die schlichte Ziffereingabe über die Tastatur sind möglich. Diese wird zwar häufig angeboten, ist aber nicht in jeder Implementierung selbstverständlich. Aus diesem Grunde ist die in Kapitel 19 besprochene Methode zur Ziffereingabe vorzuziehen. Über die Input Device Number können mehrere solcher Eingabegeräte unterschieden werden (und damit gleichzeitig verfügbar sein).

Nun ist für das Anwendungsprogramm wichtig, in welchem Bereich die Werte liegen können. Für den Benutzer dieses Programms ist es hilfreich, wenn er anhand von Skalenbeschriftungen ablesen kann, welchen Wert er gerade einstellt. Die Grenzen des Wertebereichs werden als *Low Value* und *High Value* bezeichnet. Bei verschiedenen Anwendungsprogrammen, aber auch innerhalb eines Programms können sehr unterschiedliche Low und High Values sinnvoll sein. Wenn ein Programm vom Benutzer Prozentangaben erwartet, sind sicher Low Value = 0.0 und High Value = 100.0 nicht ganz abwegig. Mit der GKS-Funktion INITIALISE VALUATOR werden beide Werte eingestellt:

INITIALISE VALUATOR

```
CALL GINVL ( IWK , IDNR , VAL , IPET , XMIN , XMAX ,
             YMIN , YMAX , VLOW , VHIGH , LD , DATA )
```

IWK ist der Workstation Identifier, IDNR die Valuator Device Number, XMIN, XMAX, YMIN, YMAX die Echo Area in Device Coordinates, DATA der Data Record (CHARACTER*80(LD)). Diese Parameter haben also alle die gleiche Bedeutung wie bei den entsprechenden Locator- bzw. Stroke-Funktionen. VLOW und VHIGH legen die Werte fest, die bei minimaler bzw. maximaler Einstellung des Valuator Device an das Anwendungsprogramm übergeben werden sollen. Man kann diese beiden Werte also als Skalierung des Meßbereiches ansehen. Die Voreinstellung, von der eigentlich nur die Echo Area interessant ist, kann mit INQUIRE DEFAULT VALUATOR DEVICE DATA erfragt werden. VAL ist der Initial Valuator Value, also der Startwert, der solange gilt, bis der Operator etwas am Gerät verstellt hat. IPET ist wieder der Prompt/Echo Type. Er kann folgende Werte annehmen:

IPET = 1 Der aktuelle Valuator-Wert wird mit einer implementationsabhängigen Technik angezeigt. Bei Angabe von IPET=1 wird also der für jedes Gerät angemessene Typ verwendet. Er kann mit einem anderen Typ identisch sein.

IPET = 2 *Analog*. Der aktuelle Valuator Value wird graphisch beispielsweise als Zeigerstellung dargestellt.

IPET = 3 *Digital*. Der aktuelle Valuator Value wird als Zahl angezeigt.

Weitere Prompt/Echo Types ≥ 4 sind für spätere Normung reserviert. Dagegen können *negative* Prompt/Echo Types wiederum für geräte- und implementationsspezifisches Prompt/Echo Handling benutzt werden.

Die Echo Area verdient in diesem Zusammenhang eine genauere Diskussion: Im Gegensatz zu echter graphischer Eingabe (Locator und Stroke), wo gerade das Echo (also das sich bewegende Fadenkreuz) innerhalb der Zeichenfläche erwünscht ist, ist der alphanumerische Dialog, zu dem die digitale Ausgabe von Zahlenechos gehört, innerhalb der Zeichnung störend. Entweder ist das Echo nur kurzfristig zu sehen und verschwindet nach erfolgter Eingabe wieder – sogenannte Pop-up-Menüs – oder man wählt die Echo Area so, daß sie möglichst außerhalb der Zeichnung liegt. Da sowohl Workstation Viewport als auch die Echo Area in Device-Koordinaten angegeben werden, ist dies einfach zu realisieren; allerdings sollte man sich auf eine sinnvolle Voreinstellung verlassen können. Daher bieten wir auch beim Valuator ein komfortables Unterprogramm für die Request-Eingabe an:

Programm 23.1 Vereinfachte Valuator-Eingabe

```
      SUBROUTINE SRQVL (IWK, PTEXT, IPET, VAINI, VALOW, VAHIGH,
     ,                                            ISTAT, VAOUT)
C---------------------------------------------------------------
C
C   Request Valuator mit Prompt-Text
C
C  Parameter:
C  Name   Typ  I/O Bedeutung
C  iwk    i    i   workstation identifier
C  ptext  c    i   prompttext
C  ipet   i    i   prompt/echo type
C  vaini  r    i   initial value
C  valow  r    i   low value
C  vahigh r    i   high value
C  istat  i    o   status (none,ok)
C  vaout  r    o   entered value
C
C---------------------------------------------------------------
C
      PARAMETER (IDNRS=1)
      CHARACTER*(*) PTEXT
      REAL EAS(4)
      PARAMETER (MAXDAT=4)
      CHARACTER*80 EDCDAT(MAXDAT)
C
C     check actual settings of input device for
C     echo area and data record
C
      CALL GQVLS (IWK, IDNRS, MAXDAT, IERR, MODE, IESW, VAL1,
     ,            IPETD, EAS, VAL2, VAL3, LDA, EDCDAT)
C
C     display message
C
      CALL GMSG (IWK, PTEXT)
C
C     initialise input device
C
      CALL GINVL (IWK, IDNRS, VAINI, IPET, EAS(1), EAS(2), EAS(3),
     ,            EAS(4), VALOW, VAHIGH, LDA, EDCDAT)
      CALL GRQVL (IWK, IDNRS, ISTAT, VAOUT)
      RETURN
      END
```

Mit der GKS-Funktion

SET VALUATOR MODE

```
CALL GSVLM ( IWK , IDNR , MODE , IESW )
```

werden wieder Betriebsart und Echoverhalten für ein Valuator Device eingestellt. Im Zustand IESW = 1 (also Echo an) kann man den aktuellen Wert in der Echo Area sehen, bei IESW = 0 hingegen nicht.

Will ein Anwendungsprogramm auf ein Meßgerät zugreifen, so sind die Eingabeformen Request und Event (s. Kapitel 28) nicht geeignet, da sie nur durch den Eingriff eines Bedieners einen Wert abliefern. Das Gerät wird daher sinnvollerweise in der Betriebsart Sample betrieben, die in Kapitel 27 ausführlich diskutiert wird.

Liste der GKS-Funktionen für Valuator-Request-Eingabe

INITIALISE VALUATOR L0b

```
CALL GINVL ( IWK , IDNR , VAL , IPET , XMIN , XMAX
             YMIN , YMAX , VLOW , VHIGH , LD , DATA )
```

Setzt für das gegebene Valuator Device auf der gegebenen Workstation Anfangswert, Prompt/Echo Type, Echo Area und Data Record neu. Die Einheiten der Echo Area sind Device Coordinates – meist Meter.

```
IN:  IWK    (INTEGER) WORKSTATION IDENTIFIER
IN:  IDNR   (INTEGER) VALUATOR DEVICE NUMBER
IN:  VAL    (REAL)    INITIAL VALUATOR VALUE
IN:  IPET   (INTEGER) PROMPT/ECHO TYPE (-N..-1,1..M)
IN:  XMIN   (REAL)    ECHO AREA (X, LINKS)
IN:  XMAX   (REAL)    ECHO AREA (X, RECHTS)
IN:  YMIN   (REAL)    ECHO AREA (Y, UNTEN)
IN:  YMAX   (REAL)    ECHO AREA (Y, OBEN)
IN:  VLOW   (REAL)    LOW VALUE
IN:  VHIGH  (REAL)    HIGH VALUE
IN:  LD     (INTEGER) LAENGE DES DATA RECORD
IN:  DATA   (CHARACTER*80(LD)) DATA RECORD
ERRORS:               (0,7,20,25,38,51,140,141,144,145,146,152)
```

INQUIRE DEFAULT VALUATOR DEVICE DATA L0b

```
CALL GQDVL ( IWT , IDNR , N , MLDR , IERR , DVAL , NPR , IPET ,
             EAREA , DLOW , DHIGH , LD , DATA )
```

Liefert für ein gegebenes Valuator Device eines Workstation Types die Voreinstellungen. Die Einheiten der Echo Area sind Device Coordinates – meist Meter.

```
IN:  IWT    (INTEGER) WORKSTATION TYPE
IN:  IDNR   (INTEGER) VALUATOR DEVICE NUMBER
IN:  N      (INTEGER) NUMMER DES LISTENELEMENTS (0..MAX)
IN:  MLDR   (INTEGER) DIMENSION DES FELDES DATA
OUT: IERR   (INTEGER) ERROR INDICATOR (0,8,22,23,38,140,2002)
OUT: DVAL   (REAL)    DEFAULT INITIAL VALUE
OUT: NPR    (INTEGER) ANZAHL PROMPT/ECHO TYPES
OUT: IPET   (INTEGER) N-TER PROMPT/ECHO TYPE
OUT: EAREA  (REAL(4)) DEFAULT ECHO AREA (XMIN,XMAX,YMIN,YMAX)
OUT: DLOW   (REAL)    DEFAULT LOW VALUE
OUT: DHIGH  (REAL)    DEFAULT HIGH VALUE
OUT: LD     (INTEGER) LAENGE DES DATA RECORD
OUT: DATA   (CHARACTER*80(MLDR)) DATA RECORD
```

INQUIRE VALUATOR DEVICE STATE L0b

```
CALL GQVLS ( IWK , IDNR , MLDR , IERR , MODE , IESW , VAL ,
             IPET , EAREA , RLOW , RHIGH , LD , DATA )
```

Liefert für ein gegebenes Valuator Device einer Workstation den aktuellen Zustand. Die Einheiten der Echo Area sind Device Coordinates – meist Meter.

```
IN:   IWK    (INTEGER) WORKSTATION IDENTIFIER
IN:   IDNR   (INTEGER) VALUATOR DEVICE NUMBER
IN:   MLDR   (INTEGER) DIMENSION DES FELDES DATA
OUT:  IERR   (INTEGER) ERROR INDICATOR (0,7,20,25,38,140)
OUT:  MODE   (INTEGER) INPUT MODE (REQUEST,SAMPLE,EVENT)
OUT:  IESW   (INTEGER) ECHO SWITCH (NOECHO,ECHO)
OUT:  VAL    (REAL)    INITIAL VALUATOR VALUE
OUT:  IPET   (INTEGER) PROMPT/ECHO TYPE (-N..-1,1..M)
OUT:  EAREA  (REAL(4)) MOMENTANE ECHO AREA (XMIN,XMAX,YMIN,YMAX)
OUT:  RLOW   (REAL)    LOW VALUE
OUT:  RHIGH  (REAL)    HIGH VALUE
OUT:  LD     (INTEGER) LAENGE DES DATA RECORD
OUT:  DATA   (CHARACTER*80(MLDR)) DATA RECORD
```

REQUEST VALUATOR L0b

```
CALL GRQVL ( IWK , IDNR , ISTAT , VAL )
```

Fordert eine Valuator-Eingabe von der Workstation an. Das aufrufende Programm hält an, bis die Eingabe beendet ist.

```
IN:   IWK    (INTEGER) WORKSTATION IDENTIFIER
IN:   IDNR   (INTEGER) VALUATOR DEVICE NUMBER
OUT:  ISTAT  (INTEGER) STATUS (NONE,OK)
OUT:  VAL    (REAL)    VALUATOR VALUE (RLOW ≤ VAL ≤ RHIGH)
ERRORS:                (0,7,20,25,38,140,141)
```

SET VALUATOR MODE L0b

```
CALL GSVLM ( IWK , IDNR , MODE , IESW )
```

Stellt auf der Workstation für ein Valuator Device Betriebsart und Echo Switch ein.

```
IN:   IWK    (INTEGER) WORKSTATION IDENTIFIER
IN:   IDNR   (INTEGER) VALUATOR DEVICE NUMBER
IN:   MODE   (INTEGER) BETRIEBSART (REQUEST,SAMPLE,EVENT)
IN:   IESW   (INTEGER) ECHO SWITCH (NOECHO,ECHO)
ERRORS:                (0,7,20,25,38,140,143,2000)
```

---

24. Choice-Request-Eingabe

Choice-Eingabe bedeutet, aus einem vorgegebenen Satz von Alternativen eine auszuwählen. Auch beim Thema Choice haben wir bereits eine (behelfsmäßige) Methode kennengelernt. Der Anwender trifft die Auswahl, indem er die Alternativen als Text-Strings eingibt (das Programm verzweigt dann in Abhängigkeit von den eingegebenen Texten):

```
REAL X(100),Y(100)
CHARACTER*1 STR
...
CALL GMSG ( IWK , 'Bitte P fuer Polyline,' )
CALL GMSG ( IWK , 'M fuer Polymarker eingeben' )
CALL GRQST ( IWK , 1 , ISTAT , L , STR )
IF(ISTAT.EQ.0) GOTO 999
IF(STR.EQ.'P') THEN
  CALL GPL ( 100 , X , Y )
ELSE
  CALL GPM ( 100 , X , Y )
END IF
...
```

Mit dieser Methode kann man allerdings im Zeitalter graphischer Benutzeroberflächen niemanden begeistern, zumal die Analyse von Kommandotexten durchaus Programmieraufwand verursacht, wenn man an Groß- und Kleinschreibung oder Abkürzungen denkt. Anwender erwarten die Unterstützung sowohl alphanumerischer als auch graphischer Menüs. Diese Möglichkeiten werden in GKS mit der Choice-Eingabe abgedeckt. Das heißt, daß ein Programmierer bei einer leistungsfähigen GKS-Implementierung mit vergleichsweise geringem Programmieraufwand geräte- und rechnerunabhängig Menü-Eingaben realisieren kann. Die GKS-Funktion für Choice-Request-Eingabe lautet:

REQUEST CHOICE

```
CALL GRQCH ( IWK , IDNR , ISTAT , ICH )
```

Die Eingabeparameter IWK und IDNR sind wieder der Workstation Identifier und die Choice Device Number – meistens 1. Der Ausgabeparameter ICH stellt die Auswahl dar und ist vom Typ INTEGER. Er entspricht also einer Auswahl aus einem

Vorrat durchnummerierter Möglichkeiten ($1 \leq \text{ICH} \leq \text{ICHMAX}$). ICHMAX kann vom Programmierer – je nach der Anzahl der von ihm benötigten Kommandos – festgelegt werden (innerhalb einer von der Workstation und dem gewählten Eingabe-Device vorgegebenen Grenze, z.B. die Anzahl der vorhandenen Funktionstasten). Egal wie der Bediener die Auswahl getroffen hat – ob über Text oder Menüauswahl – das Anwendungsprogramm braucht die eingegebenen Werte nicht zu prüfen und erhält einen praktischen Wert zurück, nämlich eine *positive INTEGER-Zahl*. Diese entspricht der Nummer der getroffenen Auswahl. Damit kann das Anwendungsprogramm nach einer Choice-Eingabe programmiertechnisch sehr einfach verzweigen.

Der Choice Status ISTAT verdient einige zusätzliche Bemerkungen: Im Gegensatz zu den bisherigen Eingabe-Primitiven, wo es zwar die Möglichkeit gab, eine Eingabe abzubrechen, ein eingegebener Wert jedoch stets *gültig* war, kann hier durchaus der Fall eintreten, daß der Benutzer etwas Unsinniges eingegeben hat (z.B. einen falschen Text, eine Funktionstaste, die nicht belegt war, eine Position außerhalb des Menüs). In diesem Falle zeigt der Status-Parameter, daß etwas nicht in Ordnung war. Er hat daher den erweiterten Wertebereich (NONE,OK,NOCHOICE) Für ISTAT=1 ist der in ICH eingegebene Wert korrekt gewesen. Für ISTAT=0 wurde die Eingabe abgebrochen, während bei ISTAT=2 ein unzulässiger Choice-Wert eingegeben wurde. Durch die zusätzliche Unterscheidung zwischen NONE und NOCHOICE hat das Programm noch die Möglichkeit, unterschiedlich zu verzweigen (etwa NONE = Rückkehr in die nächsthöhere Menüebene, NOCHOICE = Fehlermeldung und Wiederholung der Eingabe):

```
C
C     4 ALTERNATIVEN SIND ZUGELASSEN
C
888   CONTINUE
      CALL GRQCH ( IWK , IDNR , ISTAT , ICH )
      IF(ISTAT.EQ.2) THEN
         CALL GMSG ( IWK , 'Ungueltiger Befehl' )
         GOTO 888
      ELSE IF (ISTAT.EQ.1) THEN
         GOTO (1,2,3,4),ICH
1        CONTINUE
         ...
2        CONTINUE
         ...
3        CONTINUE
         ...
4        CONTINUE
         ...
      ENDIF
C
C     KEINE AKTION BEI STATUS NONE
C
```

Zunächst ist es natürlich möglich, Choice-Eingabe so anzubieten, daß der Benutzer eine INTEGER-Zahl an der Tastatur eingibt oder eine Funktionstaste drückt. Interessanter sind allerdings die oben erwähnten Menü-Anwendungen. Dies steuert man mit dem *Prompt/Echo Type*, während zusätzliche Informationen (korrespondierende Texte oder Segmentnamen) im *Choice Data Record* zu verpacken sind. Damit ist klar, daß bei Choice die Initialise-Funktion besonders wichtig ist:

INITIALISE CHOICE

```
CALL GINCH ( IWK , IDNR , ISTAT , ICH , IPET ,
                 XMIN , XMAX , YMIN , YMAX , LD , DATA )
```

IWK ist der Workstation Identifier, IDNR die Input Device Number, XMIN, XMAX, YMIN, YMAX die Echo Area in Device-Koordinaten, DATA der Data Record (CHARACTER*80(LD)). ICH ist der Anfangswert des Choice Devices und legt fest, welche Alternative zu Beginn der Eingabe gekennzeichnet ist, wo also das Fadenkreuz bei graphischem Menü oder der Rollbalken bei alphanumerischem Menü steht. Der Initial Status ISTAT gibt an, ob der Anfangswert (ICH) ein gültiger Startwert sein soll (dann setzt man ISTAT = OK) oder nicht (dann setzt man ISTAT = NOCHOICE). Ein Initial Status NONE ist nicht zulässig. Status NONE bedeutet den Abbruch einer Eingabe, was nur bei der REQUEST-Eingabe sinnvoll ist. Der Prompt/Echo Type IPET kann folgende Werte annehmen:

IPET = 1 Standard: Der aktuelle Choice-Wert wird mit einer implementationsabhängigen Technik angezeigt. Bei Angabe von IPET=1 wird also der für jedes Gerät angemessene Typ verwendet. Er kann mit einem anderen Typ identisch sein. Beispielsweise kann das Betätigen der Funktionstaste F3 die Alternative ICH=3 bedeuten.

IPET = 2 Oldtimer: Dieser Prompt/Echo Type nutzt die eingebauten Prompt/Echo Types mancher Choice Devices aus (z.B. Glühlämpchen). Im Data Record muß zuerst die verwendete Anzahl der Alternativen vermerkt werden. Es folgt ein *Prompt Array* vom Typ ENUMERATION, das jeweils mit Werten des Bereichs (OFF,ON) besetzt ist. Für jede Alternative, bei der das Array-Element mit ON besetzt ist, wird das entsprechende Lämpchen eingeschaltet. So weiß der Benutzer, welche Tasten er drücken darf.

IPET = 3 Alpha-Menü: Der Benutzer kann aus einer Anzahl von Strings auswählen. Die Anzahl der Alternativen sowie die dazugehörigen Texte sind im Choice Data Record enthalten. Die Texte *werden generell* als Prompt in der Echo Area ausgegeben. Folgende Realisierung ist denkbar: Die aktuelle Alternative (Measure) wird mit einem inversen Balken (Echo) gekennzeichnet (Rollbalken), der mit Maus oder Cursor-Tasten bewegt werden kann. Mit Maus-Taste oder <Return> wird die aktuelle Alternative dem Anwendungsprogramm übermittelt (Trigger).

IPET = 4 Text: Der Benutzer kann aus einer Anzahl von Strings auswählen. Die Anzahl der Alternativen sowie die Text-Strings sind im Choice Data Record enthalten. Die möglichen Text-Strings *dürfen* als Prompt in der Echo

Area ausgegeben werden. *Die Auswahl erfolgt mittels Texteingabe über die Tastatur.* Der eingegebene Text wird als Echo in der Echo Area wieder ausgegeben und intern mit den im Data Record enthaltenen Strings verglichen. Bei Übereinstimmung wird die gefundene Nummer als Choice Value an das Programm geliefert.

IPET = 5 Graphik-Menü: Im Choice Data Record wird ein Segmentname angegeben. Dieses Segment wird beim Request (bzw. beim Einschalten des Sample oder Event Mode) in der Echo Area ausgegeben, indem das NDC-Quadrat auf die Echo Area abgebildet wird. Die Pick Identifier (vgl. Kapitel 26) innerhalb des Segments werden in einer geräteabhängigen Art und Weise den Choice Values zugeordnet. Sinnvollerweise wählt man die Pick Identifier entsprechend der Choice-Werte. Die Auswahl geschieht dann durch Picken der entsprechenden Ausgabe-Primitive. Diese Technik bietet sich gerade für die Auswahl von Schraffuren, Symbolen oder Farben an. Mit dem Initialise-Aufruf speichert man die Graphik eines Segmentes, die später (z.B. beim REQUEST) in der Echo Area ausgegeben wird. Dabei wird einerseits das Segment selbst nicht verändert, andererseits steht die jetzt dem Choice Device zugeordnete Graphik in keinem Zusammenhang mehr zu den Segmenten des Benutzers. Spätere Manipulationen am übergebenen Segment (z.B. Transformationen oder sogar das Löschen) haben keinen Einfluß auf die Choice-Eingabe.

Weitere Prompt/Echo Types $\geq$ 6 sind für spätere Normung reserviert. *Negative* Prompt/Echo Types können wiederum für geräte- und implementationsspezifisches Prompt/Echo Handling benutzt werden.

Man beachte, daß der Prompt/Echo Type 5 wegen der Benutzung von Segmenten nur angewählt werden kann, wenn eine GKS-Implementierung von Level 1b oder höher vorliegt.

Unabhängig davon, ob die Choice-Eingabe als alphanumerischer Dialog oder mit Hilfe eines Segments durchgeführt wird, ist es meistens zweckmäßig, die Echo Area außerhalb der Zeichenfläche anzusiedeln. Im folgenden zeigen wir zwei Beispielprogramme für alphanumerische und graphische Menüs:

Programm 24.1 Alphanumerisches Menü (Prompt/Echo Type 3)

```
      PROGRAM CHOICA
C
C     EINGABE MIT ALPHANUMERISCHEM MENUE
C
      PARAMETER (NPTS=5)
      REAL X(NPTS), Y(NPTS)
      INTEGER IASF(13), LENTXT(3)
      CHARACTER*6 CHTEXT(3)
      PARAMETER (IERFIL=10, IWK=1, ICON=11, IDNR=1)
      DATA CHTEXT /'Line', 'Marker', 'Fill'/
```

```
      DATA LENTXT /4, 6, 4/
      DATA IASF /13*1/
      DATA X /0.1, 0.3, 0.8, 0.5, 0.2/
      DATA Y /0.5, 0.5, 0.2, 0.8, 0.7/
C
C     OPEN GKS / ATTRIBUTBENUTZUNG INDIVIDUELL
C
      CALL GOPKS ( IERFIL, -1 )
      CALL GSASF ( IASF )
      CALL GSFAIS ( 1 )
      CALL GSLWSC ( 3.0 )
C
C     OPEN WORKSTATION
C
      IWT = 69989
      CALL GOPWK ( IWK, ICON, IWT )
      CALL GACWK ( IWK )
1     CONTINUE
C
C     WIR BENUTZEN EINE KOMFORTABLE
C     CHOICE-ROUTINE (S.U.)
C
      CALL SRQCHA ( IWK, IDNR, 3, 1, LENTXT, CHTEXT, ISTAT, ICH )
      IF (ISTAT.EQ.1) THEN
C
C        CHOICE STATUS = O.K.
C
         IF (ICH.EQ.1) THEN
            CALL GPL ( NPTS, X, Y )
         ELSEIF (ICH.EQ.2) THEN
            CALL GPM ( NPTS, X, Y )
         ELSE
            CALL GFA ( NPTS, X, Y )
         ENDIF
      ELSEIF (ISTAT.EQ.2) THEN
C
C        CHOICE STATUS = NO CHOICE
C
         CALL GMSG ( IWK, 'Daneben - noch mal !!' )
         GOTO 1
      ELSE
C
C        CHOICE STATUS = NONE
C
```

```
         CALL GMSG ( IWK, 'Dann nicht !!' )
      ENDIF
C
C     CLOSE PROCESSING
C
999   CONTINUE
      CALL GDAWK ( IWK )
      CALL GCLWK ( IWK )
      CALL GCLKS
      STOP
      END

      SUBROUTINE SRQCHA (IWK,IDNR,N,INICH,LENTXT,CHTXT,ISTAT,ICH)
C
C     CHOICE EINGABE MIT ALPHANUMERISCHEM MENUE
C
C     EINGABE-PARAMETER:
C     IWK      INTEGER      WORKSTATION IDENTIFIER
C     IDNR     INTEGER      INPUT DEVICE NUMBER
C     N        INTEGER      ANZAHL DER ALTERNATIVEN
C     INICH    INTEGER      (1..N) INITIAL CHOICE
C     LENTXT   INTEGER      TEXT-LAENGEN-FELD
C     CHTXT    CHARACTER    TEXT-FELD
C
C     AUSGABE-PARAMETER:
C     ISTAT    INTEGER      CHOICE STATUS (NONE,OK,NOCHOICE)
C     ICH      INTEGER      CHOICE ALTERNATIVE
C
      REAL EA(4), RDUM(1)
      INTEGER IDUM(1), LENTXT(*)
      CHARACTER*(*) CHTXT(*)
      CHARACTER*80 DATA(4)
C
C     ABFRAGEN DER AKTUELLEN ATTRIBUTE FUER CHOICE
C     (UM DIE WERTE FUER DIE ECHO AREA ZU ERHALTEN)
C
      CALL GQCHS ( IWK, IDNR, 4, IERR, MODE, IESW, ISTAT,
     ,             ICH, IPET, EA, IL, DATA )
      IF (IERR.NE.0) THEN
         ISTAT = 0
         RETURN
      ENDIF
C
C     ANZAHL DER ALTERNATIVEN, TEXTE UND DEREN LAENGEN IN DEN
```

```
C     DATA RECORD PACKEN
C
      IDUM(1) = N
      CALL GPREC ( 1, IDUM, 0, RDUM, N, LENTXT, CHTXT, 4,
     ,              IERR, LDAT, DATA)
      IF (IERR.NE.0) THEN
         ISTAT = 0
         RETURN
      ENDIF
C
C     INITIALISIERE CHOICE FUER ALPHANUMERISCHES MENUE
C
      ISTAT = 1
      IPET = 3
      CALL GINCH( IWK, IDNR, ISTAT, INICH, IPET, EA(1), EA(2),
     ,            EA(3), EA(4), LDAT, DATA )
C
C     REQUEST CHOICE
C
      CALL GRQCH ( IWK, IDNR, ISTAT, ICH)
      RETURN
      END
```

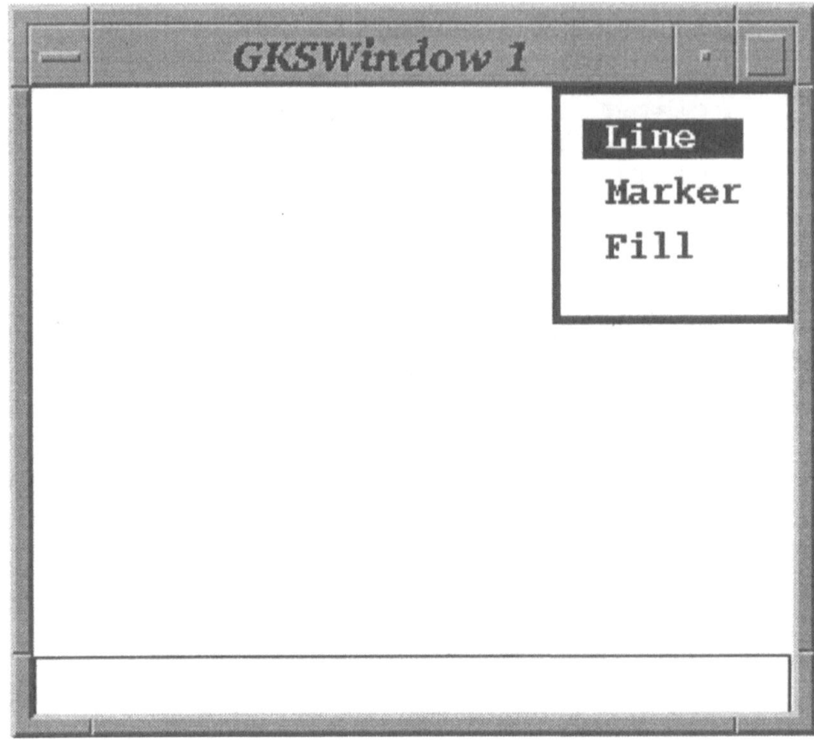

Abb. 24.1: Alphanumerisches Menü in newGKS

Programm 24.2 Graphisches Menü (Prompt/Echo Type 5)

```
      PROGRAM CHOICG
C
C     EINGABE MIT GRAPHISCHEM MENUE
C
      REAL XD(3), YD(3)
      INTEGER IASF(13)
      PARAMETER (IERFIL=10, IWK=1, ICON=11, IDNR=1)
      PARAMETER (NAME=100)
      DATA IASF /13*1/
      DATA XD /0.0, 0.5, 1.0/
      DATA YD /0.0, 1.0, 0.0/
C
C     OPEN GKS / ATTRIBUTBENUTZUNG INDIVIDUELL
C
      CALL GOPKS ( IERFIL, -1 )
```

```
      CALL GSASF ( IASF )
      CALL GSFAIS ( 3 )
C
C     OPEN WORKSTATION
C
      IWT = 69989
      CALL GOPWK ( IWK, ICON, IWT )
      CALL GACWK ( IWK )
C
C     WIR ERZEUGEN EIN SEGMENT (FUER CHOICE)
C
      CALL GENSEG ( NAME )
1     CONTINUE
C
C     WIR BENUTZEN EINE KOMFORTABLE
C     CHOICE-ROUTINE (S.U.)
C
      CALL SRQCHG ( IWK, IDNR, NAME, 1, ISTAT, ICH )
      IF (ISTAT.EQ.1) THEN
C
C        CHOICE STATUS = O.K.
C
         CALL GSFASI ( -ICH )
         CALL GFA ( 3, XD, YD )
      ELSEIF (ISTAT.EQ.2) THEN
C
C        CHOICE STATUS = NO CHOICE
C
         CALL GMSG ( IWK, 'Daneben - noch mal !!' )
         GOTO 1
      ELSE
C
C        CHOICE STATUS = NONE
C
         CALL GMSG ( IWK, 'Dann nicht !!' )
      ENDIF
C
C     CLOSE PROCESSING
C
999   CONTINUE
      CALL GDAWK ( IWK )
      CALL GCLWK ( IWK )
      CALL GCLKS
      STOP
```

```
      END

      SUBROUTINE SRQCHG (IWK, IDNR, ISEG, INICH, ISTAT, ICH)
C
C     CHOICE EINGABE MIT GRAPHISCHEM MENUE
C
C     EINGABE-PARAMETER:
C     IWK      INTEGER     WORKSTATION IDENTIFIER
C     IDNR     INTEGER     INPUT DEVICE NUMBER
C     ISEG     INTEGER     NAME DES SEGMENTS
C     INICH    INTEGER     INITIAL CHOICE
C
C     AUSGABE-PARAMETER:
C     ISTAT    INTEGER     CHOICE STATUS (NONE,OK,NOCHOICE)
C     ICH      INTEGER     CHOICE ALTERNATIVE
C
      REAL EA(4), RDUM(1)
      INTEGER IDUM(1)
      CHARACTER*80 DATA(4)
      CHARACTER*1 STR(1)
C
C     ABFRAGEN DER AKTUELLEN ATTRIBUTE FUER CHOICE
C     (UM DIE WERTE FUER DIE ECHO AREA ZU ERHALTEN)
C
      CALL GQCHS ( IWK, IDNR, 4, IERR, MODE, IESW, ISTAT,
     ,             ICH, IPET, EA, IL, DATA )
      IF (IERR.NE.0) THEN
         ISTAT = 0
         RETURN
      ENDIF
C
C     SEGMENT NAME MUSS IN DEN DATA RECORD GEPACKT WERDEN
C
      IDUM(1) = ISEG
      CALL GPREC (1,IDUM,0,RDUM,0,IDUM,STR,4,IERR,LDAT,DATA )
      IF (IERR.NE.0) THEN
         ISTAT = 0
         RETURN
      ENDIF
C
C     INITIALISIERE CHOICE FUER GRAPHISCHES MENUE
C     STARTWERT SOLL ALTERNATIVE 1 SEIN
C
      ISTAT = 1
```

```
      IPET = 5
      CALL GINCH( IWK, IDNR, ISTAT, INICH, IPET, EA(1), EA(2),
     ,            EA(3), EA(4), LDAT, DATA )
C
C     REQUEST CHOICE
C
      CALL GRQCH ( IWK, IDNR, ISTAT, ICH)
      RETURN
      END

      SUBROUTINE GENSEG (NAME)
C
C     ERZEUGE SEGMENT FUER CHOICE DEMO
C
      DX = 0.2
      DY = 0.2
      CALL GQCHH ( IERR, HGT )
      CALL GCRSG ( NAME )
C
C     SEGMENT IST NUR ZUR CHOICE-EINGABE DA
C     DAHER SONST UNSICHTBAR !
C
      CALL GSVIS ( NAME, 0 )
      CALL GSCHH ( 0.04 )
      CALL GSTXFP ( -10648, 2 )
      CALL GSCHXP ( 1.3 )
      CALL GSTXCI ( 1 )
      CALL GTX ( 0.0, 0.85, 'Waehle' )
      CALL GTX ( 0.0, 0.75, 'Schraffur:' )
C
C     SCHLEIFE UEBER KAESTCHEN
C
      DX0 = 0.1
      DY0 = 0.1
      DO 100 I=1,2
        DO 110 J=1,3
          IPKID = 3 * (I-1) + J
          ISTLI = -IPKID - 1
          X = DX0 + REAL(J-1)*(DX0+DX)
          Y = DY0 + REAL(2-I)*(DY0+DY)
          CALL HATCHB ( IPKID, ISTLI, X, Y, DX, DY )
110     CONTINUE
100   CONTINUE
      CALL GCLSG
```

```
      CALL GSCHH ( HGT )
      RETURN
      END

      SUBROUTINE HATCHB (IPKID, ISTLI, X, Y, DX, DY)
C
C     DRAW BOXES WITH DIFFERENT HATCH/PATTERNS
C     AND DIFFERENT PICK IDENTIFIERS
C
      REAL XA(4), YA(4)
      CALL GSPKID ( IPKID )
      CALL GSFASI ( ISTLI )
      XA(1) = X
      XA(2) = X + DX
      XA(3) = XA(2)
      XA(4) = X
      YA(1) = Y
      YA(2) = Y
      YA(3) = Y + DY
      YA(4) = YA(3)
      CALL GFA ( 4, XA, YA )
      RETURN
      END
```

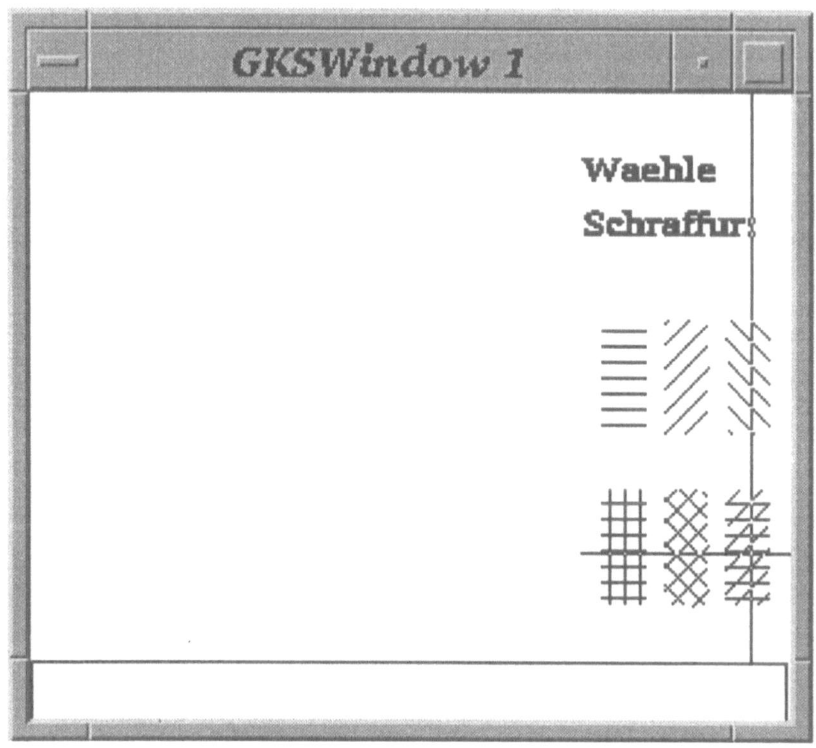

Abb. 24.2: Graphisches Menü in newGKS

Mit der GKS-Funktion

SET CHOICE MODE

```
CALL GSCHM ( IWK , IDNR , MODE , IESW )
```

werden auf der Workstation IWK für das Input Device IDNR Betriebsart MODE (REQUEST,SAMPLE,EVENT) und Echo Switch IESW (NOECHO,ECHO) eingestellt. Für spezielle häufig benutzte Anwendungen läßt sich Choice-Eingabe auch über eine Schablone auf einem Tablett realisieren. In diesem Fall ist auch das Arbeiten ohne Echo sinnvoll.

Liste der GKS-Funktionen für Choice-Request-Eingabe

INITIALISE CHOICE L0b

```
CALL GINCH ( IWK , IDNR , ISTAT , ICH , IPET ,
             XMIN , XMAX , YMIN , YMAX , LD , DATA )
```

Setzt für das gegebene Choice Device auf der gegebenen Workstation Anfangswert, Prompt/Echo Type, Echo Area und Data Record neu. Die Einheiten der Echo Area sind Device Coordinates – meist Meter.

```
IN:  IWK    (INTEGER) WORKSTATION IDENTIFIER
IN:  IDNR   (INTEGER) CHOICE DEVICE NUMBER
IN:  ISTAT  (INTEGER) INITIAL CHOICE STATUS ((NONE),OK,NOCHOICE)
IN:  ICH    (INTEGER) INITIAL CHOICE VALUE (1..MAX)
IN:  IPET   (INTEGER) PROMPT/ECHO TYPE (-N..-1,1..M)
IN:  XMIN   (REAL)    ECHO AREA (X, LINKS)
IN:  XMAX   (REAL)    ECHO AREA (X, RECHTS)
IN:  YMIN   (REAL)    ECHO AREA (Y, UNTEN)
IN:  YMAX   (REAL)    ECHO AREA (Y, OBEN)
IN:  LD     (INTEGER) LAENGE DES DATA RECORD
IN:  DATA   (CHARACTER*80(LD)) DATA RECORD (MIT:
                      SEGMENTNAMEN FUER IPET=5,
                      ANZAHL DER ALTERNATIVEN SONST;
                      ZUSAETZLICH TEXTE FUER IPET=3 ODER =4)
ERRORS:          (0,7,20,25,38,51,140,141,144,145,146,152,2000)
```

INQUIRE DEFAULT CHOICE DEVICE DATA L0b

```
CALL GQDCH ( IWT , IDNR , N , MLDR , IERR ,
             MALT , NPR , IPET , EAREA , LD , DATA )
```

Liefert für ein gegebenes Choice Device eines Workstation Types die Voreinstellungen. Die Einheiten der Echo Area sind Device Coordinates – meist Meter.

```
IN:  IWT    (INTEGER) WORKSTATION TYPE
IN:  IDNR   (INTEGER) CHOICE DEVICE NUMBER
IN:  N      (INTEGER) NUMMER DES LISTENELEMENTS (0..MAX)
IN:  MLDR   (INTEGER) DIMENSION DES FELDES DATA
OUT: IERR   (INTEGER) ERROR INDICATOR (0,8,22,23,38,140,2002)
OUT: MALT   (INTEGER) MAXIMALZAHL ALTERNATIVEN
OUT: NPR    (INTEGER) ANZAHL PROMPT/ECHO TYPES
OUT: IPET   (INTEGER) N-TER PROMPT/ECHO TYPE
OUT: EAREA  (REAL(4)) DEFAULT ECHO AREA (XMIN,XMAX,YMIN,YMAX)
OUT: LD     (INTEGER) LAENGE DES DATA RECORD
OUT: DATA   (CHARACTER*80(MLDR)) DATA RECORD
```

INQUIRE CHOICE DEVICE STATE L0b

```
CALL GQCHS ( IWK , IDNR , MLDR , IERR , MODE , IESW ,
             ISTAT , ICH , IPET , EAREA , LD , DATA )
```

Liefert für ein gegebenes Choice Device einer Workstation den aktuellen Zustand. Die Einheiten der Echo Area sind Device Coordinates – meist Meter.

```
IN:  IWK    (INTEGER) WORKSTATION IDENTIFIER
IN:  IDNR   (INTEGER) CHOICE DEVICE NUMBER
IN:  MLDR   (INTEGER) DIMENSION DES FELDES DATA
OUT: IERR   (INTEGER) ERROR INDICATOR (0,7,20,25,38,140)
OUT: MODE   (INTEGER) INPUT MODE (REQUEST,SAMPLE,EVENT)
OUT: IESW   (INTEGER) ECHO SWITCH (NOECHO,ECHO)
OUT: ISTAT  (INTEGER) INITIAL CHOICE STATUS ((NONE),OK,NOCHOICE)
OUT: ICH    (INTEGER) INITIAL CHOICE VALUE (1..MAX)
OUT: IPET   (INTEGER) PROMPT/ECHO TYPE (-N..-1,1..M)
OUT: EAREA  (REAL(4)) MOMENTANE ECHO AREA (XMIN,XMAX,YMIN,YMAX)
OUT: LD     (INTEGER) LAENGE DES DATA RECORD
OUT: DATA   (CHARACTER*80(MLDR)) DATA RECORD
```

REQUEST CHOICE L0b

```
CALL GRQCH ( IWK , IDNR , ISTAT , ICH )
```

Fordert eine Choice-Eingabe von der Workstation an. Das aufrufende Programm hält an, bis die Eingabe beendet ist.

```
IN:  IWK    (INTEGER) WORKSTATION IDENTIFIER
IN:  IDNR   (INTEGER) CHOICE DEVICE NUMBER
OUT: ISTAT  (INTEGER) STATUS (NONE,OK,NOCHOICE)
OUT: ICH    (INTEGER) CHOICE VALUE (1..MAX)
ERRORS:               (0,7,20,25,38,140,141)
```

SET CHOICE MODE L0b

```
CALL GSCHM ( IWK , IDNR , MODE , IESW )
```

Stellt auf der Workstation für ein Choice Device Betriebsart und Echo Switch ein.

```
IN:  IWK    (INTEGER) WORKSTATION IDENTIFIER
IN:  IDNR   (INTEGER) CHOICE DEVICE NUMBER
IN:  MODE   (INTEGER) BETRIEBSART  (REQUEST,SAMPLE,EVENT)
IN:  IESW   (INTEGER) ECHO SWITCH (NOECHO,ECHO)
ERRORS:               (0,7,20,25,38,140,143)
```

---

25. String-Request-Eingabe

Im letzten Kapitel des Level 0b kommen wir nun noch einmal ausführlich auf eine Eingabeklasse zurück, die wir schon in Kapitel 19 bei der Einführung in die Eingabe mit GKS kennengelernt haben: den *String*.

Wir wissen bereits, daß String-Eingabe dazu dient, beliebige Texte unter GKS-Kontrolle einzugeben. Wir wiederholen den Aufruf von REQUEST STRING:

REQUEST STRING

```
CALL GRQST ( IWK , IDNR , ISTAT , L , STR )
```

Eingabeparameter sind wieder IWK als Workstation Identifier und IDNR als Input Device Number (meistens 1 – im allgemeinen ist die Tastatur das einzige String Device). Erster Ausgabeparameter ist der Status ISTAT mit dem Wertebereich (NONE,OK). L ist die Anzahl der eingegebenen Zeichen. STR muß als CHARACTER-Variable deklariert sein und enthält nach dem Aufruf den eingegebenen Text. STR muß im Programm genügend groß deklariert sein. Werden allerdings mehr Zeichen eingegeben als zulässig, so passiert keine Katastrophe, sondern GKS schneidet ab. Beispiele für die Anwendung der String-Request-Funktion sind:

- Ausgabe des eingegebenen Textes zum nachträglichen Anbringen von Legenden und Beschriftungen an einer fertigen Zeichnung.
- Eingeben von Dateinamen, um im Anwendungsprogramm auf Benutzerdateien zuzugreifen.

Das folgende Beispiel bringt an einer fertigen Zeichnung rechts oben in der Ecke einen Titel an. Die Zeichnung liegt als Bilddatei vor, deren Namen ebenfalls interaktiv abgefragt wird. Die Bilddatei interpretieren wir mit einem in Kapitel 14 vorgestellten Unterprogramm.

```
      PROGRAM STRING
C
C     STRING DEMONSTRATION
C
      PARAMETER (IERFIL=10, IWK=1, ICON=11, IWK2=2)
      PARAMETER (IDNR=1, ICON2=12)
      REAL TX(4), TY(4), WKWIN(4), DUM(4)
      INTEGER IASF(13)
```

```
      CHARACTER*80 DIALOG
      DATA IASF /13*1/
C
C     EROEFFNE GKS UND WORKSTATION
C
      CALL GOPKS ( IERFIL, -1 )
      IWT = 69999
      CALL GOPWK ( IWK , ICON , IWT )
      CALL GACWK ( IWK )
C
C     INTERPRETATION DES METAFILE
C     MIT READMF (SIEHE KAPITEL 14)
C
      CALL GMSG ( IWK, 'Bitte Namen der Bilddatei eingeben' )
10    CONTINUE
      CALL GRQST ( IWK, IDNR, ISTAT, LSTR, DIALOG )
      IF (ISTAT.EQ.0) GOTO 999
C
C     GKS-IMPLEMENTIERUNG GESTATTET HIER EIGENES OPEN!
C
      OPEN (ICON2, FILE=DIALOG(1:LSTR), STATUS='OLD', IOSTAT=IOS)
      IF ( IOS.NE.0) THEN
         CALL GMSG ( IWK, 'Fehler: Neuer Name fuer Bilddatei' )
         GOTO 10
      ENDIF
      CALL READMF ( IWK2 , ICON2 )
      CLOSE ( ICON2 )
C
C     JETZT ANBRINGEN DER BESCHRIFTUNG
C     RECHTS OBEN IN DER ECKE
C
      CALL GMSG ( IWK , 'Bitte Titel eingeben' )
      CALL GRQST ( IWK , IDNR , ISTAT , L , DIALOG )
C
C     TITEL SOLL WEISS HINTERLEGT UND UMRANDET WERDEN
C     ATTRIBUT-BENUTZUNG IST INDIVIDUELL
C
      CALL GSASF ( IASF )
      CALL GSTXFP ( 1 , 2 )
      CALL GSTXAL ( 3 , 1 )
C
C     TEXTGROESSE 5% DER ZEICHNUNG
C
      CALL GSCHH ( 0.05 )
```

```
C
C     RECHTE OBERE ECKE BESTIMMEN (WORKSTATION WINDOW)
C
      CALL GQWKT ( IWK, IERR, ISTAT, DUM, WKWIN, DUM, DUM )
      X0 = WKWIN(2)
      Y0 = WKWIN(4)
C
C     TEXT-RECHTECK BESTIMMEN
C
      CALL GQTXX ( IWK , X0, Y0, DIALOG(1:L) , IERR ,
     ,             CX , CY , TX , TY )
      IF (IERR .NE. 0) GOTO 999
C
C     HINTERLEGUNG DES TEXTES
C
      CALL GSFAIS ( 1 )
      CALL GSFACI ( 0 )
      CALL GFA ( 4 , TX , TY )
C
C     UMRANDUNG DES TEXTES
C
      CALL GSFAIS ( 0 )
      CALL GSFACI ( 1 )
      CALL GFA ( 4 , TX , TY )
C
C     TEXTAUSGABE
C
      CALL GSTXCI ( 1 )
      CALL GTX ( X0, Y0, DIALOG(1:L) )
C
C     ENDE
C
999   CONTINUE
      CALL GDAWK ( IWK )
      CALL GCLWK ( IWK )
      CALL GCLKS
      STOP
      END
```

Zum Kennenlernen der Feinheiten bei der String-Eingabe betrachten wir den Fall, daß ein Anwender eine ganze Serie von Bildern im Stapelbetrieb erzeugt und später mit einem Programm wie dem obigen beschriften will. Die Beschriftung sehe dabei immer ähnlich aus, z.B.

'Bild 375'

Vermutlich jeden Anwender würde dabei das 375-malige Eingeben des unveränderlichen Textes 'Bild ' stören. Man modifiziert das Programm also so, daß der konstante Teil des Textes bereits vom Programm besetzt wird:

```
...
CALL GMSG ( IWK , 'Bitte Titel eingeben' )
DIALOG(1:5) = 'Bild '
CALL GRQST ( IWK , IDNR , ISTAT , L , DIALOG(6:80) )
L = L + 5
...
```

Der Nachteil dieses Programms ist es, daß es zu wenig selbstdokumentierend ist. Benutzt es also ein Kollege (oder man selbst nach einem Jahr), so weiß er nicht, daß der Text 'Bild ' schon konstant im Programm ist. Auf die Frage: 'Bitte Titel eingeben' tippt er brav, wenn auch schimpfend, 'Bild 375' ein, um dann feststellen zu müssen, daß seine Zeichnung nunmehr 'Bild Bild 375' heißt. Die Idee, den konstanten Text vom Programm aus vorzubesetzen, war schon richtig, allerdings muß der Bediener über diese Vorbesetzung informiert werden.

Die String-Eingabe mit GKS läuft zunächst über einen internen Eingabepuffer. Seine Maximalgröße ist durch den Typ der Workstation und des Eingabegerätes bestimmt, beträgt aber mindestens 72 Zeichen. Der Inhalt dieses Puffers wird nach der Eingabe in den beim Request-String-Aufruf übergebenen Parameter übertragen. Es können maximal so viele Zeichen übertragen werden, wie der Puffer lang ist, der CHARACTER String beim Request definiert ist bzw. der Benutzer eingegeben hat. Und *vor* dem Request? *Da kann der Puffer vom Programm aus bereits mit einem beliebigen Text, dem sogenannten Initial String, vorbesetzt werden.* Dieser String wird beim Request in der Echo Area sichtbar gemacht. Beim Eingeben der Zeichen kann sowohl der Initial String überschrieben als auch *der eingegebene Text hinten angehängt werden*, und zwar in Abhängigkeit von einer benutzerdefinierten *Editing Position* (vgl. hierzu auch Kapitel 22).

Im obigen Beispiel könnte man den Initial String als 'Bild ' definieren, die Editing Position im Puffer auf 6 setzen und damit das Problem lösen: Der Benutzer sieht beim Request, daß der Text 'Bild ' schon dasteht und sein Eingabe-Cursor dahinter positioniert ist. Er gibt also den restlichen Text – die Bildnummer – ein. Da der Pufferinhalt vom Anfang bis zum letzten eingegebenen Zeichen in den String kopiert wird, erhalten wir dort den vollständigen Text.

Puffergröße und Editing Position werden – wie beim Stroke – durch die INITIALISE-Funktion eingestellt:

INITIALISE STRING

```
CALL GINST ( IWK , IDNR , L , ISTR , IPET , XMIN , XMAX ,
             YMIN , YMAX , IBUFL , IEDIT , LD , DATA )
```

IWK ist der Workstation Identifier, IDNR die Input Device Number (da kaum eine Workstation ein anderes String Device als die Tastatur besitzen wird, kann man hier getrost immer 1 einsetzen). ISTR ist der Initial String (CHARACTER*(*)), L die Anzahl der Zeichen im Initial String (dieser Parameter ist nötig, damit man mit L=0 auch einen leeren Initial String übergeben kann).

IPET ist der Prompt/Echo Type. Zur Zeit ist nur IPET = 1 genormt. Bei diesem Prompt/Echo Type erscheint der String bei Eingabe in der Echo Area (also das normale Terminalecho bei Tastatureingabe). Wie immer sind höhere Prompt/Echo Types für zukünftige Normung reserviert, während negative Werte zur Unterstützung geräteabhängigen Prompt/Echo-Verhaltens benutzt werden können.

XMIN, XMAX, YMIN und YMAX geben wieder die Echo Area an. Bei der String-Eingabe handelt es sich eindeutig um alphanumerischen Dialog, den man zweckmäßigerweise neben die Zeichenfläche legt, es sei denn, man arbeitet mit einer komfortablen GKS-Implementierung, die String-Eingabe mit kurzfristigen Eingabe-Menüs realisiert. IBUFL ist die Pufferlänge in Zeichen. Sie zu ändern ist sinnvoll, wenn man im Sample- oder Event-Mode (siehe Kapitel 27 und 28) verhindern will, daß der Bediener längere Texte eingeben kann, als sinnvoll ist. IEDIT ist die Editing Position. Sie darf zwischen 1 und L+1 liegen. Für den Inhalt des Data Records DATA (CHARACTER*80(LD)) schreibt die Norm nichts vor, er kann allerdings bei verschiedenen Implementierungen eine Bedeutung haben.

Das obige Programm verbessern wir also wie folgt:

```
      ...
      CALL GMSG ( IWK , 'Bitte Titel eingeben' )
      CALL GINST ( IWK , IDNR , 5 , 'Bild ', 1 , XMIN , XMAX ,
     ,             YMIN , YMAX , IBUFL , 6 , LD , DATA )
      CALL GRQST ( IWK , IDNR , ISTAT , L , DIALOG )
      ...
```

Man beachte, daß – im Gegensatz zu oben – der String DIALOG nicht erst ab dem 6. Element, sondern im Ganzen übergeben werden muß. Die Setzung des Editing Parameters auf 6 im GINST-Aufruf bewirkt, daß die ersten 5 Elemente des String mit dem Initial String, die weiteren jedoch mit den eingegebenen Zeichen besetzt werden.

Die Editing Position braucht nun nicht nur die beiden möglichen Extremwerte anzunehmen (also Anfang oder Ende des Initial String), sondern kann auch irgendwo in der Mitte liegen. Will man z.B. dem Benutzer klarmachen, daß der Bildtitel eine dreistellige Nummer haben soll, so kann man das String-Device folgendermaßen initialisieren:

```
      CALL GINST ( IWK , IDNR , 8 , 'Bild xxx', 1 , XMIN , XMAX ,
     ,             YMIN , YMAX , IBUFL , 6 , LD , DATA )
```

In diesem Fall erscheint auf dem Schirm als Prompt: Bild $\underline{x}xx$

Der Strich deutet die Position des alphanumerischen Cursors an. Der Initial String wird ja immer im ganzen (unabhängig vom Wert der Editing Position) in der Echo Area ausgegeben. Die Editing Position sorgt dafür, daß der Cursor auf die Stelle positioniert wird, ab der überschrieben werden darf. Es ist daher möglich, daß der eingegebene Text kürzer ist als der Initial String.

Wir sind bei diesem Beispiel die Auskunft schuldig geblieben, wie man Echo Area und Data Record besetzen soll. Am unverfänglichsten ist es, die aktuellen Werte vorher zu erfragen. Daher stellen wir ein Unterprogramm zur vereinfachten String-Eingabe vor:

Programm 25.1 vereinfachte String-Eingabe

```
      SUBROUTINE SRQST (IWK, PTEXT, ISTAT, NTEX, ETEXT)
C-----------------------------------------------------
C
C   Request String mit Prompt-Text
C
C  Parameter:
C  Name  Typ  I/O Bedeutung
C  iwk   i    i   workstation identifier
C  ptext c    i   prompttext
C  istat i    o   status (none,ok)
C  ntex  i    o   number of entered characters
C  etext c    o   entered text
C
C-----------------------------------------------------
C
      PARAMETER (IDNRS=1, MAXST=250)
      CHARACTER*(*) PTEXT, ETEXT
      CHARACTER*250 TEXT
      REAL EAS(4)
      INTEGER LSTR(1)
      PARAMETER (MAXDAT=4)
      CHARACTER*80 EDCDAT(MAXDAT)
C
C     check maximum string buffer size from WDT
C
      CALL GQWKC (IWK, IERR, ICON, IWT)
      CALL GQDST (IWT, IDNRS, 1, MAXDAT, IERR, MBUF, NPR, IPET,
     ,                 EAS, IDBUF, LDA, EDCDAT)
C
C     check actual settings of input device for
C     echoarea, prompt/echo type and data record
C
      CALL GQSTS (IWK, IDNRS, MAXDAT, IERR, MBUF, NPR, IPET,
     ,                 EAS, IBUFL, IEDIT, LDA, EDCDAT)
      LP = LEN(PTEXT)
      IEDIT = LP + 1
      IBUFL = MIN (MBUF, LEN(ETEXT)+LP, MAXST)
C
```

```
C     initialise input device with prompt string
C
      CALL GINST (IWK, IDNRS, LP, PTEXT, IPET, EAS(1), EAS(2),
     ,            EAS(3), EAS(4), IBUFL, IEDIT, LDA, EDCDAT)
      CALL GRQST (IWK, IDNRS, ISTAT, NTEX, TEXT)
C
C     extract prompt string from text
C
      IF (ISTAT.EQ.1) THEN
        IF (NTEX.GE.IEDIT) THEN
           ETEXT = TEXT(IEDIT:NTEX)
           NTEX = NTEX - IEDIT + 1
        ELSE
           NTEX = 0
        ENDIF
      ENDIF
      RETURN
      END
```

Die komfortable Texteingabe ist selbstverständlich auch für die Eingabe von Zahlen über die Tastatur zu gebrauchen:

Programm 25.2 Zahleneingabe

```
      SUBROUTINE SRQVLK (IWK, PTEXT, MAXCH, ISTAT, VAL)
C-------------------------------------------------------------
C
C  Request Valuator mit Ziffern-Eingabe ueber die Tastatur
C
C Parameter:
C Name  Typ  I/O Bedeutung
C iwk   i    i   workstation identifier
C ptext c    i   prompttext
C maxch i    i   maximal number of characters typed in
C istat i    o   status (none,ok,no value)
C val   r    o   value
C
C-------------------------------------------------------------
C
      CHARACTER*(*) PTEXT
      CHARACTER*80 VTEXT
      CALL SRQST (IWK, PTEXT, ISTAT, LLEN, VTEXT(1:MIN0(80,MAXCH)))
      IF (ISTAT .EQ. 1) THEN
C
C        TEXT --> ZAHL MIT DER FUNKTION NUMCHK
```

```
C
        IF (NUMCHK (VTEXT(1:LLEN), VAL) .NE. 0) ISTAT = 2
      ENDIF
      RETURN
      END
```

Bei unserer komfortablen String-Eingabe haben wir den Initial String mit dem Prompting ziemlich strapaziert. Aber Prompting ist in jedem Fall etwas problematisch. Benutzt man MESSAGE, hat man keine Kontrolle, wo der Text auf dem Bildschirm erscheint, d.h. die Position ist implementierungsabhängig. Packt man den Prompt String beim INITIALISE STRING in den DATA RECORD, weiß man zwar die Position in der String Echo Area, ob der Prompt String überhaupt ausgegeben wird, hängt wieder von der Implementierung ab.

Mit der GKS-Funktion

SET STRING MODE

```
CALL GSSTM ( IWK , IDNR , MODE , IESW )
```

werden auf der Workstation IWK für das Input Device IDNR Betriebsart MODE (REQUEST,SAMPLE,EVENT) und Echo Switch IESW (NOECHO,ECHO) eingestellt.

Bei eingeschaltetem Echo sieht man den Initial String sowie die eingegebenen Zeichen in der Echo Area, bei ausgeschaltetem Echo hingegen nicht. Eine Anwendung, bei der das Arbeiten mit ausgeschaltetem Echo sinnvoll ist, ist das Eingeben von Passworten, die für "Kiebitzer" nicht sichtbar sein sollen.

Liste der GKS-Funktionen für String-Request-Eingabe

INITIALISE STRING L0b

```
CALL GINST ( IWK , IDNR , L , ISTR , IPET , XMIN , XMAX ,
             YMIN , YMAX , IBUFL , IEDIT , LD , DATA )
```

Setzt für das gegebene String Device auf der gegebeben Workstation Anfangswert, Prompt/Echo Type, Echo Area und Data Record neu. Die Einheiten der Echo Area sind Device Coordinates – meist Meter.

```
IN:  IWK    (INTEGER) WORKSTATION IDENTIFIER
IN:  IDNR   (INTEGER) STRING DEVICE NUMBER
IN:  L      (INTEGER) ANZAHL CHARACTER IM INITIAL STRING
                      (0..IBUFL)
IN:  ISTR   (CHARACTER*(*)) INITIAL STRING
IN:  IPET   (INTEGER) PROMPT/ECHO TYPE (-N..-1,1..M)
IN:  XMIN   (REAL)    ECHO AREA (X, LINKS)
IN:  XMAX   (REAL)    ECHO AREA (X, RECHTS)
IN:  YMIN   (REAL)    ECHO AREA (Y, UNTEN)
IN:  YMAX   (REAL)    ECHO AREA (Y, OBEN)
IN:  IBUFL  (INTEGER) STRING BUFFER SIZE (1..MBUFL) (s.u.)
IN:  IEDIT  (INTEGER) EDITING POSITION (1..L+1)
IN:  LD     (INTEGER) LAENGE DES DATA RECORD
IN:  DATA   (CHARACTER*80(LD)) DATA RECORD
ERRORS:             (0,7,20,25,38,51,140,141,144,145,146,152,154)
```

INQUIRE DEFAULT STRING DEVICE DATA L0b

```
CALL GQDST ( IWT , IDNR , N , MLDR , IERR , MBUFL ,
             NPR , IPET , EAREA , IDBUFL , LD , DATA )
```

Liefert für ein gegebenes String Device eines Workstation Types die Voreinstellungen. Die Einheiten der Echo Area sind Device Coordinates – meist Meter.

```
IN:  IWT    (INTEGER) WORKSTATION TYPE
IN:  IDNR   (INTEGER) STRING DEVICE NUMBER
IN:  N      (INTEGER) NUMMER DES LISTENELEMENTS (0..MAX)
IN:  MLDR   (INTEGER) DIMENSION DES FELDES DATA
OUT: IERR   (INTEGER) ERROR INDICATOR (0,8,22,23,38,140,2002)
OUT: MBUFL  (INTEGER) MAXIMUM STRING BUFFER SIZE (72..MAX)
OUT: NPR    (INTEGER) ANZAHL PROMPT/ECHO TYPES
OUT: IPET   (INTEGER) N-TER PROMPT/ECHO TYPE
OUT: EAREA  (REAL(4)) DEFAULT ECHO AREA (XMIN,XMAX,YMIN,YMAX)
OUT: IDBUFL (INTEGER) DEFAULT STRING BUFFER SIZE (1..MBUFL)
OUT: LD     (INTEGER) LAENGE DES DATA RECORD
OUT: DATA   (CHARACTER*80(MLDR)) DATA RECORD
```

INQUIRE STRING DEVICE STATE L0b

```
CALL GQSTS ( IWK , IDNR , MLDR , IERR , MODE , IESW ,
             L , ISTR , IPET , EAREA , IBUFL , IEDIT , LD , DATA )
```

Liefert für ein gegebenes String Device einer Workstation den aktuellen Zustand. Die Einheiten der Echo Area sind Device Coordinates – meist Meter.

```
IN:  IWK    (INTEGER) WORKSTATION IDENTIFIER
IN:  IDNR   (INTEGER) STRING DEVICE NUMBER
IN:  MLDR   (INTEGER) DIMENSION DES FELDES DATA
OUT: IERR   (INTEGER) ERROR INDICATOR (0,7,20,25,38,140)
OUT: MODE   (INTEGER) INPUT MODE (REQUEST,SAMPLE,EVENT)
OUT: IESW   (INTEGER) ECHO SWITCH (NOECHO,ECHO)
OUT: L      (INTEGER) LAENGE DES INITIAL STRING
OUT: ISTR   (CHARACTER*(*)) INITIAL STRING
OUT: IPET   (INTEGER) PROMPT/ECHO TYPE (-N..-1,1..M)
OUT: EAREA  (REAL(4)) MOMENTANE ECHO AREA (XMIN,XMAX,YMIN,YMAX)
OUT: IBUFL  (INTEGER) STRING BUFFER SIZE
OUT: IEDIT  (INTEGER) EDITING POSITION (1..L+1)
OUT: LD     (INTEGER) LAENGE DES DATA RECORD
OUT: DATA   (CHARACTER*80(MLDR)) DATA RECORD
```

REQUEST STRING L0b

```
CALL GRQST ( IWK , IDNR , ISTAT , L , STR )
```

Fordert eine String-Eingabe von der Workstation an. Das aufrufende Programm hält an, bis die Eingabe beendet ist.

```
IN:  IWK    (INTEGER) WORKSTATION IDENTIFIER
IN:  IDNR   (INTEGER) STRING DEVICE NUMBER
OUT: ISTAT  (INTEGER) STATUS (NONE,OK)
OUT: L      (INTEGER) ANZAHL DER CHARACTER
OUT: STR    (CHARACTER*(*)) STRING
ERRORS:               (0,7,20,25,38,140,141)
```

SET STRING MODE L0b

```
CALL GSSTM ( IWK , IDNR , MODE , IESW )
```

Stellt auf der Workstation für ein String Device Betriebsart und Echo Switch ein.

```
IN:  IWK    (INTEGER) WORKSTATION IDENTIFIER
IN:  IDNR   (INTEGER) STRING DEVICE NUMBER
IN:  MODE   (INTEGER) BETRIEBSART (REQUEST,SAMPLE,EVENT)
IN:  IESW   (INTEGER) ECHO SWITCH (NOECHO,ECHO)
ERRORS:               (0,7,20,25,38,140,143,2000)
```

Teil VI

Level 1b

26. Pick-Request-Eingabe

In diesem Kapitel wollen wir nun die entscheidenden Hilfsmittel kennenlernen, um *interaktiv das bestehende Bild zu manipulieren.* Unter Manipulation verstehen wir dabei nicht das Hinzufügen graphischer Information zum Bild, sondern etwa das Verschieben, Vergrößern oder Löschen von Bildteilen. Erinnern wir uns an die Diskussionen in Kapitel 15: Nur Segmente können manipuliert werden – und zwar nur als komplette Einheit. Daraus folgt, daß die Anwendungen, die in diesem Kapitel besprochen werden, nur mit einer GKS-Implementierung realisierbar sind, die auch Segmente unterstützt, also mindestens den Level 1b realisiert. Bildmanipulation ist also in erster Linie das dynamische Ändern von Segmentattributen (Kapitel 17).

Dazu muß man natürlich dem Anwendungsprogramm erst einmal mitteilen, *welches* Segment nun verschoben, gelöscht oder skaliert werden soll. Dies entscheidet sich aber erst, wenn man die Zeichnung *sieht.* Einem Anwender ist nicht zuzumuten, ständig in einer Liste nach passenden Segmentnamen zu suchen (Segment 1 = Baum, Segment 25 = Haus usw.). Er erwartet vielmehr eine Möglichkeit, mit einem Fadenkreuz ein Segment anzufahren und z.B. dem Programm zu sagen: *Das hier löschen, das hier verschieben!* Wir benötigen also als Eingabemöglichkeit die Identifizierung von Segmenten.

Eine solche Eingabeart nennt man *Pick.* Für den Operator verhält sich die Pick-Eingabe wie eine Locator-Eingabe. Zusätzlich existiert in der Workstation eine Logik, die anhand der eingegebenen Position feststellt, welches Segment sich an dieser Stelle gerade befindet, und den Namen dieses Segments (sogar noch etwas mehr) an das Anwendungsprogramm übergibt.

Eine solche Pick-Eingabe wird angefordert durch den Aufruf

REQUEST PICK

```
CALL GRQPK ( IWK , IDNR , ISTAT , NAME , IPKID )
```

IWK ist der Workstation Identifier. IDNR gibt die Nummer des Pick Input Device an.

Der Status-Parameter verdient eine ausführlichere Behandlung: Im Gegensatz zum Locator, bei dem jeder ansteuerbare Punkt der Zeichenfläche auch benutzbare Koordinaten liefert, kann man bei Pick-Eingabe nur dann etwas Sinnvolles erwarten, wenn an der Stelle ein Segment gezeichnet wurde. Genau wie bei der Choice-Eingabe (wo man ja auch unerlaubte Werte eingeben konnte), hat der Status-Parameter daher auch hier einen erweiterten Wertebereich (NONE,OK,NOPICK) Bei Status NONE wurde die Eingabe abgebrochen, bei Status NOPICK wurde zwar etwas eingegeben, aber nichts Vernünftiges getroffen. Bei Status OK hingegen konnte GKS (bzw. die Workstation) das getroffene Segment identifizieren. Sein Name wird dann im Parameter NAME übergeben.

Bevor wir auf die Bedeutung des letzten Parameters IPKID eingehen, zeigen wir als Beispiel, wie man ein Segment löscht:

```
      ...
      CALL GMSG ( IWK , 'Bitte Segment picken' )
10    CONTINUE
      CALL GRQPK ( IWK , IDNR , ISTAT , NAME , IPKID )
      IF (ISTAT.EQ.1) THEN
         CALL GDSG ( NAME )
      ELSEIF (ISTAT.EQ.2) THEN
         CALL GMSG ( IWK , 'Daneben --> noch mal picken:' )
         GOTO 10
      ENDIF
      ...
```

Nun zum letzten Parameter IPKID von REQUEST PICK: Es kommt zuweilen vor, daß man bei einer Zeichnung sehr viele einzelne Graphikelemente (bis hin zum einzelnen Polyline) identifizieren will, aber nicht zur Manipulation, sondern für andere Zwecke (etwa um im Programm je nach dem getroffenen Graphikelement zu verzweigen). Daher bietet GKS die Möglichkeit, *innerhalb von Segmenten noch eine Feinstruktur zu definieren, die nur zum Picken, nicht jedoch zum Manipulieren geeignet ist.* Damit kann man als Grobstruktur alles zu Segmenten zusammenfassen, was gemeinsam verändert werden soll, und trotzdem vom Programm aus noch feinere Details erkennen:

Jedes Ausgabe-Primitiv hat nämlich zusätzlich zu den bereits bekannten Attributen (Bundle Index, Linetype, Text Font and Precision etc.) noch ein weiteres Attribut, den sogenannten *Pick Identifier.* (Dies ist das einzige Attribut, das auch dem Cell Array zukommt.)

Da nun bei der Pick-Eingabe i.a. nicht ein Segment als ganzes, sondern ein Primitiv aus diesem Segment getroffen wird, liefert REQUEST PICK zusätzlich zum Segmentnamen den Pick Identifier dieses Primitivs im Parameter IPKID.

Die Vorbesetzung des Pick Identifier ist abhängig von der verwendeten Sprachanbindung und hat bei FORTRAN den Wert 0. Um ein Segment mit einer Unterstruktur zu versehen, muß man die folgende GKS-Funktion innerhalb des Segments mehrfach aufrufen:

SET PICK IDENTIFIER

```
      CALL GSPKID ( IPKID )
```

Der Eingabeparameter IPKID kann dabei einen beliebigen positiven INTEGER-Wert haben. Vom Moment des Aufrufs an bis zum nächsten Aufruf von SET PICK IDEN-

TIFIER bekommen alle Primitive den gleichen Pick Identifier IPKID zugewiesen. Hierzu folgendes Beispiel:

```
      ...
C
C     ERSTES SEGMENT
C
      CALL GCRSG ( 1 )
      CALL GPL ( N1 , X1 , Y1 )
      CALL GSPKID ( 4711 )
      CALL GPM ( N2 , X2 , Y2 )
      CALL GCLSG
C
C     ZWEITES SEGMENT
C
      CALL GCRSG ( 2 )
      CALL GTX ( XS , YS , TEXT )
      CALL GCLSG
      ...
      CALL GSPKID ( 333 )
C
C     DRITTES SEGMENT
C
      CALL GCRSG ( 3 )
      CALL GFA ( N3 , X3 , Y3 )
      CALL GCLSG
      ...
```

In diesem Beispiel hat das Polyline den Pick Identifier 0 (da noch nicht GSPKID aufgerufen wurde). Der Polymarker und der Text haben den Pick Identifier 4711. Man beachte, daß die Setzung segmentübergreifend wirkt! Nur das Paar Segmentname/Pick Identifier erlaubt eine eindeutige Zuordnung. Das Fill-Area-Primitiv hat den Pick Identifier 333. Wie man sieht, ist der Aufruf von SET PICK IDENTIFIER auch erlaubt, wenn kein Segment offen ist. Einen Effekt hat dies nur für die Ausgabe nach dem Öffnen eines Segments und anschließender Pick-Eingabe.

Oft kommt es vor, daß man eine Reihe von Segmenten hat, die man nicht (bzw. nicht mehr) manipulieren will (z.B. Legenden, Umrandungen). Es ist sicherlich störend, wenn man bei der Pick-Eingabe stets darauf achten muß, nicht etwa eines dieser Segmente zu treffen, ganz zu schweigen von der Frage, was passiert, wenn man eine Stelle angesteuert hat, wo sich zwei Segmente überlappen. (Dies wird uns unten noch ausführlicher beschäftigen). Daher kann der Benutzer festlegen, *welche Segmente er überhaupt einmal picken will und welche nicht.* Wie man sieht, ist dies eine Eigenschaft (oder ein *Attribut*) des Segments, nicht der Eingabe oder des Input Device. Wir lernen also ein weiteres Segment-Attribut kennen, das wir in Kapitel 17 zwar der Vollständigkeit halber schon erwähnt haben, aber noch nicht genauer besprechen konnten, nämlich die *Identifizierbarkeit* (*Detectability*). Je nachdem, ob diese ein- oder ausgeschaltet ist, ist das Segment zur Pick-Eingabe zugelassen oder nicht. Steuert man bei Pick-Eingabe ein Segment an, dessen Detectability abgeschaltet ist, so erhält man den Status NOPICK.

Wählt man die Überlappungsfläche zweier Segmente an, von denen nur eines DETECTABLE ist, so wird immer der Name dieses Segments geliefert, unabhängig von anderen Auswahlkriterien, die wir unten noch besprechen werden. Die Detectability eines Segments setzt man wie folgt:

SET DETECTABILITY

```
CALL GSDTEC ( NAME , IDTEC )
```

NAME ist der Segmentname, IDTEC die Detectability, ein ENUMERATION-Parameter mit dem Wertebereich (UNDETECTABLE,DETECTABLE). Für IDTEC = 1 ist das Segment also pickbar, für IDTEC = 0 hingegen nicht.

Vorsicht Falle: *Die Voreinstellung ist UNDETECTABLE! Nur Segmente, deren Detectability explizit eingeschaltet ist, sind pickbar!* (Dies ist ein Stolperstein, über den auch erfahrene GKS-Kenner immer wieder fallen.) Warum? Weil häufig nur ein geringer Teil aller Segmente für die Pick-Eingabe in Frage kommt.

Da die Änderung der Identifizierbarkeit – im Gegensatz zu den anderen Segment-Attributen – keinen sichtbaren Effekt hat, kann man im Laufe des Programms beliebig oft hin- und herschalten, ohne Bildregenerierungen auszulösen.

Die Bestimmung des Segments aufgrund einer Position ist keineswegs immer eindeutig! Denn der Benutzer kann beim Picken eine Stelle wählen, an der sich zwei Segmente überlappen. Auch in diesem Fall muß Vorsorge für eine eindeutige Zuordnung getroffen werden. Für die Pick-Eingabe gelten folgende Regeln:

- Es kommen nur Segmente in Frage, die auf dieser Workstation gespeichert sind, sichtbar sind und deren Detectability eingeschaltet ist *(Grobauswahl)*.
- Von den verbleibenden Segmenten (die also ein Ausgabe-Primitiv enthalten, das die Fadenkreuzposition schneidet) wird das mit der *höchsten Priorität* (also das Segment im Vordergrund) genommen. Obwohl sich der Standard nicht näher darüber ausläßt, was bei gleicher Priorität passiert, ist es in der Praxis so, daß die Chronologie der Graphikausgabe soweit wie möglich beibehalten wird – also **nur dann geändert** wird, wenn die Segmentpriorität explizit gesetzt wird. Was zuletzt gezeichnet wurde, steht also im Vordergrund und wird zuerst gepickt *(Feinauswahl)*.

Wie bei allen Input Devices schließt sich nun die Diskussion der INITIALISE-Funktion an. Sie lautet:

INITIALISE PICK

```
CALL GINPK ( IWK , IDNR , ISTAT , ISNAM , IPKID , IPET ,
             XMIN , XMAX , YMIN , YMAX , LD , DATA )
```

IWK ist der Workstation Identifier, IDNR die Pick Device Number, XMIN, XMAX, YMIN, YMAX die Echo Area in Device-Koordinaten, DATA der Data Record (CHARACTER*80(LD)).

ISTAT, ISNAM und IPKID stellen den Anfangswert des Pick Devices dar. Für den Initial Status ISTAT gilt ähnliches wie beim Choice. Man darf ihn nur auf OK oder NOPICK setzen. Ist er NOPICK (ISTAT=2), verzichtet man auf einen echten Anfangswert. Für OK (ISTAT=1) müssen der Initial Segment Name ISNAM und der Initial Pick Identifier IPKID sinnvolle Werte enthalten. Diese lassen sich für eine Positionierung des Fadenkreuzes – ähnlich der Initial Position beim Locator – heranziehen. Der Prompt/Echo Type IPET kann folgende Werte annehmen:

IPET = 1 Das gewählte Primitiv wird mit einer implementationsabhängigen Technik angezeigt. Die Mindestanforderung ist, es für eine kurze Zeit hervorzuheben (also z.B. blinken zu lassen).

IPET = 2 Die ganze Gruppe von Primitiven innerhalb des getroffenen Segments, die den gleichen Pick Identifier wie das getroffene Primitiv haben, wird hervorgehoben.

IPET = 3 Das ganze Segment, das das getroffene Primitiv enthält, wird hervorgehoben.

Weitere Prompt/Echo Types ≥ 4 sind für spätere Normung reserviert. Dagegen können *negative* Prompt/Echo Types wiederum für geräte- und implementationsspezifisches Prompt/Echo Handling benutzt werden. Der Pick Data Record enthält keine im GKS-Standard genormten Daten.

Mit der GKS-Funktion

SET PICK MODE

```
CALL GSPKM ( IWK , IDNR , MODE , IESW )
```

werden auf der Workstation IWK für das Input Device IDNR Betriebsart MODE (REQUEST,SAMPLE,EVENT) und Echo Switch IESW (NOECHO,ECHO) eingestellt. Im Zustand IESW = 1 (also Echo an) wird der gepickte Bildteil gemäß Prompt/Echo Type hervorgehoben, für IESW = 0 hingegen nicht.

Damit schließen wir die Diskussion der Eingabemöglichkeiten in der Betriebsart REQUEST ab. Der Rest des Buches widmet sich den sogenannten asynchronen Betriebsarten SAMPLE und EVENT, die allerdings nur in den GKS Levels 0c, 1c und 2c verfügbar sind, und den aus ihnen resultierenden Anwendungsmöglichkeiten.

Liste der GKS-Funktionen für Pick-Request-Eingabe

INITIALISE PICK L1b

```
CALL GINPK ( IWK , IDNR , ISTAT , ISNAM , IPKID , IPET ,
             XMIN , XMAX , YMIN , YMAX , LD , DATA )
```

Setzt für das gegebene Pick Device auf der gegebenen Workstation Anfangswert, Prompt/Echo Type, Echo Area und Data Record neu. Die Einheiten der Echo Area sind Device Coordinates – meist Meter.

```
IN:  IWK    (INTEGER) WORKSTATION IDENTIFIER
IN:  IDNR   (INTEGER) PICK DEVICE NUMBER
IN:  ISTAT  (INTEGER) INITIAL PICK STATUS ((NONE),OK,NOPICK)
IN:  ISNAM  (INTEGER) INITIAL SEGMENT NAME
IN:  IPKID  (INTEGER) INITIAL PICK IDENTIFIER
IN:  IPET   (INTEGER) PROMPT/ECHO TYPE (-N..-1,1..M)
IN:  XMIN   (REAL)    ECHO AREA (X, LINKS)
IN:  XMAX   (REAL)    ECHO AREA (X, RECHTS)
IN:  YMIN   (REAL)    ECHO AREA (Y, UNTEN)
IN:  YMAX   (REAL)    ECHO AREA (Y, OBEN)
IN:  LD     (INTEGER) LAENGE DES DATA RECORD
IN:  DATA   (CHARACTER*80(LD)) DATA RECORD
ERRORS:            (0,7,20,25,37,51,140,141,144,145,146,152,2000)
```

INQUIRE CURRENT PICK IDENTIFIER VALUE L1b

```
CALL GQPKID ( IERR , IPKID )
```

Liefert den aktuellen Pick Identifier der GKS State List.

```
OUT: IERR   (INTEGER) ERROR INDICATOR (0,8)
OUT: IPKID  (INTEGER) CURRENT PICK IDENTIFIER
```

INQUIRE DEFAULT PICK DEVICE DATA L1b

```
CALL GQDPK ( IWT, IDNR, N, MLDR, IERR, NPR, IPET, EAREA, LD, DATA )
```

Liefert für ein gegebenes Pick Device eines Workstation Types die Voreinstellungen. Die Einheiten der Echo Area sind Device Coordinates – meist Meter.

```
IN:  IWT    (INTEGER) WORKSTATION TYPE
IN:  IDNR   (INTEGER) PICK DEVICE NUMBER
IN:  N      (INTEGER) NUMMER DES LISTENELEMENTS (0..MAX)
IN:  MLDR   (INTEGER) DIMENSION DES FELDES DATA
OUT: IERR   (INTEGER) ERROR INDICATOR (0,8,22,23,37,140,2002)
OUT: NPR    (INTEGER) ANZAHL PROMPT/ECHO TYPES
OUT: IPET   (INTEGER) N-TER PROMPT/ECHO TYPE
OUT: EAREA  (REAL(4)) DEFAULT ECHO AREA (XMIN,XMAX,YMIN,YMAX)
OUT: LD     (INTEGER) LAENGE DES DATA RECORD
OUT: DATA   (CHARACTER*80(MLDR)) DATA RECORD
```

INQUIRE PICK DEVICE STATE L1b

```
CALL GQPKS ( IWK , IDNR , ITYPE , MLDR , IERR , MODE , IESW ,
             ISTAT , ISNAM , IPKID , IPET , EAREA , LD , DATA )
```

Liefert für ein gegebenes Pick Device einer Workstation den aktuellen Zustand. Die Einheiten der Echo Area sind Device Coordinates – meist Meter.

```
IN:  IWK    (INTEGER) WORKSTATION IDENTIFIER
IN:  IDNR   (INTEGER) PICK DEVICE NUMBER
IN:  ITYPE  (INTEGER) ART DER ABGEFRAGTEN WERTE (SET,REALIZED)
IN:  MLDR   (INTEGER) DIMENSION DES FELDES DATA
OUT: IERR   (INTEGER) ERROR INDICATOR (0,7,20,25,37,140,2000)
OUT: MODE   (INTEGER) INPUT MODE (REQUEST,SAMPLE,EVENT)
OUT: IESW   (INTEGER) ECHO SWITCH (NOECHO,ECHO)
OUT: ISTAT  (INTEGER) INITIAL PICK STATUS ((NONE),OK,NOPICK)
OUT: ISNAM  (INTEGER) INITIAL SEGMENT NAME
OUT: IPKID  (INTEGER) INITIAL PICK IDENTIFIER
OUT: IPET   (INTEGER) PROMPT/ECHO TYPE (-N..-1,1..M)
OUT: EAREA  (REAL(4)) MOMENTANE ECHO AREA (XMIN,XMAX,YMIN,YMAX)
OUT: LD     (INTEGER) LAENGE DES DATA RECORD
OUT: DATA   (CHARACTER*80(MLDR)) DATA RECORD
```

REQUEST PICK L1b

```
CALL GRQPK ( IWK , IDNR , ISTAT , ISNAM , IPKID )
```

Fordert eine Pick-Eingabe von der Workstation an. Das aufrufende Programm hält an, bis die Eingabe beendet ist.

```
IN:  IWK    (INTEGER) WORKSTATION IDENTIFIER
IN:  IDNR   (INTEGER) PICK DEVICE NUMBER
OUT: ISTAT  (INTEGER) STATUS (NONE,OK,NOPICK)
OUT: ISNAM  (INTEGER) SEGMENT NAME
OUT: IPKID  (INTEGER) PICK IDENTIFIER
ERRORS:               (0,7,20,25,37,140,141)
```

SET PICK IDENTIFIER L1b

```
CALL GSPKID ( IPKID )
```

Setzt den aktuellen Pick Identifier in der GKS State List neu.

```
IN:  IPKID  (INTEGER) PICK IDENTIFIER
ERRORS:               (0,8,97)
```

SET PICK MODE L1b

```
CALL GSPKM ( IWK , IDNR , MODE , IESW )
```

Stellt auf der Workstation für ein Pick Device Betriebsart und Echo Switch ein.

```
IN:  IWK    (INTEGER) WORKSTATION IDENTIFIER
IN:  IDNR   (INTEGER) PICK DEVICE NUMBER
IN:  MODE   (INTEGER) BETRIEBSART (REQUEST,SAMPLE,EVENT)
IN:  IESW   (INTEGER) ECHO SWITCH (NOECHO,ECHO)
ERRORS:               (0,7,20,25,37,140,143,2000)
```

Teil VII

Levels 0c, 1c und 2c

27. Sample-Eingabe

Im SAMPLE und EVENT Mode – beide sind erst in den GKS-Levels 0c, 1c und 2c verfügbar – hat man die Möglichkeit, *unabhängig* vom Programm Eingabewerte zu verändern und mit Hilfe des Echos diese Veränderungen auch beobachten zu können. Während im EVENT Mode (siehe folgendes Kapitel) der Bediener bestimmt, welcher Eingabewert dem Programm mitgeteilt wird, fragt im SAMPLE Mode das Anwendungsprogramm die aktuellen Eingabewerte ohne jeglichen Eingriff des Bedieners ab.

Das eröffnet die Möglichkeit, Meßgeräte wie Thermometer, Manometer und Potentiometer als Valuator Devices im SAMPLE Mode zu betreiben (s. erstes Beispiel). Eine andere Möglichkeit ist es, anwenderspezifische Echos zu realisieren, indem beispielsweise ein Segment das Echo der aktuellen Locator-Position darstellt (s. zweites Beispiel). Hierbei ist allerdings darauf zu achten, daß das erforderliche Echtzeitverhalten auch realisiert wird.

Erinnern wir uns noch einmal an die Definition des Request: Solange der Request-Aufruf nicht erfolgt, läuft das Anwendungsprogramm, während das Eingabegerät inaktiv ist. Im Moment des Request hält das Programm an, das Eingabegerät wird aktiviert (d.h. man kann jetzt den *Measure*, also den aktuellen Wert des Eingabegerätes, verstellen). Schließlich übergibt der Benutzer durch Drücken einer Taste, des sogenannten Triggers, dem Anwendungsprogramm den momentanen Wert. Es handelt sich also von Anfang bis Ende um einen synchronisierten Vorgang, da immer entweder das Anwendungsprogramm oder der Eingabeprozeß aktiv ist, niemals jedoch beide gleichzeitig.

Die Sample-Eingabe funktioniert folgendermaßen: *In dem Moment, in dem man die Betriebsart Sample einstellt, wird das Eingabegerät bereits aktiviert, obwohl noch gar keine Eingabe stattfindet und das Programm weiterläuft.* Das Thermometer z.B. mißt – unabhängig vom Programm – ständig die aktuelle Temperatur. Die Eingabe ist nun ein schlichtes Abfragen des momentanen Wertes seitens des Anwendungsprogramms.

Zum Programmieren von Anwendungen im Sample Mode bedarf es also zweierlei:

1. Für das entsprechende Input Device muß der Sample Mode *eingeschaltet* werden. In diesem Moment wird bereits das Gerät aktiviert, und es beginnt, ständig den aktuellen Wert zu messen, und zwar so lange, bis der Sample Mode wieder ausgeschaltet wird. Handelt es sich beim Eingabegerät nicht um ein so unbe-

einflußbares Gerät wie ein Thermometer, sondern vielleicht um eine Maus, so *kann der Benutzer während der Sample Mode eingeschaltet ist, den Eingabewert verstellen* (indem er z.B. das Fadenkreuz bewegt). Das Echo ist die ganze Zeit eingeschaltet (wenn es vom Programm nicht explizit ausgeschaltet wurde).

2. An irgendeiner Stelle – genau wie beim Request – *kann das Programm sagen, daß es nunmehr den aktuellen Wert (Measure) des Eingabegerätes zu erfahren wünscht.* Durch einen solchen Aufruf wird also dem Programm der momentane Status vom Eingabegerät gemeldet, und zwar (im Gegensatz zum Request) *ohne daß der Benutzer eine Taste drücken oder auf eine andere Weise reagieren müßte.*

Die Funktionen zum Einschalten des Sample Mode kennen wir bereits. Es ist dies für den Valuator z.B.

SET VALUATOR MODE

```
CALL GSVLM ( IWK , IDNR , MODE , IESW )
```

Durch Aufruf dieser GKS-Funktion mit dem Parameter MODE = 1 (der Wertebereich war ja (REQUEST,SAMPLE,EVENT)) erreichen wir, daß der Sample Mode für das jeweilige Gerät eingeschaltet und das Gerät entsprechend aktiviert wird.

Den momentanen Wert des Measure, also den Wert, den das Eingabegerät gerade gemessen hat, verschafft man sich mit Hilfe der Funktion

SAMPLE VALUATOR

```
CALL GSMVL ( IWK , IDNR , VAL )
```

Die Parameter sind uns schon von REQUEST VALUATOR wohlbekannt: IWK ist der Workstation Identifier, IDNR die Input Device Number und VAL ein Ausgabeparameter vom Typ REAL, in dem der aktuelle Valuator Wert übergeben wird. Ein Status-Parameter entfällt hier, denn wenn die Eingabe ohne Benutzereingriff vonstatten geht, dann gibt es auch nichts abzubrechen. Jetzt können wir unsere Prozeßsteuerung mit dem Thermometer programmieren:

```
      ...
C
C     SAMPLE MODE EINSCHALTEN
C
      CALL GSVLM ( IWK , IDNR , 1 , 1 )
C
C     JETZT EINE SCHLEIFE, IN DER DAS EIGENTLICHE
C     PROGRAMM ABLAEUFT,DANEBEN ABER REGELMAESSIG
C     DIE TEMPERATUR ABGEFRAGT WIRD
C
111   CONTINUE
      CALL GSMVL ( IWK , IDNR , TEMP )
```

```
      IF ( TEMP.LT.30. )  THEN
C
C        ALLES IN ORDNUNG, WEITERMACHEN
C
         ...
C
C        IRGENDWANN WIEDER
C
         GOTO 111
      ELSE
         CALL GMSG ( IWK , 'Temperatur ueber 30 Grad')
C
C        IRGENDEINE SINNVOLLE AKTION, Z.B. PROGRAMM-
C        ENDE ODER AUFFORDERUNG ZUM FENSTEROEFFNEN
C
         ...
      END IF
      ...
```

Ähnliche Sample-Funktionen gibt es auch für die anderen fünf Eingabeklassen. Sie lauten:

SAMPLE LOCATOR

```
CALL GSMLC ( IWK , IDNR , ITNR , PX , PY )
```

SAMPLE STROKE

```
CALL GSMSK ( IWK , IDNR , NMAX , ITNR , NSK , PXA , PYA )
```

SAMPLE CHOICE

```
CALL GSMCH ( IWK , IDNR , ISTAT , ICH )
```

SAMPLE PICK

```
CALL GSMPK ( IWK , IDNR , ISTAT , ISNAM , IPKID )
```

SAMPLE STRING

```
CALL GSMST ( IWK , IDNR , L , STR )
```

Die Parameter entsprechen völlig denen, die wir bei den Request-Funktionen in den Kapiteln 21-26 besprochen haben. Interessant zu erwähnen ist vielleicht noch, daß Choice und Pick auch im Sample Mode einen Status-Parameter haben, da er für diese Eingabeklassen einen erweiterten Wertebereich hat (vgl. Kapitel 24, 26). Zwar kann man im Sample Mode nichts abbrechen, sehr wohl aber eine leere Stelle auf dem Bildschirm anwählen. Der Wert NONE tritt demzufolge bei Sample-Eingabe nicht auf, sondern nur OK oder NOCHOICE (bzw. NOPICK).

Die bevorzugten Eingabeklassen für Sample-Eingabe sind neben dem Valuator diejenigen, die ebenfalls einzelne Werte liefern, also Locator, Choice und Pick. Demgegenüber mag man sich vielleicht den momentanen Wert eines Stroke Device weniger gut anschaulich vorstellen können. Selbst wenn alle entsprechenden Sample-Funktionen von GKS vorgesehen sind, sollte man sich vergewissern, welche Betriebsarten eine Workstation für die einzelnen Eingabegeräte unterstützt.

Betrachten wir folgendes Beispiel: Das Programm fragt in einer Minischleife ständig per Sample-Befehl den Locator ab, und der Benutzer bewegt ununterbrochen die Maus. Das Programm erzeugt ein eigenes Echo, beispielsweise als Fußball.

```
      ...
C
C     SAMPLE MODE EIN- UND ECHO AUSSCHALTEN
C
      CALL GSLCM ( IWK , IDNR , 1 , 0 )
C
C     FUER ECHOS IST XOR-MODE SINNVOLL
C     (FALLS ESCAPE-FUNKTION VORHANDEN)
C
      PXOLD = 0.5
      PYOLD = 0.5
      CALL BALL ( PXOLD , PYOLD )
      CALL GINLC ( IWK , IDNR , 0 , PXOLD , PYOLD ,
     ,             4 , XMIN , XMAX , YMIN , YMAX ,
     ,             LD , DATA )
1     CONTINUE
         CALL GSMLC ( IWK , IDNR , IT , PX , PY )
         IF ( ABS(PX-PXOLD)+ABS(PY-PYOLD).GT.EPS ) THEN
C
C           ALTES ECHO LOESCHEN
C
            CALL BALL ( PXOLD , PYOLD )
            PXOLD = PX
            PYOLD = PY
C
C           NEUES ECHO ZEICHNEN
C
            CALL BALL ( PX , PY )
         END IF
      GOTO 1
      ...
```

Dieses Programm funktioniert allerdings nur dann zufriedenstellend, wenn man unter Echtzeitbedingungen arbeiten kann. Es zeigt, daß bei Sample-Eingabe die INITIALISE-Funktion wegen der Setzung der Startwerte (Initial Value) eine wichtige Rolle spielt: Das Programm schaltet irgendwann den Sample Mode ein und fragt dann in beliebigen Zeitabständen sozusagen wahllos den Wert ab, ohne sich darum zu kümmern, ob der Benutzer den Wert schon geändert hat oder überhaupt schon in der Kürze der Zeit die Chance dazu hatte. Es muß also dafür gesorgt werden, daß der Measure schon beim ersten Sample-Aufruf einen vernünftigen Wert hat, selbst wenn eine "Schlafmütze" am Bildschirm sitzen sollte. Unter einem vernünftigen Wert wird hier wohlgemerkt ein *anwendungsspezifisch sinnvoller Anfangswert* verstanden.

Liste der GKS-Funktionen für Sample-Eingabe

SAMPLE CHOICE L0c

```
CALL GSMCH ( IWK , IDNR , ISTAT , ICH )
```

Fragt die aktuelle Alternative vom Choice Device ab, ohne Interaktion und ohne das Programm anzuhalten.

```
IN:  IWK    (INTEGER) WORKSTATION IDENTIFIER
IN:  IDNR   (INTEGER) CHOICE DEVICE NUMBER
OUT: ISTAT  (INTEGER) STATUS ((NONE),OK,NOCHOICE)
OUT: ICH    (INTEGER) CHOICE VALUE (1..MAX)
ERRORS:               (0,7,20,25,38,140,142)
```

SAMPLE LOCATOR L0c

```
CALL GSMLC ( IWK , IDNR , IT , PX , PY )
```

Fragt die aktuelle Position vom Locator Device ab, ohne Interaktion und ohne das Programm anzuhalten.

```
IN:  IWK    (INTEGER) WORKSTATION IDENTIFIER
IN:  IDNR   (INTEGER) LOCATOR DEVICE NUMBER
OUT: IT     (INTEGER) TRANSFORMATIONSNUMMER
OUT: PX     (REAL)    LOCATOR POSITION (X)
OUT: PY     (REAL)    LOCATOR POSITION (Y)
ERRORS:               (0,7,20,25,38,140,142)
```

SAMPLE PICK L1c

```
CALL GSMPK ( IWK , IDNR , ISTAT , ISNAM , IPKID )
```

Fragt aktuellen Segmentnamen und Pick Identifier vom Pick Device ab, ohne Interaktion und ohne das Programm anzuhalten.

```
IN:  IWK    (INTEGER) WORKSTATION IDENTIFIER
IN:  IDNR   (INTEGER) PICK DEVICE NUMBER
OUT: ISTAT  (INTEGER) STATUS ((NONE),OK,NOPICK)
OUT: ISNAM  (INTEGER) SEGMENT NAME
OUT: IPKID  (INTEGER) PICK IDENTIFIER
ERRORS:               (0,7,20,25,37,140,142)
```

SAMPLE STRING L0c

```
CALL GSMST ( IWK , IDNR , L , STR )
```

Fragt den aktuellen Text vom String Device ab, ohne Interaktion und ohne das Programm anzuhalten.

```
IN:  IWK    (INTEGER) WORKSTATION IDENTIFIER
IN:  IDNR   (INTEGER) STRING DEVICE NUMBER
OUT: L      (INTEGER) ANZAHL DER CHARACTER
OUT: STR    (CHARACTER*(*)) STRING
ERRORS:               (0,7,20,25,38,140,142)
```

SAMPLE STROKE L0c

```
CALL GSMSK ( IWK , IDNR , NMAX , IT , NSK , PX , PY )
```

Fragt den aktuellen Stroke vom Stroke Device ab, ohne Interaktion und ohne das Programm anzuhalten.

```
IN:  IWK    (INTEGER) WORKSTATION IDENTIFIER
IN:  IDNR   (INTEGER) STROKE DEVICE NUMBER
IN:  NMAX   (INTEGER) DIMENSION DER FELDER PX,PY
OUT: IT     (INTEGER) TRANSFORMATIONSNUMMER
OUT: NSK    (INTEGER) ANZAHL DER PUNKTE
OUT: PX     (REAL(NMAX)) STROKE (X-WERTE)
OUT: PY     (REAL(NMAX)) STROKE (Y-WERTE)
ERRORS:               (0,7,20,25,38,140,142)
```

SAMPLE VALUATOR L0c

```
CALL GSMVL ( IWK , IDNR , VAL )
```

Fragt den aktuellen Wert vom Valuator Device ab, ohne Interaktion und ohne das Programm anzuhalten.

```
IN:  IWK    (INTEGER) WORKSTATION IDENTIFIER
IN:  IDNR   (INTEGER) VALUATOR DEVICE NUMBER
OUT: VAL    (REAL)    VALUATOR VALUE
ERRORS:               (0,7,20,25,38,140,142)
```

28. Event-Eingabe

In beiden Betriebsarten Request und Event werden dem Anwendungsprogramm nur vom Bediener ausgewählte Eingabewerte mitgeteilt. Während allerdings im Request Mode das Anwendungsprogramm dem Bediener vorgibt, wann er welche Eingaben zu tätigen hat, läßt sich im Event Mode ein Programm so gestalten, daß der Bediener von sich aus jederzeit auf das Programm Einfluß nehmen kann. Daher braucht man sich nicht zu wundern, daß die heutzutage üblichen Benutzeroberflächen (X-Windows, Motif u.a.) Event-orientiert arbeiten. Bedient eine Anwendung mehrere Benutzer gleichzeitig, ist der Event Mode praktisch unverzichtbar.

Genau wie beim Sample kann man ein Eingabegerät durch den Aufruf der entsprechenden SET ... MODE-Funktion (diesmal mit MODE = 2) in den Event Mode versetzen. Dadurch wird das Input Device aktiviert, Prompt und evtl. Echo werden sichtbar. Man kann nun über dieses Gerät Werte eingeben und das unabhängig vom weiterlaufenden Programm. Dieser Zustand dauert an, bis der Event Mode durch die obige Funktion wieder abgeschaltet wird.

Anders als beim Sample muß der Benutzer jedoch aktiv werden, um einen Wert ans Programm weiterzureichen, indem er – wie beim Request – einen Trigger betätigt (z.B. eine Taste drückt). Es können also nicht unkontrolliert irgendwelche zufällig erreichten Werte im Anwendungsprogramm ankommen, wie es beim Sample möglich ist. Der Benutzer schließt – genau wie beim Request – die Eingabe der gewünschten Werte explizit ab, nur daß das Programm nicht auf diese Werte wartet, sondern unabhängig von den Benutzeraktivitäten weiterläuft.

Im Event Mode werden daher alle vom Benutzer eingegebenen Werte (die ja für später, wenn das Programm sie haben will, aufgehoben werden müssen) in einer Liste, der sogenannten *Input Queue*, gespeichert. Man kann sich Programm und Eingabe wieder als zwei voneinander unabhängig ablaufende Prozesse vorstellen. Der Eingabeprozeß füllt die Input Queue mit Werten, die der Benutzer eingegeben hat, während das Programm von Zeit zu Zeit Werte aus der Input Queue übernehmen kann, um sie weiterzuverarbeiten.

Im Unterschied zum Sample kommunizieren die beiden Prozesse also nicht über einen einzigen aktuellen Wert, sondern über eine chronologisch geordnete Tabelle, die im Laufe der Zeit ständig wächst (wenn neue Werte eingegeben werden) und wieder schrumpft (wenn Werte vom Programm übernommen werden).

Eine solche Input Queue ist in GKS nur einmal vorhanden, unabhängig von der Anzahl der offenen Workstations und der im Event Mode laufenden Eingabegeräte.

Hat man z.B. zwei Workstations geöffnet und auf der einen ein Locator Device (mit Maus), auf der anderen ein Choice Device (mit Funktionstasten) im Event Mode laufen, so kann man hier und dort – je nach Lust und Laune – etwas eingeben. Die Werte werden alle in der *einen* Tabelle in chronologischer Reihenfolge gespeichert, und zwar zusammen mit den Informationen, woher (Workstation, Input Device Number) sie gekommen sind und um was für Werte (Input Class) es sich eigentlich handelt.

Das Programm ist etwa in der Situation des Monopolyspielers, der auf die Aufforderung "Ziehe eine Ereigniskarte" die oberste Karte vom Stapel nehmen und ihren Inhalt ansehen muß. Mehr noch: Im Gegensatz zum Sample (wo ja ein gerade aktueller Wert abgefragt wird und schlimmstenfalls der Initial Value geliefert wird) oder zum Request (wo das Programm notfalls bis zum Sankt-Nimmerleinstag wartet, bis endlich etwas eingegeben wird), kann es durchaus möglich sein, daß der Benutzer noch gar nichts eingegeben hat und die Input Queue überhaupt leer ist. Die *einzige* Eingabefunktion des Event Mode hat die Gestalt

AWAIT EVENT

```
CALL GWAIT ( TOUT , IWK , ICL , IDNR )
```

Fangen wir ausnahmsweise mit den drei letzten Parametern an, die Ausgabeparameter sind. Es handelt sich dabei um Workstation Identifier IWK, Input Class ICL und Input Device Number IDNR des ältesten Eintrages der Input Queue. Man erfährt also mit Hilfe dieser Funktion nur, von welcher Workstation das älteste Ereignis stammt, und mit welchem Eingabegerät es erzeugt wurde. Die Input Class oder Eingabeklasse wird dabei als ENUMERATION-Wert übergeben, und zwar mit dem Wertebereich

(NONE,LOCATOR,STROKE,VALUATOR,CHOICE,PICK,STRING)

Die GKS-Funktion AWAIT EVENT wirkt wie folgt: Zunächst wird in der Input Queue nachgesehen, ob schon eine Benutzereingabe eingetragen ist, die das Anwendungsprogramm noch nicht übernommen hat. Ist dies der Fall, so werden Workstation Identifier, Eingabeklasse und Input Device Number des Eingabewertes an das Programm übergeben. Der Eingabewert selbst wird als sogenannter *Current Event Report* in der GKS State List eingetragen.

Findet AWAIT EVENT jedoch eine leere Input Queue vor, so wird GKS in einen Wartezustand versetzt (daher der Name der GKS-Funktion), in dem der Benutzer noch etwas eingeben kann. Dieser Wartezustand dauert jedoch nicht – wie beim Request – bis in alle Ewigkeit, sondern man übergibt AWAIT EVENT beim Aufruf eine maximale Wartefrist (*Timeout*) im Eingabeparameter TOUT. Er ist vom Typ REAL und wird als Anzahl von Sekunden interpretiert. Ist das Timeout abgelaufen, ohne daß eine Eingabe erfolgte, so wird als Eingabeklasse NONE zurückgeliefert. Übergibt man ein Timeout TOUT = 0.0, so wird nur die Input Queue abgesucht und NONE geliefert, falls sie leer ist. In diesem Fall wird also nicht mehr auf eine Benutzereingabe gewartet.

Nachdem man mit Hilfe von AWAIT EVENT also erfahren hat, was für ein Event auf welcher Workstation eingegeben wurde, ist nur noch der Current Event Report von der GKS State List zu erfragen, um die eingegebenen Werte ins Anwendungsprogramm zu bekommen. Diese GKS-Funktionen sind nun wieder spezifisch für die einzelnen Eingabeklassen. Sie heißen:

GET LOCATOR

```
CALL GGTLC ( ITNR , PX , PY )
```

GET STROKE

```
CALL GGTSK ( NMAX , ITNR , NSK , PXA , PYA )
```

GET VALUATOR

```
CALL GGTVL ( VAL )
```

GET CHOICE

```
CALL GGTCH ( ISTAT , ICH )
```

GET PICK

```
CALL GGTPK ( ISTAT , ISNAM , IPKID )
```

GET STRING

```
CALL GGTST ( L , STR )
```

Die Parameter entsprechen völlig denen der entsprechenden Request- und Sample-Funktionen. Die Trennung zwischen *der Übernahme eines Event* und *der Interpretation eines Wertes* hat den Grund, daß man im allgemeinen nicht weiß, von welcher Eingabeklasse das nächste Ereignis sein wird und welche Datentypen zu übernehmen sind.

Im folgenden Beispiel werden Polylines im Event Mode eingegeben (über Stroke-Eingabe), und zwar so lange, bis ein ebenfalls im Event Mode laufendes String Device (also die Tastatur) den Wert 'STOP' liefert. Vom Benutzer aus gesehen: Man kann beliebig lange Zeit Strokes (vom Tablett) eingeben, die wieder (z.B. auf Metafile) ausgegeben werden. Beendet wird die Eingabe durch Eintippen des Textes 'STOP' auf der Tastatur.

Die (Bildschirm-)Workstation wird in folgendem Programm gar nicht aktiviert, da wir auf dem Bildschirm nur ein Echo, aber keine explizite Graphikausgabe wünschen.

Programm 28.1 Einfache Event-Eingabe

```
      PROGRAM EVENT
C
C     EVENT-DEMONSTRATION
C
      PARAMETER (IERFIL=10, IWK1=1, IWK2=2, ICON1=11, META=20)
      PARAMETER (NPTS=100, IDN1=1, IDN2=1)
      REAL XP(NPTS),YP(NPTS)
      CHARACTER*80 DIALOG
C
C     STARTE GKS UND WORKSTATIONS
C
      CALL GOPKS ( IERFIL , -1 )
      IWT = 69999
      CALL GOPWK ( IWK1 , ICON1 , IWT )
      CALL GOPWK ( IWK2 , META , 1 )
      CALL GACWK ( IWK2 )
C
C     STROKE UND STRING DEVICE IN EVENT MODE
C
      CALL GSSKM ( IWK1 , IDN1 , 2 , 1 )
      CALL GSSTM ( IWK1 , IDN2 , 2 , 1 )
C
C     JETZT DIGITALISIERSCHLEIFE
C
1     CONTINUE
      CALL GWAIT ( 100.0, IWK, ICL, IDN )
C
C     ES IST NUR MOEGLICH ICL = NONE ODER
C     STROKE ODER STRING, DA ANDERE INPUT
C     DEVICES NICHT IM EVENT MODE LAUFEN
C
      IF(ICL.EQ.0) GOTO 1
      IF(ICL.EQ.3) THEN
C
C        STROKE EINGEGEBEN
C
         CALL GGTSK ( NPTS , IT , NP , XP , YP )
         CALL GSELNT ( IT )
         CALL GPL ( NP , XP , YP )
         GOTO 1
      ELSEIF(ICL.EQ.7) THEN
C
C        STRING EINGEGEBEN
```

```
C
          CALL GGTST ( 80 , DIALOG )
          IF(DIALOG(1:4).NE.'STOP') GOTO 1
      ENDIF
C
C     ENDE
C
      CALL GDAWK ( IWK2 )
      CALL GCLWK ( IWK2 )
      CALL GCLWK ( IWK1 )
      CALL GCLKS
      STOP
      END
```

Mit Hilfe der Funktion AWAIT EVENT haben wir also folgende Fälle im Griff:

- den *Normalfall*, wenn das Programm und der Benutzer gleichermaßen regelmäßig auf die Input Queue zugreifen, um Werte zu übernehmen bzw. einzugeben.
- den *einen Extremfall*, wenn der Benutzer trotz Event Mode untätig vor der Workstation sitzt. Will das Programm trotzdem einen Wert übernehmen, so sorgt das Timeout dafür, daß es nicht hängenbleibt, sondern nach einer gewissen Zeit weiterläuft.

Was ist nun mit dem anderen Extremfall? *Der Benutzer tippt zwar Werte ein, aber das Programm übernimmt sie nicht, da AWAIT EVENT nicht aufgerufen wird.* In diesem Fall wird die Input Queue langsam immer voller, bis sie irgendwann einmal überläuft. Ein solcher Überlauf führt dazu, daß von nun an erst einmal alle weiteren Eingaben des Benutzers verloren gehen, bis durch das Abräumen der Warteschlange durch GKS wieder Platz geschaffen wird. Eine Meldung über den Überlauf ergeht nicht sofort (in diesem Moment braucht sich ja das Anwendungsprogramm gar nicht in einer GKS-Funktion zu befinden, sondern z.B. in einem vom Anwender selbstprogrammierten Teil, der von einer Event-Eingabe gar nichts weiß). Beim nächsten Aufruf von AWAIT EVENT merkt GKS zwar den Überlauf, es schreibt jedoch nur eine Meldung in die Fehlerdatei, denn der Überlauf ändert nichts am erfolgreichen Aufruf von AWAIT EVENT. Diese GKS-Funktion übernimmt den ältesten Eintrag, während der Überlauf bei den neueren Einträgen passiert sein muß.

Die einzige Chance für das Anwendungsprogramm, von einem Überlauf zu erfahren und eventuell selbst reagieren zu können, ist es daher, von Zeit zu Zeit selbst nachzufragen. Hierzu gibt es die Funktion

INQUIRE INPUT QUEUE OVERFLOW

```
      CALL GQIQOV ( IERR , IWK , ICL , IDNR )
```

Wie bei allen Erfragefunktionen wird ein Fehler – oder vielmehr das Nicht-Verfügbarsein der Information – nicht protokolliert, sondern im Error-Parameter übergeben. In diesem Fall bedeutet IERR $\neq 0$ nicht unbedingt einen Fehler, sondern eben nur, daß die Information nicht erhältlich ist, etwa weil die Input Queue gar nicht übergelaufen ist.

Ist also IERR = 0, so hat ein Überlauf stattgefunden. Workstation Identifier, Eingabeklasse und Input Device Number des Verursachers werden in den weiteren Ausgabeparametern übergeben.

Nach einem Aufruf von INQUIRE INPUT QUEUE OVERFLOW wird diese Information in GKS wieder gelöscht, d.h. durch einen weiteren Aufruf dieser GKS-Funktion läßt sich feststellen, ob die Input Queue *erneut übergelaufen ist.*

Erinnern wir uns noch einmal an die Diskussionen der einzelnen Eingabeklassen: Wir sahen, daß einerseits den 6 Klassen eine Vielzahl möglicher Eingabegeräte gegenübersteht (z.B. für Locator: Lichtgriffel, Joystick, Maus oder Tablett). Andererseits kann man durchaus auch mit demselben Eingabegerät zwei Input Devices verschiedener Klassen ansteuern: Eine Maus wird eben üblicherweise nicht nur zur Locator-, sondern auch zur Pick-Eingabe benutzt, die Tastatur nicht nur für String-, sondern auch für Choice- oder gar für Valuator-Eingabe. Im Request oder Sample Mode ist dies unproblematisch, da das Anwendungsprogramm die Eingabefunktion einer bestimmten Eingabeklasse aufruft.

Anders beim Event Mode: Laufen z.B. das Locator und das Pick Device einer Workstation im Event Mode, und werden beide über den selben *Trigger* bedient (gibt es also keine speziellen Tasten, die die Eingabe einer Position eindeutig als Locator- bzw. Pick-Eingabe kennzeichnen), so ist es erst einmal völlig offen, *was* von den beiden Möglichkeiten der Benutzer eigentlich haben will.

GKS zieht daraus die einzig mögliche Konsequenz: Es erzeugt aus der einen Eingabe *zwei Einträge in der Input Queue, und zwar einen Locator-Eintrag und einen Pick-Eintrag.* Man spricht von sogenannten *Simultaneous Events.* So läßt sich der Informationsgehalt von Eingaben steigern. Man erhält mit einem einzigen Knopfdruck: Position, Segmentnamen und, falls ein entsprechendes Choice Device eingerichtet ist, die Nummer der Maustaste. Daher muß das Anwendungsprogramm bei der Übernahme eines Events erfahren können, ob mit diesem Event gleichzeitig weitere Ereignisse vorliegen. Denn in diesem Fall möchte man häufig alle simultanen Events im Programm gemeinsam weiterverarbeiten.

Dazu muß man zunächst mit AWAIT EVENT erfahren, ob ein Eingabewert vorliegt und zu welcher Eingabeklasse er gehört. Ist man an diesem Wert interessiert, ruft man die passende GET-Funktion auf. Wenn sich mehrere Input Devices im Event Mode befinden, sollte man sich mit Hilfe einer Erfragefunktion anschließend darüber informieren, ob es simultane Ereignisse gibt (und das heißt wirklich: vom gleichen Knopfdruck erzeugt und nicht eine zufällige Gleichzeitigkeit an dieser oder einer anderen Workstation). Wenn dies der Fall ist, wiederholt man dieses Verfahren solange, bis keine simultanen Ereignisse mehr vorliegen. Die Erfragefunktion heißt:

INQUIRE MORE SIMULTANEOUS EVENTS

```
CALL GQSIM ( IERR , IFLAG )
```

IERR hat hier – im Gegensatz zu INQUIRE INPUT QUEUE OVERFLOW – die Bedeutung eines echten Error-Parameters, ist also ungleich 0, wenn beispielsweise die Funktion im falschen GKS Operating State aufgerufen wurde. Der Parameter IFLAG gibt an, ob zum zuletzt geholten Ereignis weitere simultane Events existieren. Es ist ein ENUMERATION-Parameter mit dem Wertebereich (NOMORE,MORE) d.h. für IFLAG = 1 gibt es weitere simultane Ereignisse, für IFLAG = 0 nicht.

Wichtig: Wenn mehrere Input Devices im Event Mode laufen, muß man sich – auch wenn man nicht an allen simultanen Events interessiert ist – über das Vorhandensein der weiteren gleichzeitigen Eingabewerte informieren und sie mit AWAIT EVENT abräumen. Sonst täuscht der nächste Aufruf von AWAIT EVENT eine neue Eingabe vor, die gar nicht neu ist!

Das folgende Beispiel verdeutlicht, wie die Sache zu programmieren ist: Als Beispiel wählen wir ein Locator und ein Pick Device im Event Mode, die über den gleichen Trigger angesteuert werden. Wollen wir im Zweifelsfall nur den Locator haben, so programmieren wir:

```
      ...
      CALL GWAIT ( TOUT , IWK , ICL , IDNR )
C
C     JETZT ABFRAGE, OB NOCH MEHR DA IST
C
      CALL GQSIM ( IERR , IFLAG )
      IF ( IFLAG.EQ.1 ) THEN
C
C     NACHSEHEN, OB WIR DEN WERT ZUERST ALS
C     LOCATOR BEKOMMEN HATTEN
C
        IF ( ICL.EQ.1 ) THEN
         CALL GGTLC ( ITNR , PX , PY )
C
C        PICK UEBERSPRINGEN
C
         CALL GWAIT ( 0.0 , IWK , ICL , IDNR )
        ELSE
C
C        ZUERST WAR DER PICK, ALSO GLEICH
C        WEITERLESEN
C
         CALL GWAIT ( 0.0 , IWK , ICL , IDNR )
         CALL GGTLC ( ITNR , PX , PY )
        END IF
C
C     WENN KEINE SIMULTANEN EVENTS DA WAREN
C     HEISST DAS, DASS EINES DER BEIDEN
C     INPUT DEVICES INZWISCHEN NICHT MEHR
C     IM EVENT MODE LAEUFT
C
```

```
ELSE
...
END IF
```

Will man ganz sicher gehen, daß nicht auch noch z.B. ein Stroke Device im Event Mode läuft, muß man das Spielchen mit Aufrufen von INQUIRE MORE SIMULTANEOUS EVENTS noch so lange weitertreiben, bis IFLAG = 0 geliefert wird.

Naheliegend ist, daß das Anwendungsprogramm beide simultanen Ereignisse benutzen will: Durch gleichzeitige Pick- und Locator-Eingabe z.B. erhält man auf einen Schlag die Information, welches Segment getroffen wurde, und die Position, an der es sich zur Zeit befindet. Dies kann man z.B. zur Berechnung einer neuen Segmenttransformation heranziehen.

Wir haben AWAIT EVENT als Funktion zur Bereitstellung des nächsten Eintrags der Input Queue kennengelernt. Es gibt in GKS noch zwei Funktionen, mit denen man Einträge aus der Input Queue entfernen kann. Eine davon ist uns bereits bekannt:

Wie bereits in Kapitel 5 angesprochen wurde, wird beim CLOSE WORKSTATION eine Workstation aus GKS völlig entfernt, d.h. jeglicher Hinweis auf sie wird aus allen internen Tabellen (z.B. Segmenttabellen) gelöscht. Dies hat natürlich auch Einfluß auf die Input Queue: *Schließt man eine Workstation, so werden auch alle Event Reports aus der Input Queue entfernt, die noch nicht vom Programm abgerufen waren. Sie sind also danach nicht mehr zugreifbar!* In einer gezielteren Form kann man auch ohne das Schließen der Workstation Event Reports aus der Input Queue auf einen Schlag wegwerfen, wenn das Programm weiß, daß es sie nicht mehr braucht. Ist das Digitalisieren einer Karte z.B. beendet (der letzte Wert im Programm per AWAIT EVENT angekommen), so wird man im allgemeinen den Eingabemodus auf REQUEST zurücksetzen, um weitere Eingaben zu verhindern. Hat der Benutzer jedoch zwischenzeitlich mit dem Digitalisierstift herumgespielt, so stehen weitere Eingabewerte in der Queue herum, die dann mühevoll per AWAIT EVENT übersprungen werden müßten, um an die Event Reports anderer Input Devices heranzukommen. Daher gibt es die Funktion

FLUSH DEVICE EVENTS

```
CALL GFLUSH ( IWK , ICL , IDNR )
```

Mit diesem Aufruf werden alle Event Reports, die vom Eingabegerät IDNR der Klasse ICL (Wertebereich siehe AWAIT EVENT) auf der Workstation IWK stammen, aus der Input Queue entfernt.

Die Umschaltung des Eingabemodus von Event auf Request oder Sample bewirkt noch *nicht*, daß die von diesem Eingabegerät kommenden Ereignisse, die noch in der Input Queue stehen, automatisch verschwinden. Das Programm darf sie noch in Ruhe zu Ende verarbeiten (oder eben mit FLUSH DEVICE EVENTS wegwerfen).

Sicher ist es aufwendiger, ein Programm zu entwerfen, das Eingaben im EVENT- und nicht im REQUEST-Mode erwartet, da das Anwendungsprogramm ständig auf Eingaben lauern muß. Dem Programmbenutzer oder Bediener allerdings verschafft dies einen größeren Handlungsspielraum.

Liste der GKS-Funktionen für Event-Eingabe

AWAIT EVENT **L0c**

```
CALL GWAIT ( TOUT , IWK , ICL , IDNR )
```

Entfernt den ältesten Eintrag aus der Input Queue und macht ihn zum Current Event Report. Ist die Input Queue leer, so wird maximal bis zum Timeout auf Eingabe gewartet. Ist bis dahin keine Eingabe erfolgt, wird als Input Class NONE (ICL=0) übergeben. Sonst werden Workstation Identifier, Input Class und Input Device Number des Event übergeben.

```
IN:  TOUT   (REAL)    TIMEOUT (SEKUNDEN)
OUT: IWK    (INTEGER) WORKSTATION IDENTIFIER
OUT: ICL    (INTEGER) INPUT CLASS (0..6) entspricht:
            (NONE,LOCATOR,STROKE,VALUATOR,CHOICE,PICK,STRING)
OUT: IDNR   (INTEGER) INPUT DEVICE NUMBER
ERRORS:               (0,7,147,151)
```

FLUSH DEVICE EVENTS **L0c**

```
CALL GFLUSH ( IWK , ICL , IDNR )
```

Löscht alle Events, die zum gegebenen Input Device der gegebenen Workstation in der gegebenen Input Class gehören, aus der Input Queue.

```
IN:  IWK    (INTEGER) WORKSTATION IDENTIFIER
IN:  ICL    (INTEGER) INPUT CLASS (1..6) entspricht:
            ((NONE),LOCATOR,STROKE,VALUATOR,CHOICE,PICK,STRING)
IN:  IDNR   (INTEGER) INPUT DEVICE NUMBER
ERRORS:               (0,7,20,25,38,140,147)
```

GET CHOICE **L0c**

```
CALL GGTCH ( ISTAT , ICH )
```

Ist der Current Event Report von der Input Class CHOICE, so wird sein Wert (die gewählte Alternative) übergeben.

```
OUT: ISTAT  (INTEGER) STATUS ((NONE),OK,NOCHOICE)
OUT: ICH    (INTEGER) CHOICE VALUE (1..MAX)
ERRORS:               (0,7,150)
```

GET LOCATOR **L0c**

```
CALL GGTLC ( IT , PX , PY )
```

Ist der Current Event Report von der Input Class LOCATOR, so wird sein Wert (die eingegebene Position) übergeben.

```
OUT: IT     (INTEGER) TRANSFORMATIONSNUMMER
OUT: PX     (REAL)    LOCATOR POSITION (X)
OUT: PY     (REAL)    LOCATOR POSITION (Y)
ERRORS:               (0,7,150)
```

GET PICK **L1c**

```
CALL GGTPK ( ISTAT , ISNAM , IPKID )
```

Ist der Current Event Report von der Input Class PICK, so wird sein Wert (der aus der eingegebenen Position ermittelte Segmentname und Pick Identifier) übergeben.

```
OUT: ISTAT  (INTEGER) STATUS ((NONE),OK,NOPICK)
OUT: ISNAM  (INTEGER) SEGMENT NAME
OUT: IPKID  (INTEGER) PICK IDENTIFIER
ERRORS:               (0,7,150)
```

GET STRING **L0c**

```
CALL GGTST ( L , STR )
```

Ist der Current Event Report von der Input Class STRING, so wird sein Wert (der eingegebene Text) übergeben.

```
OUT: L      (INTEGER) ANZAHL DER CHARACTER
OUT: STR    (CHARACTER*(*)) STRING
ERRORS:               (0,7,150)
```

GET STROKE **L0c**

```
CALL GGTSK ( NMAX , IT , NSK , PX , PY )
```

Ist der Current Event Report von der Input Class STROKE, so wird sein Wert (der eingegebene Stroke) übergeben.

```
IN:  NMAX   (INTEGER) DIMENSION DER FELDER PX,PY
OUT: IT     (INTEGER) TRANSFORMATIONSNUMMER
OUT: NSK    (INTEGER) ANZAHL DER PUNKTE
OUT: PX     (REAL(NMAX)) STROKE (X-WERTE)
OUT: PY     (REAL(NMAX)) STROKE (Y-WERTE)
ERRORS:               (0,7,150)
```

GET VALUATOR **L0c**

```
CALL GGTVL ( VAL )
```

Ist der Current Event Report von der Input Class VALUATOR, so wird sein Wert übergeben.

```
OUT: VAL    (REAL)    VALUATOR VALUE
ERRORS:               (0,7,150)
```

INQUIRE INPUT QUEUE OVERFLOW **L0c**

```
CALL GQIQOV ( IERR , IWK , ICL , IDNR )
```

Fragt ab, ob die Input Queue übergelaufen ist (dann IERR = 0). Wenn ja, so wird die Identifikation des verursachenden Events ebenfalls übergeben.

```
OUT: IERR   (INTEGER) ERROR INDICATOR (0,7,148,149)
                      (0 BEDEUTET: ES GAB EINEN OVERFLOW!)
OUT: IWK    (INTEGER) WORKSTATION IDENTIFIER DES VERURSACHERS
OUT: ICL    (INTEGER) INPUT CLASS DES VERURSACHERS (1..6):
            ((NONE),LOCATOR,STROKE,VALUATOR,CHOICE,PICK,STRING)
OUT: IDNR   (INTEGER) INPUT DEVICE NUMBER DES VERURSACHERS
```

INQUIRE MORE SIMULTANEOUS EVENTS **L0c**

```
CALL GQSIM ( IERR , IFLAG )
```

Fragt ab, ob zum zuletzt abgerufenen Event weitere simultane (vom selben Trigger erzeugte) Events in der Input Queue vorliegen.

```
OUT: IERR   (INTEGER) ERROR INDICATOR (0,7)
OUT: IFLAG  (INTEGER) MORE SIMULTANEOUS EVENTS (NOMORE,MORE)
```

Teil VIII

Anhang

A. Die C-Sprachanbindung zu GKS

Dem Anwender präsentiert sich die C-Sprachanbindung in zwei Bestandteilen. Ein Teil ist die "include-Datei" *gks.h*, die alle im GKS benötigten Datentypen enthält:

- Konstanten und elementare Datentypen
- strukturierte Datentypen
- implementationsabhängige Datentypen

Diese Datei muß bei der Übersetzung (Compilation) von GKS-Anwendungen zur Verfügung stehen. Der zweite Teil der C-Sprachanbindung ist eine Bibliothek von Unterprogrammen, die – wie in jeder anderen Programmiersprache auch – zum Binden oder Linken (evtl. auch zur Ausführungszeit) von GKS-Anwendungen zur Verfügung stehen muß. Die Handhabung dieser Bibliothek ist abhängig vom Betriebssystem und kann darüber hinaus in jeder GKS-Installation etwas unterschiedlich sein. Hier werden Namen und Parameter folgender GKS-Funktionen dokumentiert:

- Kontrollfunktionen
- Ausgabefunktionen
- Funktionen für Ausgabe-Attribute
- Funktionen für Workstation-Attribute
- Transformationsfunktionen
- Segmentfunktionen
- Eingabefunktionen
- Funktionen für Bilddateien
- Erfragefunktionen
- Funktionen für Matrixberechnungen (Utilities)
- C-spezifische GKS-Funktionen
- Funktionen zur Fehlerbehandlung

A.1: GKS-Datentypen

A.1.1: Konstanten und elementare Datentypen

```
/*
 * Konstanten
 */

/* linetypes */

#define GLINE_SOLID          (1)  /* Solid linetype                 */
#define GLINE_DASH           (2)  /* Dashed linetype                */
#define GLINE_DOT            (3)  /* Dotted linetype                */
#define GLINE_DASH_DOT       (4)  /* Dashed-dotted linetype         */
#define GLINE_DASH_DOT_DOT   (5)  /* Dashed-dotted-dotted linetype */

/* marker types */

#define GMARKER_DOT          (1)  /* Dotted marker type       */
#define GMARKER_PLUS         (2)  /* Plus (+) marker type     */
#define GMARKER_ASTERISK     (3)  /* Asterisk (*) marker type */
#define GMARKER_CIRCLE       (4)  /* Circle (o) marker type   */
#define GMARKER_CROSS        (5)  /* Cross (X) marker type    */

/* prompt and echo types */

#define GLOC_DEF             (1)  /* Locator default        */
#define GLOC_CROSS_HAIR      (2)  /* Locator cross-hair     */
#define GLOC_TRACK_CROSS     (3)  /* Locator tracking cross */
#define GLOC_RUB_BAND        (4)  /* Locator rubber band    */
#define GLOC_RECT            (5)  /* Locator rectangle      */
#define GLOC_DIGIT           (6)  /* Locator digital        */

#define GSTROKE_DEF          (1)  /* Stroke default    */
#define GSTROKE_DIGIT        (2)  /* Stroke digital    */
#define GSTROKE_MARKER       (3)  /* Stroke polymarker */
#define GSTROKE_LINE         (4)  /* Stroke polyline   */

#define GVAL_DEF             (1)  /* Valuator default   */
#define GVAL_GRAPH           (2)  /* Valuator graphical */
#define GVAL_DIGIT           (3)  /* Valuator digital   */

#define GCHOICE_DEF          (1)  /* Choice default           */
#define GCHOICE_PR_ECHO      (2)  /* Choice prompt and echo   */
#define GCHOICE_STRING_PR    (3)  /* Choice string and prompt */
```

```
#define GCHOICE_STRING_IN  (4)  /* Choice string input       */
#define GCHOICE_SEG        (5)  /* Choice segment            */

#define GPICK_DEF          (1)  /* Pick default              */
#define GPICK_GROUP_HIGHL  (2)  /* Pick group highlighting   */
#define GPICK_SEG_HIGHL    (3)  /* Pick segment highlighting */

#define GSTRING_DEF        (1)  /* String default */

/* defaults parameters of open gks */

#define GDEF_MEM_SIZE  ((size_t) (-1))  /* Default memory size   */
#define GDEF_ERR_FILE  ((char *) (""))  /* Default error
                                                   file name */


/*
 * elementare Datentypen
 */
```

/* Gfloat - *floating point number* */

```
typedef float  Gfloat;
```

/* Gint - *integer* */

```
typedef long int Gint;
```

/* Gstore - *storage type* */

```
typedef void  *Gstore;
```

/* Gtran_matrix - *transformation matrix* */

```
typedef Gfloat Gtran_matrix[2][3];
```

```
/* Gdata - data */

 typedef struct {
   size_t  size;  /* size of data    */
   void    *data; /* pointer to data */
 } Gdata;
```

```
 /*
  * enumeration types
  */

/* Gasf - aspect source flag */

 typedef enum    {
   GASF_BUNDLED, GASF_INDIV
 } Gasf;
```

```
/* Gattrs - attributes used */

 typedef enum    {
   GATTR_LINE, GATTR_MARKER, GATTR_TEXT, GATTR_FILL
 } Gattrs;
```

```
/* Gattr_ctrl_flag - attribute control flag */

 typedef enum    {
   GFLAG_CUR, GFLAG_SPECIF
 } Gattr_ctrl_flag;
```

```
/* Gclip_ind - clipping indicator */

 typedef enum    {
   GIND_NO_CLIP, GIND_CLIP
 } Gclip_ind;
```

```
/* Gcolr_avail - colour availablity */

 typedef enum    {
   GAVAIL_MONOCHR, GAVAIL_COLR
 } Gcolr_avail;
```

```
/* Gcoord_switch - coordinate switch */

 typedef enum    {
   GCOORD_WC,         /* world coordinates */
   GCOORD_NDC         /* normalized device coordinates */
 } Gcoord_switch;
```

```
/* Gctrl_flag - clear control flag */

 typedef enum    {
   GFLAG_COND, GFLAG_ALWAYS
 } Gctrl_flag;
```

```
/* Gdc_units - device coordinate units */

 typedef enum    {
   GDC_METRES, GDC_OTHER
 } Gdc_units;
```

```
/* Gdefer_mode - deferral mode */

 typedef enum    {
   GDEFER_ASAP,        /* as soon as possible */
   GDEFER_BNIG,        /* before next interaction globally */
   GDEFER_BNIL,        /* before next interaction locally */
   GDEFER_ASTI         /* at some time */
 } Gdefer_mode;
```

```
/* Gdet - detectability */

 typedef enum    {
   GSEG_UNDET, GSEG_DET
 } Gdet;
```

```
/* Gdisp_surf_empty - display surface empty */

 typedef enum    {
   GSURF_NOT_EMPTY, GSURF_EMPTY
 } Gdisp_surf_empty;
```

```
/* Gdyn_mod - dynamic modification [accpted] */

 typedef enum    {
   GDYN_IRG, GDYN_IMM
 } Gdyn_mod;
```

```
/* Gecho_switch - echo switch */

 typedef enum    {
   GSWITCH_NO_ECHO, GSWITCH_ECHO
 } Gecho_switch;
```

```
/* Gfill_int_style - fill area interior style */

 typedef enum    {
   GSTYLE_HOLLOW, GSTYLE_SOLID, GSTYLE_PAT, GSTYLE_HATCH
 } Gfill_int_style;
```

```
/* Ghighl - highlighting */

 typedef enum    {
   GSEG_NORM, GSEG_HIGHL
 } Ghighl;
```

```
/* Ghor_text_align - horizontal text alignment */

 typedef enum    {
   GHOR_NORM, GHOR_LEFT, GHOR_CTR, GHOR_RIGHT
 } Ghor_text_align;
```

```
/* Gin_class - input class */

 typedef enum    {
   GIN_NONE,   GIN_LOC,  GIN_STROKE, GIN_VAL,
   GIN_CHOICE, GIN_PICK, GIN_STRING
 } Gin_class;
```

```
/* Gin_status - [input] status */

 typedef enum {
   GIN_STATUS_NONE, GIN_STATUS_OK, GIN_STATUS_NO_IN,
 } Gin_status;
```

```
/* Ginq_type - inquiry type */

typedef enum {
  GINQ_SET, GINQ_REALIZED
} Ginq_type;
```

```
/* Girg_mode - implicit regeneration mode */

typedef enum    {
  GIRG_SUPPR, GIRG_ALLOWED
} Girg_mode;
```

```
/* Glevel - level of GKS */

typedef enum {
  GLEVEL_0A, GLEVEL_0B, GLEVEL_0C,
  GLEVEL_1A, GLEVEL_1B, GLEVEL_1C,
  GLEVEL_2A, GLEVEL_2B, GLEVEL_2C
} Glevel;
```

```
/* Gline_fill_ctrl_flag - polyline/fill area control flag */

typedef enum {
  GFLAG_LINE, GFLAG_FILL
} Gline_fill_ctrl_flag;
```

```
/* Gmore_simult_events - more simultaneous events */

typedef enum    {
  GSIMULT_NO_MORE,
  GSIMULT_MORE
} Gmore_simult_events;
```

```
/* Gnew_frame_nec_upd - new frame action at update */

typedef enum    {
  GNEW_NO, GNEW_YES
} Gnew_frame_nec_upd;
```

```
/* Gop_mode - operating [input] mode */

typedef  enum    {
  GOP_REQ, GOP_SAMPLE, GOP_EVENT
} Gop_mode;
```

/* Gop_st - *gks operating state* */

```
typedef enum    {
  GST_GKCL,       /* gks closed                        */
  GST_GKOP,       /* gks open                          */
  GST_WSOP,       /* at least one workstation open     */
  GST_WSAC,       /* at least one workstation active   */
  GST_SGOP        /* segment open                      */
} Gop_st;
```

/* Gpr_flag - *prompt flag* */

```
typedef enum {
  GPR_OFF, GPR_ON
} Gpr_flag;
```

/* Gpres_inval - *presence [of] invalid [values]* */

```
typedef enum {
  GINVAL_ABSENT, GINVAL_PRESENT
} Gpres_inval;
```

/* Grel_pri- *relative priority* */

```
typedef enum    {
  GPRI_HIGHER, GPRI_LOWER
} Grel_pri;
```

/* Gtext_path - *text path* */

```
typedef enum    {
  GPATH_RIGHT, GPATH_LEFT, GPATH_UP, GPATH_DOWN
} Gtext_path;
```

/* Gtext_prec - *text precision* */

```
typedef enum    {
  GPREC_STRING, GPREC_CHAR, GPREC_STROKE
} Gtext_prec;
```

```
/* Gupd_regen_flag - update regeneration flag */

 typedef enum    {
   GFLAG_POSTPONE, GFLAG_PERFORM
 } Gupd_regen_flag;
```

```
/* Gupd_st - update state */

 typedef enum    {
   GUPD_NOT_PEND, GUPD_PEND
 } Gupd_st;
```

```
/* Gvert_text_align - vertical text alignment */

 typedef enum    {
   GVERT_NORM, GVERT_TOP,  GVERT_CAP,
   GVERT_HALF, GVERT_BASE, GVERT_BOTTOM
 } Gvert_text_align;
```

```
/* Gvis - visibility */

 typedef enum    {
   GSEG_INVIS, GSEG_VIS
 } Gvis;
```

```
/* Gws_cat - workstation category */

 typedef enum    {
   GCAT_OUT, GCAT_IN, GCAT_OUTIN,
   GCAT_WISS, GCAT_MO, GCAT_MI
 } Gws_cat;
```

```
/* Gws_class - workstation classification */

 typedef enum    {
   GCLASS_VEC, GCLASS_RASTER, GCLASS_OTHER
 } Gws_class;
```

```
/* Gws_st - workstation state */

 typedef enum    {
   GWS_INACTIVE, GWS_ACTIVE
 } Gws_st;
```

A.1.2: Strukturierte Datentypen

```
/*
 * simple structures
 */
```

/* Gasfs - *aspect source flags* */

```
typedef struct {

  Gasf linetype;          /* linetype ASF                        */
  Gasf linewidth;         /* linewidth scale factor ASF          */
  Gasf line_colr_ind;     /* polyline colour index ASF           */

  Gasf marker_type;       /* marker type ASF                     */
  Gasf marker_size;       /* marker size scale factor ASF        */
  Gasf marker_colr_ind;   /* polymarker colour index ASF         */

  Gasf text_font_prec;    /* text font and precision ASF         */
  Gasf char_expan;        /* character expansion factor ASF      */
  Gasf char_space;        /* character spacing ASF               */
  Gasf text_colr_ind;     /* text colour index ASF               */

  Gasf fill_int_style;    /* fill area interior style ASF        */
  Gasf fill_style_ind;    /* fill area style index ASF           */
  Gasf fill_colr_ind;     /* fill area colour index ASF          */

} Gasfs;
```

/* Gcolr_facs - *colour facilities* */

```
typedef struct {

  Gint          num_colrs;      /* # of colours                    */
  Gcolr_avail   colr_avail;     /* colour availibility             */
  Gint          num_pred_inds;  /* # of predefined colour indices */

} Gcolr_facs;
```

/* Gdyn_mod_seg_attrs - *dynamic modification of segment attributes* */

```
typedef struct {
                          /* changeabilitiy of:                      */
  Gdyn_mod  tran;         /* segment transformation                  */
  Gdyn_mod  invis_vis;    /* appearing (invisisble -> visible)       */
  Gdyn_mod  vis_invis;    /* disappearing (visisble -> invisible)    */
  Gdyn_mod  highl;        /* highlighting                            */
  Gdyn_mod  pri;          /* priority                                */
  Gdyn_mod  add_prims;    /* addition of primitives to segment       */
  Gdyn_mod  del;          /* delition of segment                     */

} Gdyn_mod_seg_attrs;
```

/* Gdyn_mod_ws_attrs - *dynamic modification of workstation attributes* */

```
typedef struct {
                            /* changeabilitiy of:          */
  Gdyn_mod  line_bundle;    /* polyline representation     */
  Gdyn_mod  marker_bundle;  /* polymarker representation   */
  Gdyn_mod  text_bundle;    /* text representation         */
  Gdyn_mod  fill_bundle;    /* fill area representation    */
  Gdyn_mod  pat_rep;        /* pattern representation      */
  Gdyn_mod  colr_rep;       /* colour representation       */
  Gdyn_mod  ws_tran;        /* workstation transformation  */

} Gdyn_mod_ws_attrs;
```

/* Gfill_bundle - *fill area bundle* */

```
typedef struct {

  Gfill_int_style  int_style;  /* file area interior style */
  Gint             style_ind;  /* file area style index    */
  Gint             colr_ind;   /* file area colour index   */

} Gfill_bundle;
```

```
/* Gfloat_size - float size */

 typedef struct  {

   Gfloat  size_x;  /* x size */
   Gfloat  size_y;  /* y size */

 } Gfloat_size;
```

```
/* Gint_list - integer list */

 typedef struct  {

   Gint  num_ints;  /* # of integers in list */
   Gint  *ints;     /* list of integers      */

 } Gint_list;
```

```
/* Gint_size - integer size */

 typedef struct  {

   Gint  size_x;  /* x size */
   Gint  size_y;  /* y size */

 } Gint_size;
```

```
/* Glimit - limit */

 typedef struct  {

   Gfloat x_min;  /* x min */
   Gfloat x_max;  /* x max */
   Gfloat y_min;  /* y min */
   Gfloat y_max;  /* y max */

 } Glimit;
```

```
/* Gline_bundle - polyline bundle */

 typedef struct {

   Gint    type;      /* linetype                */
   Gfloat  width;     /* linewidth scale factor  */
   Gint    colr_ind;  /* polyline colour index   */

 } Gline_bundle;
```

```
/* Gmarker_bundle - polymarker bundle */

 typedef struct {

   Gint    type;      /* marker type               */
   Gfloat  size;      /* markersize scale factor   */
   Gint    colr_ind;  /* polymarker colour index   */

 } Gmarker_bundle;
```

```
/* Gmax_ws_st_tables - maximum [length of] workstation state tables */

 typedef struct {

   Gint  line_bundles;    /* max. # of polyline bundles   */
   Gint  marker_bundles;  /* max. # of polymarker bundles */
   Gint  text_bundles;    /* max. # of text bundles       */
   Gint  fill_bundles;    /* max. # of fill area bundles  */
   Gint  pat_reps;        /* max. # of patterns           */
   Gint  colr_reps;       /* max. # of colours            */

 } Gmax_ws_st_tables;
```

/* Gnum_in - *number [of] input [devices]* */

```
typedef struct {

  Gint  loc;     /* # of locator devices  */
  Gint  stroke;  /* # of stroke devices   */
  Gint  val;     /* # of valuator devices */
  Gint  choice;  /* # of choice devices   */
  Gint  pick;    /* # of pick devices     */
  Gint  string;  /* # of string devices   */

} Gnum_in;
```

/* Gpick - *pick* */

```
typedef struct {

  Gint  seg_name;  /* segment name    */
  Gint  pick_id;   /* pick identifier */

} Gpick;
```

/* Gpoint - *point* */

```
typedef struct {

  Gfloat  x;  /* x coordinate */
  Gfloat  y;  /* y coordinate */

} Gpoint;
```

/* Grgb - *red green blue [colour specification]* */

```
typedef struct {

  Gfloat  red;    /* red intensity   */
  Gfloat  green;  /* green intensity */
  Gfloat  blue;   /* blue intensity  */

} Grgb;
```

```
/* Gseg_attrs - segment attributes */

 typedef struct  {

   Gtran_matrix  tran_matrix;  /* transformation matrix */
   Gvis          vis;          /* visibility            */
   Ghighl        highl;        /* highlighting          */
   Gfloat        pri;          /* segment priority      */
   Gdet          det;          /* detectability         */

 } Gseg_attrs;
```

```
/* Gtext_align - text alignment */

 typedef struct  {

   Ghor_text_align   hor;   /* horizontal component */
   Gvert_text_align  vert;  /* vertical component   */

 } Gtext_align;
```

```
/* Gtext_font_prec - [text] font [and] precision */

 typedef struct  {

   Gint        font;  /* text font      */
   Gtext_prec  prec;  /* text precision */

 } Gtext_font_prec;
```

```
/* Gvec - vector */

 typedef struct  {

   Gfloat  delta_x;  /* x coordinate */
   Gfloat  delta_y;  /* y coordinate */

 } Gvec;
```

```
/* Gws_max_nums - workstation maximum numbers */

 typedef struct  {

   Gint  simult_open;    /* max. # of simult. open wss           */
   Gint  simult_active;  /* max. # of simult. active wss         */
   Gint  assoc_seg;      /* max. # of wss associated with segment */

 } Gws_max_nums;
```

```
 /*
  * nested structures
  */

/* Gclip - clipping */

 typedef struct  {

   Gclip_ind  clip_ind;   /* clipping indicator */
   Glimit     clip_rect;  /* clipping rectangle */

 } Gclip;
```

```
/* Gdisp_space_size - display space size */

 typedef struct  {

   Gdc_units    dc_units;     /* device coordinate units              */
   Gfloat_size  size_dc;      /* display space size in
                                           device coordinate units */
   Gint_size    size_raster;  /* display space size in raster units */

 } Gdisp_space_size;
```

```
/* Gfill_attrs - fill area attributes */

 typedef struct  {

   Gasf          int_style_asf;  /* fill area interior style asf */
   Gasf          style_ind_asf;  /* fill area style index asf    */
   Gasf          colr_ind_asf;   /* fill area colour index asf   */
   Gint          ind;            /* fill area index              */
   Gfill_bundle  bundle;         /* fill area bundle             */

 } Gfill_attrs;
```

```
/* Gfill_facs - fill area facilities */

 typedef struct  {

   Gint            num_int_styles;/* # of interior styles  */
   Gfill_int_style int_style[4];  /* list of available
                                           interior styles */
   Gint_list       hatch_styles;  /* list of available
                                              hatch styles */
   Gint            num_pred_inds; /* # of predefined
                                         fill area indices */

 } Gfill_facs;
```

```
/* Gindiv_attrs - individual attributes */

 typedef struct  {

   Gint             linetype;          /* linetype                   */
   Gfloat           linewidth;         /* linewidth scale factor     */
   Gint             line_colr_ind;     /* polyline colour index      */

   Gint             marker_type;       /* marker type                */
   Gfloat           marker_size;       /* marker size scale factor   */
   Gint             marker_colr_ind;   /* polymarker colour index    */

   Gtext_font_prec  text_font_prec;    /* text font and precision    */
   Gfloat           char_expan;        /* character expansion
                                                              factor */
   Gfloat           char_space;        /* character spacing          */
   Gint             text_colr_ind;     /* text colour index          */

   Gfill_int_style  fill_int_style;    /* fill area interior style   */
   Gint             fill_style_ind;    /* fill area style index      */
   Gint             fill_colr_ind;     /* fill area colour index     */

   Gasfs            asfs;              /* aspect source flags        */

 } Gindiv_attrs;
```

```
/* Gline_attrs - polyline attributes */

 typedef struct  {

   Gasf          type_asf;      /* linetype asf                */
   Gasf          width_asf;     /* linewidth asf               */
   Gasf          colr_ind_asf;  /* polyline colour index asf   */
   Gint          ind;           /* polyline index              */
   Gline_bundle  bundle;        /* polyline bundle             */

 } Gline_attrs;
```

/* Gline_facs - *polyline facilities* */

```
typedef struct {

  Gint_list  types;          /* list of linetypes                     */
  Gint       num_widths;     /* # of available linewidths             */
  Gfloat     nom_width;      /* nominal linewidth                     */
  Gfloat     min_width;      /* minimal linewidth                     */
  Gfloat     max_width;      /* maximal linewidth                     */
  Gint       num_pred_inds;  /* # of predefined polyline indices */

} Gline_facs;
```

/* Gmarker_attrs - *polymarker attributes* */

```
typedef struct {

  Gasf           type_asf;      /* marker type asf                   */
  Gasf           size_asf;      /* marker size scale factor asf */
  Gasf           colr_ind_asf;  /* polymarker colour index asf  */
  Gint           ind;           /* polymarker index                  */
  Gmarker_bundle bundle;        /* polymarker bundle                 */

} Gmarker_attrs;
```

/* Gmarker_facs - *polymarker facilities* */

```
typedef struct {

  Gint_list  types;          /* list of marker types                  */
  Gint       num_sizes;      /* # of available marker sizes           */
  Gfloat     nom_size;       /* nominal marker size                   */
  Gfloat     min_size;       /* minimal marker size                   */
  Gfloat     max_size;       /* maximal marker size                   */
  Gint       num_pred_inds;  /* # of predefined
                                            polymarker indices */

} Gmarker_facs;
```

```
/* Gpat_rep - pattern representation */

 typedef struct {

   Gint_size  dims;          /* colour array's dimensions */
   Gint       *colr_array;   /* colour array              */

 } Gpat_rep;
```

```
/* Gpoint_list - point list */

 typedef struct {

   Gint   num_points; /* # of points in the list */
   Gpoint *points;    /* list of points          */

 } Gpoint_list;
```

```
/* Gprim_attrs - primitive attributes */

 typedef struct {

   Gint         line_ind;       /* polyline index            */
   Gint         marker_ind;     /* polymarker index          */
   Gint         text_ind;       /* text index                */
   Gfloat       char_ht;        /* character height          */
   Gvec         char_up_vec;    /* character up vector       */
   Gfloat       char_width;     /* character width           */
   Gvec         char_base_vec;  /* character base vector     */
   Gtext_path   text_path;      /* text path                 */
   Gtext_align  text_align;     /* text alignment            */
   Gint         fill_ind;       /* fill area index           */
   Gvec         pat_width_vec;  /* pattern width vector      */
   Gvec         pat_ht_vec;     /* pattern height vector     */
   Gpoint       pat_ref_point;  /* pattern reference point */

 } Gprim_attrs;
```

```
/* Grect - rectangle */

 typedef struct  {

   Gpoint  p;  /* point p */
   Gpoint  q;  /* point q */

 } Grect;
```

```
/* Gtext_bundle - text bundle */

 typedef struct  {

   Gtext_font_prec  text_font_prec;  /* text font and precision  */
   Gfloat           char_expan;      /* character expansion
                                                          factor */
   Gfloat           char_space;      /* character spacing        */
   Gint             colr_ind;        /* text colour index        */

 } Gtext_bundle;
```

```
/* Gtext_extent - text extent */

 typedef struct  {

   Gpoint  concat_point;  /* concatenation point       */
   Gpoint  paral[4];      /* text extent parallelogram */

 } Gtext_extent;
```

```
/* Gtext_facs - text facilities */

typedef struct {

    Gint             num_font_precs;   /* # of fonts and precisions */
    Gtext_font_prec  *font_precs;      /* list of fonts and
                                                         precisions */
    Gint             num_char_hts;     /* # of character heights    */
    Gfloat           min_char_ht;      /* minimum height            */
    Gfloat           max_char_ht;      /* maximum height            */
    Gint             num_char_expans;  /* # of chararcter expansion
                                                            factors */
    Gfloat           min_char_expan;   /* minimum expansion factor  */
    Gfloat           max_char_expan;   /* maximum expansion factor  */
    Gint             num_pred_inds;    /* # of predefined
                                                       text indices */

} Gtext_facs;
```

```
/* Gtran - transformation */

typedef struct {

    Glimit  win;  /* window   */
    Glimit  vp;   /* viewport */

} Gtran;
```

A.1.3: Implementationsabhängige Datentypen

```
/* Gchoice_data - choice data record */

  typedef struct {
    union Gchoice_pets {
      struct Gchoice_pet_r1 {
        Gdata  impl_dep;   /* impl. dep. */
      } pet_r1;            /* pet 1 data */

      struct Gchoice_pet_r2 {
        Gint      num_prs;  /* number of prompts        */
        Gpr_flag  *prs;     /* prompt array             */
        Gdata     impl_dep; /* implementation dependent */
      } pet_r2;             /* pet 2 data */

      struct Gchoice_pet_r3 {
        Gint   num_strings; /* number of choice strings */
        char   **strings;   /* array of choice strings  */
        Gdata  impl_dep;    /* implementation dependent */
      } pet_r3;             /* pet 3 data */

      struct Gchoice_pet_r4 {
        Gint   num_strings; /* number of choice strings */
        char   **strings;   /* array of choice strings  */
        Gdata  impl_dep;    /* implementation dependent */
      } pet_r4;             /* pet 4 data */

      struct Gchoice_pet_r5 {
        Gint   seg_name;      /* segment name               */
        Gint   num_pick_ids;  /* number of pick identifiers */
        Gint   *pick_ids;     /* array of pick identifiers  */
        Gdata  impl_dep;      /* implementation dependent   */
      } pet_r5;               /* pet 5 data */

      struct Gchoice_pet_u1 {
        Gdata   impl_dep;     /* impl. dep.  */
      } pet_u1;               /* pet -1 data */

      /* .. */                /* implementation defined PET's */

    } pets;
  } Gchoice_data;
```

```
/* Gcolr_rep - colour representation */

 typedef union  {
   Grgb  rgb;  /* red green blue colour specification */
 } Gcolr_rep;
```

```
/* Gescape_in_data - escape input data record */

 typedef union  {
   struct Gescape_in_r1 {
     Gdata  reg_dep;   /* reg. dep. */
   } escape_r1;        /* escape 1 data */

   struct Gescape_in_u1 {
     Gdata  impl_dep;   /* impl. dep. */
   } escape_u1;         /* escape -1 data */
   /* etc. */
 } Gescape_in_data;
```

```
/* Gescape_out_data - escape output data record */

 typedef union  {
   struct Gescape_out_r1 {
     Gdata  reg_dep;   /* reg. dep. */
   } escape_r1;        /* escape 1 data */

   struct Gescape_out_u1 {
     Gdata  impl_dep;   /* impl. dep. */
   } escape_u1;         /* escape -1 data */
   /* etc. */
 } Gescape_out_data;
```

```
/* Ggdp_data - gdp data record */

 typedef union  {
   struct Ggdp_r1 {
     Gdata  reg_dep;  /* reg. dep. */
   } gdp_r1;          /* gdp 1 data */

   struct Ggdp_u1 {
     Gdata  impl_dep; /* impl. dep. */
   } gdp_u1;          /* gdp -1 data */
   /* etc. */
 } Ggdp_data;
```

```
/* Gitem_data - item data record */

 typedef struct {
   Gint   type;                   /* item type                */
   Gint   length;                 /* item data record length */

   union {
     Gctrl_flag       clear_ws;   /* control flag             */
     Gupd_regen_flag  upd_ws;     /* regen. flag              */
     struct Gdefer_st {
       Gdefer_mode  defer_mode;   /* deferral mode            */
       Girg_mode    irg_mode;     /* irg mode                 */
     } defer_st;
                                  /* etc.                     */
     Gdata  gdp_unsupp;           /* GDP's not supported      */
     Gdata  impl_dep;             /* impl. dependent          */
   } data;
 } Gitem_data;
```

```
/* Gloc_data - locator data record */

 typedef struct {
   union Gloc_pets {
     struct Gloc_pet_r1 {
       Gdata  impl_dep; /* impl. dep. */
     } pet_r1;          /* pet 1 data */

     struct Gloc_pet_r2 {
       Gdata  impl_dep; /* impl. dep. */
     } pet_r2;          /* pet 2 data */

     struct Gloc_pet_r3 {
       Gdata  impl_dep; /* impl. dep. */
     } pet_r3;          /* pet 3 data */

     struct Gloc_pet_r4 {
       Gattr_ctrl_flag  attr_ctrl_flag; /* attribute control flag */
       Gline_attrs      line_attrs;     /* polyline attributes    */
       Gdata            impl_dep;       /* impl. dependent        */
     } pet_r4;          /* pet 4 data */

     struct Gloc_pet_r5 {
       Gattr_ctrl_flag       attr_ctrl_flag;
                                        /* attribute control flag */
       Gline_fill_ctrl_flag  line_fill_ctrl_flag;
```

```
                                /* polyline/fill area control flag */

      union Gloc_attrs {
        Gline_attrs  line_attrs; /* polyline attributes   */
        Gfill_attrs  fill_attrs; /* fill area  attributes */
      } attrs;

      Gdata  impl_dep; /* impl. dep. */
    } pet_r5;          /* pet 5 data */

    struct Gloc_pet_r6 {
      Gdata  impl_dep; /* impl. dep. */
    } pet_r6;          /* pet 6 data */

    struct Gloc_pet_u1 {
      Gdata  impl_dep; /* impl. dep. */
    } pet_u1;          /* pet -1 data */

    /* .. */           /* implementation defined PET's */
  } pets;
} Gloc_data;
```

```
/* Gpick_data - pick data record */

 typedef struct {
   union Gpick_pets {
     struct Gpick_pet_r1 {
       Gdata  impl_dep; /* impl. dep. */
     } pet_r1;          /* pet 1 data */

     struct Gpick_pet_r2 {
       Gdata  impl_dep; /* impl. dep. */
     } pet_r2;          /* pet 2 data */

     struct Gpick_pet_r3 {
       Gdata  impl_dep; /* impl. dep. */
     } pet_r3;          /* pet 3 data */

     struct Gpick_pet_u1 {
       Gdata  impl_dep; /* impl. dep. */
     } pet_u1;          /* pet -1 data */

     /* etc. */
   } pets;
 } Gpick_data;
```

```
/* Gstring_data - string data record */

 typedef struct {
   Gint in_buf_size; /* input buffer size (number of bytes) */
   Gint init_pos;    /* initial [editing] position          */

   union Gstring_pets {
     struct Gstring_pet_r1 {
       Gdata  impl_dep; /* impl. dep. */
     } pet_r1;          /* pet 1 data */

     struct Gstring_pet_u1 {
       Gdata  impl_dep; /* impl. dep. */
     } pet_u1;          /* pet -1 data */

     /* etc. */
   } pets;
 } Gstring_data;
```

```
/* Gstroke_data - stroke data record */

 typedef struct {
   Gint in_buf_size;     /* input buffer size (number of points) */
   Gint init_pos;        /* initial [editing] position           */
   Gfloat x_interval;    /* X interval    */
   Gfloat y_interval;    /* Y interval    */
   Gfloat time_interval; /* time interval */

   union Gstroke_pets {
     struct Gstroke_pet_r1 {
       Gdata  impl_dep; /* impl. dep. */
     } pet_r1;          /* pet 1 data */

     struct Gstroke_pet_r2 {
       Gdata  impl_dep; /* impl. dep. */
     } pet_r2;          /* pet 2 data */

     struct Gstroke_pet_r3 {
       Gattr_ctrl_flag  attr_ctrl_flag; /* attribute control flag */
       Gmarker_attrs    marker_attrs;   /* polymarker attributes  */
       Gdata  impl_dep; /* impl. dep. */
     } pet_r3;          /* pet 3 data */

     struct Gstroke_pet_r4 {
       Gattr_ctrl_flag  attr_ctrl_flag; /* attribute control flag */
       Gline_attrs      line_attrs;     /* polyline attributes    */
       Gdata  impl_dep; /* impl. dep. */
     } pet_r4;          /* pet 4 data */

     struct Gstroke_pet_u1 {
       Gdata  impl_dep; /* impl. dep. */
     } pet_u1;          /* pet -1 data */

     /* etc. */
   } pets;
 } Gstroke_data;
```

```
/* Gval_data - valuator data record */

 typedef struct {
   Gfloat low_value;   /* low value  */
   Gfloat high_value;  /* high value */

   union Gval_pets {
     struct Gval_pet_r1 {
       Gdata  impl_dep; /* impl. dep. */
     } pet_r1;          /* pet 1 data */

     struct Gval_pet_r2 {
       Gdata  impl_dep; /* impl. dep. */
     } pet_r2;          /* pet 2 data */

     struct Gval_pet_r3 {
       Gdata  impl_dep; /* impl. dep. */
     } pet_r3;          /* pet 3 data */

     struct Gval_pet_u1 {
       Gdata  impl_dep; /* impl. dep. */
     } pet_u1;          /* pet -1 data */

     /* etc. */
   } pets;
 } Gval_data;
```

A.2.1: Kontrollfunktionen

OPEN GKS L0a

```
void gopen_gks(
  const char  *err_file,  /* name of error file                     */
  size_t      mem_units   /* number of units of memory available */
                          /* for buffer space                       */
);

  /* REMARK: if err_file has the value GDEF_ERR_FILE, the stderr
             file is used.
             if mem_unit has the value GDEF_MEM_SIZE, the number
             of available bytes is implementation dependent.
   */
```

CLOSE GKS L0a

```
void gclose_gks(
  void
);
```

OPEN WORKSTATION L0a

```
void gopen_ws(
  Gint        ws_id,     /* workstation identifier */
  const void  *conn_id,  /* connection identifier  */
  Gint        ws_type    /* workstation type       */
);
```

CLOSE WORKSTATION L0a

```
void gclose_ws(
  Gint  ws_id  /* workstation identifier */
);
```

ACTIVATE WORKSTATION L0a

```
void gactivate_ws(
  Gint  ws_id  /* workstation identifier */
);
```

DEACTIVATE WORKSTATION L0a

```
void gdeactivate_ws(
  Gint  ws_id  /* workstation identifier */
);
```

CLEAR WORKSTATION L0a

```
void gclear_ws(
  Gint        ws_id,     /* workstation identifier */
  Gctrl_flag  ctrl_flag  /* control flag           */
);
```

REDRAW ALL SEGMENTS ON WORKSTATION L0a

```
void gredraw_all_segs_ws(
  Gint  ws_id   /* workstation identifier */
);
```

UPDATE WORKSTATION L0a

```
void gupd_ws(
  Gint             ws_id,          /* workstation identifier    */
  Gupd_regen_flag  upd_regen_flag  /* update regeneration flag */
);
```

SET DEFERRAL STATE L1a

```
void gset_defer_st(
  Gint         ws_id,       /* workstation identifier       */
  Gdefer_mode  defer_mode,  /* deferral mode                */
  Girg_mode    irg_mode     /* implicit regeneration mode */
);
```

MESSAGE **L1a**

```
void gmessage(
  Gint        ws_id,    /* workstation identifier */
  const char  *message  /* message string         */
);
```

ESCAPE **L1a**

```
void gescape(
  Gint                    func_id,   /* escape function identifier */
  const Gescape_in_data   *in_data,  /* escape input data record   */
  Gstore                  store,     /* handle to Store object     */
  Gescape_out_data        **out_data /* OUT escape output
                                                    data record */
);

/* REMARK: The memory referenced by *out_data is managed by store.*/
```

A.2.2: Ausgabefunktionen

POLYLINE **L0a**

```
void gpolyline(
  const Gpoint_list  *point_list  /* list of points */
);
```

POLYMARKER **L0a**

```
void gpolymarker(
  const Gpoint_list  *point_list  /* list of points */
);
```

TEXT **L0a**

```
void gtext(
  const Gpoint  *text_pos,    /* text position    */
  const char    *char_string  /* character string */
);
```

FILL AREA **L0a**

```
void gfill_area(
  const Gpoint_list  *point_list  /* list of points */
);
```

CELL ARRAY **L0a**

```
void gcell_array(
  const Grect     *rect,        /* cell rectangle */
  const Gpat_rep  *colr_array   /* colour array   */
);
```

GENERALIZED DRAWING PRIMITIVE **L0a**

```
void ggdp(
  const Gpoint_list  *point_list,  /* list of points   */
  Gint               gdp_id,       /* gdp identifier   */
  const Ggdp_data    *gdp_data     /* gdp data record */
);
```

A.2.3: Funktionen für Ausgabe-Attribute

SET POLYLINE INDEX **L0a**

```
void gset_line_ind(
  Gint  line_ind  /* polyline index */
);
```

SET LINETYPE **L0a**

```
void gset_linetype(
  Gint  linetype  /* linetype */
);
```

SET LINEWIDTH SCALE FACTOR **L0a**

```
void gset_linewidth(
  Gfloat  linewidth  /* linewidth scale factor */
);
```

SET POLYLINE COLOUR INDEX **L0a**

```
void gset_line_colr_ind(
  Gint  line_colr_ind  /* polyline colour index */
);
```

SET POLYMARKER INDEX **L0a**

```
void gset_marker_ind(
  Gint  marker_ind  /* polymarker index */
);
```

SET MARKER TYPE **L0a**

```
void gset_marker_type(
  Gint  marker_type  /* marker type */
);
```

SET MARKER SIZE SCALE FACTOR **L0a**

```
void gset_marker_size(
  Gfloat  marker_size  /* marker size scale factor */
);
```

SET POLYMARKER COLOUR INDEX **L0a**

```
void gset_marker_colr_ind(
  Gint  marker_colr_ind  /* polymarker colour index */
);
```

SET TEXT INDEX **L0a**

```
void gset_text_ind(
  Gint  text_ind  /* text index */
);
```

SET TEXT FONT AND PRECISION L0a

```
void gset_text_font_prec(
  const Gtext_font_prec  *text_font_prec
                                  /* text font and precision */
);
```

SET CHARACTER EXPANSION FACTOR L0a

```
void gset_char_expan(
  Gfloat  char_expan  /* character expansion factor */
);
```

SET CHARACTER SPACING L0a

```
void gset_char_space(
  Gfloat  char_space  /* character spacing */
);
```

SET TEXT COLOUR INDEX L0a

```
void gset_text_colr_ind(
  Gint  text_colr_ind  /* text colour index */
);
```

SET CHARACTER HEIGHT L0a

```
void gset_char_ht(
  Gfloat  char_ht  /* character height */
);
```

SET CHARACTER UP VECTOR L0a

```
void gset_char_up_vec(
  const Gvec  *char_up_vec /* character up vector */
);
```

SET TEXT PATH **L0a**

```
void gset_text_path(
  Gtext_path  text_path  /* text path */
);
```

SET TEXT ALIGNMENT **L0a**

```
void gset_text_align(
  const Gtext_align  *text_align /* text alignment */
);
```

SET FILL AREA INDEX **L0a**

```
void gset_fill_ind(
  Gint  fill_ind  /* fill area index */
);
```

SET FILL AREA INTERIOR STYLE **L0a**

```
void gset_fill_int_style(
  Gfill_int_style  fill_int_style  /* fill area interior style */
);
```

SET FILL AREA STYLE INDEX **L0a**

```
void gset_fill_style_ind(
  Gint  fill_style_ind  /* fill area style index */
);
```

SET FILL AREA COLOUR INDEX **L0a**

```
void gset_fill_colr_ind(
  Gint  fill_colr_ind  /* fill area colour index */
);
```

SET PATTERN SIZE L0a

```
void gset_pat_size(
  const Gfloat_size  *pat_size  /* pattern size */
);
```

SET PATTERN REFERENCE POINT L0a

```
void gset_pat_ref_point(
  const Gpoint  *pat_ref_point /* pattern reference point */
);
```

SET ASPECT SOURCE FLAGS L0a

```
void gset_asfs(
  const Gasfs  *list_asfs /* list of aspect source flags */
);
```

SET PICK IDENTIFIER L1b

```
void gset_pick_id(
  Gint  pick_id  /* pick identifier */
);
```

A.2.4: Funktionen für Workstation-Attribute

SET POLYLINE REPRESENTATION L1a

```
void gset_line_rep(
  Gint                ws_id,       /* workstation identifier  */
  Gint                line_ind,    /* polyline index          */
  const Gline_bundle  *line_bundle /* polyline representation */
);
```

SET POLYMARKER REPRESENTATION L1a

```
void gset_marker_rep(
  Gint                  ws_id,          /* workstation identifier */
  Gint                  marker_ind,     /* polymarker index       */
  const Gmarker_bundle *marker_bundle
                                     /* polymarker representation */
);
```

SET TEXT REPRESENTATION L1a

```
void gset_text_rep(
  Gint                ws_id,        /* workstation identifier */
  Gint                text_ind,     /* text index             */
  const Gtext_bundle *text_bundle  /* text representation    */
);
```

SET FILL AREA REPRESENTATION L1a

```
void gset_fill_rep(
  Gint                ws_id,        /* workstation identifier   */
  Gint                fill_ind,     /* fill area index          */
  const Gfill_bundle *fill_bundle  /* fill area representation */
);
```

SET PATTERN REPRESENTATION L1a

```
void gset_pat_rep(
  Gint            ws_id,     /* workstation identifier */
  Gint            pat_ind,   /* pattern index          */
  const Gpat_rep *pat_rep   /* pattern representation */
);
```

SET COLOUR REPRESENTATION L1a

```
void gset_colr_rep(
  Gint             ws_id,      /* workstation identifier   */
  Gint             colr_ind,   /* colour index             */
  const Gcolr_rep  *colr_rep  /* colour representation    */
);
```

A.2.5: Transformationsfunktionen

SET WINDOW L0a

```
void gset_win(
  Gint          tran_num,     /* transformation number */
  const Glimit  *win_limits  /* window limits         */
);
```

SET VIEWPORT L0a

```
void gset_vp(
  Gint          tran_num,    /* transformation number */
  const Glimit  *vp_limits  /* viewport limits       */
);
```

SET VIEWPORT INPUT PRIORITY L0b

```
void gset_vp_in_pri(
  Gint      tran_num,     /* transformation number           */
  Gint      ref_tran_num, /* reference transformation number */
  Grel_pri  rel_pri       /* relative priority               */
);
```

SELECT NORMALIZATION TRANSFORMATION L0a

```
void gsel_norm_tran(
  Gint  tran_num  /* transformation number  */
);
```

SET CLIPPING INDICATOR L0a

```
void gset_clip_ind(
  Gclip_ind  clip_ind  /* clipping indicator  */
);
```

SET WORKSTATION WINDOW L0a

```
void gset_ws_win(
  Gint ws_id,                      /* workstation identifier    */
  const Glimit  *ws_win_limits  /* workstation window limits */
);
```

SET WORKSTATION VIEWPORT L0a

```
void gset_ws_vp(
  Gint          ws_id,          /* workstation identifier      */
  const Glimit  *ws_vp_limits   /* workstation viewport limits  */
);
```

A.2.6 Segmentfunktionen

CREATE SEGMENT L1a

```
void gcreate_seg(
  Gint  seg_name  /* segment name  */
);
```

CLOSE SEGMENT L1a

```
void gclose_seg(
  void
);
```

RENAME SEGMENT L1a

```
void grename_seg(
  Gint  old_seg_name,  /* old segment name  */
  Gint  new_seg_name   /* new segment name  */
);
```

DELETE SEGMENT L1a

```
void gdel_seg(
  Gint  seg_name  /* segment name  */
);
```

DELETE SEGMENT FROM WORKSTATION L1a

```
void gdel_seg_ws(
  Gint  ws_id,    /* workstation identifier  */
  Gint  seg_name  /* segment name            */
);
```

ASSOCIATE SEGMENT WITH WORKSTATION L2a

```
void gassoc_seg_ws(
  Gint  ws_id,    /* workstation identifier  */
  Gint  seg_name  /* segment name            */
);
```

COPY SEGMENT TO WORKSTATION L2a

```
void gcopy_seg_ws(
  Gint  ws_id,    /* workstation identifier  */
  Gint  seg_name  /* segment name            */
);
```

INSERT SEGMENT L2a

```
void ginsert_seg(
  Gint         seg_name,    /* segment name            */
  Gtran_matrix tran_matrix  /* transformation matrix   */
);
```

SET SEGMENT TRANSFORMATION L1a

```
void gset_seg_tran(
  Gint         seg_name,    /* segment name            */
  Gtran_matrix tran_matrix  /* transformation matrix   */
);
```

SET VISIBILITY L1a

```
void gset_vis(
  Gint  seg_name,  /* segment name  */
  Gvis  vis        /* visibility    */
);
```

SET HIGHLIGHTING L1a

```
void gset_highl(
  Gint    seg_name,  /* segment name  */
  Ghighl  highl      /* highlighting  */
);
```

SET SEGMENT PRIORITY L1a

```
void gset_seg_pri(
  Gint    seg_name,  /* segment name      */
  Gfloat  seg_pri    /* segment priority  */
);
```

SET DETECTABILITY L1b

```
void gset_det(
  Gint  seg_name,  /* segment name   */
  Gdet  det        /* detectability  */
);
```

A.2.7: Eingabefunktionen

INITIALISE LOCATOR **L0b**

```
void ginit_loc(
  Gint             ws_id,              /* workstation identifier */
  Gint             loc_num,            /* locator device number  */
  Gint             init_norm_tran_num, /* initial normalization
                                          transformation number */
  const Gpoint     *init_loc_pos,      /* initial locator
                                                       position */
  Gint             pet,                /* prompt and echo type   */
  const Glimit     *echo_area,         /* echo area              */
  const Gloc_data  *loc_data           /* locator data record    */
);
```

INITIALISE STROKE **L0b**

```
void ginit_stroke(
  Gint                ws_id,              /* workstation identifier*/
  Gint                stroke_num,         /* stroke device number  */
  Gint                init_norm_tran_num, /* initial normalization
                                             transformation number */
  const Gpoint_list   *init_stroke,       /* initial stroke        */
  Gint                pet,                /* prompt and echo type  */
  const Glimit        *echo_area,         /* echo area             */
  const Gstroke_data  *stroke_data        /* stroke data record    */
);
```

INITIALISE VALUATOR **L0b**

```
void ginit_val(
  Gint             ws_id,       /* workstation identifier */
  Gint             val_num,     /* valuator device number */
  Gfloat           init_value,  /* initial value          */
  Gint             pet,         /* prompt and echo type   */
  const Glimit     *echo_area,  /* echo area              */
  const Gval_data  *val_data    /* valuator data record   */
);
```

INITIALISE CHOICE L0b

```
void ginit_choice(
  Gint                ws_id,        /* workstation identifier */
  Gint                choice_num,   /* choice device number   */
  Gin_status          init_status,  /* initial status         */
  Gint                init_choice,  /* initial choice         */
  Gint                pet,          /* prompt and echo type   */
  const Glimit        *echo_area,   /* echo area              */
  const Gchoice_data  *choice_data  /* choice data record     */
);
```

INITIALISE PICK L1b

```
void ginit_pick(
  Gint              ws_id,        /* workstation identifier */
  Gint              pick_num,     /* pick device number     */
  Gin_status        init_status,  /* initial status         */
  const Gpick       *init_pick,   /* initial pick value     */
  Gint              pet,          /* prompt and echo type   */
  const Glimit      *echo_area,   /* echo area              */
  const Gpick_data  *pick_data    /* pick data record       */
);
```

INITIALISE STRING L0b

```
void ginit_string(
  Gint                ws_id,         /* workstation identifier  */
  Gint                string_num,    /* string device number    */
  const char          *init_string,  /* initial string          */
  Gint                pet,           /* prompt and echo type    */
  const Glimit        *echo_area,    /* echo area               */
  const Gstring_data  *string_data   /* string data record      */
);
```

SET LOCATOR MODE **L0b**

```
void gset_loc_mode(
  Gint          ws_id,       /* workstation identifier */
  Gint          loc_num,     /* locator device number  */
  Gop_mode      op_mode,     /* operating mode         */
  Gecho_switch  echo_switch  /* echo switch            */
);
```

SET STROKE MODE **L0b**

```
void gset_stroke_mode(
  Gint          ws_id,      /* workstation identifier  */
  Gint          stroke_num, /* stroke device number    */
  Gop_mode      op_mode,    /* operating mode          */
  Gecho_switch  echo_switch /* echo switch             */
);
```

SET VALUATOR MODE **L0b**

```
void gset_val_mode(
  Gint          ws_id,       /* workstation identifier */
  Gint          val_num,     /* valuator device number */
  Gop_mode      op_mode,     /* operating mode         */
  Gecho_switch  echo_switch  /* echo switch            */
);
```

SET CHOICE MODE **L0b**

```
void gset_choice_mode(
  Gint          ws_id,       /* workstation identifier  */
  Gint          choice_num,  /* choice device number    */
  Gop_mode      op_mode,     /* operating mode          */
  Gecho_switch  echo_switch  /* echo switch             */
);
```

SET PICK MODE **L1b**

```
void gset_pick_mode(
  Gint          ws_id,       /* workstation identifier */
  Gint          pick_num,    /* pick device number     */
  Gop_mode      op_mode,     /* operating mode         */
  Gecho_switch  echo_switch  /* echo switch            */
);
```

SET STRING MODE **L0b**

```
void gset_string_mode(
  Gint          ws_id,       /* workstation identifier  */
  Gint          string_num,  /* string device number    */
  Gop_mode      op_mode,     /* operating mode          */
  Gecho_switch  echo_switch  /* echo switch             */
);
```

REQUEST LOCATOR **L0b**

```
void greq_loc(
  Gint        ws_id,            /* workstation identifier    */
  Gint        loc_num,          /* locator device number     */
  Gin_status  *in_status,       /* OUT input status          */
  Gint        *norm_tran_num,   /* OUT normalization         */
                                /*     transformation number */
  Gpoint      *loc_pos          /* OUT locator position      */
);
```

REQUEST STROKE **L0b**

```
void greq_stroke(
  Gint        ws_id,            /* workstation identifier    */
  Gint        stroke_num,       /* stroke device number      */
  Gin_status  *in_status,       /* OUT input status          */
  Gint        *norm_tran_num,   /* OUT normalization         */
                                /*     transformation number */
  Gpoint_list *stroke           /* OUT stroke                */
);

  /* REMARK The application shall allocate the memory for the point
            list returned by this function. The maximum size of the
            returned stroke is specified by ginit_stroke.
            The maximum size of stroke supported by the
            implementation is returned by ginq_def_stroke_data. */
```

REQUEST VALUATOR **L0b**

```
void greq_val(
  Gint        ws_id,        /* workstation identifier */
  Gint        val_num,      /* valuator device number */
  Gin_status  *in_status,   /* OUT input status       */
  Gfloat      *value        /* OUT value              */
);
```

REQUEST CHOICE **L0b**

```
void greq_choice(
  Gint        ws_id,        /* workstation identifier  */
  Gint        choice_num,   /* choice device number    */
  Gin_status  *in_status,   /* OUT input status        */
  Gint        *choice       /* OUT choice              */
);
```

REQUEST PICK **L1b**

```
void greq_pick(
  Gint        ws_id,        /* workstation identifier    */
  Gint        pick_num,     /* pick device number        */
  Gin_status  *in_status,   /* OUT input status          */
  Gpick       *pick         /* OUT pick value            */
);
```

REQUEST STRING **L0b**

```
void greq_string(
  Gint        ws_id,        /* workstation identifier  */
  Gint        string_num,   /* string device number    */
  Gin_status  *in_status,   /* OUT input status        */
  char        *string       /* OUT string              */
);

  /* REMARK The application shall allocate the memory for the
            string returned by this function. The maximum size
            of the returned string is specified by ginit_string.
            The maximum size of string supported by the imple-
            mentation is returned by ginq_def_string_data. */
```

SAMPLE LOCATOR **L0c**

```
void gsample_loc(
  Gint    ws_id,             /* workstation identifier     */
  Gint    loc_num,           /* locator device number      */
  Gint    *norm_tran_num,    /* OUT normalization          */
                             /*     transformation number */
  Gpoint  *loc_pos           /* OUT locator position       */
);
```

SAMPLE STROKE L0c

```
void gsample_stroke(
  Gint         ws_id,           /* workstation identifier    */
  Gint         stroke_num,      /* stroke device number      */
  Gint         *norm_tran_num,  /* OUT normalization         */
                                /*     transformation number */
  Gpoint_list  *stroke          /* OUT stroke                */
);

 /* REMARK The application shall allocate the memory for the point
           list returned by this function. The maximum size of the
           returned stroke is specified by ginit_stroke.
           The maximum size of stroke supported by the
           implementation is returned by ginq_def_stroke_data. */
```

SAMPLE VALUATOR L0c

```
void gsample_val(
  Gint     ws_id,     /* workstation identifier  */
  Gint     val_num,   /* valuator device number  */
  Gfloat   *value     /* OUT value               */
);
```

SAMPLE CHOICE L0c

```
void gsample_choice(
  Gint        ws_id,        /* workstation identifier  */
  Gint        choice_num,   /* choice device number    */
  Gin_status  *in_status,   /* OUT input status        */
  Gint        *choice       /* OUT choice              */
);
```

SAMPLE PICK L1c

```
void gsample_pick(
  Gint        ws_id,        /* workstation identifier */
  Gint        pick_num,     /* pick device number     */
  Gin_status  *in_status,   /* OUT input status       */
  Gpick       *pick         /* OUT pick value         */
);
```

SAMPLE STRING **L0c**

```
void gsample_string(
  Gint  ws_id,        /* workstation identifier  */
  Gint  string_num,   /* string device number    */
  char  *string       /* OUT string              */
);

  /* REMARK The application shall allocate the memory for the
            string returned by this function. The maximum size
            of the returned string is specified by ginit_string.
            The maximum size of string supported by the imple-
            mentation is returned by ginq_def_string_data. */
```

AWAIT EVENT **L0c**

```
void gawait_event(
  Gfloat     timeout,  /* timeout (seconds)                 */
  Gint       *ws_id,   /* OUT workstation identifier        */
  Gin_class  *class,   /* OUT device class                  */
  Gint       *in_num   /* OUT logical input device number   */
);
```

FLUSH DEVICE EVENTS **L0c**

```
void gflush_events(
  Gint       ws_id,   /* workstation identifier       */
  Gin_class  class,   /* device class                 */
  Gint       in_num   /* logical input device number  */
);
```

GET LOCATOR **L0c**

```
void gget_loc(
  Gint    *norm_tran_num,   /* OUT normalization           */
                            /*     transformation number   */
  Gpoint  *loc_pos          /* OUT locator position        */
);
```

GET STROKE L0c

```
void gget_stroke(
  Gint        *norm_tran_num, /* OUT normalization        */
                              /*     transformation number */
  Gpoint_list *stroke         /* OUT stroke               */
);

  /* REMARK The application shall allocate the memory for the point
            list returned by this function. The maximum size of the
            returned stroke is specified by ginit_stroke.
            The maximum size of stroke supported by the
            implementation is returned by ginq_def_stroke_data. */
```

GET VALUATOR L0c

```
void gget_val(
  Gfloat  *value  /* OUT value */
);
```

GET CHOICE L0c

```
void gget_choice(
  Gin_status  *in_status,  /* OUT input status */
  Gint        *choice      /* OUT choice       */
);
```

GET PICK L1c

```
void gget_pick(
  Gin_status  *in_status,  /* OUT input status */
  Gpick       *pick        /* OUT pick value   */
);
```

GET STRING **L0c**

```
void gget_string(
  char  *string  /* OUT string */
);

  /* REMARK The application shall allocate the memory for the
            string returned by this function. The maximum size
            of the returned string is specified by ginit_string.
            The maximum size of string supported by the imple-
            mentation is returned by ginq_def_string_data. */
```

A.2.8: Funktionen für Bilddateien

WRITE ITEM TO GKSM **L1a**

```
void gwrite_item(
  Gint               ws_id,              /* workstation identifier  */
  Gint               item_type,          /* item type               */
  Gint               item_data_length,   /* item data record length */
  const Gitem_data   *item_data          /* item data record        */
);
```

GET ITEM TYPE FROM GKSM **L0a**

```
void gget_item_type(
  Gint  ws_id,              /* workstation identifier      */
  Gint  *item_type,         /* OUT item type               */
  Gint  *item_data_length   /* OUT item data record length */
);
```

READ ITEM FROM GKSM **L0a**

```
void gread_item(
  Gint        ws_id,                  /* workstation identifier     */
  Gint        max_item_data_length,   /* max item data record length*/
  Gitem_data  *item_data              /* OUT item data record       */
);
```

INTERPRET ITEM L0a

```
void ginterpret_item(
  Gint              type,              /* item type               */
  Gint              item_data_length,  /* item data record length */
  const Gitem_data  *item_data         /* item data record        */
);
```

A.2.9: Erfragefunktionen

INQUIRE OPERATING STATE VALUE L0a

```
void ginq_op_st(
  Gop_st  *op_st  /* OUT operating state value  */
);
```

INQUIRE LEVEL OF GKS L0a

```
void ginq_level_gks(
  Gint    *err_ind,  /* OUT error indicator  */
  Glevel  *level     /* OUT level of GKS     */
);
```

INQUIRE LIST OF AVAILABLE WORKSTATION TYPES L0a

```
void ginq_list_avail_ws_types(
  Gint       num_elems_appl_list,   /* length of application list */
  Gint       start_ind,             /* starting index             */
  Gint       *err_ind,              /* OUT error indicator        */
  Gint_list  *ws_type,              /* OUT list of available
                                               workstation types */
  Gint       *num_elems_impl_list   /* OUT length of impl. list   */
);
```

INQUIRE WORKSTATION MAXIMUM NUMBERS L0a

```
void ginq_ws_max_nums(
  Gint          *err_ind,     /* OUT error indicator              */
  Gws_max_nums  *ws_max_num   /* OUT workstation maximum numbers */
);
```

INQUIRE MAXIMUM NORMALIZATION TRANSFORMATION NUMBER L0a

```
void ginq_max_norm_tran_num(
  Gint  *err_ind,          /* OUT error indicator       */
  Gint  *max_norm_tran_num /* OUT maximum normalization */
                           /*     transformation number */
);
```

INQUIRE SET OF OPEN WORKSTATIONS L0a

```
void ginq_set_open_wss(
  Gint       num_elems_appl_list,  /* length of application list */
  Gint       start_ind,            /* starting index             */
  Gint       *err_ind,             /* OUT error indicator        */
  Gint_list  *open_ws,             /* OUT list of open ws ids    */
  Gint       *num_elems_impl_list  /* OUT length of impl. list   */
);
```

INQUIRE SET OF ACTIVE WORKSTATIONS L1a

```
void ginq_set_active_wss(
  Gint       num_elems_appl_list,  /* length of application list */
  Gint       start_ind,            /* starting index             */
  Gint       *err_ind,             /* OUT error indicator        */
  Gint_list  *active_ws,           /* OUT list of active ws ids  */
  Gint       *num_elems_impl_list  /* OUT length of impl. list   */
);
```

INQUIRE CURRENT PRIMITIVE ATTRIBUTE VALUES L0a

```
void ginq_cur_prim_attrs(
  Gint         *err_ind,    /* OUT error indicator     */
  Gprim_attrs  *prim_attrs  /* OUT current primitive   */
                            /*     attribute structure */
);
```

INQUIRE POLYLINE INDEX L0a

```
void ginq_line_ind(
  Gint  *err_ind,  /* OUT error indicator         */
  Gint  *line_ind  /* OUT current polyline index */
);
```

INQUIRE POLYMARKER INDEX L0a

```
void ginq_marker_ind(
  Gint  *err_ind,    /* OUT error indicator           */
  Gint  *marker_ind  /* OUT current polymarker index */
);
```

INQUIRE TEXT INDEX L0a

```
void ginq_text_ind(
  Gint  *err_ind,  /* OUT error indicator     */
  Gint  *text_ind  /* OUT current text index  */
);
```

INQUIRE CHARACTER HEIGHT L0a

```
void ginq_char_ht(
  Gint     *err_ind, /* OUT error indicator            */
  Gfloat   *char_ht  /* OUT current character height */
);
```

INQUIRE CHARACTER UP VECTOR L0a

```
void ginq_char_up_vec(
  Gint  *err_ind,     /* OUT error indicator               */
  Gvec  *char_up_vec  /* OUT current character up vector */
);
```

INQUIRE CHARACTER WIDTH L0a

```
void ginq_char_width(
  Gint     *err_ind,    /* OUT error indicator         */
  Gfloat   *char_width  /* OUT current character width */
);
```

INQUIRE CHARACTER BASE VECTOR L0a

```
void ginq_char_base_vec(
  Gint  *err_ind,       /* OUT error indicator               */
  Gvec  *char_base_vec  /* OUT current character base vector */
);
```

INQUIRE TEXT PATH L0a

```
void ginq_text_path(
  Gint        *err_ind,   /* OUT error indicator   */
  Gtext_path  *text_path  /* OUT current text path */
);
```

INQUIRE TEXT ALIGNMENT L0a

```
void ginq_text_align(
  Gint         *err_ind,    /* OUT error indicator        */
  Gtext_align  *text_align  /* OUT current text alignment */
);
```

INQUIRE FILL AREA INDEX L0a

```
void ginq_fill_ind(
  Gint  *err_ind,  /* OUT error indicator         */
  Gint  *fill_ind  /* OUT current fill area index */
);
```

INQUIRE PATTERN WIDTH VECTOR L0a

```
void ginq_pat_width_vec(
  Gint  *err_ind,       /* OUT error indicator                 */
  Gvec  *pat_width_vec  /* OUT current pattern width vector */
);
```

INQUIRE PATTERN HEIGHT VECTOR L0a

```
void ginq_pat_ht_vec(
  Gint  *err_ind,    /* OUT error indicator                  */
  Gvec  *pat_ht_vec  /* OUT current pattern height vector */
);
```

INQUIRE PATTERN REFERENCE POINT L0a

```
void ginq_pat_ref_point(
  Gint    *err_ind,       /* OUT error indicator                    */
  Gpoint  *pat_ref_point  /* OUT current pattern reference point */
);
```

INQUIRE CURRENT PICK IDENTIFIER VALUE L1b

```
void ginq_cur_pick_id(
  Gint  *err_ind,  /* OUT error indicator          */
  Gint  *pick_id   /* OUT current pick identifier */
);
```

INQUIRE CURRENT INDIVIDUAL ATTRIBUTE VALUES L0a

```
void ginq_cur_indiv_attrs(
  Gint          *err_ind,     /* OUT error indicator     */
  Gindiv_attrs  *indiv_attr   /* OUT current individual  */
                              /*     attribute structure */
);
```

INQUIRE LINETYPE L0a

```
void ginq_linetype(
  Gint *err_ind, /* OUT error indicator  */
  Gint *linetype /* OUT current linetype */
);
```

INQUIRE LINEWIDTH SCALE FACTOR L0a

```
void ginq_linewidth(
  Gint     *err_ind,   /* OUT error indicator                  */
  Gfloat   *linewidth  /* OUT current linewidth scale factor */
);
```

INQUIRE POLYLINE COLOUR INDEX L0a

```
void ginq_line_colr_ind(
  Gint  *err_ind,       /* OUT error indicator                */
  Gint  *line_colr_ind  /* OUT current polyline colour index */
);
```

INQUIRE MARKER TYPE L0a

```
void ginq_marker_type(
  Gint  *err_ind,     /* OUT error indicator     */
  Gint  *marker_type  /* OUT current marker type */
);
```

INQUIRE MARKER SIZE SCALE FACTOR L0a

```
void ginq_marker_size(
  Gint     *err_ind,     /* OUT error indicator                    */
  Gfloat   *marker_size  /* OUT current marker size scale factor */
);
```

INQUIRE POLYMARKER COLOUR INDEX L0a

```
void ginq_marker_colr_ind(
  Gint  *err_ind,          /* OUT error indicator                    */
  Gint  *marker_colr_ind   /* OUT current polymarker colour index */
);
```

INQUIRE TEXT FONT AND PRECISION L0a

```
void ginq_text_font_prec(
  Gint             *err_ind,  /* OUT error indicator   */
  Gtext_font_prec  *font_prec /* OUT current text font
                                      and precision */
);
```

INQUIRE CHARACTER EXPANSION FACTOR L0a

```
void ginq_char_expan(
   Gint     *err_ind,    /* OUT error indicator                   */
   Gfloat   *char_expan  /* OUT current char. expansion factor */
);
```

INQUIRE CHARACTER SPACING L0a

```
void ginq_char_space(
  Gint     *err_ind,    /* OUT error indicator             */
  Gfloat   *char_space  /* OUT current character spacing */
);
```

INQUIRE TEXT COLOUR INDEX L0a

```
void ginq_text_colr_ind(
  Gint *err_ind,        /* OUT error indicator            */
  Gint *text_colr_ind   /* OUT current text colour index */
);
```

INQUIRE FILL AREA INTERIOR STYLE L0a

```
void ginq_fill_int_style(
  Gint            *err_ind,       /* OUT error indicator   */
  Gfill_int_style *fill_int_style /* OUT current fill area */
                                  /*     interior style    */
);
```

INQUIRE FILL AREA STYLE INDEX L0a

```
void ginq_fill_style_ind(
  Gint  *err_ind,        /* OUT error indicator                */
  Gint  *fill_style_ind  /* OUT current fill area style index */
);
```

INQUIRE FILL AREA COLOUR INDEX L0a

```
void ginq_fill_colr_ind(
  Gint  *err_ind,       /* OUT error indicator                 */
  Gint  *fill_colr_ind  /* OUT current fill area colour index */
);
```

INQUIRE ASPECT SOURCE FLAGS L0a

```
void ginq_asfs(
  Gint   *err_ind,  /* OUT error indicator           */
  Gasfs  *list_asf  /* OUT current aspect source flags */
);
```

INQUIRE CURRENT NORMALIZATION TRANSFORMATION NUMBER L0a

```
void ginq_cur_norm_tran_num(
  Gint  *err_ind,       /* OUT error indicator      */
  Gint  *norm_tran_num  /* OUT current normalization */
                        /*     transformation number */
);
```

INQUIRE LIST OF NORMALIZATION TRANSFORMATION NUMBERS L0a

```
void ginq_list_norm_tran_nums(
  Gint       num_elems_appl_list,  /* length of application list */
  Gint       start_ind,            /* starting index             */
  Gint       *err_ind,             /* OUT error indicator        */
  Gint_list  *norm_tran_num,       /* OUT list of normalization  */
                                   /*     transformation numbers */
  Gint       *num_elems_impl_list  /* OUT length of impl. list   */
);
```

INQUIRE NORMALIZATION TRANSFORMATION L0a

```
void ginq_norm_tran(
  Gint   num,        /* normalization transformation number */
  Gint   *err_ind,   /* OUT error indicator                 */
  Gtran  *norm_tran  /* OUT normalization transformation    */
);
```

INQUIRE CLIPPING L0a

```
void ginq_clip(
  Gclip  *err_ind,        /* OUT error indicator              */
  Gclip  *clip_ind_rect   /* OUT current clipping indicator */
                          /*     and rectangle              */
);
```

INQUIRE NAME OF OPEN SEGMENT L1a

```
void ginq_name_open_seg(
  Gint  *err_ind,        /* OUT  error indicator    */
  Gint  *name_open_seg   /* OUT name of open segment */
);
```

INQUIRE SET OF SEGMENT NAMES IN USE L1a

```
void ginq_set_seg_names(
  Gint       num_elems_appl_list,  /* length of application list */
  Gint       start_ind,            /* starting index             */
  Gint       *err_ind,             /* OUT error indicator        */
  Gint_list  *seg_names,           /* OUT list of segment names  */
  Gint       *num_elems_impl_list  /* OUT length of impl. list   */
);
```

INQUIRE MORE SIMULTANEOUS EVENTS L0c

```
void ginq_more_simult_events(
  Gint                 *err_ind,       /* OUT error indicator    */
  Gmore_simult_events *simult_events /* OUT [more]simultaneous
                                                          events */
);
```

INQUIRE WORKSTATION CONNECTION AND TYPE L0a

```
void ginq_ws_conn_type(
  Gint   ws_id,        /* workstation identifier    */
  Gstore store,        /* handle to Store object    */
  Gint   *err_ind,     /* OUT error indicator       */
  void   **conn_id,    /* OUT connection identifier */
  Gint   *ws_type      /* OUT workstation type      */
);

  /* REMARK The memory referenced by *conn_id is managed by store. */
```

INQUIRE WORKSTATION STATE L0a

```
void ginq_ws_st(
  Gint    ws_id,      /* workstation identifier */
  Gint    *err_ind,   /* OUT error indicator    */
  Gws_st  *ws_st      /* OUT workstation state  */
);
```

INQUIRE WORKSTATION DEFERRAL AND UPDATE STATES L0a

```
void ginq_ws_defer_upd_sts(
  Gint               ws_id,            /* workstation identifier */
  Gint               *err_ind,         /* OUT error indicator    */
  Gdefer_mode        *defer_mode,      /* OUT deferral mode      */
  Girg_mode          *irg_mode,        /* OUT implicit
                                              regeneration mode */
  Gdisp_surf_empty   *disp_surf_empty, /* OUT display surface
                                                        empty */
  Gnew_frame_nec_upd *new_frame        /* OUT new frame action   */
                                       /*    necessary at update */
);
```

INQUIRE LIST OF POLYLINE INDICES L1a

```
void ginq_list_line_inds(
  Gint       ws_id,               /* workstation identifier      */
  Gint       num_elems_appl_list, /* length of application list */
  Gint       start_ind,           /* starting index              */
  Gint       *err_ind,            /* OUT error indicator         */
  Gint_list  *def_line_inds,      /* OUT list of defined         */
                                  /*     polyline indices        */
  Gint       *num_elems_impl_list /* OUT length of impl. list    */
);
```

INQUIRE POLYLINE REPRESENTATION L1a

```
void ginq_line_rep(
  Gint          ws_id,     /* workstation identifier        */
  Gint          line_ind,  /* polyline index                */
  Ginq_type     type,      /* type of returned values       */
  Gint          *err_ind,  /* OUT error indicator           */
  Gline_bundle  *line_rep  /* OUT polyline representation */
);
```

INQUIRE LIST OF POLYMARKER INDICES L1a

```
void ginq_list_marker_inds(
  Gint       ws_id,                /* workstation identifier      */
  Gint       num_elems_appl_list,  /* length of application list */
  Gint       start_ind,            /* starting index              */
  Gint       *err_ind,             /* OUT error indicator         */
  Gint_list  *def_marker_inds,     /* OUT list of defined         */
                                   /*     polymarker indices      */
  Gint       *num_elems_impl_list  /* OUT length of impl. list    */
);
```

INQUIRE POLYMARKER REPRESENTATION L1a

```
void ginq_marker_rep(
  Gint            ws_id,        /* workstation identifier        */
  Gint            marker_ind,   /* polymarker index              */
  Ginq_type       type,         /* type of returned values       */
  Gint            *err_ind,     /* OUT error indicator           */
  Gmarker_bundle  *marker_rep   /* OUT polymarker representation */
);
```

INQUIRE LIST OF TEXT INDICES L1a

```
void ginq_list_text_inds(
  Gint       ws_id,                /* workstation identifier      */
  Gint       num_elems_appl_list,  /* length of application list */
  Gint       start_ind,            /* starting index              */
  Gint       *err_ind,             /* OUT error indicator         */
  Gint_list  *def_text_inds,       /* OUT list of defined         */
                                   /*     text indices            */
  Gint       *num_elems_impl_list  /* OUT length of impl. list    */
);
```

INQUIRE TEXT REPRESENTATION L1a

```
void ginq_text_rep(
  Gint          ws_id,      /* workstation identifier  */
  Gint          text_ind,   /* text index              */
  Ginq_type     type,       /* type of returned values */
  Gint          *err_ind,   /* OUT error indicator     */
  Gtext_bundle  *text_rep   /* OUT text representation */
);
```

INQUIRE TEXT EXTENT L0a

```
void ginq_text_extent(
  Gint          ws_id,      /* workstation identifier        */
  const Gpoint  *pos,       /* text_position                 */
  const char    *str,       /* text string                   */
  Gint          *err_ind,   /* OUT error indicator           */
  Gtext_extent  *extent     /* OUT concatenation point and   */
                            /*     text extent parallelogram */
);
```

INQUIRE LIST OF FILL AREA INDICES L1a

```
void ginq_list_fill_inds(
  Gint       ws_id,                /* workstation identifier     */
  Gint       num_elems_appl_list,  /* length of application list */
  Gint       start_ind,            /* starting index             */
  Gint       *err_ind,             /* OUT error indicator        */
  Gint_list  *def_fill_inds,       /* OUT list of defined        */
                                   /*     fill area indices      */
  Gint       *num_elems_impl_list  /* OUT length of impl. list   */
);
```

INQUIRE FILL AREA REPRESENTATION L1a

```
void ginq_fill_rep(
  Gint          ws_id,     /* workstation identifier        */
  Gint          fill_ind,  /* fill area index               */
  Ginq_type     type,      /* type of returned values       */
  Gint          *err_ind,  /* OUT error indicator           */
  Gfill_bundle  *fill_rep  /* OUT fill area representation */
);
```

INQUIRE LIST OF PATTERN INDICES L1a

```
void ginq_list_pat_inds(
  Gint       ws_id,                /* workstation identifier     */
  Gint       num_elems_appl_list,  /* length of application list */
  Gint       start_ind,            /* starting index             */
  Gint       *err_ind,             /* OUT error indicator        */
  Gint_list  *def_pat_inds,        /* OUT list of defined        */
                                   /*     pattern indices        */
  Gint       *num_elems_impl_list  /* OUT length of impl. list   */
);
```

INQUIRE PATTERN REPRESENTATION L1a

```
void ginq_pat_rep(
  Gint       ws_id,     /* workstation identifier     */
  Gint       pat_ind,   /* pattern index              */
  Ginq_type  type,      /* type of returned values    */
  Gstore     store,     /* handle to Store object     */
  Gint       *err_ind,  /* OUT error indicator        */
  Gpat_rep   **pat_rep  /* OUT pattern representation */
);

  /* REMARK The memory referenced by *pat_rep is managed by store */
```

INQUIRE LIST OF COLOUR INDICES L0a

```
void ginq_list_colr_inds(
  Gint       ws_id,                /* workstation identifier     */
  Gint       num_elems_appl_list,  /* length of application list */
  Gint       start_ind,            /* starting index             */
  Gint       *err_ind,             /* OUT error indicator        */
  Gint_list  *def_colr_inds,       /* OUT list of defined        */
                                   /*     colour indices         */
  Gint       *num_elems_impl_list  /* OUT length of impl. list   */
);
```

INQUIRE COLOUR REPRESENTATION L0a

```
void ginq_colr_rep(
  Gint       ws_id,     /* workstation identifier     */
  Gint       colr_ind,  /* colour index               */
  Ginq_type  type,      /* type of returned values    */
  Gint       *err_ind,  /* OUT error indicator        */
  Gcolr_rep  *colr_rep  /* OUT colour representation */
);
```

INQUIRE WORKSTATION TRANSFORMATION L0a

```
void ginq_ws_tran(
  Gint     ws_id,            /* workstation identifier                */
  Gint     *err_ind,         /* OUT error indicator                   */
  Gupd_st  *ws_tran_upd_st,  /* OUT workstation transformation        */
                             /*     update state                      */
  Glimit   *req_ws_win,      /* OUT requested workstation window      */
  Glimit   *cur_ws_win,      /* OUT current   workstation window      */
  Glimit   *req_ws_vp,       /* OUT requested workstation viewport*/
  Glimit   *cur_ws_vp        /* OUT current   workstation viewport*/
);
```

INQUIRE SET OF SEGMENT NAMES ON WORKSTATION L1a

```
void ginq_set_seg_names_ws(
   Gint        ws_id,                  /* workstation identifier      */
   Gint        num_elems_appl_list,    /* length of application list */
   Gint        start_ind,              /* starting index              */
   Gint        *err_ind,               /* OUT error indicator         */
   Gint_list   *seg_names,             /* OUT list of segment names   */
   Gint        *num_elems_impl_list    /* OUT length of impl. list    */
);
```

INQUIRE LOCATOR DEVICE STATE L0b

```
void ginq_loc_st(
  Gint          ws_id,                 /* workstation identifier      */
  Gint          loc_num,               /* locator device number       */
  Ginq_type     type,                  /* type of returned values     */
  Gstore        store,                 /* handle to Store object      */
  Gint          *err_ind,              /* OUT error indicator         */
  Gop_mode      *mode,                 /* OUT operating mode          */
  Gecho_switch  *esw,                  /* OUT echo switch             */
  Gint          *init_norm_tran_num,   /* OUT initial normalization */
                                       /*     transformation number */
  Gpoint        *init_loc_pos,         /* OUT initial locator
                                                           position */
  Gint          *pet,                  /* OUT prompt/echo type        */
  Glimit        *echo_area,            /* OUT echo area               */
  Gloc_data     **loc_data             /* OUT locator data record     */
);

  /* REMARK The memory referenced by *loc_data is
            managed by store */
```

INQUIRE STROKE DEVICE STATE L0b

```
void ginq_stroke_st(
  Gint          ws_id,               /* workstation identifier     */
  Gint          stroke_num,          /* stroke device nurnber      */
  Ginq_type     type,                /* type of returned values    */
  Gstore        store,               /* handle to Store object     */
  Gint          *err_ind,            /* OUT error indicator        */
  Gop_mode      *mode,               /* OUT operating mode         */
  Gecho_switch  *esw,                /* OUT echo switch            */
  Gint          *init_norm_tran_num, /* OUT initial normalization */
                                     /*     transformation number */
  Gpoint_list   **init_stroke,       /* OUT initial stroke         */
  Gint          *pet,                /* OUT prompt/echo type       */
  Glimit        *echo_area,          /* OUT echo area              */
  Gstroke_data  **stroke_data        /* OUT stroke data record     */
);

  /* REMARK The memory referenced by *init_stroke and
            *stroke_data is managed by store */
```

INQUIRE VALUATOR DEVICE STATE L0b

```
void ginq_val_st(
  Gint          ws_id,        /* workstation identifier      */
  Gint          val_num,      /* valuator device number      */
  Gstore        store,        /* handle to Store object      */
  Gint          *err_ind,     /* OUT error indicator         */
  Gop_mode      *mode,        /* OUT operating mode          */
  Gecho_switch  *esw,         /* OUT echo switch             */
  Gfloat        *init_value,  /* OUT initial value           */
  Gint          *pet,         /* OUT prompt/echo type        */
  Glimit        *echo_area,   /* OUT echo area               */
  Gval_data     **val_data    /* OUT valuator data record    */
);

  /* REMARK The memory referenced by *val_data is
            managed by store */
```

INQUIRE CHOICE DEVICE STATE L0b

```
void ginq_choice_st(
  Gint          ws_id,          /* workstation identifier      */
  Gint          choice_num,     /* choice device number        */
  Gstore        store,          /* handle to Store object      */
  Gint          *err_ind,       /* OUT error indicator         */
  Gop_mode      *mode,          /* OUT operating mode          */
  Gecho_switch  *esw,           /* OUT echo switch             */
  Gin_status    *init_status,   /* OUT initial choice status   */
  Gint          *init_choice,   /* OUT initial choice          */
  Gint          *pet,           /* OUT prompt/echo type        */
  Glimit        *echo_area,     /* OUT echo area               */
  Gchoice_data  **choice_data   /* OUT choice data record      */
);

  /* REMARK The memory referenced by *choice_data is
            managed by store */
```

INQUIRE PICK DEVICE STATE L1b

```
void ginq_pick_st(
  Gint          ws_id,          /* workstation identifier      */
  Gint          pick_num,       /* pick device number          */
  Ginq_type     type,           /* type of returned values     */
  Gstore        store,          /* handle to Store object      */
  Gint          *err_ind,       /* OUT error indicator         */
  Gop_mode      *mode,          /* OUT operating mode          */
  Gecho_switch  *esw,           /* OUT echo switch             */
  Gin_status    *init_status,   /* OUT initial pick status     */
  Gpick         *init_pick,     /* OUT initial pick value      */
  Gint          *pet,           /* OUT prompt/echo type        */
  Glimit        *echo_area,     /* OUT echo area               */
  Gpick_data    **pick_data     /* OUT pick data record        */
);

  /* REMARK The memory referenced by *pick_data is
            managed by store */
```

INQUIRE STRING DEVICE STATE L0b

```
void ginq_string_st(
  Gint           ws_id,          /* workstation identifier     */
  Gint           string_num,     /* string device number       */
  Gstore         store,          /* handle to Store object     */
  Gint           *err_ind,       /* OUT error indicator        */
  Gop_mode       *mode,          /* OUT operating mode         */
  Gecho_switch   *esw,           /* OUT echo switch            */
  char           **init_string,  /* OUT intial string          */
  Gint           *pet,           /* OUT prompt/echo type       */
  Glimit         *echo_area,     /* OUT echo area              */
  Gstring_data   **string_data   /* OUT string data record     */
);

  /* REMARK The memory referenced by *init_string and
            *string_data is managed by store */
```

INQUIRE WORKSTATION CATEGORY L0a

```
void ginq_ws_cat(
  Gint     ws_type,   /* workstation type         */
  Gint     *err_ind,  /* OUT error indicator      */
  Gws_cat  *cat       /* OUT workstation category */
);
```

INQUIRE WORKSTATION CLASSIFICATION L0a

```
void ginq_ws_class(
  Gint       ws_type,   /* workstation type      */
  Gint       *err_ind,  /* OUT error indicator   */
  Gws_class  *class     /* OUT workstation class */
);
```

INQUIRE DISPLAY SPACE SIZE L0a

```
void ginq_disp_space_size(
  Gint              ws_type,     /* workstation type           */
  Gint              *err_ind,    /* OUT error indicator        */
  Gdisp_space_size  *disp_size   /* OUT display [space] size */
);
```

INQUIRE DYNAMIC MODIFICATION OF WORKSTATION ATTRIBUTES L1a

```
void ginq_dyn_mod_ws_attrs(
  Gint               ws_type,   /* workstation type           */
  Gint               *err_ind,  /* OUT error indicator        */
  Gdyn_mod_ws_attrs  *dyn_mod   /* OUT dynamic modification of */
                                /*     workstation attributes  */
);
```

INQUIRE DEFAULT DEFERRAL STATE VALUES L1a

```
void ginq_def_defer_sts(
  Gint         ws_type,      /* workstation type            */
  Gint         *err_ind,     /* OUT error indicator         */
  Gdefer_mode  *defer_mode,  /* OUT default deferral mode   */
  Girg_mode    *irg_mode     /* OUT default impl. reg. mode */
);
```

INQUIRE POLYLINE FACILITIES L0a

```
void ginq_line_facs(
  Gint        ws_type,              /* workstation type              */
  Gint        num_elems_appl_list,  /* length of application list    */
  Gint        start_ind,            /* starting index                */
  Gint        *err_ind,             /* OUT error indicator           */
  Gline_facs  *line_facs,           /* OUT polyline facilities       */
  Gint        *num_elems_impl_list  /* OUT length of linetype        */
                                    /*     list in implementation    */
);
```

INQUIRE PREDEFINED POLYLINE REPRESENTATION L0a

```
void ginq_pred_line_rep(
  Gint          ws_type,   /* workstation type            */
  Gint          ind,       /* predefined index            */
  Gint          *err_ind,  /* OUT error indicator         */
  Gline_bundle  *line_rep  /* OUT predefined polyline rep. */
);
```

INQUIRE POLYMARKER FACILITIES L0a

```
void ginq_marker_facs(
  Gint         ws_type,               /* workstation type           */
  Gint         num_elems_appl_list,   /* length of application list*/
  Gint         start_ind,             /* starting index             */
  Gint         *err_ind,              /* OUT error indicator        */
  Gmarker_facs *marker_facs,          /* OUT polymarker facilities */
  Gint         *num_elems_impl_list   /* OUT length of marker type */
                                      /*    list in implementation */
);
```

INQUIRE PREDEFINED POLYMARKER REPRESENTATION L0a

```
void ginq_pred_marker_rep(
  Gint           ws_type,      /* workstation type                */
  Gint           ind,          /* predefined index                */
  Gint           *err_ind,     /* OUT error indicator             */
  Gmarker_bundle *marker_rep   /* OUT predefined polymarker rep. */
);
```

INQUIRE TEXT FACILITIES L0a

```
void ginq_text_facs(
  Gint       ws_type,              /* workstation type            */
  Gint       num_elems_appl_list,  /* length of application list */
  Gint       start_ind,            /* starting index              */
  Gint       *err_ind,             /* OUT error indicator         */
  Gtext_facs *text_facs,           /* OUT text facilities         */
  Gint       *num_elems_impl_list  /* OUT length of text font and*/
                                   /*    precision list in impl. */
);
```

INQUIRE PREDEFINED TEXT REPRESENTATION L0a

```
void ginq_pred_text_rep(
  Gint         ws_type,    /* workstation type          */
  Gint         ind,        /* predefined index          */
  Gint         *err_ind,   /* OUT error indicator       */
  Gtext_bundle *text_rep   /* OUT predefined text rep. */
);
```

INQUIRE FILL AREA FACILITIES L0a

```
void ginq_fill_facs(
  Gint        ws_type,              /* workstation type             */
  Gint        num_elems_appl_list, /* length of application list */
  Gint        start_ind,           /* starting index               */
  Gint        *err_ind,            /* OUT error indicator          */
  Gfill_facs  *fill_facs,          /* OUT fill area facilities     */
  Gint        *num_elems_impl_list /* OUT length of hatch list     */
                                   /*     in implementation        */
);
```

INQUIRE PREDEFINED FILL AREA REPRESENTATION L0a

```
void ginq_pred_fill_rep(
  Gint          ws_type,   /* workstation type              */
  Gint          ind,       /* predefined index              */
  Gint          *err_ind,  /* OUT error indicator           */
  Gfill_bundle  *fill_rep  /* OUT predefined fill area rep. */
);
```

INQUIRE PATTERN FACILITIES L0a

```
void ginq_pat_facs(
  Gint  ws_type,        /* workstation type                      */
  Gint  *err_ind,       /* OUT error indicator                   */
  Gint  *num_pred_inds  /* OUT num. of predef. pattern indices */
);
```

INQUIRE PREDEFINED PATTERN REPRESENTATION L0a

```
void ginq_pred_pat_rep(
  Gint      ws_type,   /* workstation type            */
  Gint      ind,       /* predefined index            */
  Gstore    store,     /* handle to Store object      */
  Gint      *err_ind,  /* OUT error indicator         */
  Gpat_rep  **pat_rep  /* OUT predefined pattern rep. */
);

  /* REMARK The memory referenced by *pat_rep is
            managed by store. */
```

INQUIRE COLOUR FACILITIES L0a

```
void ginq_colr_facs(
  Gint        ws_type,    /* workstation type     */
  Gint        *err_ind,   /* OUT error indicator  */
  Gcolr_facs  *colr_facs  /* OUT colour facilities */
);
```

INQUIRE PREDEFINED COLOUR REPRESENTATION L0a

```
void ginq_pred_colr_rep(
  Gint       ws_type,   /* workstation type            */
  Gint       ind,       /* predefined index            */
  Gint       *err_ind,  /* OUT error indicator         */
  Gcolr_rep  *colr_rep  /* OUT predefined colour rep.  */
);
```

INQUIRE LIST OF AVAILABLE GENERALIZED DRAWING PRIMITIVES L0a

```
void ginq_list_avail_gdps(
  Gint       ws_type,              /* workstation type            */
  Gint       num_elems_appl_list,  /* length of application list */
  Gint       start_ind,            /* starting index              */
  Gint       *err_ind,             /* OUT error indicator         */
  Gint_list  *gdp,                 /* OUT list of GDPs            */
  Gint       *num_elems_impl_list  /* OUT length of impl. list    */
);
```

INQUIRE GENERALIZED DRAWING PRIMITIVE L0a

```
void ginq_gdp(
  Gint    ws_type,    /* workstation type          */
  Gint    gdp,        /* GDP function number       */
  Gint    *err_ind,   /* OUT error indicator       */
  Gint    *num_attr,  /* OUT num. of attributes used */
  Gattrs  attr[4]     /* OUT list of attributes used */
);
```

INQUIRE MAXIMUM LENGTH OF WORKSTATION STATE TABLES L0a

```
void ginq_max_ws_st_tables(
  Gint               ws_type,   /* workstation type              */
  Gint               *err_ind,  /* OUT error indicator           */
  Gmax_ws_st_tables  *lengths   /* OUT lengths of workst. tables */
);
```

INQUIRE NUMBER OF SEGMENT PRIORITIES SUPPORTED L1a

```
void ginq_num_seg_pris(
  Gint  ws_type,   /* workstation type              */
  Gint  *err_ind,  /* OUT error indicator           */
  Gint  *num_pri   /* OUT num. of segment priorities */
);
```

INQUIRE DYNAMIC MODIFICATION OF SEGMENT ATTRIBUTES L1a

```
void ginq_dyn_mod_seg_attrs(
  Gint                ws_type,   /* workstation type              */
  Gint                *err_ind,  /* OUT error indicator           */
  Gdyn_mod_seg_attrs  *dyn_mod   /* OUT dynamic modification of */
                                 /*     segment attributes       */
);
```

INQUIRE NUMBER OF AVAILABLE LOGICAL INPUT DEVICES ... L0b

```
void ginq_num_avail_in(
  Gint     ws_type,   /* workstation type           */
  Gint     *err_ind,  /* OUT error indicator        */
  Gnum_in  *num_in    /* OUT num. of input devices */
);
```

INQUIRE DEFAULT LOCATOR DEVICE DATA L0b

```
void ginq_def_loc_data(
  Gint        ws_type,        /* workstation type                 */
  Gint        loc_num,        /* logical input device number      */
  Gstore      store,          /* handle to Store object           */
  Gint        *err_ind,       /* OUT error indicator              */
  Gpoint      *loc_pos,       /* OUT default locator position     */
  Gint_list   **pet_list,     /* OUT list of prompt / echo types */
  Glimit      *echo_area,     /* OUT default echo area            */
  Gloc_data   **loc_data      /* OUT default data record          */
);

  /* REMARK The memory referenced by *pet_list and *loc_data is
            managed by store */
```

INQUIRE DEFAULT STROKE DEVICE DATA L0b

```
void ginq_def_stroke_data(
  Gint          ws_type,          /* workstation type                */
  Gint          stroke_num,       /* logical input device number     */
  Gstore        store,            /* handle to Store object          */
  Gint          *err_ind,         /* OUT error indicator             */
  Gint          *max_buf_size,    /* OUT max input buffer size       */
                                  /*     (number of points )         */
  Gint_list     **pet_list,       /* OUT list of prompt/echo types */
  Glimit        *echo_area,       /* OUT default echo area           */
  Gstroke_data  **stroke_data     /* OUT default data record         */
);

  /* REMARK The memory referenced by *pet_list and *stroke_data is
            managed by store */
```

INQUIRE DEFAULT VALUATOR DEVICE DATA L0b

```
void ginq_def_val_data(
  Gint       ws_type,          /* workstation type              */
  Gint       val_num,          /* logical input device number   */
  Gstore     store,            /* handle to Store object        */
  Gint       *err_ind,         /* OUT error indicator           */
  Gfloat     *def_val,         /* OUT default initial value     */
  Gint_list  **pet_list,       /* OUT list of prompt/echo types */
  Glimit     *echo_area,       /* OUT default echo area         */
  Gval_data  **val_data        /* OUT default data record       */
);

  /* REMARK The memory referenced by *pet_list and *val_data is
            managed by store */
```

INQUIRE DEFAULT CHOICE DEVICE DATA L0b

```
void ginq_def_choice_data(
  Gint          ws_type,          /* workstation type            */
  Gint          choice_num,       /* logical input device number */
  Gstore        store,            /* handle to Store object      */
  Gint          *err_ind,         /* OUT error indicator         */
  Gint          *max_num_choices, /* OUT max. number of choices  */
  Gint_list     **pet_list,       /* OUT list of prompt/echo
                                                           types */
  Glimit        *echo_area,       /* OUT default echo area       */
  Gchoice_data  **choice_data     /* OUT default data record     */
);

  /* REMARK The memory referenced by *pet_list and *choice_data is
            managed by store */
```

INQUIRE DEFAULT PICK DEVICE DATA L1b

```
void ginq_def_pick_data(
   Gint        ws_type,       /* workstation type             */
   Gint        pick_num,      /* logical input device number  */
   Gstore      store,         /* handle to Store object       */
   Gint        *err_ind,      /* OUT error indicator          */
   Gint_list   **pet_list,    /* OUT list of prompt/echo types */
   Glimit      *echo_area,    /* OUT default echo area        */
   Gpick_data  **pick_data    /* OUT default data record      */
);

   /* REMARK The memory referenced by *pet_list and *pick_data is
             managed by store */
```

INQUIRE DEFAULT STRING DEVICE DATA L0b

```
void ginq_def_string_data(
   Gint          ws_type,        /* workstation type             */
   Gint          string_num,     /* logical input device number  */
   Gstore        store,          /* handle to Store object       */
   Gint          *err_ind,       /* OUT error indicator          */
   Gint          *max_buf_size,  /* OUT max input buffer size    */
                                 /*     number of bytes          */
   Gint_list     **pet_list,     /* OUT list of prompt/echo types */
   Glimit        *echo_area,     /* OUT default echo area        */
   Gstring_data  **string_data   /* OUT default data record      */
);

   /* REMARK The memory referenced by *pet_list and *string_data is
             managed by store */
```

INQUIRE SET OF ASSOCIATED WORKSTATIONS L1a

```
void ginq_set_assoc_wss(
   Gint        seg_name,             /* segment name                */
   Gint        num_elems_appl_list,  /* length of application list */
   Gint        start_ind,            /* starting index              */
   Gint        *err_ind,             /* OUT error indicator         */
   Gint_list   *ws,                  /* OUT list of workstations    */
   Gint        *num_elems_impl_list  /* OUT length of impl. list    */
);
```

INQUIRE SEGMENT ATTRIBUTES L1a

```
void ginq_seg_attrs(
  Gint         seg_name,  /* segment name                  */
  Gint         *err_ind,  /* OUT error indicator           */
  Gseg_attrs   *seg_attr  /* OUT segment attribute structure */
);
```

INQUIRE PIXEL ARRAY DIMENSIONS L0a

```
void ginq_pixel_array_dims(
  Gint          ws_id,     /* workstation identifier     */
  const Grect   *rect,     /* rectangle                  */
  Gint          *err_ind,  /* OUT error indicator        */
  Gint_size     *dims      /* OUT pixel array dimensions */
);
```

INQUIRE PIXEL ARRAY L0a

```
void ginq_pixel_array(
  Gint              ws_id,          /* workstation identifier  */
  const Gpoint      *pixel_loc,     /* pixel location          */
  const Gint_size   *dims,          /* pixel array dimensions  */
  Gint              *err_ind,       /* OUT error indicator     */
  Gpres_inval       *pres_inval,    /* OUT presence of         */
                                    /*     invalid values      */
  Gint              *pixel_array    /* OUT colour index array  */
);

  /* REMARK Before this function is called, the application shall
       allocate the parameter pixel_array as an integer array of
       size dims->size_x * dims->size_y. The entries of pixel_array
       shall be such that pixel_array[i+j*dims->size_x] corresponds
       to the (i,j)-th entry of the colour grid */
```

INQUIRE PIXEL **L0a**

```
void ginq_pixel(
  Gint          ws_id,       /* workstation identifier */
  const Gpoint  *pixel_loc,  /* pixel location         */
  Gint          *err_ind,    /* OUT error indicator    */
  Gint          *colr_ind    /* OUT colour index       */
);
```

INQUIRE INPUT QUEUE OVERFLOW **L0c**

```
void ginq_in_overf(
  Gint       *err_ind,   /* OUT error indicator            */
  Gint       *ws_id,     /* OUT workstation identifier     */
  Gin_class  *in_class,  /* OUT input class                */
  Gint       *in_num     /* OUT logical input device number */
);
```

A.2.10: Funktionen für Matrixberechnungen (Utilities)

EVALUATE TRANSFORMATION MATRIX **L1a**

```
void geval_tran_matrix(
  const Gpoint  *point,        /* fixed point                */
  const Gvec    *shift,        /* shift vector               */
  Gfloat        angle,         /* rotation angle             */
  const Gvec    *scale,        /* scale factors              */
  Gcoord_switch coord_switch,  /* coordinate switch          */
  Gtran_matrix  tran_matrix    /* OUT transformation matrix */
);
```

ACCUMULATE TRANSFORMATION MATRIX L1a

```
void gaccum_tran_matrix(
  Gtran_matrix   matrix,       /* transformation matrix     */
  const Gpoint   *point,       /* fixed point               */
  const Gvec     *shift,       /* shift vector              */
  Gfloat         angle,        /* rotation angle            */
  const Gvec     *scale,       /* scale factors             */
  Gcoord_switch  coord_switch, /* coordinate switch         */
  Gtran_matrix   tran_matrix   /* OUT transformation matrix */
);
```

A.2.11: C-spezifische GKS-Funktionen

SET ERROR HANDLING L0a

```
void gset_err_hand(
  const void   (*new_hand)(Gint , Gint , const char *),
               /* the application's error handling address */
  void         (**old_hand)(Gint , Gint , const char *)
               /* OUT address of the error handling replaced */
);

  /* Effect:
       The pointer to the current error handler (old_hand()) is
       returned to the application program. Every subsequent error
       message is handled by the user's error handler new_hand().
       If new_hand() is a NULL pointer, GKS/C automatically invokes
       the implementation's standard error handler gerr_hand().
    */
```

CREATE STORAGE L0a

```
void gcreate_store(
  Gint    *err_ind,  /* OUT error indicator               */
  Gstore  *store     /* OUT pointer to allocated storage */
);

  /* Effect:
       Storage is allocated and the pointer to it is returned to the
       application.
   */
```

DELETE STORAGE **L0a**

```
void gdel_store(
  Gint    *err_ind,  /* OUT error indicator          */
  Gstore  *store     /* IN/OUT storage to be deleted */
);

  /* Effect:
       The storage addressed by store is deallocated.
   */
```

A.2.12: Funktionen zur Fehlerbehandlung

EMERGENCY CLOSE GKS **L0a**

```
void gemergency_close_gks(
  void
);
```

ERROR HANDLING **L0a**

```
void gerr_hand(
  Gint         err_num,      /* error number              */
  Gint         func_num,     /* number of function
                                that detected the error */
  const char   *err_file     /* name of error file        */
);
```

ERROR LOGGING **L0a**

```
void gerr_log(
  Gint         err_num,      /* error number              */
  Gint         func_num,     /* number of function
                                that detected the error */
  const char   *err_file     /* name of error file        */
);
```

B. Die FORTRAN-Subset-Sprachanbindung zu GKS

Im FORTRAN-Standard ist eine Untermenge, der sogenannte *FORTRAN Subset* definiert. Dieses etwas weniger komfortable FORTRAN findet kaum noch Verwendung, da heutzutage auch PC's über brauchbare FORTRAN-Compiler verfügen. Trotzdem soll der Vollständigkeit halber dieser Subset in der FORTRAN-Sprachanbindung zu GKS nicht unerwähnt bleiben..

Betroffen sind alle GKS-Funktionen, denen CHARACTER-Variable als Parameter übergeben werden. Im FORTRAN-Subset gibt es nämlich keine formalen Parameter vom Typ: CHARACTER*(*) Stattdessen wird CHARACTER*(*) in der FORTRAN-Subset-Sprachanbindung durch CHARACTER*80 ersetzt. Daher ist 80 die Maximallänge aller Textparameter. Betroffen sind die GKS-Funktionen:

- GET STRING
- INITIALISE STRING
- INQUIRE STRING DEVICE STATE
- INQUIRE TEXT EXTENT
- MESSAGE
- PACK DATA RECORD
- REQUEST STRING
- SAMPLE STRING
- TEXT
- UNPACK DATA RECORD

Einige dieser GKS-Funktionen besitzen CHARACTER Strings als Eingabeparameter, ohne einen zusätzlichen Längenparameter vorzusehen. (Im vollen FORTRAN kann man nämlich die Länge eines CHARACTER String stets mit Hilfe der Standardfunktion LEN erfragen.)

Diese Funktionen brauchen im FORTRAN-Subset eine um diesen Längenparameter erweiterte Parameterliste. Damit nun in einer GKS-Implementierung die volle FORTRAN-Version und die FORTRAN-Subset-Version beide zur Verfügung gestellt werden können, sind für diese GKS-Funktionen auch die FORTRAN-Namen modifiziert. Sie haben jeweils das zusätzliche Suffix "S".

Diese GKS-Funktionen sind die einzigen, die der FORTRAN-Subset-Anwender in seinem Anwendungsprogramm berücksichtigen muß. Wir führen sie daher im folgenden auf:

INQUIRE TEXT EXTENT L0a

```
CALL GQTXXS ( IWK, PX, PY, L, TEXT, IERR, CX, CY, TRX, TRY )
```

Liefert auf der gegebenen Workstation zu einem gegebenen Text und einer Text-Position die Koordinaten des Text Extent Rectangles und des Concatenation Point.

```
IN:  IWK   (INTEGER)       WORKSTATION IDENTIFIER
IN:  PX    (REAL)          TEXT-POSITION (X-KOORDINATE)
IN:  PY    (REAL)          TEXT-POSITION (Y-KOORDINATE)
IN:  L     (INTEGER)       ANZAHL DER CHARACTER
IN:  TEXT  (CHARACTER*80)  TEXT STRING
OUT: IERR  (INTEGER)       ERROR INDICATOR (0,7,20,25,39,101)
OUT: CX    (REAL)          CONCATENATION POINT (X-KOORDINATE)
OUT: CY    (REAL)          CONCATENATION POINT (Y-KOORDINATE)
OUT: TRX   (REAL(4))       TEXT EXTENT RECTANGLE (X-KOORDINATEN)
OUT: TRY   (REAL(4))       TEXT EXTENT RECTANGLE (Y-KOORDINATEN)
```

MESSAGE L0a

```
CALL GMSGS ( IWK , L , MESS )
```

Gibt auf der Workstation eine Nachricht an geeigneter Stelle aus. Die Zeichnung, andere Workstations oder Segmente sind nicht betroffen.

```
IN:  IWK   (INTEGER)      WORKSTATION IDENTIFIER
IN:  L     (INTEGER)      ANZAHL DER CHARACTER
IN:  MESS  (CHARACTER*80) TEXT STRING
ERRORS:                   (0,7,20,25,36)
```

TEXT L0a

```
CALL GTXS ( X , Y , L , TEXT )
```

Zeichnet einen Text an der gegebenen Position.

```
IN:  X     (REAL)          TEXT-POSITION (X-KOORDINATE)
IN:  Y     (REAL)          TEXT-POSITION (Y-KOORDINATE)
IN:  L     (INTEGER)       ANZAHL DER CHARACTER
IN:  TEXT  (CHARACTER*80)  TEXT STRING
ERRORS:                    (0,5,101)
```

C. Begriffserklärungen

In diesem Anhang werden die wichtigsten in diesem Buch verwendeten Fachausdrücke noch einmal alphabetisch aufgelistet und kurz erklärt.

Abfrage: ⇒ Sample

Aktiv: Zustand einer ⇒ Workstation, bei dem das Anwendungsprogramm Graphik ausgeben kann.

Anfangswert: ⇒ Initial Value

Anforderung: ⇒ Request

Arbeitsplatz: ⇒ Workstation

Aspect Source Flag: Schalter zur Festlegung, ob ein ⇒ Attribut aus einem ⇒ Bundle oder als ⇒ Individual Attribute aus der ⇒ GKS State List verwendet wird.

Attribut: ⇒ Ausgabe-Attribut, ⇒ Workstation-Attribut oder ⇒ Segment-Attribut

Ausgabe-Attribut: beeinflußt das Erscheinungsbild von ⇒ Ausgabe-Primitiven und ist Bestandteil der ⇒ GKS State List

Ausgabe-Primitiv: auch als Darstellungselement bezeichnet. Oberbegriff für folgende Funktionen: ⇒ Polyline (Linienzug), ⇒ Polymarker, ⇒ Text, ⇒ Fill Area (Füllgebiet), ⇒ Cell Array (Zellmatrix), ⇒ GDP (Generalized Drawing Primitive, verallgemeinertes Darstellungselement).

Ausgabepuffer: ⇒ Puffer zum Ansammeln von Ausgabedaten

Bediener: betätigt bei interaktiven GKS-Anwendungen die ⇒ Eingabegeräte der ⇒ Workstation.

Bilddatei: ⇒ Metafile

Bundle: ein auf einer ⇒ Workstation eingetragener vollständiger Satz von ⇒ Attributen für ein ⇒ Ausgabe-Primitiv, anwählbar durch einen Index

Bundle Table: Tabelle aller definierten ⇒ Bundles für ein ⇒ Ausgabe-Primitiv. Bestandteil der ⇒ Workstation State List.

Cell Array: ⇒ Ausgabe-Primitiv für Rasterbilder in beliebiger Größe (Zellmatrix)

CGM: ⇒ Computer Graphics Metafile

Character Base Vector: (nur erfragbares ⇒ geometrisches Attribut!) Vektor entlang der Textlaufrichtung

Character Expansion Factor: ⇒ Attribut für Texte, definiert die Breite der Zeichen relativ zur Höhe.

Character Height: ⇒ geometrisches Attribut für Texte. Gibt die Höhe der Großbuchstaben an.

Character Spacing: ⇒ Attribut für Texte, um einen zusätzlichen Abstand zwischen den Zeichen zu definieren.

Character Up Vector: ⇒ geometrisches Attribut für Texte: Vektor entlang der Zeichenhöhe.

Character Width: (nur erfragbares ⇒ geometrisches Attribut!) "ideelle" Zeichenbreite. Bei den üblichen Proportionalschriften von geringem Aussagewert.

Choice: ⇒ Eingabe-Primitiv zur Auswahl einer Alternative

Clipping: automatisches Abschneiden aller graphischen Information außerhalb eines vorgegebenen Rechtecks (dem sogenannten ⇒ Clipping Rectangle).

Clipping Indicator: Schalter, der anzeigt, ob auch am ⇒ Viewport oder nur am ganzen ⇒ Workstation Window ⇒ Clipping stattfinden soll.

Clipping Rectangle: Rechteck (meist identisch mit ⇒ Viewport), außerhalb dessen alle Graphikteile abgeschnitten werden.

Colour Index: Farbindex. ⇒ Ausgabe-Attribut, das wie üblich für jedes Ausgabe-Primitiv separat definiert wird. Die zugehörige Farbe eines Colour Index ist in der ⇒ Colour Representation festgelegt.

Colour Representation: ⇒ Workstation-Attribut, das zu einem ⇒ Colour Index die ⇒ RGB-Anteile enthält.

Computer Graphics Metafile: über GKS hinausgehende ⇒ Metafile-Norm zur Kommunikation zwischen verschiedenen Graphik-Standards.

Concatenation Point: Der Punkt, an dem der Folgetext eines Textes lückenlos angesetzt werden kann.

DATA RECORD: GKS-Datentyp zum Verpacken uneinheitlicher Zusatzparameter von GKS-Funktionen (⇒ GDP, ⇒ Escape, "Initialise"-Funktionen für die Eingabe).

Deferral Mode: Schalter, der die Behandlung der ⇒ Ausgabepuffer zwischen zwei ⇒ Update-Aufrufen steuert.

Detectability: ⇒ Segment-Attribut. Gibt an, ob das Segment für die ⇒ Pick-Eingabe zugelassen ist.

Device: Graphikgerät. Sammelbegriff für ⇒ Plotter, ⇒ Graphik-Bildschirm, ⇒ Tablett, auch: ⇒ Input Device (als Bestandteil einer Workstation).

Device Coordinates: Koordinaten eines realen Gerätes, meistens in Metern (Bildschirmpunkte sind auch möglich). Sie werden benutzt für: ⇒ Display Surface, ⇒ Workstation Viewport, ⇒ Echo Area.

Display Surface: Ausgabefläche eines Graphikgerätes (gemessen in ⇒ Device Coordinates)

Dynamic Picture Change: Änderung eines ⇒ Workstation- oder ⇒ Segment-Attributs, die eine Änderung des bestehenden Bildes verursacht.

Echo: Visualisierung des measure (Maßwert), z.B. das ⇒ Fadenkreuz beim ⇒ Locator.

Echo Area: Rechteck innerhalb der ⇒ Zeichenfläche, in der ein ⇒ Echo erscheinen darf (gemessen in ⇒ Device Coordinates).

Editing Position: Position im ⇒ Eingabepuffer eines ⇒ Stroke oder ⇒ String Device, ab der neu eingegeben werden kann.

Eingabe-Primitiv: Elementare Funktion zur graphischen Eingabe in GKS, siehe ⇒ Input Class

Eingabegerät: ⇒ Input Device

Eingabepuffer: ⇒ Puffer zum Ansammeln von Eingabedaten

ENUMERATION: GKS-Datentyp zur Darstellung eines begrenzten Alternativenvorrats, z.B. (RIGHT,LEFT,UP,DOWN)

Ereignis: ⇒ Event

Erfragefunktion: Funktion, die einen Wert von einer internen GKS-Tabelle erfragt (⇒ GKS Description Table, ⇒ GKS State List, ⇒ Workstation Description Table, ⇒ Workstation State List, ⇒ Segment State List).

Error Indicator: Ausgabeparameter aller ⇒ Erfragefunktionen. Zeigt an, ob die folgenden Ausgabeparameter benutzbare Werte enthalten oder nicht.

Escape: GKS-Funktion zur Unterstützung nichtgenormter Kontrollfunktionen

Event: Eingabebetriebsart, bei der der Benutzer unabhängig vom Programmablauf Werte in einer ⇒ Input Queue speichern kann.

Fadenkreuz: auf der ⇒ Zeichenfläche sichtbares ⇒ Echo für Eingaben.

Fehlerbehandlung: Reaktion von GKS auf ein fehlerhaftes Anwendungsprogramm.

Fill Area: ⇒ Ausgabe-Primitiv zum Zeichnen von Flächen

Font: ⇒ Text Font

Füllgebiet: ⇒ Fill Area

GDP: ⇒ Generalized Drawing Primitive

Generalized Drawing Primitive: ⇒ Ausgabe-Primitiv zur Unterstützung nicht-standardisierter Graphik (etwa Kreise, Splines).

Geometrisches Attribut: ⇒ Ausgabe-Attribut, das bei ⇒ Text und ⇒ Pattern Größe oder Ausrichtung beeinflußt. Es ist ausschließlich in der ⇒ GKS State List gespeichert, also nicht in ⇒ Bundles anzutreffen.

Gerätekoordinaten: ⇒ Device Coordinates

Gerätetreiber: geräteabhängiger Teil einer ⇒ Implementierung.

GKS Description Table: enthält einige grundlegende Eigenschaften der GKS-Installation wie Level und Anzahl der Workstation Types.

GKS-Implementierung: eine ⇒ Implementierung von GKS

GKS Metafile: ⇒ Metafile, der exakt die Funktionalität von GKS widerspiegelt.

GKS State List: Tabelle aller zentralen (d.h. ⇒ Workstation-unabhängigen) Größen von GKS (z.B. ⇒ Clipping Rectangle).

Graphik-Bildschirm: Bildschirm, der nicht nur alphanumerische Zeichen, sondern auch Linien oder einzelne ⇒ Pixel darstellen kann.

Hatch: ⇒ Interior Style zum Schraffieren von ⇒ Fill Areas.

Hatch Style: der ⇒ Style Index zum ⇒ Interior Style ⇒ Hatch, der die Schraffurart spezifiziert.

Hervorheben: ⇒ Highlighting

Highlighting: ⇒ Attribut für ⇒ Segmente. Gibt an, ob das Segment blinken soll.

Hintergrundfarbe: Die Farbe des Hintergrunds ist durch ⇒ Colour Index 0 bestimmt.

Hollow: der ⇒ Interior Style zum Zeichnen der Umrandung von ⇒ Fill Areas.

Identifizierbarkeit: ⇒ Detectability

Implementierung: Umsetzung eines vorgegebenen Leistungsumfanges in reale Software.

Implicite Picture Regeneration: Bildneuaufbau, der durch ein ⇒ Dynamic Picture Change mit visuellen Effekten herbeigeführt wird.

Implicite Regeneration Flag: Schalter, der angibt, ob ein ⇒ Dynamic Picture Change den Bildneuaufbau einleiten darf.

Individual Attribute: ein ⇒ Attribut, das nicht aus einem ⇒ Bundle kommt, sondern zentral gesetzt wird.

Initial Value: "Startwert". ⇒ Measure eines ⇒ Input Device zu Beginn einer Eingabe.

Input Class: Zusammenfassung aller ⇒ Input Devices, die die Eingabe von Werten gleichen Typs ermöglichen: ⇒ Locator, ⇒ Stroke, ⇒ Valuator, ⇒ Choice, ⇒ Pick oder ⇒ String.

Input Device: GKS-Abstraktion für ein Eingabegerät einer Workstation, z.B. ⇒ Maus oder ⇒ Tablett.

Input Primitive: ⇒ Eingabe-Primitiv

Input Queue: Tabelle, in der alle im ⇒ Event Mode erfolgten Eingaben chronologisch gespeichert werden.

Input Queue Overflow: Zustand, in dem die ⇒ Input Queue voll ist und keine weiteren Eingaben annehmen kann.

Inquiry Function: ⇒ Erfragefunktion

Installation: Bereitstellung einer ⇒ Implementierung eines Programmsystems auf einem bestimmten Rechner

Interior Style: ⇒ Attribut für ⇒ Fill Areas, das die Art des Ausfüllens angibt.

Item: ein Eintrag auf dem ⇒ Metafile. Entspricht dem Aufruf ein er GKS-Funktion bei Erzeugung des Metafile.

Item Data Record: ⇒ Data Record, der die zu einem ⇒ Item gehörenden Daten (Parameter der aufrufenden GKS-Funktion) enthält.

Item Type: Kennung für die GKS-Funktion, die ein ⇒ Item auf einem ⇒ Metafile erzeugt hat.

Kodierung: Darstellung der Daten auf einem ⇒ Metafile. Man unterscheidet Klartext-Kodierung (clear text encoding), Zeichen-Kodierung (character encoding) und Binär-Kodierung (binary encoding). Diese Grobeinteilung ist keine Garantie für Austauschbarkeit, da noch unterschiedliche Konventionen und Dateistrukturen möglich sind.

Level: erlaubte Untermenge von GKS.

Linetype: ⇒ Attribut für ⇒ Polylines. Gibt die Art der Strichelung an.

Linewidth Scale Factor: ⇒ Attribut für ⇒ Polylines. Gibt relative Liniendicke an.

Locator: ⇒ Eingabe-Primitiv zur Eingabe einer Position auf der ⇒ Zeichenfläche.

Lookup Table: übliche Bezeichnung für eine auf der ⇒ Workstation gespeicherte Tabelle, in der die aktuellen Setzungen der Farben vermerkt sind. Mit GKS-Begriffen ausgedrückt, enthält diese Tabelle gerade die ⇒ Colour Representations.

Marker Size Scale Factor: ⇒ Attribut für ⇒ Polymarker. Gibt relative Markergröße an.

Marker Type: ⇒ Attribut für ⇒ Polymarker. Gibt an, welches Symbol verwendet werden soll.

Maßwert: ⇒ Measure

Maus: frei bewegliches ⇒ Eingabegerät zur Übertragung relativer Positionsänderungen.

Measure: aktueller Eingabewert oder Maßwert eines ⇒ Input Device.

Metafile: oder Bilddatei. Datei zum Speichern von Graphiken, die durch GKS-Funktionen wieder interpretiert werden kann.

Metafile-Input-Workstation: ⇒ Workstation zur Interpretation eines ⇒ Metafile.

Metafile-Output-Workstation: ⇒ Workstation zur Erzeugung eines ⇒ Metafile.

Muster: ⇒ Pattern

NAME: GKS-Datentyp für die Identifikation von Workstations, Segmenten etc.

NDC-Raum: Quadrat der Kantenlänge 1. Abstrakte ⇒ Zeichenfläche zur geräteunabhängigen Bildgestaltung.

NDC Space: ⇒ NDC-Raum

Normalization Transformation: Transformation von ⇒ Weltkoordinaten auf ⇒ NDC. Wird spezifiziert durch ⇒ Window und ⇒ Viewport.

Normalized Device Coordinate (NDC): Koordinaten einer geräteunabhängigen ⇒ Zeichenfläche (⇒ NDC-Raum).

Operating State: Zustand von GKS, in dem eine bestimmte Klasse von GKS-Funktionen zulässig bzw. verboten ist.

Operator: ⇒ Bediener

Output Primitive: ⇒ Ausgabe-Primitiv

Pattern: ⇒ Interior Style zum Füllen eines ⇒ Fill Areas mit einer in alle Richtungen wiederholten Rastermatrix.

Pattern Array: Rastermatrix zum Füllen eines ⇒ Fill Areas mit ⇒ Interior Style ⇒ Pattern.

Pattern Index: ⇒ Style Index zum ⇒ Interior Style ⇒ Pattern, der eine ⇒ Pattern Representation auswählt.

Pattern Reference Point: Punkt, an dem ein ⇒ Pattern Array beim Füllen erstmals angesetzt wird.

Pattern Representation: ⇒ Pattern Array auf einer ⇒ Workstation, das mit einem ⇒ Pattern Index angesprochen werden kann.

Pattern Size: spezifiziert eine am ⇒ Pattern Reference Point ansetzende Box, in die hinein das ⇒ Pattern Array abgebildet wird.

Pen Plotter: ⇒ Stift-Plotter

Pick: ⇒ Eingabe-Primitiv zur Identifizierung eines Bildteils

Pick Identifier: ⇒ Ausgabe-Attribut. Dient zur Unterstrukturierung von ⇒ Segmenten bei ⇒ Pick-Eingabe.

Pixel: "physikalischer" Punkt auf der ⇒ Zeichenfläche einer ⇒ Workstation.

Plotter: Zeichengerät, das Graphiken auf permanenten Medien (Papier, Folie, Film) erzeugt (⇒ Stift-Plotter, ⇒ Raster-Plotter).

POINT: GKS-Datentyp für einen Punkt oder eine Position.

Polyline: ⇒ Ausgabe-Primitiv zur Erzeugung von Linien (Linienzug).

Polymarker: ⇒ Ausgabe-Primitiv zur Erzeugung zentrierter Symbole.

Primitiv: graphisches Ausgabe- bzw. Eingabe-Element. GKS beschränkt sich als *Kernsystem* auf sogenannte Primitive und verzichtet auf komplexe Funktionen, die sich daraus zusammensetzen lassen.

Prompt: die Aufforderung des Anwendungsprogramms an den ⇒ Bediener, eine Eingabe vorzunehmen.

Prompt/Echo Type: Spezifikation, welcher ⇒ Prompt und welches ⇒ Echo bei Eingabe über ein ⇒ Input Device erfolgen soll.

Puffer: ein Speicherbereich, bei dem Ein-/Ausgabedaten zur Optimierung des Datenflusses angesammelt werden.

Raster-Display: meistverbreiteter Bildschirmtyp. Arbeitsweise mit ⇒ Pixel-Speicher, häufig mit Farbe, selektives Löschen ist möglich.

Rastergraphik: Graphik, die aus einer Pixel-Matrix besteht.

Raster-Plotter: ⇒ Plotter, bei dem der Zeichnungsvorgang durch ein fertiges Rasterbild gesteuert wird (Laserdrucker, Thermo-Transfer-Drucker, Thermo-Sublimations-Drucker, Ink-Jet, Elektrostat, Matrixdrucker).

Request: Eingabebetriebsart, bei der das Programm auf die Eingabe des Benutzers wartet.

RGB: Definition einer Farbe (⇒ Colour Index) durch Rot-, Grün- und Blauanteil (⇒ Colour Representation).

Sample: Eingabebetriebsart, bei der das Programm den aktuellen Wert eines ⇒ Input Device abfragt (ohne Benutzereingriff).

Segment: benutzerdefinierter Bildteil, der nachträglich angesprochen und manipuliert werden kann.

Segment-Attribut: Attribut eines ⇒ Segments (z.B. ⇒ Sichtbarkeit) ⇒ Segment State List.

Segment Priority: ⇒ Segment-Attribut, das angibt, ob das Segment relativ zu anderen Segmenten im Vorder- oder Hintergrund ist.

Segment State List: enthält alle ⇒ Segment-Attribute.

Segment Transformation: ⇒ Segment-Attribut, das das Verschieben, Drehen, Vergrößern bzw. Verkleinern von ⇒ Segmenten ermöglicht.

Segmentpriorität: ⇒ Segment Priority

Setting Function: ⇒ Setzefunktion

Setzefunktion: Funktion zum Setzen von Werten in GKS-Tabellen (z.B. ⇒ Transformationen, ⇒ Attribute).

Sichtbarkeit: ⇒ Visibility

Solid: ⇒ Interior Style zum Füllen eines ⇒ Fill Areas mit einer Farbe.

Stift-Plotter: ⇒ Plotter, der Zeichnungen aus Linien (z.B. mit Stift oder Kathodenstrahl) aufbaut. Im Gegensatz zum ⇒ Raster-Plotter, der ein fertiges Bild ausgibt, wird hier die Entstehungsgeschichte des Bildes auf dem Gerät nachvollzogen. Daher ist nachträgliches Löschen nicht möglich.

String: ⇒ Eingabe-Primitiv für Texte.

Stroke: ⇒ Eingabe-Primitiv zur Eingabe mehrerer Positionen auf der ⇒ Zeichenfläche.

Style Index: ⇒ Attribut für ⇒ Fill Areas, das beim ⇒ Interior Style HATCH den ⇒ Hatch Style und beim Interior Style PATTERN den ⇒ Pattern Index spezifiziert.

Tablett: Eingabegerät, bei dem man mit einer Lupe oder einem Stift absolute Positionen eingeben kann.

Text: ⇒ Ausgabe-Primitiv für Texte.

Text Alignment: Textausrichtung. ⇒ geometrisches Attribut für Texte, das die Bedeutung der ⇒ Text-Position festlegt.

Text Extent Rectangle: Rechteck, das einen gegebenen Text unter Auswertung seiner ⇒ Attribute auf einer ⇒ Workstation umschließt.

Text Font: Schriftart. Teil des ⇒ Attributs ⇒ Text Font and Precision, beispielsweise Roman, Helvetica, Griechisch, Gotisch.

Text Font and Precision: ⇒ Attribut für die Ausgabe von ⇒ Texten. Kann nur paarweise spezifiziert werden (⇒ Text Font, ⇒ Text Precision).

Text Path: ⇒ geometrisches Attribut für Texte. Gibt an, wo ein Zeichen an seinen Vorgänger angesetzt werden soll. Hat die Werte (RIGHT,LEFT,UP,DOWN).

Text Position: Position beim Ausgabe-Primitiv Text. Hängt vom ⇒ Text Alignment ab.

Text Precision: Teil des ⇒ Attributs ⇒ Text Font and Precision mit den Werten (STRING,CHAR,STROKE). Üblich ist STROKE, da nur hier sämtliche Text-Attribute korrekt ausgwertet werden müssen.

Timeout: Zeitspanne, während der bei leerer ⇒ Input Queue auf eine ⇒ Event-Eingabe gewartet wird.

Transformation: ⇒ Normalization Transformation, ⇒ Segment Transformation, ⇒ Workstation Transformation.

Trigger: (meist) eine Taste, die der ⇒ Bediener benutzt, um die Eingabe des aktuellen ⇒ Maßwerts abzuschließen.

Update: GKS-Funktion zur Aktualisierung des Bildschirms.

User Item: ⇒ Item auf einem ⇒ Metafile, das GKS-unabhängige Benutzerdaten enthält.

Valuator: ⇒ Eingabe-Primitiv zur Eingabe eines Wertes.

Vector Refresh: älterer Graphik-Terminaltyp mit Vektorspeicher. Realzeitbewegungen möglich, aber Vektoranzahl begrenzt.

Vektorgraphik: Graphik, die sich aus Linienelementen zusammensetzt.

Viewport: Teilbereich des ⇒ NDC-Raumes, in den hinein das ⇒ Window abgebildet wird.

Viewport Input Priority: steuert, welche ⇒ Normalization Transformation bei ⇒ Locator- oder ⇒ Stroke-Eingabe benutzt wird.

Visibility: ⇒ Segment-Attribut, das angibt, ob das Segment sichtbar sein soll.

Vordergrundfarbe: aktueller ⇒ Colour Index ($\neq$ 0). Voreinstellung für alle ⇒ Ausgabe-Primitive ist Colour Index 1.

WDSS: ⇒ Workstation Dependent Segment Storage

Weltkoordinaten: frei wählbare, problemorientierte Benutzerkoordinaten zur Ausgabe von ⇒ Ausgabe-Primitiven.

Window: der Ausschnitt des ⇒ Weltkoordinatenraumes, der in der Graphik dargestellt werden soll.

WISS: ⇒ Workstation Independent Segment Storage

Workstation: Basiskonzept von GKS. Einheitliche Benutzerschnittstelle zur Kontrolle verschiedener ⇒ Devices.

Workstation-Attribut: Eintrag in der ⇒ Workstation State List z.B. ⇒ Workstation Window oder ⇒ Colour Representation.

Workstation Category: grundlegende Charakterisierung von ⇒ Workstations mit den Werten (OUTPUT,INPUT,OUTIN,WISS,MO,MI).

Workstation Dependent Segment Storage: in der ⇒ Workstation angesiedelter Speicher für ⇒ Segmente.

Workstation Description Table: Tabelle zur Beschreibung der Eigenschaften einer ⇒ Workstation und der *vordefinierten* ⇒ Workstation-Attribute.

Workstation Identifier: Kennung einer Workstation. Sie ist frei wählbar und wird beim OPEN WORKSTATION festgelegt und anschließend bei jeder Workstation-spezifischen GKS-Funktion als Parameter übergeben.

Workstation Independent Segment Storage: zentral in GKS vorhandener Speicher zum Kopieren von ⇒ Segmenten.

Workstation State List: Tabelle zur Beschreibung des Zustands einer ⇒ Workstation, enthält alle *aktuellen* ⇒ Workstation-Attribute.

Workstation Transformation: Transformation von ⇒ NDC auf ⇒ Device Coordinates.

Workstation Type: Parameter zur Festlegung eines konkreten Graphikgeräts.

Workstation Viewport: Teil der ⇒ Zeichenfläche einer ⇒ Workstation, der zum Zeichnen benutzt wird.

Workstation Window: Der Teil des ⇒ NDC-Raumes, der auf der ⇒ Workstation sichtbar wird.

Zeichenfläche: ⇒ Display Surface

Zellmatrix: ⇒ Cell Array

D. Nützliche Hilfen

Im Umgang mit GKS treten an den Anwendungsprogrammierer häufig dieselben Standardaufgaben heran, wie z.B. die Interpretation eines kompletten Metafiles oder die Eingabe von zwei Punkten, um ein Rechteck zu bestimmen. Lösungen für diese Standardaufgaben sind in der Regel in den passenden Kapiteln aufgeführt. Hier soll eine Übersicht über die Lösungen in diesem Buch gegeben werden.

Name	Funktion	Kapitel
CHECK	gibt Überblick über GKS-Installation	(s.u.)
READMF	liest und interpretiert Metafiles	14
GTXHYW	gibt Text unverzerrt aus	8
SGCOPY	kopiert alle sichtbaren Segmente	18
WKCOPY	kopiert Workstation Attribute	(s.u.)
NUMCHK	wandelt Ziffern-Text in INTEGER-Zahl	19
SRQLC	Locator-Eingabe	21
SRQREC	Rechteck-Eingabe	21
SRQVL	Valuator-Eingabe	23
SRQCHA	Choicei-Eingabe mit Text-Auswahl	24
SRQCHG	Choice-Eingabe mit Graphik-Auswahl	24
SRQST	Text-Eingabe	25
SRQVLK	Ziffern-Eingabe	25

Quellcode des CHECK-Programms:

```
PROGRAM CHECK
PARAMETER (MAXDIM=100, IUNIT=10)
INTEGER IWTYP(MAXDIM), ICAT(MAXDIM), ICLASS(MAXDIM)
INTEGER COLAV(MAXDIM), NCOLM(MAXDIM), NCOLC(MAXDIM)
CHARACTER*40 COLTXT
CHARACTER*2 LEVEL(0:8)
CHARACTER*6 CATEG(0:5), TYP(0:2)
DATA LEVEL /'0A','0B','0C','1A','1B','1C','2A','2B','2C'/
DATA CATEG /'OUTPUT','INPUT','OUTIN','WISS','MO','MI'/
DATA TYP /'Vector','Raster','other'/
OPEN (UNIT=IUNIT,FILE='GKSCHK')
```

```
      CALL GOPKS (IUNIT,-1)
C
C     1. Allgemeine Informationen ueber die GKS-Implementierung
C
      CALL GQLVKS (IERR , ILEV)
      WRITE (IUNIT,'(/,A)') ' Das GKS hat den Level: '//LEVEL(ILEV)
      CALL GQMNTN (IERR , MNTN)
      WRITE (IUNIT,'(/,A,I5)') ' Die maximale Transformation ist:', MNTN
      CALL GQEWK (0 , IERR , NWT , IWT)
      WRITE (IUNIT,'(/,A,I4,A)') ' Es werden', NWT,
     ,                          ' Workstation Types unterstuetzt'
C
C     2. Sammeln aller Workstation Informationen
C
      IF(NWT.GT.MAXDIM) THEN
         WRITE(IUNIT,'(A)') ' Programm zu klein dimensioniert'
         GOTO 220
      ENDIF
      DO 100 I=1,NWT
         CALL GQEWK (I, IERR, IDUM, IWT)
         IWTYP(I) = IWT
         CALL GQWKCA (IWT, IERR, JCAT)
         ICAT(I) = JCAT
         IF (JCAT.EQ.0 .OR. JCAT.EQ.2) THEN
            CALL GQWKCL (IWT, IERR, ICLASS(I))
            CALL GQCF (IWT, IERR, NCOLM(I), COLAV(I), IDUM)
            CALL GQLWK (IWT, IERR, ID1, ID2, ID3, ID4, ID5, NCOLC(I))
         ENDIF
100   CONTINUE
C
C     3. Ausgabe der Workstation Daten nach Kategorie sortiert:
C        a) aeussere Schleife ueber die Kategorien
C
      DO 200 J=0,5
        WRITE (IUNIT,'(/,A)') ' Workstations der Kategorie: '//CATEG(J)
C
C       b) innere Schleife ueber alle Workstation Types
C
        DO 210 I=1,NWT
          IF (ICAT(I) .EQ. J) THEN
C
C            Workstation passender Kategorie gefunden
C
            IF(J.EQ.0 .OR. J.EQ.2) THEN
```

```
C
C           bestimme Farbverhalten (OUTPUT und OUTIN)
C
            IF (COLAV(I).EQ.0) THEN
              IF (NCOLM(I).LE.2) THEN
                COLTXT = ' ist schwarz/weiss '
              ELSE
                WRITE (COLTXT,'(A,I3,A)')
     ,           ' mit ',NCOLC(I),' Graustufen'
              ENDIF
            ELSE
              WRITE (COLTXT,'(A,I3,A,I8,A)')
     ,         ' mit ',NCOLC(I),' Farben von ',NCOLM(I),' moeglichen'
            ENDIF
            WRITE(IUNIT,'(I8,A)') IWTYP(I),
     ,        '  '//TYP(ICLASS(I))//'-Geraet'//COLTXT
           ELSE
            WRITE(IUNIT,'(I8)') IWTYP(I)
           ENDIF
          ENDIF
 210    CONTINUE
 200  CONTINUE
 220  CONTINUE
      CALL GCLKS
      CLOSE (IUNIT)
      STOP
      END
```

Ein beispielhaftes Ergebnis des CHECK-Programms:

```
Das GKS hat den Level: 2B

Die maximale Transformation ist:   99

Es werden  21 Workstation Types unterstuetzt

Workstations der Kategorie: OUTPUT
      20  Raster-Geraet mit 256 Graustufen
      21  Raster-Geraet mit 256 Graustufen
  400600  Raster-Geraet mit 256 Graustufen
  400601  Raster-Geraet mit 256 Graustufen
   12030  Raster-Geraet mit 256 Farben von 16777216 moeglichen
   12031  Raster-Geraet mit 256 Farben von 16777216 moeglichen
   65010  Raster-Geraet mit 256 Graustufen
```

```
  65011  Raster-Geraet mit 256 Graustufen
  65030  Raster-Geraet mit 256 Farben von 16777216 moeglichen
  65031  Raster-Geraet mit 256 Farben von 16777216 moeglichen

Workstations der Kategorie: INPUT

Workstations der Kategorie: OUTIN
   4014  Vector-Geraet ist schwarz/weiss
  69999  Raster-Geraet mit 256 Farben von 16777216 moeglichen
  69989  Raster-Geraet mit 256 Farben von 16777216 moeglichen

Workstations der Kategorie: WISS
      0

Workstations der Kategorie: MO
      1
      4
      5
      6
      7
     10

Workstations der Kategorie: MI
      2
```

Quellcode des Unterprogramms WKCOPY:

```
      SUBROUTINE WKCOPY (IWK1, IWK2, ITYPE, SIZE, IERR)
C
C-----------------------------------------------------------
C  KOPIERE ALLE WORKSTATION-EINSTELLUNGEN VON IWK1 NACH IWK2
C
C  NAME    TYP  I/O  BEDEUTUNG
C  IWK1     I    I   WORKSTATION IDENTIFIER (QUELLE)
C  IWK2     I    I   WORKSTATION IDENTIFIER (ZIEL)
C  ITYPE    I    I   SET (=0) ODER REALIZED (=1) ?
C  SIZE     R    I   GROESSE DER ZEICHNUNG (IN METERN)
C  IERR     I    O   FEHLER-ANZEIGE
C
C------------------------------------------------------------
C
      PARAMETER (EPS=1.0E-3, MAXRAM=10000)
      INTEGER IEDRAM (MAXRAM)
      REAL WIN(4), RDUM(4)
C
```

```
C     BESORGE WORKSTATION TYPE FUER ABFRAGEN
C
      CALL GQWKC (IWK1, IERR, ICON, IWT)
C
C     1. SCHRITT: FARB-BELEGUNGEN
C
      CALL GQECI(IWK1,1,IERR,N,IND)
      DO 11 I=1,N
        CALL GQECI(IWK1,I,IERR,NN,IND)
        CALL GQCR(IWK1,IND,ITYPE,IERR,RED,GREEN,BLUE)
C
C       FARBE 0 UND 1 NUR WENN ABWEICHEND DEFINIERT
C
        IF (IND .LE. 1) THEN
          CALL GQPCR(IWT,IND,IERR,PRED,PGREEN,PBLUE)
          IF ((ABS (RED   - PRED)   .LT. EPS) .AND.
     ,          (ABS (GREEN - PGREEN) .LT. EPS) .AND.
     ,          (ABS (BLUE  - PBLUE)  .LT. EPS)) GOTO 11
        END IF
        CALL GSCR(IWK2,IND,RED,GREEN,BLUE)
11    CONTINUE
C
C     2. SCHRITT: PATTERN REPRESENTATIONS
C
      CALL GQEPAI(IWK1,1,IERR,N,IND)
      DO 22 I=1,N
        CALL GQEPAI(IWK1,I,IERR,NDUM,IND)
        CALL GQPAR(IWK1,IND,0,1,1,IERR,MM,NN,IDUM)
        IF (IERR.NE.0) RETURN
        IF (MM*NN .GT. MAXRAM) THEN
           IERR = 300
           RETURN
        ENDIF
        CALL GQPAR(IWK1,IND,ITYPE,MM,NN,IERR,MN,NM,IEDRAM)
        CALL GSPAR(IWK2,IND,MM,NN,1,1,MM,NN,IEDRAM)
22    CONTINUE
C
C     3. SCHRITT: POLYLINE REPRESENTATIONS
C
      CALL GQEPLI(IWK1,1,IERR,N,IND)
      DO 33 I=1,N
        CALL GQEPLI(IWK1,I,IERR,NN,IND)
        CALL GQPLR(IWK1,IND,ITYPE,IERR,LTYP,WDTH,ICOL)
C
```

```
C       OBLIGATORISCHE REPRESENTATIONS - NUR WENN NEU!
C
        IF (IND .LE. 5) THEN
          CALL GQPPLR(IWT,IND,IERR,LPTYP,WPDTH,IPCOL)
          IF ((LTYP .EQ. LPTYP) .AND. (ICOL .EQ. IPCOL) .AND.
     ,        (ABS (WDTH - WPDTH) .LT. EPS)) GOTO 33
        END IF
        CALL GSPLR(IWK2,IND,LTYP,WDTH,ICOL)
33    CONTINUE
C
C     4. SCHRITT: POLYMARKER REPRESENTATIONS
C
      CALL GQEPMI(IWK1,1,IERR,N,IND)
      DO 44 I=1,N
        CALL GQEPMI(IWK1,I,IERR,NN,IND)
        CALL GQPMR(IWK1,IND,0,IERR,MTYP,SIZE,ICOL)
C
C       OBLIGATORISCHE REPRESENTATIONS - NUR WENN NEU!
C
        IF (I .LE. 5) THEN
          CALL GQPPMR(IWT,IND,IERR,LPTYP,WPDTH,IPCOL)
          IF ((MTYP .EQ. LPTYP) .AND. (ICOL .EQ. IPCOL) .AND.
     ,        (ABS (SIZE - WPDTH) .LT. EPS)) GOTO 44
        END IF
        CALL GSPMR(IWK2,IND,MTYP,SIZE,ICOL)
44    CONTINUE
C
C     5. SCHRITT: TEXT REPRESENTATIONS
C
      CALL GQETXI(IWK1,1,IERR,N,IND)
      DO 55 I=1,N
        CALL GQETXI(IWK1,I,IERR,NN,IND)
        CALL GQTXR(IWK1,IND,ITYPE,IERR,IFONT,IPREC,EXP,SPC,ICOL)
C
C       OBLIGATORISCHE REPRESENTATIONS - NUR WENN NEU!
C
        IF (IND .LE. 2) THEN
          CALL GQPTXR(IWT,IND,IERR,IPFONT,IPPREC,EPXP,SPPC,IPCOL)
          IF (IFONT .EQ. IPFONT .AND. IPREC .EQ. IPPREC .AND.
     ,        ICOL  .EQ. IPCOL  .AND.
     ,        (ABS (EXP - EPXP) .LT. EPS) .AND.
     ,        (ABS (SPC - SPPC) .LT. EPS)) GOTO 55
        END IF
        CALL GSTXR(IWK2,IND,IFONT,IPREC,EXP,SPC,ICOL)
```

```
55    CONTINUE
C
C     6. SCHRITT: FILL AREA REPRESENTATIONS
C
      CALL GQEFAI(IWK1,1,IERR,N,IND)
      DO 66 I=1,N
        CALL GQEFAI(IWK1,I,IERR,NN,IND)
        CALL GQFAR(IWK1,IND,ITYPE,IERR,ISTL,ISTI,ICOL)
C
C       OBLIGATORISCHE REPRESENTATIONS - NUR WENN NEU!
C
        IF (IND .LE. 5) THEN
          CALL GQPFAR(IWT,IND,IERR,IPSTL,IPSTI,IPCOL)
          IF (ISTL .EQ. IPSTL .AND. ISTI .EQ. IPSTI .AND.
     ,          ICOL .EQ. IPCOL) GOTO 66
        END IF
        CALL GSFAR(IWK2,IND,ISTL,ISTI,ICOL)
66    CONTINUE
C
C     7. SCHRITT: WORKSTATION WINDOW
C
      CALL GQWKT (IWK1, IERR, ITUS, RDUM, WIN, RDUM, RDUM)
      CALL GSWKWN (IWK2, WIN(1), WIN(2), WIN(3), WIN(4))
C
C     8. SCHRITT: WORKSTATION VIEWPORT
C
      FACX = AMIN1 (1.0, (WIN(2)-WIN(1))/(WIN(4)-WIN(3)))
      FACY = AMIN1 (1.0, (WIN(4)-WIN(3))/(WIN(2)-WIN(1)))
      CALL GSWKVP (0.0, SIZE*FACX, 0.0, SIZE*FACY)
      RETURN
      END
```

E. Voreinstellungen

Im folgenden geben wir einen Überblick über die Voreinstellungen des GKS. Mit sehr vielen der Voreinstellungen kann man gut leben, aber einige muß man praktisch in jedem Anwendungsprogramm neu setzen. Diese sind mit einem ⇒ gekennzeichnet.

GKS State List (allgemeine Einstellungen):

alle Bundle Indices	1
alle Colour Indices	1
(also Standard-Vordergrundfarbe)	
Pick Identifier	0
Normalization Transformation Number	0
(also "Weltkoordinaten" zwischen 0.0 und 1.0)	
Clipping Indicator	1 (ON)
(Vorsicht bei Segmenttransformationen)	
⇒ Aspect Source Flags	einheitlich
(unbedingt nach OPEN GKS setzen)	

GKS State List (einzelne Ausgabe-Primitive):

Linetype	1 (SOLID)
Linewidth Scale Factor	1.0
Marker Type	3 (Stern)
Marker Size Scale Factor	1.0
⇒ Text Font and Precision	1/0 (STRING)
Character Expansion Factor	1.0
Character Spacing	0.0
⇒ Interior Style	0 (HOLLOW)
Style Index	1

GKS State List (geometrische Attribute):

Text Path	0 (RIGHT)
Text Alignments	(0,0) (NORMAL,NORMAL)
Character Up Vector	(0.0,1.0)
(= horizontaler Text)	
⇒ Character Height	0.01
(Dieser Wert ist nie brauchbar.)	
Pattern Reference Point	(0.0,0.0)
⇒ Pattern Width and Height	(1.0,0.0) (0.0,1.0)
(Pattern Size muß immer eingestellt werden)	

Workstation State List:

Workstation Window	NDC
Workstation Viewport	Display Surface
(Setzung ist bei großen Plottern erforderlich.)	
Input Mode	0 (REQUEST)
Echo Switch	1 (ON)
sonstiges von der Workstation Description Table	

Segment State List:

Visibility	1 (VISIBLE)
Highlighting	0 (OFF)
Priority	0.0
(nur zur Vertauschung Vorder-/Hintergrund)	
⇒ Detectability	0 (UNDETECTABLE)
(Falle bei Pick-Eingabe)	
Transformation Matrix	1:1 Abbildung
(= praktisch untransformiert)	

Daraus ergeben sich folgende Empfehlungen für die praktische Arbeit:

1. nach OPEN GKS:
   - SET ASPECT SOURCE FLAGS auf individuell
   - SET INTERIOR STYLE auf solid
   - SET TEXT FONT AND PRECISION mit PRECISION auf STROKE
2. nach jeder neuen Window/Viewport Transformation, also nach SELECT NORMALIZATION TRANSFORMATION NUMBER:
   - SET CHARACTER HEIGHT, falls Text ausgegeben werden soll.
   - SET PATTERN SIZE, falls Fill Area mit Pattern ausgegeben werden soll.

F. Fehlermeldungen

In der folgenden Liste geben wir alle Fehlermeldungen genau so wieder, wie sie im funktionalen Standard definiert sind. Außerdem sind die Fehlermeldungen aufgeführt, die für eine Sprachanbindung (FORTRAN oder C) spezifisch sind.

1 Implementation Dependent

< 0 Implementation dependent errors

2 States

1 GKS not in proper state: GKS shall be in the state GKCL
2 GKS not in proper state: GKS shall be in the state GKOP
3 GKS not in proper state: GKS shall be in the state WSAC
4 GKS not in proper state: GKS shall be in the state SGOP
5 GKS not in proper state: GKS shall be either in the state WSAC or in the state SGOP
6 GKS not in proper state: GKS shall be either in the state WSOP or in the state WSAC
7 GKS not in proper state: GKS shall be in one of the states WSOP, WSAC or SGOP
8 GKS not in proper state: GKS shall be in one of the states GKOP, WSOP, WSAC or SGOP

3 Workstations

20 Specified workstation identifier is invalid
21 Specified connection identifier is invalid
22 Specified workstation type is invalid
23 Specified workstation type does not exist
24 Specified workstation is open
25 Specified workstation is not open
26 Specified workstation cannot be opened
27 Workstation Independent Segment Storage is not open
28 Workstation Independent Segment Storage is already open
29 Specified workstation is active

30 *Specified workstation is not active*
31 *Specified workstation is of category MO*
32 *Specified workstation is not of category MO*
33 *Specified workstation is of category MI*
34 *Specified workstation is not of category MI*
35 *Specified workstation is of category INPUT*
36 *Specified workstation is Workstation Independent Segment Storage*
37 *Specified workstation is not of category OUTIN*
38 *Specified workstation is neither of category INPUT nor of category OUTIN*
39 *Specified workstation is neither of category OUTPUT nor of category OUTIN*
40 *Specified workstation has no pixel store readback capability*
41 *Specified workstation type is not able to generate the specified generalized drawing primitive*
42 *Maximum number of simultaneously open workstations would be exceeded*
43 *Maximum number of simultaneously active workstations would be exceeded*

4 Transformations

50 *Transformation number is invalid*
51 *Rectangle definition is invalid*
52 *Viewport is not within the Normalized Device Coordinate unit square*
53 *Workstation window is not within the Normalized Device Coordinate unit square*
54 *Workstation viewport is not within the display space*

5 Output Attributes

60 *Polyline index is invalid*
61 *A representation for the specified polyline index has not been defined on this workstation*
62 *A representation for the specified polyline index has not been predefined on this workstation*
63 *Linetype is equal to zero*
64 *Specified linetype is not supported on this workstation*
65 *Linewidth scale factor is less than zero*
66 *Polymarker index is invalid*
67 *A representation for the specified polymarker index has not been defined on this workstation*
68 *A representation for the specified polymarker index has not been predefined on this workstation*
69 *Marker type is equal to zero*
70 *Specified marker type is not supported on this workstation*
71 *Marker size scale factor is less than zero*
72 *Text index is invalid*
73 *A representation for the specified text index has not been defined on this workstation*

74 *A representation for the specified text index has not been predefined on this workstation*
75 *Text font is equal to zero*
76 *Requested text font is not supported for the specified precision on this workstation*
77 *Character expansion factor is less than or equal to zero*
78 *Character height is less than or equal to zero*
79 *Length of character up vector is zero*
80 *Fill area index is invalid*
81 *A representation for the specified fill area index has not been defined on this workstation*
82 *A representation for the specified fill area index has not been predefined on this workstation*
83 *Specified fill area interior style is not supported on this workstation*
84 *Style (pattern or hatch) index is equal to zero*
85 *Specified pattern index is invalid*
86 *Specified hatch style is not supported on this workstation*
87 *Pattern size value is not positive*
88 *A representation for the specified pattern index has not been defined on this workstation*
89 *A representation for the specified pattern index has not been predefined on this workstation*
90 *Interior style PATTERN is not supported on this workstation*
91 *Dimensions of colour array are invalid*
92 *Colour index is less than zero*
93 *Colour index is invalid*
94 *A representation for the specified colour index has not been defined on this workstation*
95 *A representation for the specified colour index has not been predefined on this workstation*
96 *Colour is outside the range [0.0,1.0]*
97 *Pick identifier is invalid*

6 Output Primitives

100 *Number of points is invalid*
101 *Invalid code in string*
102 *Generalized drawing primitive identifier is invalid*
103 *Content of generalized drawing primitive data record is invalid*
104 *At least one active workstation is not able to generate the specified generalized drawing primitive*
105 *At least one active workstation is not able to generate the specified generalized drawing primitive under the current transformations and clipping rectangle*

7 Segments

120 Specified segment name is invalid
121 Specified segment name is already in use
122 Specified segment does not exist
123 Specified segment does not exist on specified workstation
124 Specified segment does not exist on Workstation Independent Segment Storage
125 Specified segment is open
126 Segment priority is outside the range [0.0,1.0]

8 Input

140 Specified input device is not present on workstation
141 Input device is not in REQUEST mode
142 Input device is not in SAMPLE mode
143 EVENT and SAMPLE input mode is not available at this level of GKS
144 Specified prompt and echo type is not supported on this workstation
145 Echo area is outside display space
146 Contents of input data record are invalid
147 Input queue has overflowed
148 Input queue has not overflowed since GKS was opened or the last invocation of INQUIRE INPUT QUEUE OVERFLOW
149 Input queue has overflowed, but associated workstation has been closed
150 No input value of the correct class is in the current event report
151 Timeout is invalid
152 Initial value is invalid
153 Number of points in initial stroke is greater than the buffer size
154 Length of initial string is greater than the buffer size

9 Metafiles

160 Item type is not allowed for user items
161 Item length is invalid
162 No item is left in GKS metafile input
163 Metafile item is invalid
164 Item type is not a valid GKS item
165 Content of item data record is invalid for the specified item type
166 Maximum item data record length is invalid
167 User item cannot be interpreted
168 Specified function is not supported in this level of GKS

10 Escape

180 Specified escape function is not supported
181 Specified escape function identification is invalid
182 Contents of escape data record are invalid

11 Miscellaneous

200 Specified error file is invalid

12 System

300 Storage overflow has occurred in GKS
301 Storage overflow has occurred in segment storage
302 Input/Output error has occurred while reading
303 Input/Output error has occurred while writing
304 Input/Output error has occurred while sending data to a workstation
305 Input/Output error has occurred while receiving data from a workstation
306 Input/Output error has occurred during program library management
307 Input/Output error has occurred while reading workstation description table
308 Arithmetic error has occurred

13 Reserved Errors

< 2000 Reserved for future standardization
2000-3999 Reserved for language bindings
≥ 4000 Reserved for registration or future standardization

Für die FORTRAN-Sprachanbindung spezifische Fehlermeldungen

2000 Enumeration type out of range – the INTEGER passed as a GKS enumerated type is not within the range of valid values
2001 Output parameter size insufficient – a FORTRAN array or string being passed as an output parameter is too small to contain the returned information
2002 List element or set member not available – for a non-empty list or set, a value less than zero or greater than the size of a list or set was passed as the requested list element or set member in an inquiry routine
2003 Invalid data record – the data record cannot be decoded, or there was a problem encountered when GKS was creating a data record, making the result invalid

Für die C-Sprachanbindung spezifische Fehlermeldungen

2200 Start index out of range – start index is less than zero or larger than the last element in the implementation's list

2201 Length of application list is negative

2202 Enumeration type out of range

2203 Error while allocating Store – detected during CREATE STORE

2204 Error while allocating memory for Store – when a function using a Store is unable to allocate memory for the Store

Literaturverzeichnis

Im Literaturverzeichnis unterscheiden wir zwischen veröffentlichten Standards, die wir voranstellen, und der handelsüblichen Literatur.

Standards (International Standards for Information Systems):

[C] Programming Language C. ISO/IEC 9899, 1990

[FOR] Programming Language FORTRAN 77. ISO 1539, 1980

[CGI] Computer Graphics Interface. ISO/IEC 9636, 1991

[CGM] Computer Graphics Metafile for Transfer and Storage of Picture Description Information. Part 1: Functional Description, Part 2: Character Encoding, Part 3: Binary Encoding, Part 4: Clear Text Encoding. ISO 8632, 1992

[GKSF] Graphical Kernel System (GKS). Functional Description. ISO 7942, 1985. Amendment 1, 1991

[GKSL1] Graphical Kernel System (GKS). Language Bindings. Part 1: FORTRAN. ISO/IEC 8651-1, 1988

[GKSL4] Graphical Kernel System (GKS). Language Bindings. Part 4: C. ISO/IEC 8651-4, 1991

[PHIGSF] Programmer's Hierarchical Interactive Graphics System (PHIGS). Part 1: Functional Description. ISO/IEC 9592-1, 1989

[PHIGSL1] PHIGS Language Bindings. Part 1: FORTRAN. ISO/IEC 9593-1, 1990

[PHIGSL4] PHIGS Language Bindings. Part 4: C. ISO/IEC 9593-4, 1991

Literatur:

[BIZ] *Bechlars, J., W. Hecht, R. Sy:* BIZEPS Version 2.2, Benutzerhandbuch. Freie Universität Berlin, Zentraleinrichtung für Datenverarbeitung (ZEDAT), 1988

[BONO] *Bono, P. R., I. Herman (Eds.):* GKS Theory and Practice. EurographicSeminars. Springer, Berlin 1987

[EARN] *Earnshaw, R. A. (Ed.):* Fundamental Algorithms for Computer Graphics. NATO ASI Series F, Vol. 17. Springer, Berlin 1985. Reprint: Springer Study Edition 1991

[ENCA] *Encarnação, J., W. Straßer (Hrsg.):* Geräteunabhängige graphische Systeme, Computer Graphics und Portabilität oder Das graphische Kernsystem GKS. Drittes Darmstädter Kolloquium. Oldenbourg, München 1981

[ENCA2] *Encarnação, J., W. Straßer:* Computer Graphics. Gerätetechnik, Programmierung und Anwendung graphischer Systeme. 3. Auflage, Oldenbourg, München 1988

[ENDE] *Enderle, G., K. Kansy, G. Pfaff:* Computer Graphics Programming. GKS – The Graphics Standard. 2nd edition, Springer, Berlin 1987

[ENDE2] *Enderle, G., A. Scheller (Hrsg.):* Normen der graphischen Datenverarbeitung. Oldenbourg, München 1989

[FOLE] *Foley, J. D., A. van Dam, St. Feiner, J. Hughes:* Computer Graphics – Principles and Practice. 2nd edition, Addison-Wesley, Reading 1990

[GÖB] *Göbel, M., M. Mehl:* Standards der graphischen Datenverarbeitung. Expert, Ehningen 1989

[HOPG] *Hopgood, F. R. A., D. A. Duce, J. R. Gallop, D. C. Sutcliffe:* Introduction to the Graphical Kernel System (GKS). 2nd edition, Academic Press, London 1986

[KIPF] *Kirsch, B., C. Pflüger:* The GKS Test Suite and List of Tested GKS Implementations. Gesellschaft für Mathematik und Datenverarbeitung (GMD), Sankt Augustin 1989

[KIR] *Kirsch, C.:* Zweckehe GKS und X-Windows. In iX 2/1990, 116 - 120

[MAND] *Mandelbrot, B. B.:* The Fractal Geometry of Nature. Freeman, New York 1983

[NEWM] *Newman, W. M., R. F. Sproull:* Principles of Interactive Computer Graphics. McGraw-Hill, New York 1973

[THEM] *Bollmann, J., G. Grugelke:* THEMAK 2, Version 2.2, Benutzerhandbuch. GraS GmbH, Berlin 1990

[WOLC] *Wolcott, N. M., J. Hilsenrath:* A Contribution to Computer Typesetting Techniques Tables of Coordinates for Hershey's Repertory of Occidental Type Fonts and Graphic Symbols. U.S. Department of Commerce, National Bureau of Standards, Special Publication 424, Washington 1976

Verzeichnis der GKS-Funktionen

Index